古董

2020ANTIQUES AUCTION RECORDS

拍卖年鉴 玉器

2019-01-01～2019-12-31

欣弘 主编

cns PUBLISHING & MEDIA | 湖南美术出版社
全国百佳图书出版单位

图书在版编目(CIP)数据

2020古董拍卖年鉴·玉器 / 欣弘主编. — 长沙：湖南美术出版社, 2019.12
ISBN 978-7-5356-8681-7

Ⅰ.①2… Ⅱ.①欣… Ⅲ.①历史文物－拍卖－价格－中国－2020－年鉴②古玉器－拍卖－价格－中国－2020－年鉴 Ⅳ.①F724.787-54

中国版本图书馆CIP数据核字(2019)第287267号

2020古董拍卖年鉴·玉器

2020 GUDONG PAIMAI NIANJIAN · YUQI

出 版 人：黄　啸
主　　编：欣　弘
策　　划：易兴宏　李志文
责任编辑：李　坚

湖南美术出版社出版发行(长沙市东二环一段622号)
湖南省新华书店经销
雅昌文化(集团)有限公司制版、印刷
(本书采用CTP工艺制版、印刷)
开本：787mm×1092mm　1/16　印张：19
版次：2020年1月第1版　印次：2020年1月第1次印刷
ISBN 978-7-5356-8681-7
定价：168.00元

邮购联系：0731-84787105　邮编：410016　网址：http://www.arts-press.com/
电子邮箱：market@arts-press.com
如有倒装、破损、少页等印装质量问题，请与印刷厂联系斢换。

目　录

凡　例

1.《2020古董拍卖年鉴》分瓷器卷、玉器卷、杂项卷、翡翠珠宝卷、书画卷共五册，收录了纽约、伦敦、巴黎、日内瓦、香港、澳门、台北、北京、上海、广州、昆明、天津、重庆、成都、合肥、南京、西安、沈阳、济南等城市或地区的几十家拍卖公司几百个专场的2019年度拍卖成交记录与拍品图片。

2.本书内文条目原则上保留了原拍卖记录，按拍品号、品名、估价、成交价、尺寸、拍卖公司名称、拍卖日期等排序，部分原内容缺失或不详的不注明，书画卷内文条目还有作者姓名、作品形式、创作年代等内容。

3.因境外拍卖公司宿地不同，本书拍品估价涉及多个币种：RMB（人民币），USD（美元），EUR（欧元），GBP（英镑），HKD（港币），TWD（台币）。但本书所有拍品成交价均按汇率转换成RMB（人民币）。

4.多人合作的作品，条目中仅列出一至两位主要作者的名字。

5.★表示在微信小程序中有多图及拍品描述；●表示在微信小程序中有拍品描述，登录微信小程序可查阅（见封二）。

6.查看书中图片大图及拍品详情，请用手机扫码封二的二维码登录微信小程序“拍卖典藏”，进入《拍卖年鉴》栏目查询。

礼 玉

玉 璜

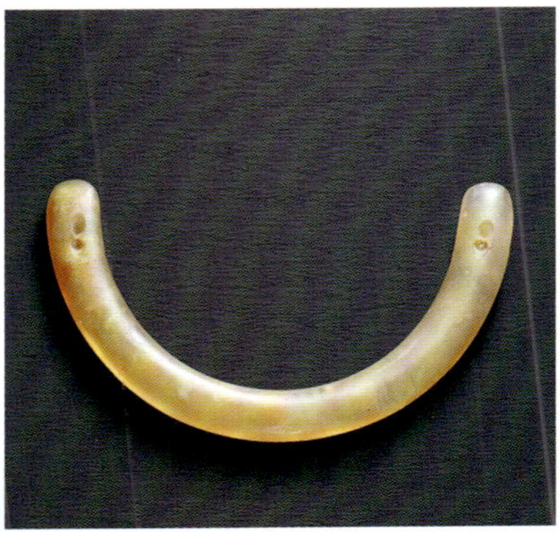

2736 新石器时代江淮地区原始文化 玛瑙璜
估　价：HKD 120,000~180,000
成交价：RMB 134,250
长13.8cm 佳士得 2019-11-27

3425 东周战国 玉谷纹璜
估　价：HKD 150,000~250,000
成交价：RMB 256,500
长12.4cm 香港苏富比 2019-04-03

3404 西周 黄玉交龙纹璜
估　价：HKD 300,000~500,000
成交价：RMB 961,875
长10.9cm 香港苏富比 2019-04-03

1248 西周 玉龙凤纹璜
估　价：RMB 10,000~20,000
成交价：RMB 356,500
长10.5cm 广东崇正 2019-11-27

101 东周/战国 青玉璜
估　价：GBP 2,000~3,000
成交价：RMB 87,290
长9.5cm 伦敦佳士得 2019-02-14 ★

★表示在微信小程序中有多图及拍品描述。
●表示在微信小程序中有拍品描述，登录微信小程序可查阅。

887 战国 白玉双龙首璜（一对）
估　价：HKD 50,000~70,000
成交价：RMB 117,729
长8.9cm×2 中国嘉德 2019-10-07

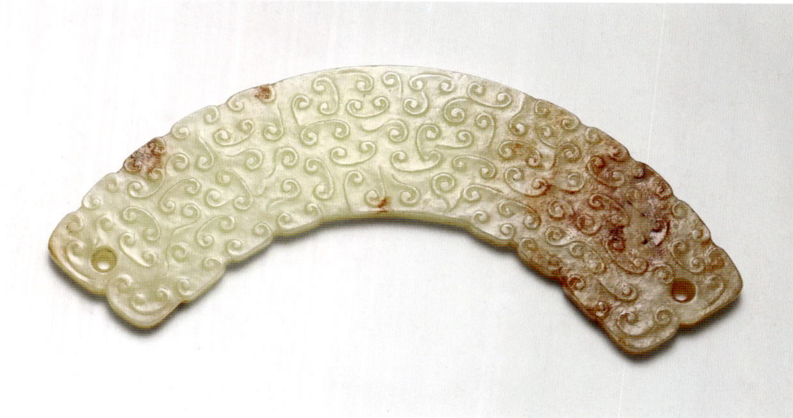

6395 元 黄玉云雷纹璜
估　价：RMB 500,000~700,000
成交价：RMB 575,000
长11.5cm 北京保利 2019-06-06

182 明 黄玉人龙纹玉璜
估　价：RMB 300,000~400,000
成交价：RMB 517,500
长14.6cm 北京鸿盛祥 2019-06-04

1256 战国 玉龙形璜
估　价：RMB 15,000~30,000
成交价：RMB 161,000
长10.7cm 广东崇正 2019-11-27

927 汉 玉雕双龙形璜
估　价：HKD 100,000~150,000
成交价：RMB 107,026
长10.7cm 中国嘉德 2019-10-07

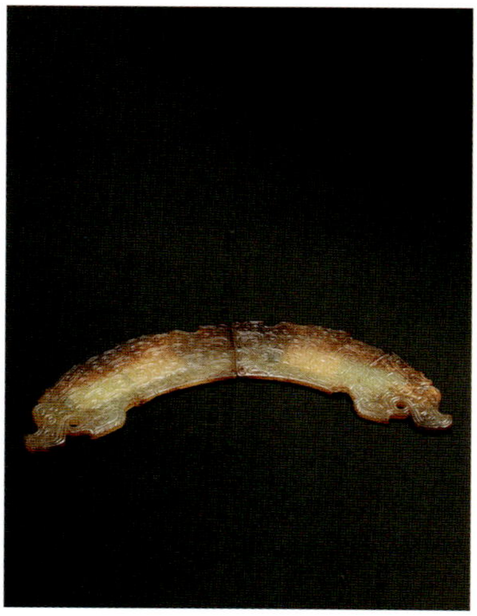

3218 明 玉龙璜（两件）
估　价：RMB 30,000~50,000
成交价：RMB 149,500
长10.3cm×2 中国嘉德 2019-11-17

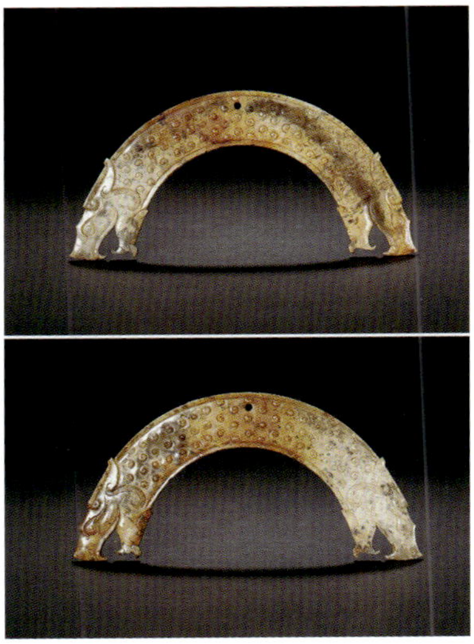

2058 清 玉雕双龙首谷纹璜
估　价：RMB 120,000~180,000
成交价：RMB 483,000
长10.5cm 古天一 2019-06-05

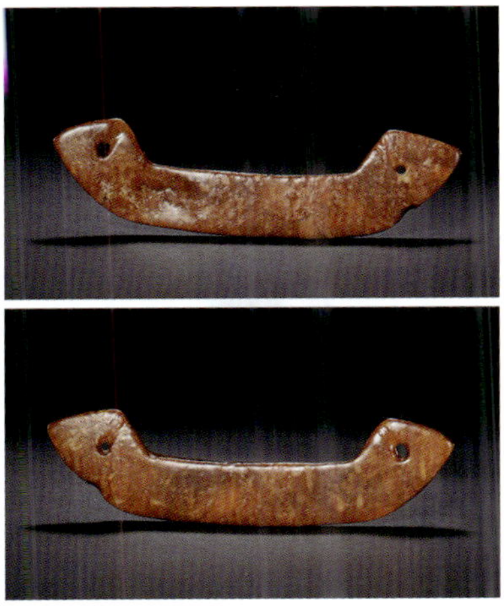

2119 清 玉双孔素璜
估　价：RMB 90,000~150,000
成交价：RMB 103,500
长13.2cm 古天一 2019-06-05

110 商 玉虎佩
估　价：HKD 20,000~30,000
成交价：RMB 45,900
长3.8cm 邦瀚斯 2019-05-28

99 白玉受沁人龙纹璜
估　价：RMB 80,000
成交价：RMB 94,300
长11.4cm，宽3.1cm 浙江佳宝 2019-06-23

1157 清 青白玉双龙首玉璜
估　价：RMB 100,000~150,000
成交价：RMB 184,000
长6cm 古天一 2019-12-03

玉　琥

3443 商 青白玉琥
估　价：HKD 350,000~450,000
成交价：RMB 299,678
长10.3cm 香港苏富比 2019-04-03

3435 西周 玉虎形饰
估　价：HKD 40,000~60,000
成交价　RMB 80,156
长9.3cm 香港苏富比 2019-04-03

玉　璧

673 新石器时代 玉三璜联璧
估　价：HKD 30,000~50,000
成交价：RMB 418,139
直径11.5cm 香港苏富比 2019-05-30
（以下“直径”未做特别说明者均指外径）

2715 新石器时代黑龙江地区或红山文化 白玉椭圆形璧
估　价：HKD 80,000~120,000
成交价：RMB 615,313
长9.5cm 佳士得 2019-11-27

3024 新石器时代或更晚 小玉璧
估　价：HKD 50,000~70,000
成交价：RMB 106,875
直径6cm 香港苏富比 2019-04-02

1259 新石器时代 玉璧
估　价：RMB 10,000~20,000
成交价：RMB 138,000
直径14.6cm 广东崇正 2019-11-27

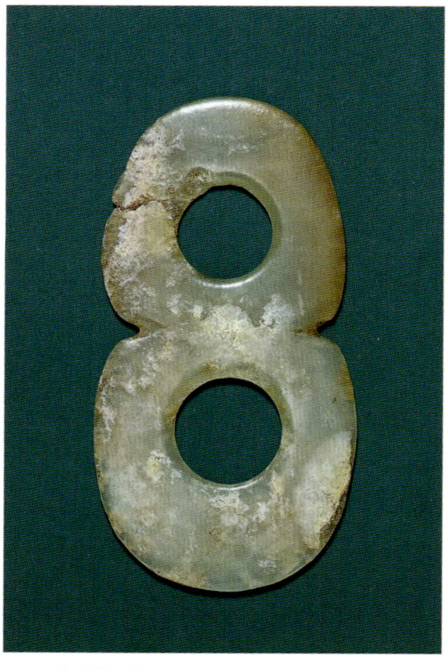

1159 文化期 白玉双联璧
估　价：HKD 30,000~50,000
成交价：RMB 60,534
长12cm 中国嘉德 2019-03-31

2722 新石器时代良渚文化 青玉璧
估　价：HKD 50,000~80,000
成交价：RMB 190,188
直径18.5cm 佳士得 2019-11-27

2751 新石器时代龙山文化 青玉牙璧
估　价：HKD 120,000~180,000
成交价：RMB 268,500
宽11.6cm 佳士得 2019-11-27

2755 新石器时代齐家文化 玉璧
估　价：HKD 50,000~70,000
成交价：RMB 61,531
直径10.6cm 佳士得 2019-11-27

2749 新石器时代龙山文化 玉牙璧
估　价：HKD 100,000~150,000
成交价：RMB 615,313
宽12.1cm 佳士得 2019-11-27

1146 文化期 玉璧和玉匕形器（共三件）
估　价：HKD 60,000~80,000
成交价：RMB 141,246
玉匕形器长约11.5cm 中国嘉德 2019-03-31

642 春秋 玉雕碳坑沁龙纹璧
估　价：HKD 80,000~120,000
成交价：RMB 85,621
直径5.5cm 中国嘉德 2019-10-07

849 战国 玉谷纹璧
估　价：HKD 40,000~60,000
成交价：RMB 58,864
直径4.8cm 中国嘉德 2019-10-07

1262 战国 白玉谷纹璧
估　价：RMB 20,000~40,000
成交价：RMB 178,250
直径11cm 广东崇正 2019-11-27

1460 汉 兽面纹玉璧
估　价：RMB 40,000~80,000
成交价：RMB 55,200
直径17.7cm 西泠印社 2019-07-06

3153 汉 玉璧
估　价：HKD 100,000~150,000
成交价：RMB 149,836
直径13.5cm 保利香港 2019-10-07

1257 西汉早期 青玉龙凤纹璧
估　价：RMB 100,000~200,000
成交价：RMB 885,500
直径21cm 广东崇正 2019-11-27

1144 西汉 银镶玉璧（一组）
估　价：HKD 400,000~500,000
成交价：RMB 422,440
直径14cm、11.8cm 华艺国际 2019-11-24

16 宋至明 黄玉红沁圭璧礼天龙纹佩
估　价：RMB 35,000
成交价：RMB 55,200
长9.2cm，宽5.45cm 浙江佳宝 2019-06-23

1738 元 白玉雕双螭龙玉璧
估　价：RMB 120,000~150,000
成交价：RMB 138,000
直径11.2cm 西泠印社 2019-07-06

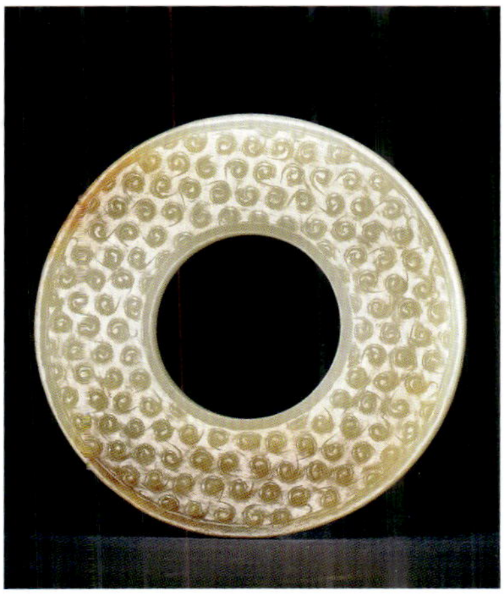

2970 明 白玉谷纹璧
估　价：RMB 40,000~60,000
成交价：RMB 46,000
直径7cm 中国嘉德 2019-06-02

157 明 白玉浮雕三螭龙出廓璧
估　价：RMB 80,000~100,000
成交价：RMB 138,000
直径9.6cm 北京鸿盛祥 2019-06-04

810 中国北部或西南 公元前两千纪 青玉璧
估　价：USD 15,000~20,000
成交价：RMB 195,608
直径27.3cm 纽约佳士得 2019-09-13

125 明 白玉四夔凤出廓璧
估　价：RMB 250,000~300,000
成交价：RMB 437,000
长4.4cm 北京鸿盛祥 2019-06-04

866 元 青白玉高浮雕盘螭璧
估　价：HKD 40,000~60,000
成交价：RMB 107,026
长7.4cm 中国嘉德 2019-10-07

1877 明 玉高浮雕螭龙纹璧带架
估　价：RMB 20,000~50,000
成交价：RMB 43,700
玉直径10.5cm 广东崇正 2019-05-23

1034 明 白玉双龙出廓璧
估　价：RMB 35,000
成交价：RMB 40,250
长8.2cm，宽5.8cm 古天一 2019-06-05

5011 明 青玉谷纹璧
估　价：RMB 20,000~30,000
成交价：RMB 23,000
直径9.2cm 中国嘉德 2019-03-24

2546 明 黄玉蒲纹璧
估　价：RMB 300,000~500,000
成交价：RMB 575,000
直径13.3cm 中古陶 2019-06-05

16 明 白玉五龙璧
估　价：RMB 180,000~280,000
成交价：RMB 299,000
直径13cm，通高21.2cm 上海明轩 2019-04-28

3106 明 白玉宜子孙出廓璧
估　价：RMB 400,000~500,000
成交价：RMB 575,000
长11.5cm，宽8.7cm 中鸿信 2019-07-17

6937 明 青玉雕蒲纹龙纹璧
估　价：RMB 100,000~150,000
成交价：RMB 115,000
直径14.5cm 北京保利 2019-12-05

74 清早期 白玉交结四方龙纹璧
估　价：RMB 28,000
成交价：RMB 40,250
直径5.8cm，高0.6cm 浙江佳宝 2019-06-23

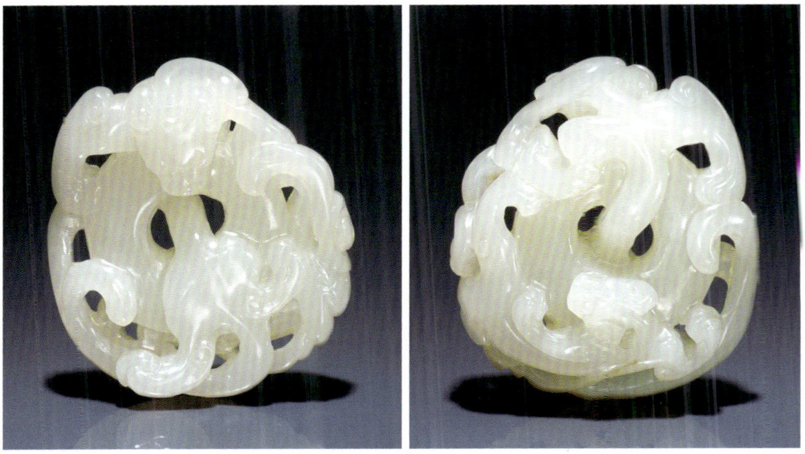

3 明末清初 白玉双螭龙出廓璧
估　价：GBP 15,000~25,000
成交价：RMB 165,394
高4.8cm 伦敦佳士得 2019-05-14

2049 清早期 白玉饕餮纹璧
估　价：RMB 80,000~100,000
成交价：RMB 109,250
高15cm 北京荣宝 2019-12-01

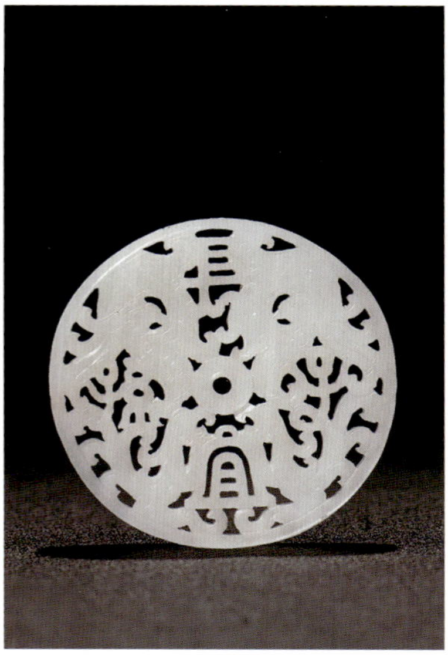

2574 清乾隆 白玉长宜子孙璧
估 价：RMB 300,000~500,000
成交价：RMB 460,000
直径7.6cm 中古陶 2019-06-05

5562 清乾隆 黄玉谷纹璧配乾隆御题诗硬木座
估 价：RMB 800,000~1,000,000
成交价：RMB 920,000
直径12.8cm 北京保利 2019-06-05

35 清乾隆 造办处紫檀底座玉璧
估 价：RMB 500,000~800,000
成交价：RMB 897,000
直径15cm，通高31.5cm 上海明轩 2019-04-28

6029 清中期 白玉浮雕螭龙纹璧
估 价：RMB 30,000~50,000
成交价：RMB 69,000
直径5.7cm 北京保利 2019-06-06

3453 清中期 旧玉夔龙璧
估 价：RMB 50,000~80,000
成交价：RMB 172,500
高31cm 中鸿信 2019-07-17

2015 清 白玉雕红沁谷纹璧
估　价：RMB 120,000~180,000
成交价：RMB 195,500
直径7.8cm 古天一 2019-06-05

87 清 白玉双龙合璧佩
估　价：RMB 20,000
成交价：RMB 43,700
长7cm，宽5.5cm 浙江佳宝 2019-06-23

155 清 黄玉十二生肖璧
估　价：RMB 35,000
成交价：RMB 59,800
直径4.2cm 浙江佳宝 2019-06-23

1509 清 白玉龙纹璧
估　价：RMB 25,000~35,000
成交价：RMB 46,000
直径5.5cm 北京保利 2019-08-25

1042 清 蝌蚪纹玉璧
估　价：RMB 70,000
成交价：RMB 126,500
直径4.8cm 古天一 2019-06-05

1115 清 青白玉谷纹大璧
估　价：RMB 260,000~300,000
成交价：RMB 299,000
直径15cm 古天一 2019-12-03

2174 清 玉雕螭虎璧
估　价：RMB 6,000
成交价：RMB 32,200
直径6cm 北京翰海 2019-10-12

2014 清 玉雕蒲纹璧
估　价：RMB 70,000~90,000
成交价：RMB 126,500
直径6.8cm 古天一 2019-06-05

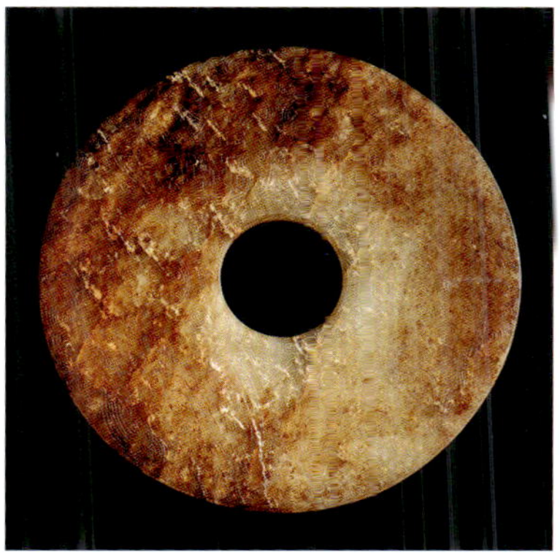

1384 19世纪/20世纪 玉浮雕螭龙纹璧
估　价：USD 1,000~1,500
成交价：RMB 109,086
纽约苏富比 2019-03-23

玉　琮

104 新石器时代良渚文化 神人兽面纹玉琮
估　价：HKD 600,000~800,000
成交价：RMB 1,620,540
宽8.5cm 邦瀚斯 2019-05-28

3020 新石器时代良渚文化 兽面纹玉琮
估　价：HKD 8,000,000~10,000,000
成交价：RMB 8,255,025
高10cm 香港苏富比 2019-04-02

1243 新石器时代 玉琮
估　价：RMB 10,000~20,000
成交价：RMB 126,500
宽3.5cm，高3.3cm 广东崇正 2019-11-27

2721 新石器时代良渚文化 青玉琮（残件）
估　价：HKD 30,000~50,000
成交价：RMB 246,125
高5.5cm 佳士得 2019-11-27

2723 新石器时代良渚文化 神人兽面纹玉琮式管
估　价：HKD 30,000~50,000
成交价：RMB 469,875
高3.8cm 佳士得 2019-11-27

2720 新石器时代良渚文化 碧玉四层兽面纹琮
估　价：HKD 300,000~500,000
成交价：RMB 2,125,625
高11.4cm 佳士得 2019-11-27

1181 商 白玉灰皮琮
估　价：HKD 30,000~50,000
成交价：RMB 45,401
宽4.6cm 中国嘉德 2019-03-31

1163 文化期 青黄玉灰皮红沁兽面纹琮
估　价：HKD 50,000~70,000
成交价：RMB 181,602
宽7.5cm 中国嘉德 2019-03-31

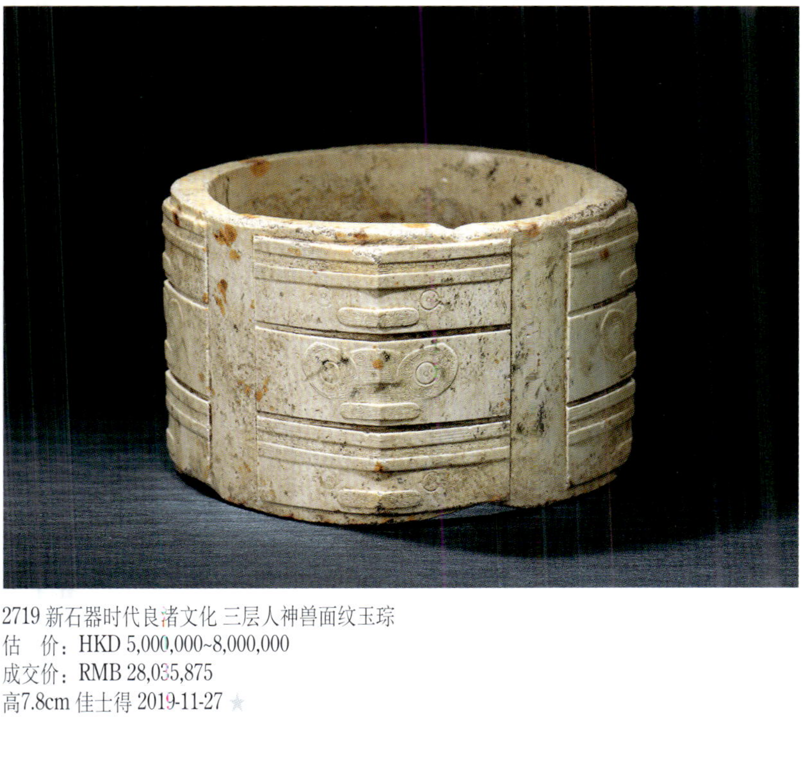

2719 新石器时代良渚文化 三层人神兽面纹玉琮
估　价：HKD 5,000,000~8,000,000
成交价：RMB 28,035,875
高7.8cm 佳士得 2019-11-27

632 文化期 玉雕兽面神人纹三节琮
估　价：HKD 500,000~700,000
成交价：RMB 642,156
高9cm 中国嘉德 2019-10-07

634 西周 玉琮
估　价：HKD 50,000~70,000
成交价：RMB 53,513
宽4.6cm 中国嘉德 2019-10-07

859 元 黄玉刻罗汉图八方琮式器
成交价：RMB 97,750
宽10cm，高7.2cm 中贸圣佳 2019-11-30

68 明 白玉红沁琮
估　价：RMB 80,000~100,000
成交价：RMB 161,000
宽4.6cm 北京鸿盛祥 2019-06-04

129 明 白玉柱形玉琮
估　价：RMB 180,000~200,000
成交价：RMB 287,500
直径6.5cm 北京鸿盛祥 2019-06-04

1272 明 方形玉琮
估　价：RMB 450,000~550,000
成交价：RMB 517,500
直径7.5cm，高14.2cm 中贸圣佳 2019-06-07

171 明 黑沁玉琮
估　价：RMB 100,000~120,000
成交价：RMB 195,500
宽6.3cm 北京鸿盛祥 2019-06-04

1327 明 黄玉沁色玉琮
成交价：RMB 195,500
宽5.4cm，高2.8cm 中贸圣生 2019-08-16

2984 明 旧玉琮式韘子
估　价：RMB 30,000~50,000
成交价：RMB 74,750
高2.5cm 中国嘉德 2019-06-02

1473 明 玉琮
估　价：RMB 10,000~20,000
成交价：RMB 55,200
高11.8cm 西泠印社 2019-07-06

1174 清 红沁大玉琮
估　价：RMB 1,200,000~1,500,000
成交价：RMB 1,782,500
长9.3cm，宽9.3cm，高5.6cm 古天一 2019-12-03

1181 明/清 灰青玉琮
估　价：USD 6,000~8,000
成交价：RMB 251,738
宽9.8cm 纽约佳士得 2019-03-21

2010 清 玉雕红沁琮
估　价：RMB 80,000~150,000
成交价：RMB 402,500
长6.2cm，宽6.2cm，高3.5cm 古天一 2019-06-05

2026 清 红沁大玉琮
估　价：RMB 1,500,000
成交价：RMB 5,520,000
长8.5cm，宽8.5cm，高5cm 古天一 2019-12-03

1076 清 黄玉琮
估　价：RMB 110,000~150,000
成交价：RMB 126,500
长4cm，宽4cm，高2.6cm 古天一 2019-12-03

2016 清 玉雕红沁琮式勒子 红沁勒子项串
估　价：RMB 200,000
成交价：RMB 517,500
长3.8cm 古天一 2019-12-03

25 红沁琮式玉勒
估　价：RMB 20,000
成交价：RMB 28,750
宽1.3cm，高2.86cm 浙江佳宝 2019-06-23

812 御贡——吴大澂藏古驵琮
估　价：RMB 6,600,000~9,000,000
成交价：RMB 8,970,000
玉琮长7.2cm，宽7.2cm，高28.5cm，内径约5.7cm 西泠印社 2019-07-06

玉　圭

2747 新石器时代龙山文化 玉圭
估　价：HKD 70,000~90,000
成交价：RMB 391,563
长22.9cm 佳士得 2019-11-27

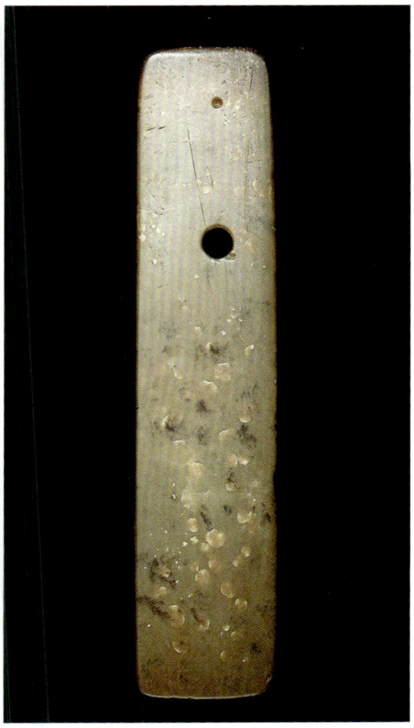

616 文化期 玉圭
估　价：HKD 20,000~30,000
成交价：RMB 34,248
长20.6cm 中国嘉德 2019-10-07

1425 明或更早 玉圭
成交价：RMB 218,500
长15.8cm 华艺国际 2019-08-10

2286 清乾隆 白玉仿古御制诗文圭
估　价：RMB 80,000~120,000
成交价：RMB 172,500
长47cm 中鸿信 2019-07-16

103 商晚期 青玉槽纹圭
估　价：HKD 100,000~120,000
成交价：RMB 108,540
长29cm 邦瀚斯 2019-05-28

2074 清 红玉圭
估　价：RMB 120,000
成交价：RMB 230,000
长15.8cm 古天一 2019-12-03

3334 明 白玉正面十二章纹背礼乐志圭
估　价：RMB 220,000~300,000
成交价：RMB 253,000
长19.2cm 中鸿信 2019-07-17

玉　璋

1426 明或更早 玉璋
成交价：RMB 356,500
长14.5cm 华艺国际 2019-08-10 ★

102 新石器时代（或为龙山文化）黑褐色玉璋
估　价：HKD 100,000~120,000
成交价：RMB 151,740
长32.9cm 邦瀚斯 2019-05-28

935 文化期 玉牙璋
估　价：HKD 250,000~350,000
成交价：RMB 492,320
长52.5cm 中国嘉德 2019-10-07

玉　册

932 清乾隆 御题“绥边经制”青白玉册
估　价：RMB 1,600,000~2,600,000
成交价：RMB 1,840,000
玉长14cm，宽7cm；册长19.5cm，宽11.5cm 保利厦门 2019-01-06

玉　刀

2748 新石器时代（可能为大汶口文化）玉刀（两件）
估　价：HKD 80,000~160,000
成交价：RMB 89,500
其一长35.8cm，另一件尺寸不详 佳士得 2019-11-27

1444 汉 陈仙洲旧藏玉刀
估　价：RMB 300,000~600,000
成交价：RMB 552,000
长51cm 西泠印社 2019-07-06

2741 新石器时代 玉刀
估　价：HKD 30,000~50,000
成交价：RMB 167,813
长34.6cm 佳士得 2019-11-27

2744 新石器时代龙山文化 墨玉三孔刀
估　价：HKD 40,000~60,000
成交价：RMB 447,500
长33.2cm 佳士得 2019-11-27

2745 新石器时代龙山文化 墨玉三孔刀
估　价：HKD 80,000~120,000
成交价：RMB 335,625
长50.8cm 佳士得 2019-11-27

1072 明末清初 黄玉龙凤纹刀
估　价：RMB 120,000~150,000
成交价：RMB 172,500
长18.5cm 古天一 2019-12-03

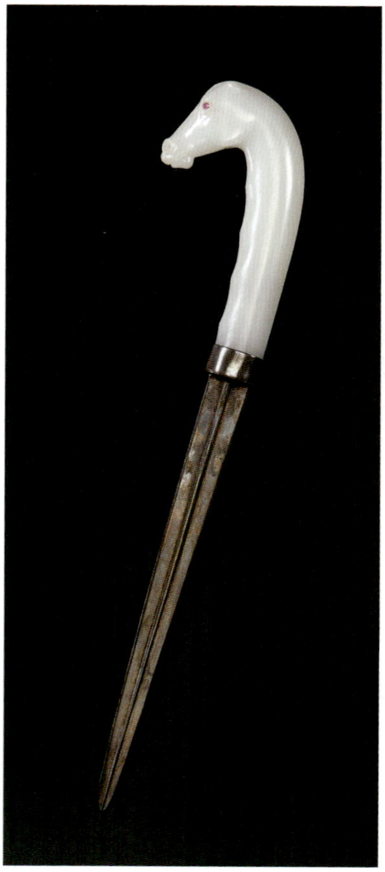

6964 17—18世纪 白玉马首文具刀
估　价：RMB 500,000~800,000
成交价：RMB 690,000
长28.2cm 北京保利 2019-12-05

玉　戈

811 商 玉戈
估　价：USD 8,000~12,000
成交价：RMB 311,194
长20.3cm 纽约佳士得 2019-09-13

3401 商 玉戈
估　价：HKD 200,000~300,000
成交价：RMB 961,875
长23cm 香港苏富比 2019-04-03

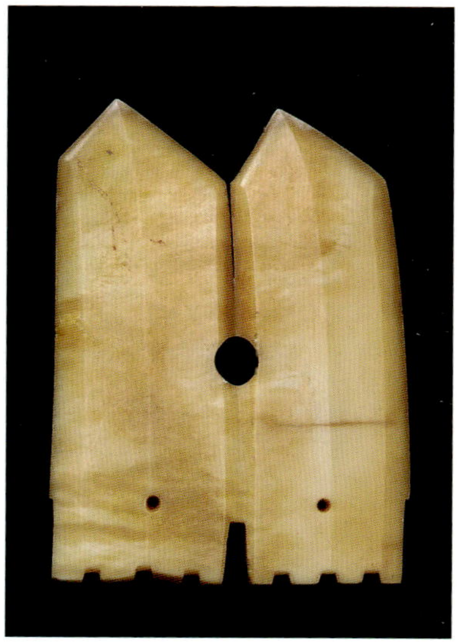

878 商 玉雕双连戈
估　价：HKD 30,000~50,000
成交价：RMB 40,670
长6.9cm 中国嘉德 2019-10-07

104 商/西周 玉双联戈佩
估　价：USD 6,000~8,000
成交价：RMB 109,086
纽约苏富比 2019-03-19

2742 新石器时代龙山文化 青玉钺
估　价：HKD 120,000~180,000
成交价：RMB 469,875
长20.6cm 佳士得 2019-11-27

2758 新石器时代齐家文化 玉钺
估　价：HKD 80,000~120,000
成交价：RMB 391,563
长13cm 佳士得 2019-11-27

玉　钺

1237 新石器时代 玉钺
估　价：RMB 10,000~30,000
成交价：RMB 120,750
长12.3cm，宽9cm 广东崇正 2019-11-27

2740 新石器时代龙山文化 玉钺
估　价：HKD 200,000~300,000
成交价：RMB 391,563
长13.9cm 佳士得 2019-11-27

1160 文化期 玉钺
估　价：HKD 20,000~30,000
成交价：RMB 22,196
长19cm 中国嘉德 2019-03-31

3422 商 青玉戚
估 价：HKD 100,000~200,000
成交价：RMB 534,375
长15.3cm 香港苏富比 2019-04-03

玉 斧

2717 新石器时代 青玉斧
估 价：HKD 30,000~50,000
成交价：RMB 72,719
长28.8cm 佳士得 2019-11-27

98 新石器时代 玉斧（一组两件）
估 价：GBP 1,500~2,500
成交价：RMB 45,827
其一长18cm，另一件尺寸不详
伦敦佳士得 2019-02-14

1161 文化期 玉斧
估 价：HKD 30,000~50,000
成交价：RMB 40,356
长14cm 中国嘉德 2019-03-31

1446 商 玉斧
估 价：RMB 50,000~80,000
成交价：RMB 97,750
长25.4cm，宽7cm 西泠印社 2019-07-06

玉剑首

848 春秋 玉勾云纹剑柄
估 价：HKD 30,000~50,000
成交价：RMB 101,675
长8.8cm 中国嘉德 2019-10-07

3449 西汉 白玉花卉谷纹剑首
估 价：HKD 40,000~60,000
成交价：RMB 117,563
直径5.5cm，高2cm 香港苏富比 2019-04-03

玉剑格

1208 汉 白玉螭龙纹剑格
估　价：RMB 15,000~30,000
成交价：RMB 25,300
长6cm 西泠印社 2019-09-22

玉剑璏

3448 西汉 玉螭龙纹剑璏
估　价：HKD 70,000~90,000
成交价：RMB 171,000
长8cm 香港苏富比 2019-04-03

6938 明 白玉谷纹剑璏
估　价：RMB 50,000~80,000
成交价：RMB 103,500
长7cm 北京保利 2019-12-05

1618 汉 白玉雕双螭纹剑璏
估　价：RMB 250,000~350,000
成交价：RMB 345,000
长10.2cm 西泠印社 2019-07-06

1162 清 白玉螭龙熊纹剑璏
估　价：RMB 220,000~280,000
成交价：RMB 379,500
长10.5cm 古天一 2019-12-03

1151 清 白玉出廓螭龙剑璏
估　价：RMB 80,000~120,000
成交价：RMB 138,000
长6.8cm 古天一 2019-12-03

玉剑珌

3019 东周 玉兽面纹剑珌
估　价：HKD 100,000~150,000
成交价：RMB 106,875
长5.6cm 香港苏富比 2019-04-02

108 西汉 青玉沁色丁字纹剑珌
估　价：HKD 40,000~60,000
成交价：RMB 184,140
长8cm 邦瀚斯 2019-05-28

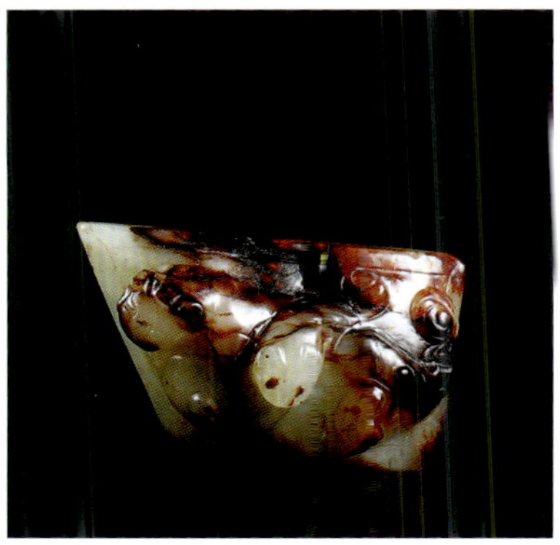

1736 汉 沁色玉雕双螭纹剑珌
估　价：RMB 120,000~150,000
成交价：RMB 172,500
长5.6cm 西泠印社 2019-07-06

其他玉刀剑饰

889 汉 玉雕剑饰（一套）
估　价：HKD 700,000~900,000
成交价：RMB 1,658,903
最长部件7.2cm 中国嘉德 2019-10-07 ★

2030 清 青白玉饕餮纹剑饰
估　价：RMB 80,000
成交价：RMB 207,000
高5cm 古天一 2019-12-03

佩饰件

玉　玦

3434 新石器时代 青玉玦
估　价：HKD 35,000~45,000
成交价：RMB 138,938
直径4.8cm 香港苏富比 2019-04-03

828 文化期 龙纹玉玦
估　价：HKD 100,000~150,000
成交价：RMB 107,026
高3.5cm 中国嘉德 2019-10-07

1176 西周 白玉红沁玦
估　价：HKD 30,000~50,000
成交价：RMB 141,246
直径4.2cm 中国嘉德 2019-03-31

1185 西周 青白玉龙纹玦
估　价：HKD 90,000~130,000
成交价：RMB 90,801
直径4.6cm 中国嘉德 2019-03-31

826 文化期 玉玦
估　价：HKD 80,000~120,000
成交价：RMB 802,695
宽3.6cm 中国嘉德 2019-10-07

641 战国 白玉兽面纹玦形勒（一对）
估　价：HKD 20,000~30,000
成交价：RMB 26,757
高2.5cm×2 中国嘉德 2019-10-07

2063 清 黄玉玦
成交价：RMB 80,500
直径6cm 古天一 2019-06-05

玉璇玑

612 文化期 黄玉璇玑
估 价：HKD 30,000~50,000
成交价：RMB 32,108
宽5.3cm 中国嘉德 2019-10-07

1450 商早期 玉璇玑
估 价：RMB 120,000~200,000
成交价：RMB 195,500
长11.3cm，宽9.5cm 西泠印社 2019-07-06

2542 明 白玉璇玑
估 价：RMB 150,000~200,000
成交价：RMB 184,000
内直径12.3cm 中古陶 2019-06-05

玉　环

2724 新石器时代良渚文化 玉兽面纹环
估　价：HKD 1,200,000~1,800,000
成交价：RMB 2,125,625
直径9.6cm 佳士得 2019-11-27

1459 春秋至战国 白玉雕龙纹活环节佩
估　价：RMB 120,000~250,000
成交价：RMB 207,000
长6.2cm，宽4.5cm 西泠印社 2019-07-06

613 文化期 白玉红沁环
估　价：HKD 50,000~70,000
成交价：RMB 53,513
直径9cm 中国嘉德 2019-10-07

2757 新石器时代齐家文化 玉环
估　价：HKD 50,000~70,000
成交价：RMB 95,094
直径11.2cm 佳士得 2019-11-27

636 西周 黄玉素环
估　价：HKD 40,000~60,000
成交价：RMB 42,810
直径12cm 中国嘉德 2019-10-07

2725 新石器时代良渚文化早期 光素玉环
估　价：HKD 150,000~200,000
成交价：RMB 167,813
直径11.9cm 佳士得 2019-11-27

646 战国 玉雕三才环
估　价：HKD 20,000~30,000
成交价：RMB 21,405
直径8.5cm 中国嘉德 2019-10-07

660 唐/宋 玉镂雕牡丹环
估　价：HKD 60,000~80,000
成交价：RMB 64,216
直径5.7cm 中国嘉德 2019-10-07

860 汉 玉咬尾龙环
估　价：HKD 100,000~150,000
成交价：RMB 342,483
宽3.5cm 中国嘉德 2019-10-07

859 汉 玉蒲纹环
估　价：HKD 30,000~50,000
成交价：RMB 69,567
直径7.6cm 中国嘉德 2019-10-07

1264 汉 白玉龙纹环
估　价：RMB 15,000~30,000
成交价：RMB 120,750
直径4.5cm 广东崇正 2019-11-27

20 宋 白玉红沁高浮雕风云际会环
估　价：RMB 50,000
成交价：RMB 80,500
直径5.04cm，高1.58cm 浙江佳宝 2019-06-23

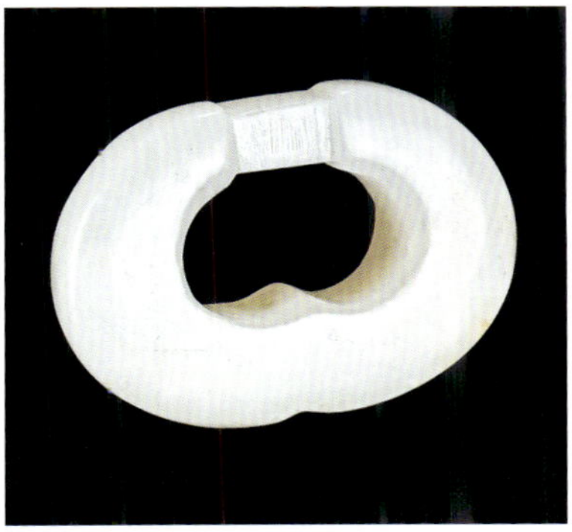

31 辽 白玉蹀躞带环
估　价：RMB 12,000
成交价：RMB 17,250
长3.93cm，宽2.76cm 浙江佳宝 2019-06-23

6400 元 白玉龟鹤祥云纹带环
估　价：RMB 60,000~80,000
成交价：RMB 69,000
长3.7cm 北京保利 2019-06-06

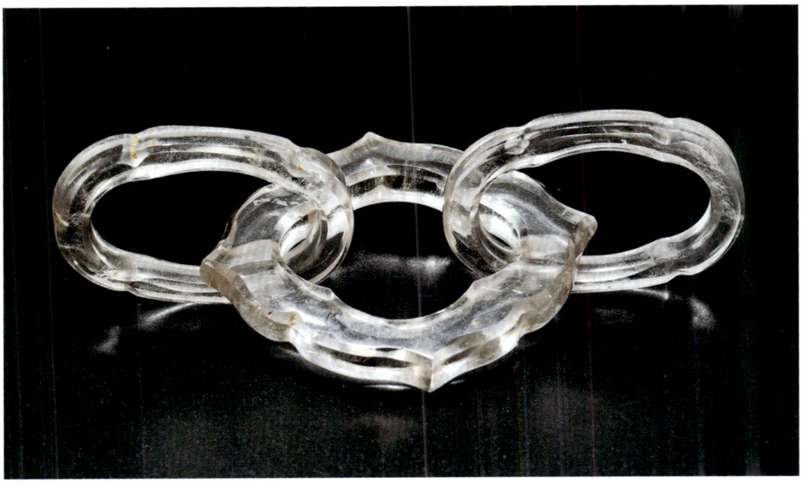

36 宋 水晶海棠形三连环
估　价：RMB 80,000
成交价：RMB 212,750
长12.58cm，宽6.2cm 浙江佳宝 2019-06-23

928 明 白玉红沁浮雕螭龙纹环
估　价：RMB 10,000~20,000
成交价：RMB 36,800
外径5.8cm，内径2.4cm 西泠印社 2019-07-06

2971 元 白水晶环、绿琉璃兔各一
估　价：RMB 1,000~2,000
成交价：RMB 34,500
环直径3.9cm，兔长3.4cm 中国嘉德 2019-06-02

179 明 黄玉谷纹环
估　价：RMB 150,000~200,000
成交价：RMB 402,500
直径5.1cm 北京鸿盛祥 2019-06-04

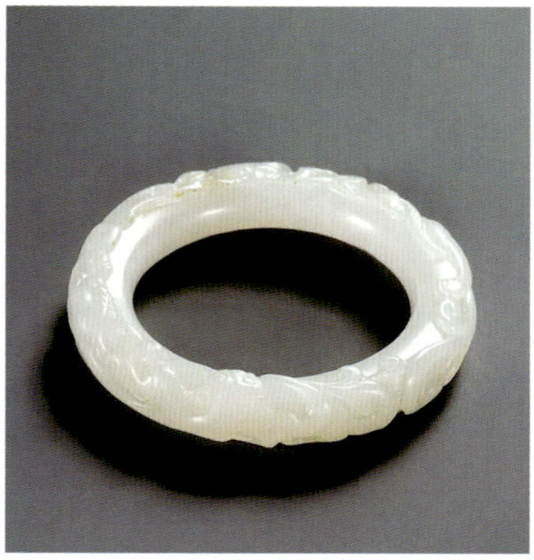

1236 清乾隆 白玉留皮雕双螭纹环
估　价：RMB 140,000~200,000
成交价：RMB 195,500
直径5.4cm 中贸圣佳 2019-06-07

4605 清中期 六舟款白玉瑗
估　价：RMB 20,000~60,000
成交价：RMB 71,300
直径4.4cm 中国嘉德 2019-06-03

6936 明 旧玉环
估　价：RMB 30,000~50,000
成交价：RMB 402,500
直径7.6cm 北京保利 2019-12-05

1794 清中期 黄玉龙纹环
估　价：RMB 12,000~30,000
成交价：RMB 13,800
直径6.5cm 北京翰海 2019-06-15

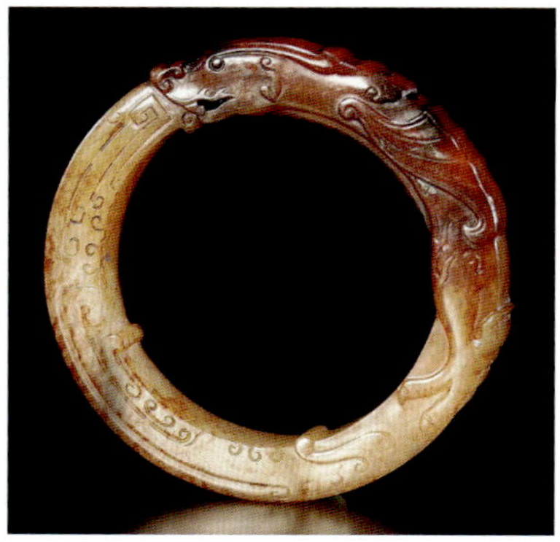

1798 清中期 玉龙形环
估　价：RMB 20,000~30,000
成交价：RMB 23,000
直径7cm 北京翰海 2019-06-15

1237 清乾隆 白玉浮雕环
估　价：RMB 250,000~300,000
成交价：RMB 287,500
直径3.8cm 中贸圣佳 2019-06-07

1793 清中期 黄玉窃曲纹环
估　价：RMB 20,000~30,000
成交价：RMB 32,200
直径6.3cm 北京翰海 2019-06-15

1640 清 白玉雕螭龙纹袈裟环
估　价：RMB 80,000~100,000
成交价：RMB 126,500
外径5.6cm，内径3.6cm 西泠印社 2019-07-06

6034 清 白玉雕螭龙环、龙凤纹佩（共两件）
估　价：RMB 15,000~18,000
成交价：RMB 126,500
佩长8.2cm，环直径5.8cm 北京保利 2019-06-06

1385 19世纪/20世纪 玉透雕螭龙团寿纹环
估　价：USD 1,500~2,000
成交价：RMB 21,817
纽约苏富比 2019-03-23

2028 清 白玉雕龙纹出戟环
估　价：RMB 200,000
成交价：RMB 483,000
直径9cm 古天一 2019-12-03

2016 清 白玉雕红沁谷纹环
估　价：RMB 200,000~250,000
成交价：RMB 230,000
直径6cm 古天一 2019-06-05

1063 清 玉环
估　价：RMB 150,000
成交价：RMB 172,500
直径10.6cm 古天一 2019-06-05

2029 清 白玉红沁勾云纹环
估　价：RMB 120,000
成交价：RMB 379,500
直径6cm 古天一 2019-12-03

18 黄玉受沁螭龙纹环
估　价：RMB 60,000
成交价：RMB 69,000
长6.2cm，宽5.4cm 浙江佳宝 2019-06-23

玉管、玉勒

638 商 碧玉蝉纹勒
估　价：HKD 30,000~50,000
成交价：RMB 32,108
长5.6cm 中国嘉德 2019-10-07

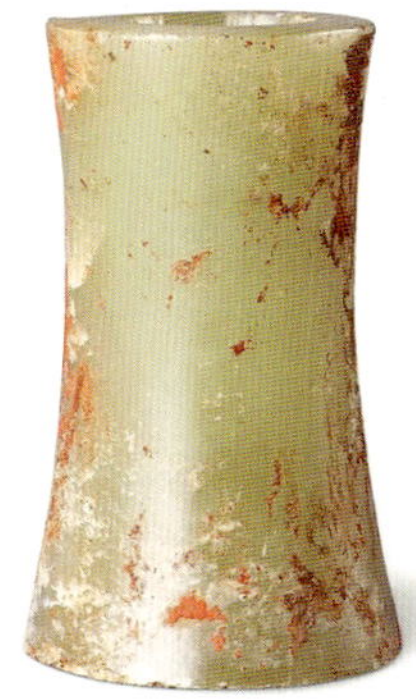

835 商 玉勒子
估　价：HKD 80,000~120,000
成交价：RMB 85,621
高4.8cm 中国嘉德 2019-10-07

824 文化期 玉勒
估　价：HKD 30,000~50,000
成交价：RMB 74,918
宽2.4cm 中国嘉德 2019-10-07

1155 文化期 白玉勒（九件）
估　价：HKD 60,000~80,000
成交价：RMB 80,712
最长4.5cm 中国嘉德 2019-03-31

830 文化期 玉人面纹双层勒
估　价：HKD 80,000~120,000
成交价：RMB 246,160
高3.6cm 中国嘉德 2019-10-07

1180 西周 白玉束形勒
估　价：HKD 20,000~30,000
成交价：RMB 80,712
高5.8cm 中国嘉德 2019-03-31

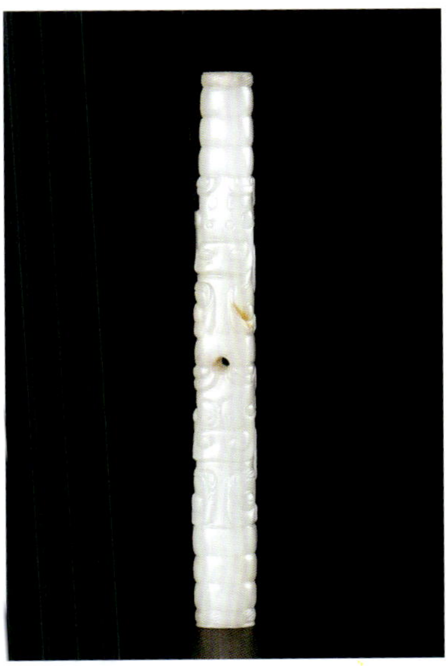

883 春秋 白玉龙纹管
估　价：HKD 80,000~120,000
成交价：RMB 85,621
高8.3cm 中国嘉德 2019-10-07

847 春秋 青玉勾连纹勒子
估　价：HKD 30,000~50,000
成交价：RMB 32,108
长6.2cm 中国嘉德 2019-10-07

845 春秋 玉螭纹勒子（一对）
估　价：HKD 40,000~60,000
成交价：RMB 90,972
高2.5cm×2 中国嘉德 2019-10-07

846 春秋 玉勾云纹勒子
估　价：HKD 50,000~70,000
成交价：RMB 80,270
长8.7cm 中国嘉德 2019-10-07

1277 春秋战国 白玉龙兽纹管
估　价：RMB 15,000~25,000
成交价：RMB 109,250
高3.5cm 广东崇正 2019-11-27

3427 西汉 青白玉谷纹勒子
估　价：HKD 35,000~45,000
成交价：RMB 74,813
高5cm 香港苏富比 2019-04-03

1292 宋 白玉红沁云纹勒子
估　价：RMB 10,000~20,000
成交价：RMB 13,800
高3cm，直径2.8cm 西泠印社 2019-07-06

1440 宋 玉勒
估　价：RMB 10,000~30,000
成交价：RMB 20,700
高5.1cm 西泠印社 2019-07-06

6506 明 白玉带沁云纹勒串
估　价：RMB 30,000~50,000
成交价：RMB 253,000
长4.3cm 北京保利 2019-12-05

827 元 玉虎勒子
估　价：RMB 30,000~50,000
成交价：RMB 34,500
长3cm 保利厦门 2019-08-04

1268 明 黄玉龙纹勒子
估　价：RMB 50,000~60,000
成交价：RMB 57,500
长4.7cm 中贸圣佳 2019-06-07

1442 宋 兽面纹玉勒
估　价：RMB 25,000~35,000
成交价：RMB 28,750
高6.2cm 西泠印社 2019-07-06

178 明 红沁黄玉勒
估　价：RMB 100,000~120,000
成交价：RMB 276,000
直径2.8cm 北京鸿盛祥 2019-06-04

1217 明 玉雕螭龙纹勒
估　价：HKD 40,000~60,000
成交价：RMB 40,356
高3.8cm 中国嘉德 2019-03-31

6415 清早期 南红玛瑙鸿运当头弥勒
估　价：RMB 100,000~150,000
成交价：RMB 115,000
高8cm 北京保利 2019-06-06

2019 清雍正 御制玛瑙云鹤纹勒子
估　价：RMB 50,000~80,000
成交价：RMB 322,000
长4.3cm 北京荣宝 2019-12-01

677 18世纪 白玉阴刻波罗蜜多心经勒子
估　价：HKD 200,000~300,000
成交价：RMB 374,591
高5.8cm 中国嘉德 2019-10-07

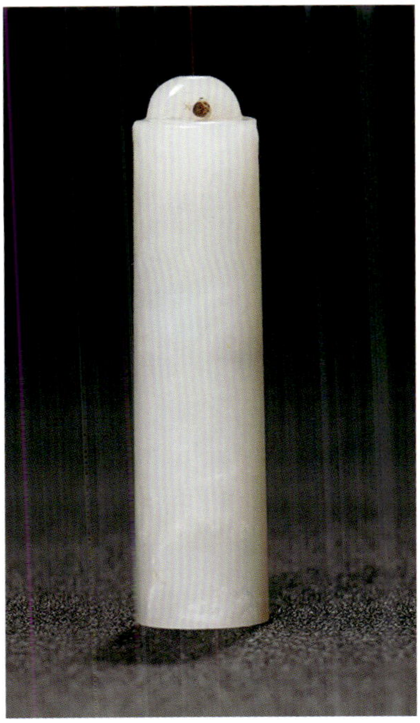

2563 清 白玉翎管
成交价：RMB 13,800
高7.4cm 中古陶 2019-06-05

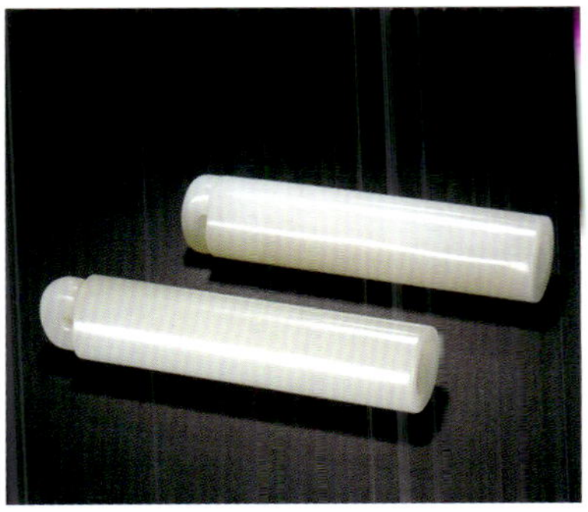

2963 清 白玉翎管（两件）
估　价：RMB 25,000~50,000
成交价：RMB 86,250
高7.2cm、7.6cm 中国嘉德 2019-06-02

1062 清 兽面纹玉勒子
估　价：RMB 220,000
成交价：RMB 460,000
高3cm、1.5cm 古天一 2019-06-05

2008 清 玉雕兽面纹勒子
估　价：RMB 250,000~400,000
成交价：RMB 483,000
高3.2cm 古天一 2019-06-05

2120 清 玉勾云纹扁方勒（一对）
估　价：RMB 75,000~95,000
成交价：RMB 86,250
长7.5cm×2 古天一 2019-06-05

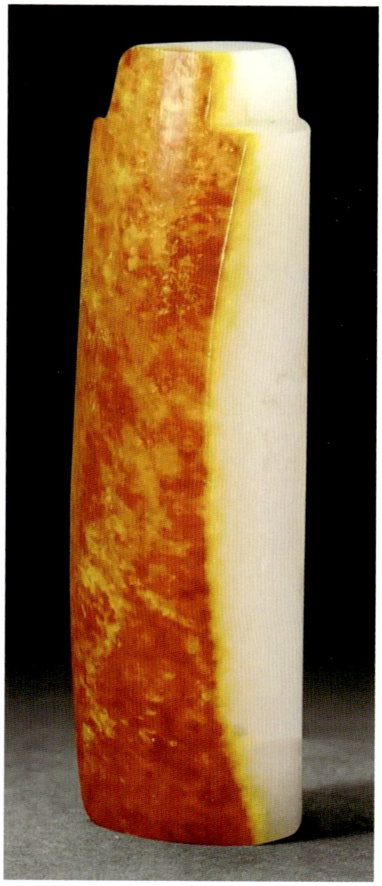

2228 清 玉翎管
估　价：RMB 8,000
成交价：RMB 101,200
高7cm 北京翰海 2019-10-12

2138 清 玉红沁勒子
估　价：RMB 30,000~50,000
成交价：RMB 94,300
高4cm 古天一 2019-06-05

玉扳指

6401 清乾隆 白玉御题诗扳指
估　价：RMB 150,000~200,000
成交价：RMB 172,500
直径3.2cm 北京保利 2019-06-06

3013 清乾隆 黄玉御题诗扳指
估　价：HKD 150,000~200,000
成交价：RMB 518,400
高2.6cm 佳士得 2019-05-29

1725 清 白玉雕宣统款扳指
估　价：RMB 160,000~200,000
成交价：RMB 184,000
直径3.2cm 西泠印社 2019-07-06

2965 清 白玉扳指
估　价：RMB 38,000~50,000
成交价：RMB 43,700
内径2cm 中国嘉德 2019-06-02

816 清 白玉巧色喜字扳指
估　价：HKD 40,000~60,000
成交价：RMB 93,531
直径2.8cm 香港苏富比 2019-05-30

832 清乾隆 御制白玉扳指
估　价：RMB 200,000~300,000
成交价：RMB 506,000
直径3cm 保利厦门 2019-08-04

1644 清 白玉素面扳指
估　价：RMB 250,000~320,000
成交价：RMB 322,000
直径4.2cm 西泠印社 2019-07-06

玉带板

1121 唐 白玉胡人献寠带板
估　价：HKD 50,000~100,000
成交价：RMB 190,098
长5.6cm 华艺国际 2019-11-24

6399 元 白玉带皮荷塘鸳鸯纹带板
估　价：RMB 60,000~80,000
成交价：RMB 97,750
长5.8cm 北京保利 2019-06-06

6398 元 白玉胡人戏狮带板
估　价：RMB 60,000~80,000
成交价：RMB 115,000
长7cm 北京保利 2019-06-06

2475 元 白玉浮雕龙纹带板（一套）
估　价：RMB 400,000~600,000
成交价：RMB 460,000
尺寸不一 中鸿信 2019-07-16

3413 明 白玉带板（一套）
估　价：RMB 90,000~120,000
成交价：RMB 109,250
尺寸不一 中鸿信 2019-07-17

4984 明 白玉花鸟纹带板
估　价：RMB 1,000~2,000
成交价：RMB 20,700
长5.5cm 中国嘉德 2019-03-24

1809 明 白玉龙纹带板
估　价：RMB 30,000~50,000
成交价：RMB 34,500
长17cm 北京翰海 2019-06-15

6008 明 白玉双面镂雕腾龙福寿带板
估　价：RMB 45,000~65,000
成交价：RMB 51,750
长9.2cm 北京保利 2019-06-06

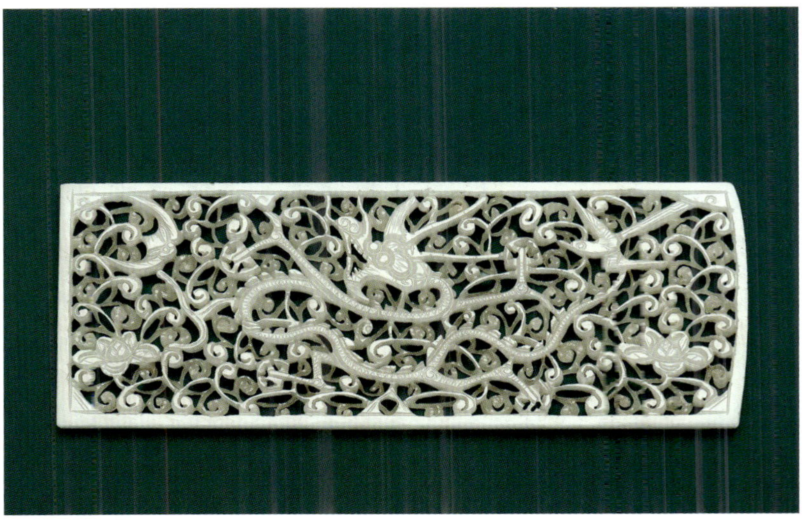

1209 明 青白玉镂雕龙纹带板
估　价：HKD 40,000~60,000
成交价：RMB 48,427
长14.8cm 中国嘉德 2019-03-31

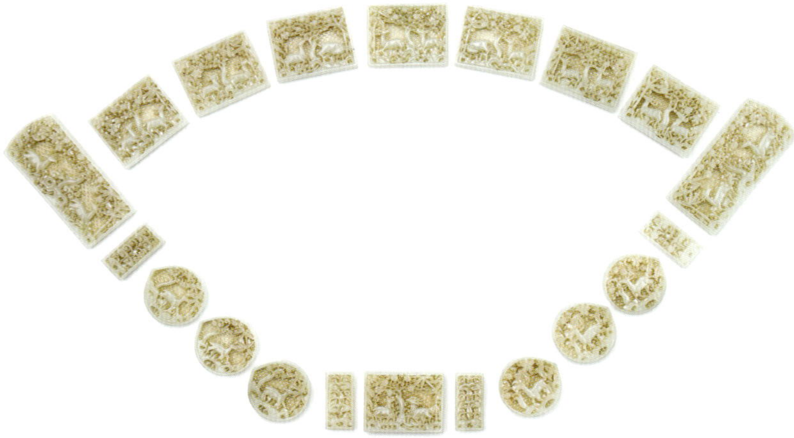

620 明 青白玉镂空松竹梅瑞鹿纹带板一套（二十片）
估　价：HKD 300,000~400,000
成交价：RMB 1,540,513
长5—11cm 香港苏富比 2019-05-30

2130 清 白玉雕胡人伎乐纹带板
估　价：RMB 120,000~180,000
成交价：RMB 195,500
长4.5cm 古天一 2019-06-05

247 明 青白玉透雕螭龙纹带板
估　价：USD 3,000~5,000
成交价：RMB 23,496
纽约苏富比 2019-03-19

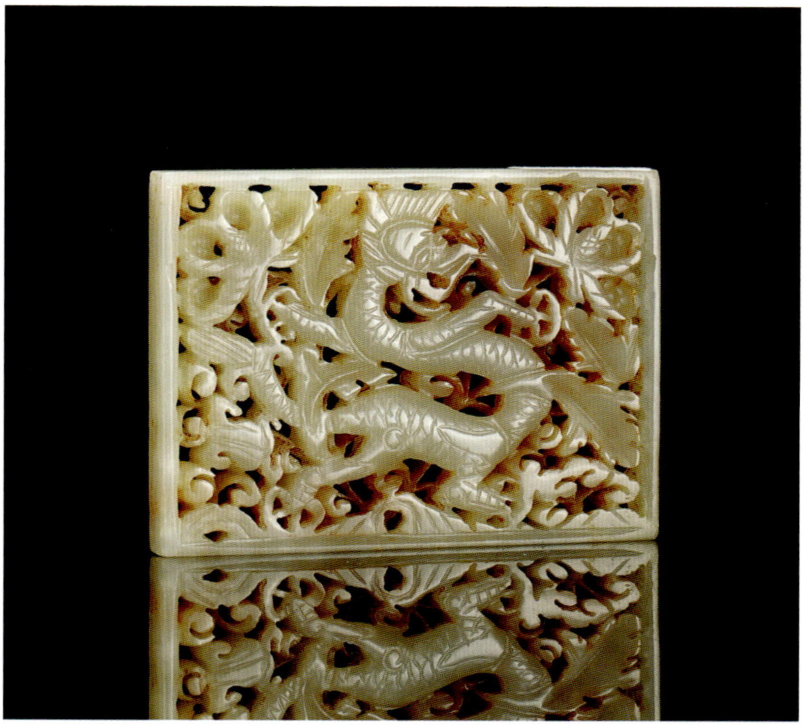

1250 明 玉雕龙形带板
估　价：RMB 25,000~30,000
成交价：RMB 28,750
长7.5cm，宽5.5cm 西泠印社 2019-09-22

2 宋 白玉镂空飞天带饰
估　价：HKD 30,000~40,000
成交价：RMB 54,540
宽6cm 邦瀚斯 2019-05-28

2129 金 玉雕人物鹤鹿纹带饰
估　价：RMB 150,000~200,000
成交价：RMB 230,000
长8cm，宽6.8cm 古天一 2019-06-05

1200 宋/元 白玉带洒金皮龙纹带饰
估　价：HKD 50,000~70,000
成交价：RMB 95,846
长6.9cm 中国嘉德 2019-03-31

6397 元 白玉巧色雕秋山图带饰
估　价：RMB 80,000~120,000
成交价：RMB 138,000
长6.2cm 北京保利 2019-06-06

1050 明 白玉麒麟带饰
估　价：RMB 100,000
成交价：RMB 115,000
长10cm，宽6.8cm 古天一 2019-06-05

玉带钩

844 春秋 玉勾云纹带钩
估　价：HKD 40,000~60,000
成交价：RMB 51,372
长3.7cm 中国嘉德 2019-10-07

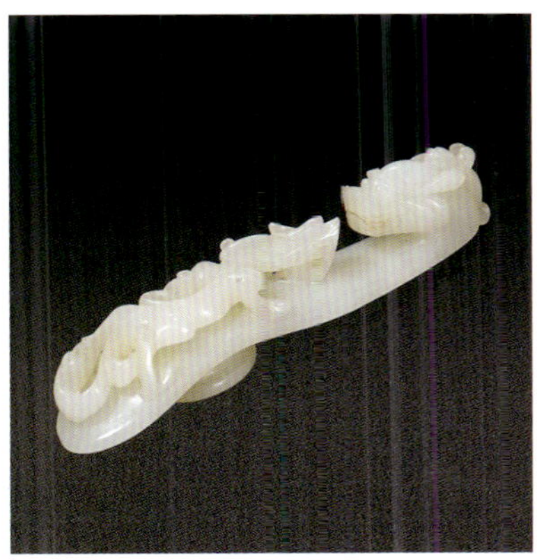

2510 明 白玉苍龙教子带钩
成交价：RMB 36,800
长11cm 中古陶 2019-06-05

929 战国 白玉龙首带钩
估　价：HKD 600,000~800,000
成交价：RMB 1,284,312
长18.2cm 中国嘉德 2019-10-07 ★

746 西汉 玉兽首纹带钩
估　价：HKD 1,000,000~1,500,000
成交价：RMB 1,070,260
长17.5cm 中国嘉德 2019-10-07 ★

2952 明 白玉螳螂瓜棱带钩
估　价：RMB 28,000~40,000
成交价：RMB 32,200
长10.8cm 中国嘉德 2019-06-02

2508 明 和田玉苍龙教子带钩
成交价：RMB 63,250
长11.7cm 中古陶 2019-06-05

2953 明 糖玉龙纹带钩
估　价：RMB 25,000~40,000
成交价：RMB 28,750
长5.6cm 中国嘉德 2019-06-02

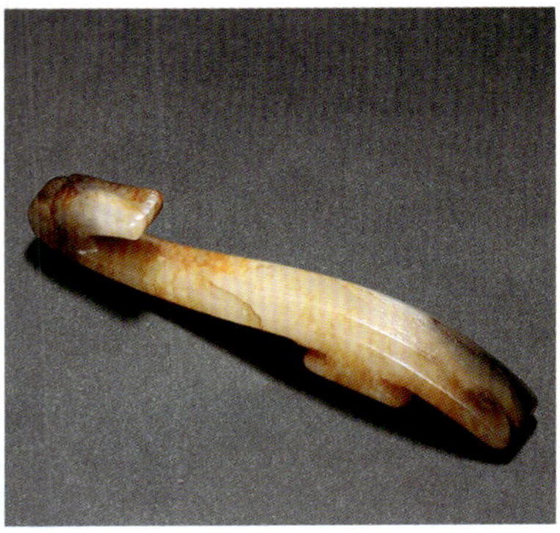

6947 明 玉雕马首小带钩
估　价：RMB 80,000~120,000
成交价：RMB 195,500
长6.8cm 北京保利 2019-12-05

3130 18世纪 白玉螭龙纹灵芝带钩（两件）
估　价：HKD 100,000~120,000
成交价：RMB 75,600
长14cm × 2 佳士得 2019-05-29

73 18世纪 青白玉雕螳螂捕蝉带钩
估　价：HKD 40,000~60,000
成交价：RMB 38,340
长11.8cm 邦瀚斯 2019-05-28

67 清乾隆 白玉雕五福龙首带钩
估　价：HKD 50,000~80,000
成交价：RMB 119,340
长11.8cm 邦瀚斯 2019-05-28

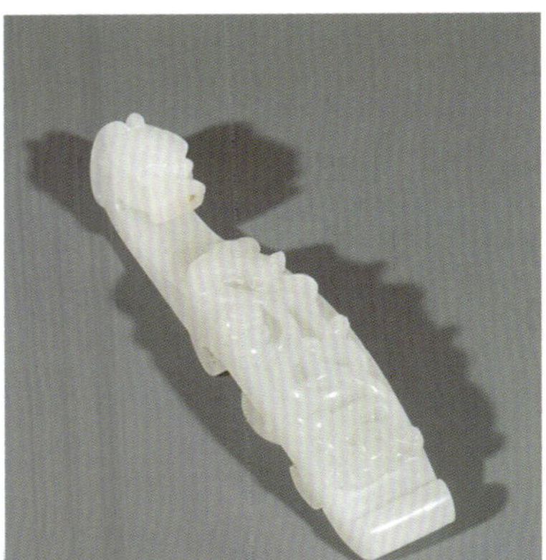

1478 清乾隆 白玉雕望子成龙下卷式带钩
估　价：RMB 100,000~120,000
成交价：RMB 140,300
长9.5cm 荣宝斋(南京) 2019-07-21

1 清乾隆 苍龙教子纹玉带钩
估　价：HKD 40,000~60,000
成交价：RMB 112,147
长14.2cm 香港中汉 2019-05-30

66 清乾隆 青白玉雕苍龙教子带钩
估　价：HKD 30,000~40,000
成交价：RMB 65,340
长12.2cm 邦瀚斯 2019-05-28

74 清乾隆 青玉雕凤带钩
估　价：HKD 150,000~200,000
成交价：RMB 184,140
长11cm 邦瀚斯 2019-05-28

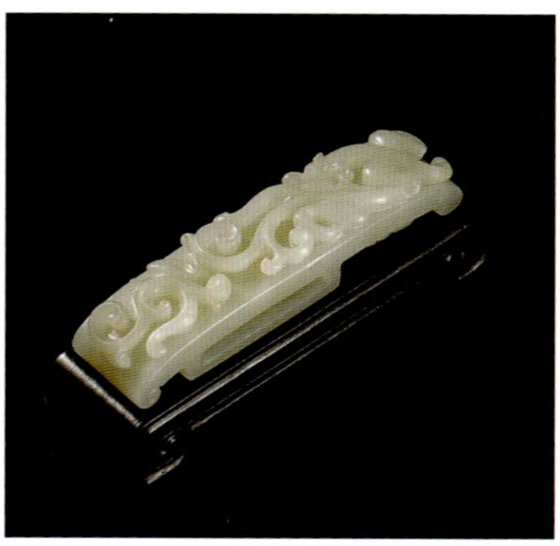

1671 清 白玉雕龙凤纹璏形带钩
估　价：RMB 80,000~100,000
成交价：RMB 109,250
长11.3cm 西泠印社 2019-07-06

2951 清 白玉马首鹅首带钩（两件）
估　价：RMB 35,000~50,000
成交价：RMB 48,300
长11cm、11.1cm 中国嘉德 2019-06-02

868 清早期 白玉龙钩
估　价：HKD 80,000~120,000
成交价：RMB 203,349
长10.2cm 中国嘉德 2019-10-07

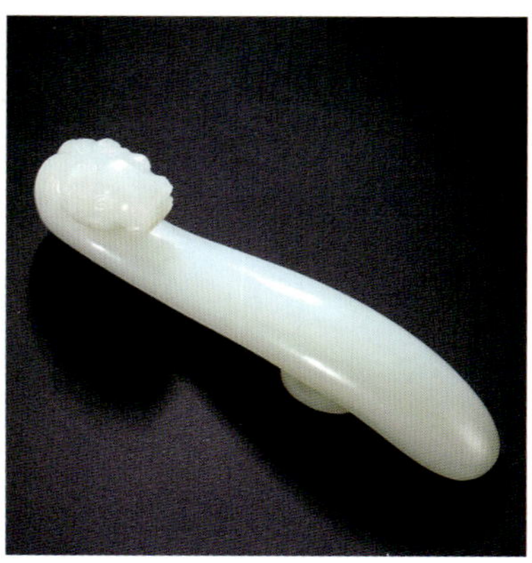

3107 清 白玉马头带钩
估　价：HKD 25,000~50,000
成交价：RMB 25,223
长10.7cm 保利香港 2019-04-02

玉带扣

43 清乾隆 白玉受沁龙首花卉纹带扣
估　价：RMB 28,000
成交价：RMB 32,200
长12.6cm，宽4.8cm 浙江佳宝 2019-06-23

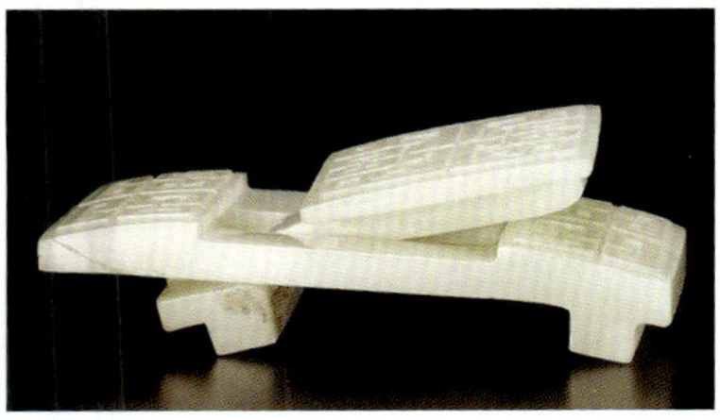

1818 清中期 白玉回文带扣
估　价：RMB 50,000~70,000
成交价：RMB 57,500
长9.5cm 北京翰海 2019-06-15

2021 清乾隆 碧玉嵌白玉双龙捧寿带扣
成交价：RMB 36,800
长4cm 北京荣宝 2019-12-01

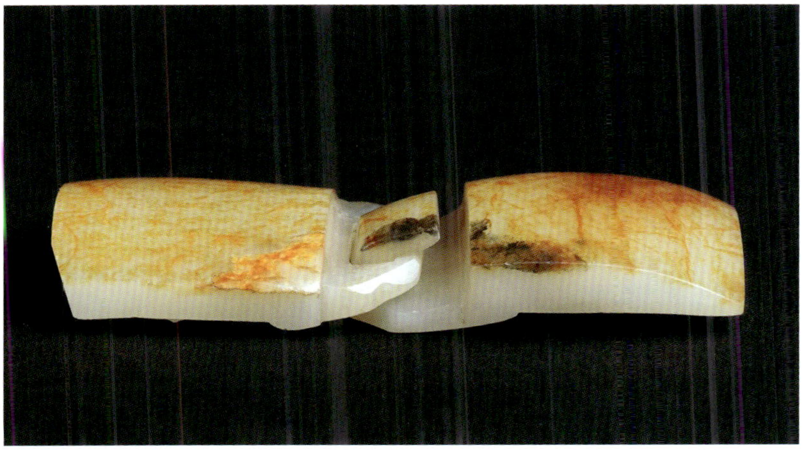

1349 清 白玉留皮带扣（一套）
成交价：RMB 46,000
长7.7cm，宽2.8cm 中贸圣佳 2019-08-16

1690 清 碧玉雕龙纹带扣
估　价：RMB 60,000~70,000
成交价：RMB 74,750
长16cm 西泠印社 2019-07-06

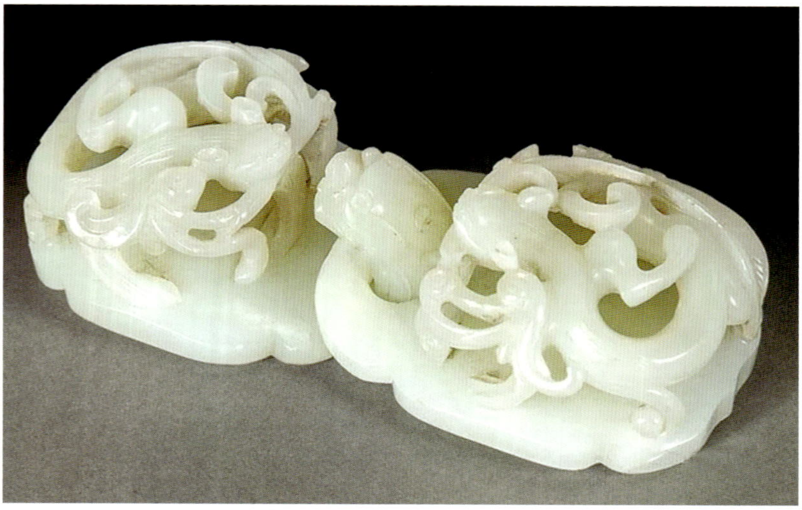

2292 清 玉雕螭龙带扣
估　价：RMB 15,000
成交价：RMB 63,250
长21cm 北京翰海 2019-03-29

1887 清 玉平安欢喜扣
估　价：RMB 25,000
成交价：RMB 63,250
长7.3cm 北京翰海 2019-03-29

137 清 黄玉高浮雕螭龙纹将军扣
估　价：RMB 12,000
成交价：RMB 17,250
长4.45cm，宽4.4cm 浙江佳宝 2019-06-23

玉　锁

2582 清乾隆 白玉和合二仙山石灵芝纹如意锁
估　价：RMB 80,000~120,000
成交价：RMB 172,500
长14.5cm 中古陶 2019-06-05

1576 清 白玉"玉堂富贵"锁
估　价：RMB 20,000~30,000
成交价：RMB 25,300
长7.5cm，宽5.5cm 荣宝斋(南京) 2019-07-21

1605 清乾隆 白玉雕龙凤纹磬
估　价：RMB 10,000~30,000
成交价：RMB 109,250
长9.3cm 西冷印社 2019-07-06

1895 清 玉锁
估　价：RMB 10,000
成交价：RMB 59,800
长8cm 北京翰海 2019-03-29

玉　磬

2048 明 玉云蝠纹磬
估　价：RMB 80,000~120,000
成交价：RMB 92,000
长17cm 华艺国际 2019-08-11

3546 清 白玉大吉大利磬
估　价：RMB 120,000~150,000
成交价：RMB 184,000
高16.8cm 中鸿信 2019-07-17

2086 清 碧玉雕太平有象磬
估　价：RMB 50,000~80,000
成交价：RMB 109,250
高85.5cm 中古陶 2019-06-06

玉刚卯

156 白玉红沁刚卯
估　价：RMB 35,000
成交价：RMB 40,250
宽1cm，高2.24cm 浙江佳宝 2019-06-23

玉柄形器

1188 西周 玉龟柄形器
估　价：HKD 60,000~80,000
成交价：RMB 60,534
长7cm 中国嘉德 2019-03-31

1190 春秋 青玉秦式柄形器
估　价：HKD 30,000~50,000
成交价：RMB 50,445
长12cm 中国嘉德 2019-03-31

1070 清 玉龙凤纹柄形器
估　价：RMB 68,000
成交价：RMB 149,500
长9cm 古天一 2019-06-05

玉炉顶

2029 元 白玉镂雕穿花龙炉顶
成交价：RMB 74,750
高5.9cm 中鸿信 2019-07-16

2124 金 黑白玉巧雕獬豸炉顶
估　价：RMB 120,000~150,000
成交价：RMB 161,000
高3.8cm 古天一 2019-06-05

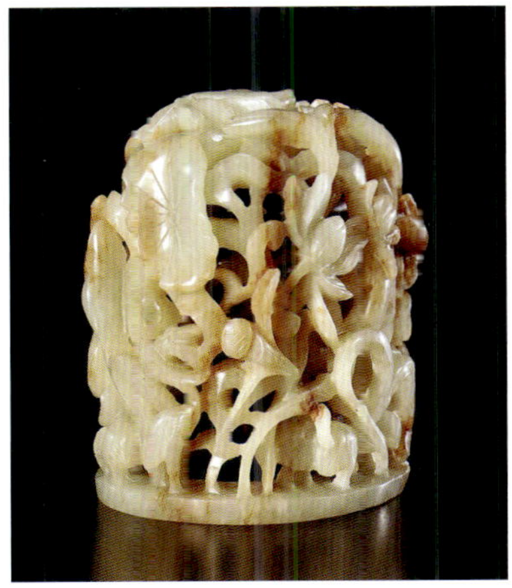

1824 元 白玉一路连科炉顶
估　价：RMB 30,000~50,000
成交价：RMB 34,500
高8.5cm 北京翰海 2019-06-15

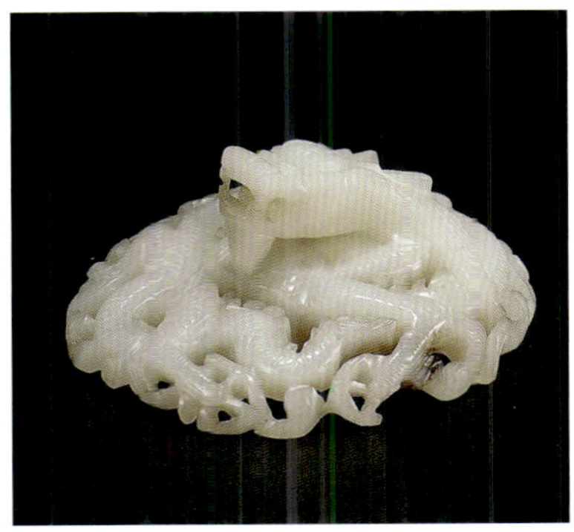

127 明 白玉雕蟠龙炉顶
估　价：HKD 100,000~150,000
成交价：RMB 108,540
直径6cm 邦瀚斯 2019-05-28

1704 元 青白玉雕一路连科炉顶
估　价：RMB 90,000~120,000
成交价：RMB 103,500
高9cm 西泠印社 2019-07-06

1214 元 火烧玉镂雕龙纹炉顶
估　价：RMB 30,000~60,000
成交价：RMB 71,300
高6.6cm 西泠印社 2019-07-06

2988 明 玉鹭鸶纹炉顶
估　价：RMB 40,000~60,000
成交价：RMB 45,000
高5.8cm 中国嘉德 2019-06-02

1399 明 青白玉镂雕路路连科纹冠顶
估　价：USD 5,000~7,000
成交价：RMB 117,478
纽约苏富比 2019-03-23

4991 清 青白玉一路连科炉顶
估　价：RMB 1,000~2,000
成交价：RMB 43,700
高6.3cm 中国嘉德 2019-03-24

玉香囊

246 元 鸡骨玉镂雕路路连科纹香囊
估　价：USD 3,000~5,000
成交价：RMB 18,461
纽约苏富比 2019-03-19

53 18世纪/19世纪 青玉镂空葫芦形香囊
估　价：HKD 30,000~40,000
成交价：RMB 27,540
高7.5cm 邦瀚斯 2019-05-28

823 清 白玉灵芝纹荷包式香囊
估　价：HKD 20,000~30,000
成交价：RMB 104,535
高7.5cm 香港苏富比 2019-05-30

1277 清 白玉香囊
估　价：RMB 28,000~35,000
成交价：RMB 32,200
长6.6cm 西泠印社 2019-09-22

玉珠串、项链

2730 新石器时代良渚文化 玉串饰
估　价：HKD 300,000~500,000
成交价：RMB 425,125
长44cm 佳士得 2019-11-27 ★

2731 新石器时代良渚文化或更早 玉串饰
估　价：HKD 300,000~500,000
成交价：RMB 335,625
长38.5cm 佳士得 2019-11-27

1165 文化期 白玉红沁多宝串
估　价：HKD 20,000~30,000
成交价：RMB 50,445
下部圆环直径2.4cm 中国嘉德 2019-03-31

611 文化期 白玉红沁手串
估　价：HKD 20,000~30 000
成交价：RMB 26,757
直径22cm 中国嘉德 2019-10-07

2729 新石器时代良渚文化或更早 玉串饰
估　价：HKD 200,000~300,000
成交价：RMB 223,750
长32.3cm 佳士得 2019-11-27

825 文化期 多宝玉串
估　价：HKD 40,000~60,000
成交价：RMB 203,349
长2.9cm 中国嘉德 2019-10-07

1168 文化期 黄玉红沁勒和玦多宝串
估　价：HKD 60,000~80,000
成交价：RMB 60,534
玉玦宽4.3cm 中国嘉德 2019-03-31

1466 商 玉勒多宝串
估　价：RMB 38,000~60,000
成交价：RMB 63,250
珠径最大1.5cm，最小1cm 西泠印社 2019-07-06

1437 明 玉雕刚卯、云纹璧及龙首璜佩多宝串
估　价：RMB 10,000~30,000
成交价：RMB 172,500
尺寸不一 西泠印社 2019-07-06

1660 明 玉质多宝串
估　价：RMB 40,000~60,000
成交价：RMB 55,200
尺寸不一 西泠印社 2019-07-06

1001 清 红沁玉勒子串饰
估　价：RMB 80,000
成交价：RMB 138,000
最高者高2.2cm 古天一 2019-06-05

1064 清中期 蜜蜡朝珠
估　价：RMB 80,000~120,000
成交价：RMB 92,000
长53cm，重104.2g 中贸圣佳 2019-06-07

1524 清 白玉十八子手串
估　价：RMB 30,000~50,000
成交价：RMB 74,750
珠径1cm 西泠印社 2019-07-06

5159 19世纪 琥珀、蜜蜡吊坠、项链、手串等（三十五件）
估　价：RMB 1,000~2,000
成交价：RMB 43,700
尺寸不一 中国嘉德 2019-03-24

5166 19世纪 蜜蜡项链
估　价：RMB 1,000~2,000
成交价：RMB 17,250
长34.2cm 中国嘉德 2019-03-24

1220 清 琥珀十八子持珠
估　价：RMB 25,000~35,000
成交价：RMB 28,750
珠径1.5cm，重80.6g 西泠印社 2019-07-06

932 清 金珀珠串
估　价：RMB 20,000~28,000
成交价：RMB 23,000
珠径1.3cm × 108 北京诚轩 2019-06-03

2307 清 旧玉多宝串
估　价：RMB 3,000
成交价：RMB 19,550
北京翰海 2019-03-29

1522 清 蜜蜡十六子手串
估　价：RMB 18,000~30,000
成交价：RMB 20,700
珠径1.2cm，重40g 西泠印社 2019-07-06

1051 清 珊瑚碧玉珠串
估　价：RMB 20,000
成交价：RMB 43,700
古天一 2019-06-05

117 清 青金石朝珠及手串
估　价：GBP 5,000~8,000
成交价：RMB 98,168
朝珠长约144cm，手串直径约9cm
伦敦佳士得 2019-11-05

2004 清 玉红沁勒子多宝串
成交价：RMB 80,500
高4cm，长2cm 古天一 2019-06-05

2077 清 玉红沁勒子手串
估　价：RMB 150,000
成交价：RMB 345,000
古天一 2019-12-03

3107 清 玉雕十二生肖珠链
估　价：HKD 40,000~60,000
成交价：RMB 503,438
长54cm 佳士得 2019-11-27

2308 清 籽玉手串
估　价：RMB 3,000
成交价：RMB 69,000
北京翰海 2019-03-29

1025 清 玉翁仲咬尾龙佩多宝串
估　价：RMB 120,000~150,000
成交价：RMB 287,500
玉翁仲高2.5cm，玉佩直径4cm 古天一
2019-12-03

玉　镯

1103 新石器时代良渚文化 束腰玉镯
估　价：TWD 650,000
成交价：RMB 173,342
外径8.6cm，厚1.5cm，重120.7g
台北艺珍 2019-09-01

834 文化期 玉兽面纹镯
估　价：HKD 280,000~320,000
成交价：RMB 299,673
直径8.5cm 中国嘉德 2019-10-07

940 文化期 玉镯
估　价：HKD 300,000~500,000
成交价：RMB 321,078
直径6.3cm 中国嘉德 2019-10-07

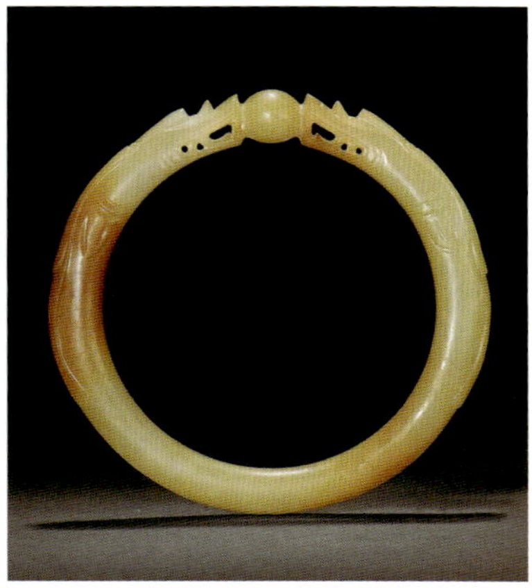

928 明 玉雕双龙戏珠镯
估　价：RMB 10,000~15,000
成交价：RMB 36,800
外径7.8cm，内径6.3cm 北京诚轩 2019-06-03

1789 明 旧玉勾云纹手镯
估　价：RMB 8,000~12,000
成交价：RMB 32,200
内径6cm 北京翰海 2019-06-15

83 18世纪 白玉雕绞丝镯
估　价：HKD 150,000~200,000
成交价：RMB 151,740
直径8.3cm 邦瀚斯 2019-05-28

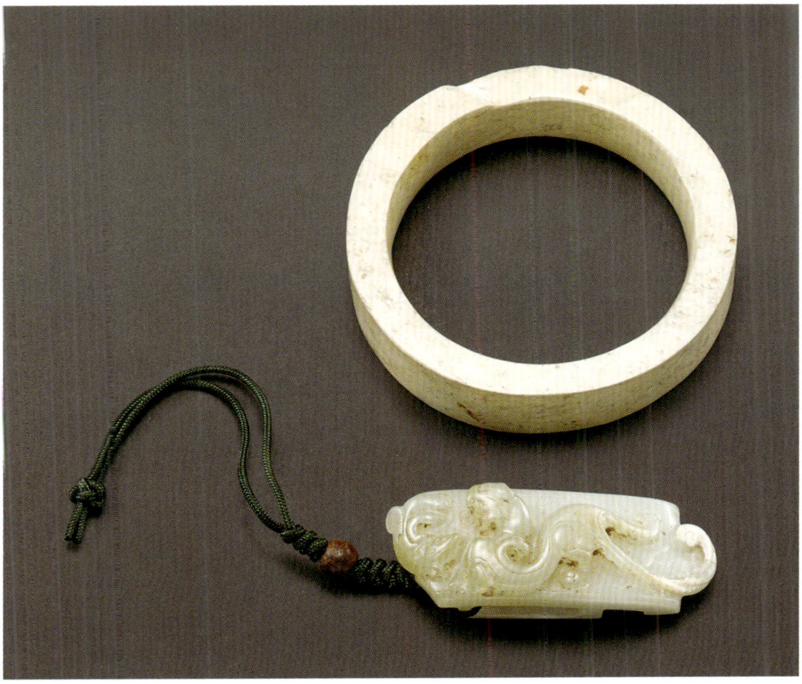

567 西汉 玉镯及青白玉螭龙纹璏
估　价：HKD 20,000~30,000
成交价：RMB 165,055
镯直径7.1cm，璏长5.8 cm 香港苏富比
2019-05-30

1672 清 白玉雕绳纹贵妃镯
估　价：RMB 50,000~60,000
成交价：RMB 69,000
直径8.1cm 西泠印社 2019-07-06

1674 元 红沁玉镯
成交价：RMB 9,200
内径6cm 西泠印社 2019-07-06

109 清中期 白玉藕节纹手镯（一对）
估　价：RMB 40,000
成交价：RMB 86,250
内径5.7cm × 2 浙江佳宝 2019-06-23

1751 19世纪 竹节白玉镯（一对）
估　价：USD 6,000~8,000
成交价：RMB 58,739
直径8.3cm×2 纽约佳士得 2019-03-22

1788 清 黄玉手镯
估　价：RMB 25,000~35,000
成交价：RMB 34,500
内径5.8cm 北京翰海 2019-06-15

1673 清 白玉雕双龙戏珠镯
估　价：RMB 50,000~60,000
成交价：RMB 74,750
外径7.8cm，内径6cm 西泠印社 2019-07-06

1206 清 黄玉手镯
估　价：RMB 45,000~50,000
成交价：RMB 51,750
直径7.8cm 西泠印社 2019-07-06

1232 清 龙纹玉镯
估　价：RMB 50,000~60,000
成交价：RMB 57,500
直径7.8cm 中贸圣佳 2019-06-07

1350 清 白玉绳纹手镯（一对）
成交价：RMB 89,700
外径7.5cm×2，内径5.7cm×2 中贸圣佳 2019-08-16

3321 清 翡翠灵芝纹手镯（一对）
估　价：RMB 50,000~80,000
成交价：RMB 299,000
直径7.7cm、5.7cm 中国嘉德 2019-11-17

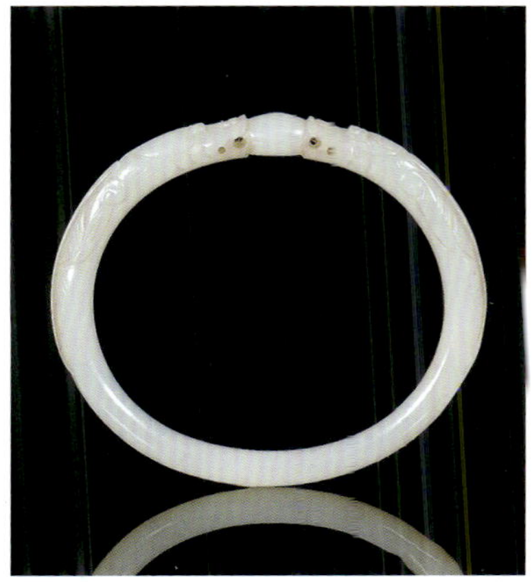

3086 清 青白玉龙珠贵妃镯
估　价：RMB 12,000~22,000
成交价：RMB 36,800
内径5.3cm 中国嘉德 2019-06-25

1940 清 玉连珠手镯
估　价：RMB 2,000
成交价：RMB 82,800
直径7.5cm 北京翰海 2019-03-29

2081 清 玉束腰手镯
估　价：RMB 80,000
成交价：RMB 207,000
高3.5cm，直径8cm 古天一 2019-12-03

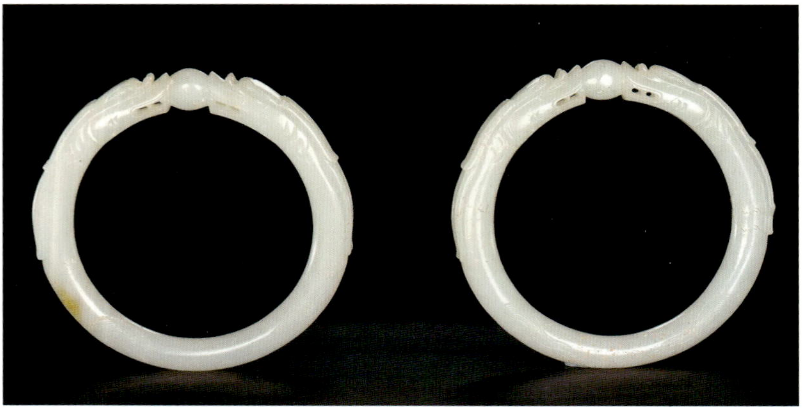

2969 清 白玉双龙首镯（一对）
估　价：RMB 20,000~30,000
成交价：RMB 86,250
内径5.9cm × 2 中国嘉德 2019-06-02

2023 清 白玉发簪
成交价：RMB 149,500
长10.2cm 北京荣宝 2019-12-01

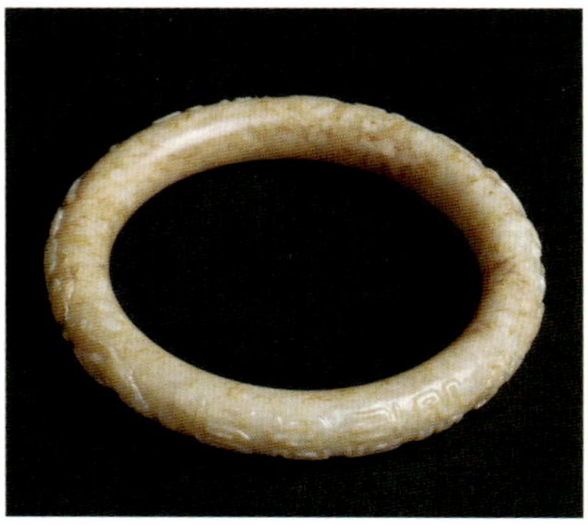

1351 清 提油狮纹手镯
成交价：RMB 20,700
外径8.1cm，内径6cm 中贸圣佳 2019-08-16

玉发器

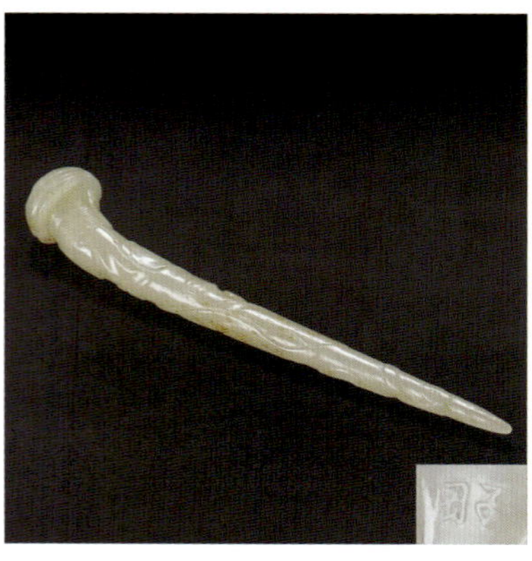

2007 明 白玉雕子冈款螭龙发簪
估　价：RMB 80,000~150,000
成交价：RMB 138,000
长9.5cm 古天一 2019-06-05

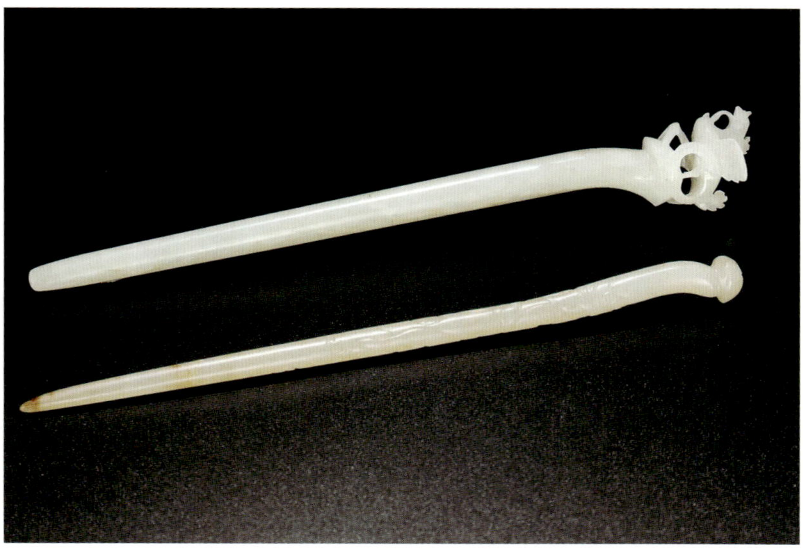

47 明 白玉凤首簪、蘑菇头簪（一组两件）
估　价：RMB 15,000
成交价：RMB 32,200
长16.6cm、15.5cm 浙江佳宝 2019-06-23

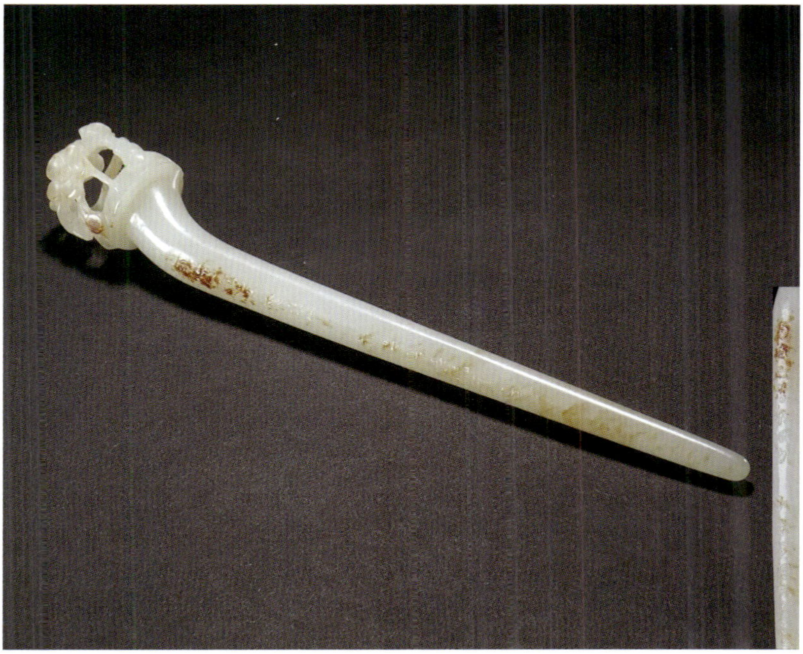

2006 明 白玉雕红沁梅花诗文发簪
估　价：RMB 80,000~150,000
成交价：RMB 149,500
长15.5cm 古天一 2019-06-05

836 商 黄玉弦纹箍
估　价：HKD 60,000~80,000
成交价：RMB 64,216
直径3.9cm 中国嘉德 2019-10-07

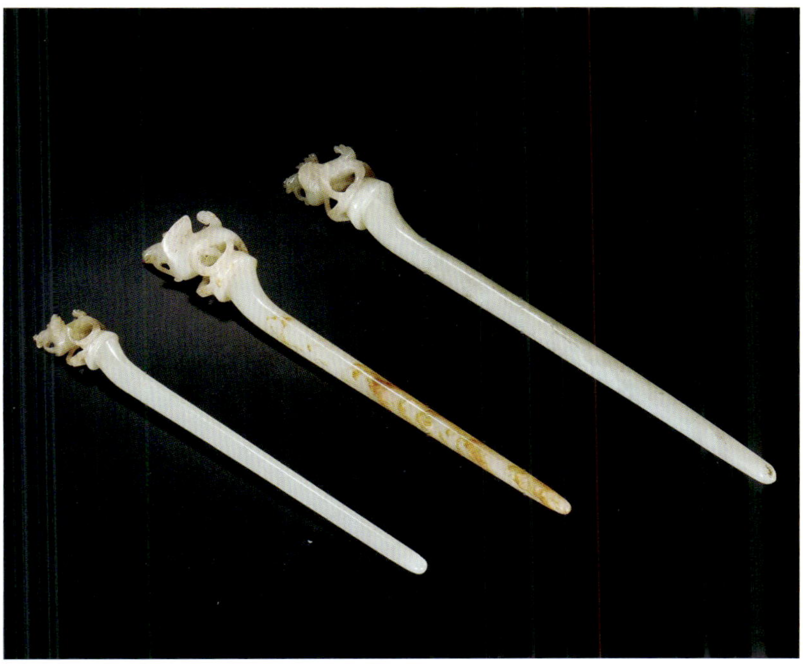

2954 明 白玉凤首簪子（三件）
估　价：RMB 50,000~80,000
成交价：RMB 63,250
长20.5cm、17.5cm、15.8cm 中国嘉德 2019-06-02

1735 清 沁色玉雕云纹箍形器
估　价：RMB 120,000~150,000
成交价：RMB 172,500
直径4.4cm 西泠印社 2019-07-06

2753 青铜时代石家河文化 青玉鸟纹笄
估　价：HKD 200,000~300,000
成交价：RMB 2,237,500
长9.1cm 佳士得 2019-11-27 ★

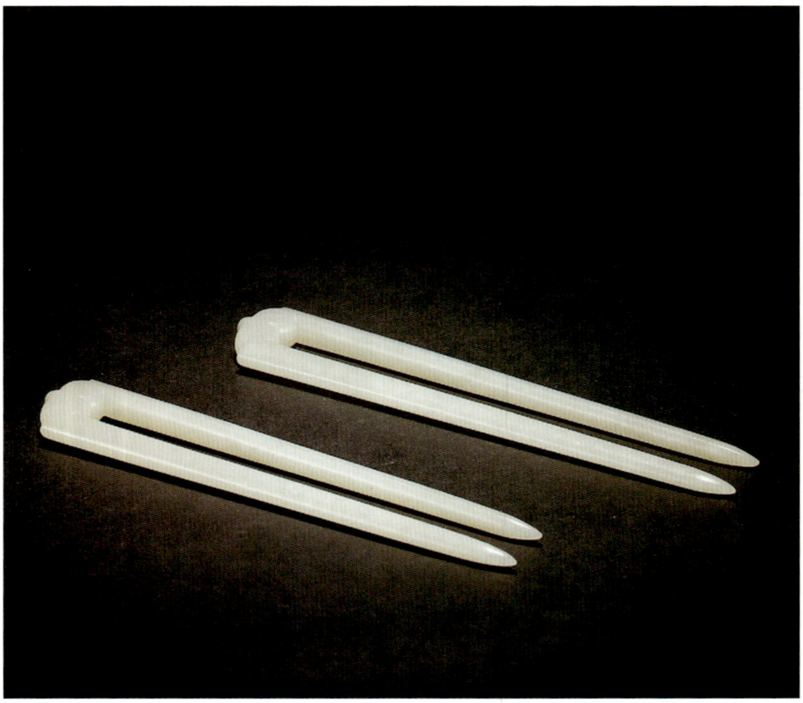

1508 宋 白玉发簪（一对）
估　价：RMB 10,000~30,000
成交价：RMB 25,300
长9.3cm、9.4cm 西泠印社 2019-07-06

6022 清 白玉透雕福寿延绵扁方
估　价：RMB 30,000~50,000
成交价：RMB 34,500
长29.7cm 北京保利 2019-06-06

6942 明 白玉扁方管形坠
估　价：RMB 30,000~50,000
成交价：RMB 109,250
长4.6cm 北京保利 2019-12-05

2714 新石器时代红山文化 玉箍形器
估　价：HKD 50,000~70,000
成交价：RMB 100,688
高7.8cm 佳士得 2019-11-27

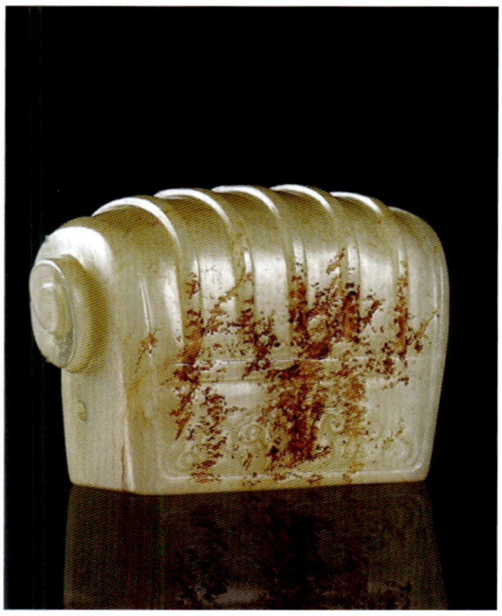

1775 元 白玉雕如意纹发冠
估　价：RMB 60,000~70,000
成交价：RMB 92,000
长5.5cm 西泠印社 2019-07-06

玉鸡心佩

3407 西汉 白玉卷草纹鸡心佩
估　价：HKD 600,000~800,000
成交价：RMB 855,000
长7.1cm，宽4cm，高0.5cm 香港苏富比 2019-04-03

94 明 白玉红沁双螭纹鸡心佩
估　价：RMB 30,000
成交价：RMB 34,500
长6.3cm，宽4.1cm 浙江佳宝 2019-06-23

1147 战国 绿松石螭龙纹鸡心佩
估　价：RMB 10,000~20,000
成交价：RMB 16,100
长6.4cm 西泠印社 2019-04-14

1331 明 白玉龙凤纹鸡心佩
估　价：RMB 300,000~400,000
成交价：RMB 345,000
长5.8cm 中贸圣佳 2019-12-01

3234 清早期 白玉雕龙凤纹鸡心佩
估　价：RMB 50,000~82,000
成交价：RMB 57,500
长10cm 中鸿信 2019-07-17

6517 清乾隆 白玉留皮龙凤纹韘
估　价：RMB 220,000~300,000
成交价：RMB 253,000
宽3.8cm 北京保利 2019-12-05

56 清中期 白玉龙纹鸡心佩
估　价：RMB 60,000
成交价：RMB 101,200
长6.1cm，宽3.62cm 浙江佳宝 2019-06-23

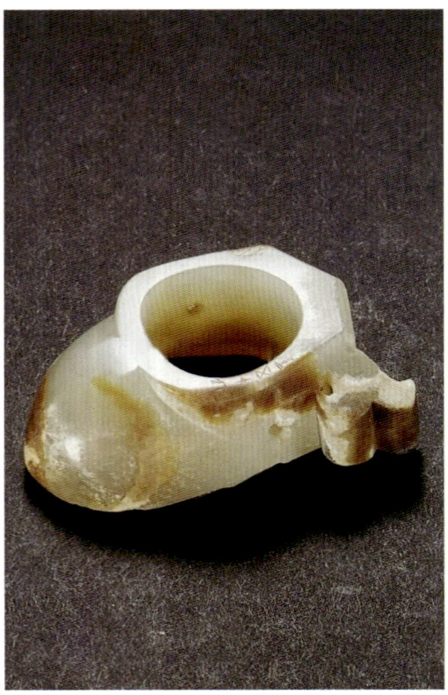

2046 清 白玉红沁韘形佩
估　价：RMB 110,000~150,000
成交价：RMB 126,500
长3.8cm 古天一 2019-06-05

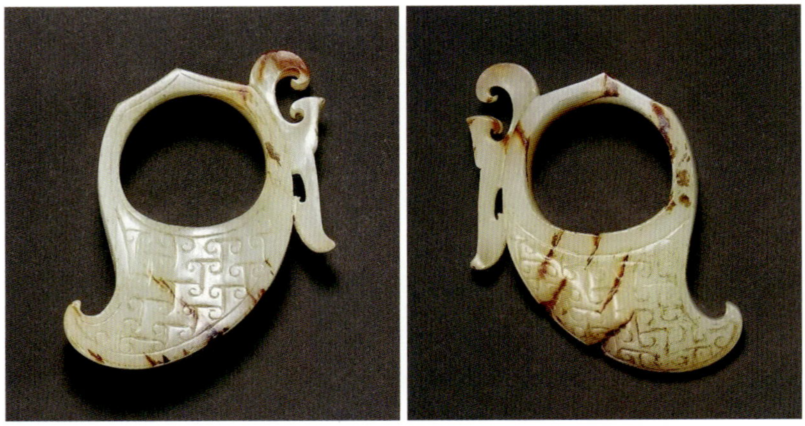

1027 清 白玉红沁鸡心佩
估　价：RMB 50,000
成交价：RMB 126,500
长5cm 古天一 2019-06-05

玉司南佩

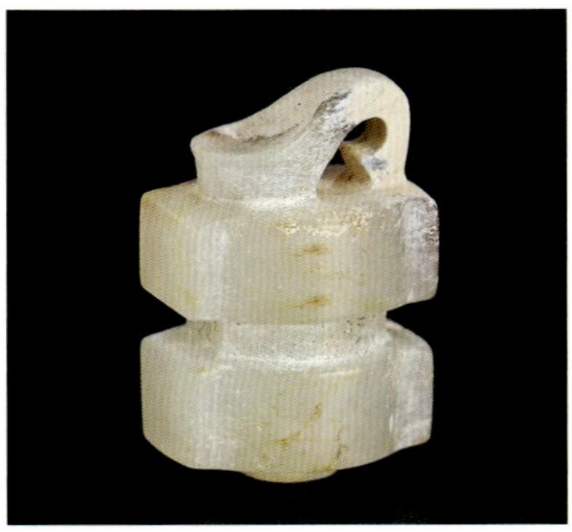

181 白玉受沁司南佩
估　价：RMB 20,000
成交价：RMB 23,000
高2.2cm 浙江佳宝 2019-06-23

玉　牌

117 唐或以后 白玉雕乐人图牌
估　价：USD 6,000~8,000
成交价：RMB 923,038
纽约苏富比 2019-03-19

82 元 白玉镂雕龙纹牌
估　价：GBP 2,000~3,000
成交价：RMB 34,916
宽7.5cm 伦敦佳士得 2019-02-14

568 明 白玉透雕仕女图牌饰及瑞鹤图牌饰
估　价：HKD 15,000~20,000
成交价：RMB 104,535
长4.8cm、7.5cm 香港苏富比 2019-05-30

1402 明末 青玉透雕寿字纹牌
估　价：USD 3,000~5,000
成交价：RMB 92,304
纽约苏富比 2019-03-23

237 明 青白玉西王母图牌
估　价：GBP 5,000~8,000
成交价：RMB 66,153
长8cm，宽6cm 伦敦佳士得 2019-05-14

1669 明 沁色玉雕运财童子牌
估　价：RMB 600,000~800,000
成交价：RMB 1,150,000
高8.2cm 西泠印社 2019-07-06

3013 明 玉福禄寿牌
估　价：RMB 40,000~50,000
成交价：RMB 46,000
长5.7cm，宽3.1cm 中国嘉德 2019-06-02

30 元明 青玉镂雕摩竭鱼纹牌 明 青白玉鹅
估　价：GBP 2,000~4,000
成交价：RMB 480,881
伦敦佳士得 2019-08-29

737 清乾隆 白玉雕华封三祝牌
估　价：RMB 30,000~50,000
成交价：RMB 86,250
长5cm 保利厦门 2019-0[illegible]-06

2073 明 白玉子冈牌
估　价：RMB 350,000
成交价：RMB 747,500
长6cm，宽4cm 古天一 2019-12-03

3256 清早期 白玉松屋“溪山高隐”牌
估　价：RMB 70,000~90,000
成交价：RMB 80,500
长5.8cm，宽4cm 中国嘉德 2019-11-17

44 18世纪 白玉灵芝纹“天保九如”牌
估　价：GBP 10,000~20,000
成交价：RMB 121,289
长6.1cm 伦敦佳士得 2019-05-14

6961 清乾隆 白玉刻诗文“大吉”牌
估　价：RMB 100,000~150,000
成交价：RMB 184,000
长5.6cm 北京保利 2019-12-05

3089 清早期 文伯仁款白玉山水人物诗文牌
估　价：RMB 15,000~25,000
成交价：RMB 51,750
长3.5cm 中国嘉德 2019-06-25

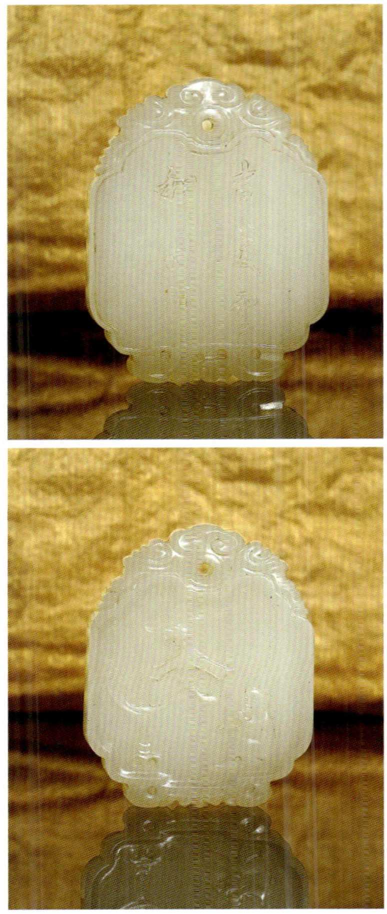

2029 清中期 白玉“吉庆云和”牌
估　价：RMB 50,000~80,000
成交价：RMB 97,750
长5.5cm 北京荣宝 2019-12-01

2452 清乾隆 御制白玉雕螭龙纹变形蝠纹牌
估　价：RMB 200,000~300,000
成交价：RMB 345,000
长8cm，宽5.5cm 中鸿信 2019-07-16

49 18世纪 白玉“三阳开泰”牌
估　价：GBP 12,000~18,000
成交价：RMB 154,368
长5.5cm 伦敦佳士得 2019-05-14

2848 清乾隆 白玉镂雕长宜子孙牌
估　价：HKD 1,200,000~1,800,000
成交价：RMB 1,342,500
长12.7cm 佳士得 2019-11-27

1719 清乾隆 白玉灵猴献寿纹牌
估　价：RMB 10,000~20,000
成交价：RMB 46,000
长7.5cm 广东崇正 2019-05-23

2030 清中期 白玉雕刘海戏金蟾牌
估　价：RMB 30,000~50,000
成交价：RMB 55,200
长5.5cm 北京荣宝 2019-12-01

1263 清中期 白玉人物纹牌
估　价：HKD 60,000~80,000
成交价：RMB 60,534
长6.3cm 中国嘉德 2019-03-31

7289 清中期 白玉浅刻梅花诗文牌
估　价：RMB 80,000~120,000
成交价：RMB 184,000
长6.8cm 北京保利 2019-12-05

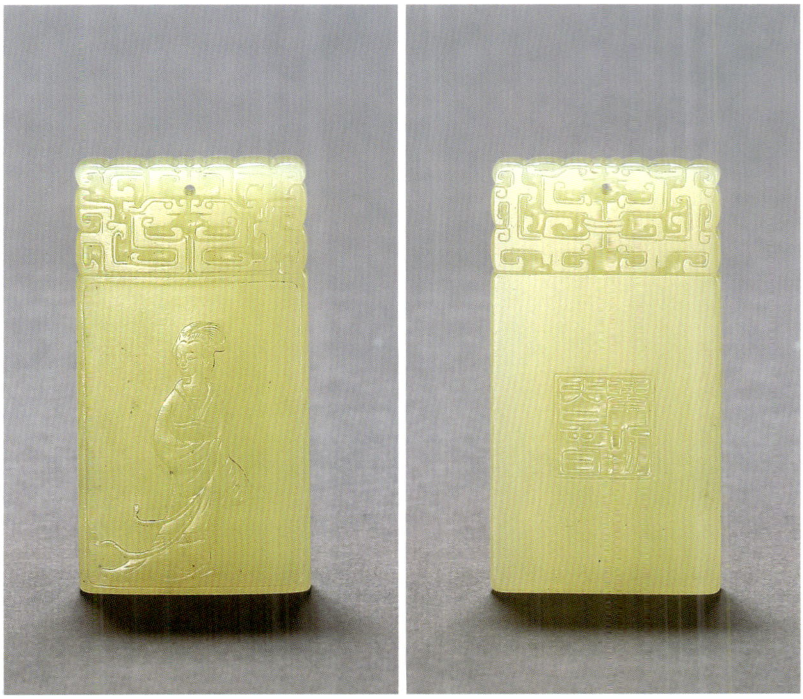

6526 清乾隆 黄玉拐子龙纹“与物皆春”仕女图牌
估　价：RMB 80,000~120,000
成交价：RMB 195,500
长5cm 北京保利 2019-12-05

19 清中期 白玉童子纹吉祥牌
估　价：RMB 60,000
成交价：RMB 101,200
长5.6cm，宽4cm 浙江佳宝 2019-06-23

2035 清中期 玛瑙巧作钟馗迎福牌
估　价：RMB 60,000~90,000
成交价：RMB 69,000
长5cm，宽3.8cm 古天一 2019-06-05

47 清乾隆 白玉生肖牛图牌
估　价：GBP 30,000~50,000
成交价：RMB 330,788
长5.8cm 伦敦佳士得 2019-05-14 ★

1386 19世纪/20世纪 玉雕龙鱼圆牌
估　价：USD 1,500~2,000
成交价：RMB 83,913
纽约苏富比 2019-03-23

1251 清中期 喜报三元玉牌
估　价：RMB 40,000~50,000
成交价：RMB 46,000
长5.4cm，宽4.7cm 中贸圣佳 2019-06-07

42 18世纪/19世纪 白玉仕女图诗文圆牌
估　价：GBP 10,000~15,000
成交价：RMB 110,263
长4.7cm 伦敦佳士得 2019-05-14 ★

133 18世纪/19世纪 黄玉松下博弈图牌
估　价：GBP 2,000~4,000
成交价：RMB 32,059
长6cm 伦敦佳士得 2019-08-29 ★

1060 清 白玉雕加官进爵牌
估　价：RMB 20,000~30,000
成交价：RMB 27,600
长6cm，宽4cm 西泠印社 2019-04-14

1691 清 白玉雕吹箫引凤图牌
估　价：RMB 150,000~180,000
成交价：RMB 207,000
长4.2cm 西泠印社 2019-07-06

1733 清 白玉雕富贵多子牌
估　价：RMB 80,000~100,000
成交价：RMB 103,500
长6cm 西冷印社 2019-07-06

1637 清 白玉雕福寿如意纹牌
估　价：RMB 60,000~80,000
成交价：RMB 86,250
长5cm 西泠印社 2019-07-06

3129 清 白玉雕梅寿万长牌
估　价：HKD 80,000~120,000
成交价：RMB 108,000
长6cm 佳士得 2019-05-29

1712 清 白玉雕太平如意牌
估　价：RMB 380,000~450,000
成交价：RMB 517,500
长6.7cm 西泠印社 2019-07-06

1705 清 白玉雕欢天喜地牌
估　价：RMB 100,000~120,000
成交价：RMB 126,500
长7.5cm 西泠印社 2019-07-06

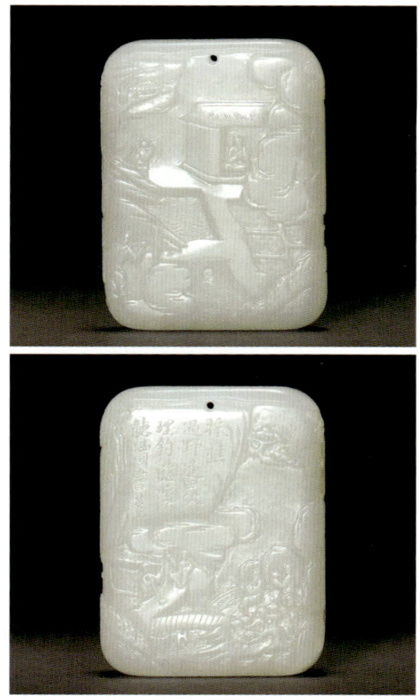

922 清 白玉雕渔樵耕读图牌
估　价：RMB 50,000~65,000
成交价：RMB 80,500
长5cm，宽3.8cm 北京诚轩 2019-06-03

1613 清 白玉雕鱼化龙牌
估　价：RMB 180,000~250,000
成交价：RMB 230,000
长5.8cm 西泠印社 2019-07-06

1709 清 白玉雕子冈款对弈图牌
估　价：RMB 160,000~200,000
成交价：RMB 207,000
长6cm 西泠印社 2019-07-06

1641 清 白玉雕有凤来仪子冈牌
估　价：RMB 80,000~120,000
成交价：RMB 115,000
长5.5cm 西泠印社 2019-07-06

1668 清 白玉雕老少背图子冈牌
估　价：RMB 150,000~180,000
成交价：RMB 195,500
长6cm 西泠印社 2019-07-06

1710 清 白玉雕云中龙纹牌
估　价：RMB 180,000~220,000
成交价：RMB 230,000
长6cm 西泠印社 2019-07-06

1748 清 白玉雕子冈款仕女图牌
估　价：RMB 85,000~100,000
成交价：RMB 97,750
长6.2cm 西泠印社 2019-07-06

1624 清 白玉雕子冈款梅花纹牌
估　价：RMB 150,000~200,000
成交价：RMB 287,500
长6.1cm 西泠印社 2019-07-06

3216 清 白玉事事如意牌
估　价：RMB 50,000~80,000
成交价：RMB 184,000
长6cm 中国嘉德 2019-11-17

45 清 白玉高士采药图诗文牌
估　价：GBP 15,000~20,000
成交价：RMB 220,525
长5.5cm 伦敦佳士得 2019-05-14

2535 清 白玉榴留百子双龙纹子冈牌
估　价：RMB 100,000~150,000
成交价：RMB 149,500
长7.8cm，宽5.6cm，高0.6cm 中古陶 2019-06-05

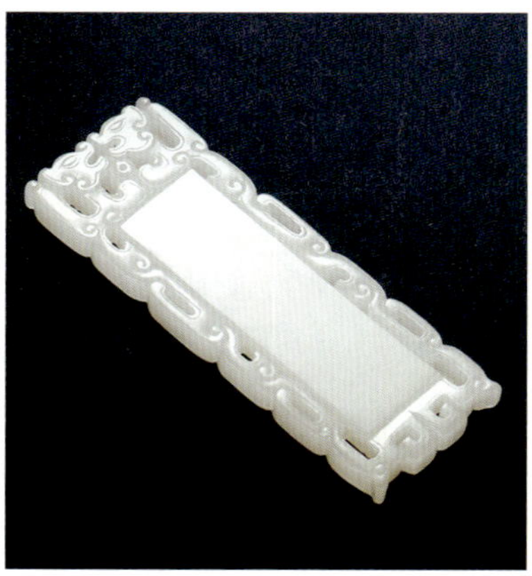

3035 清 白玉夔龙纹牌
估　价：HKD 15,000~30,000
成交价：RMB 58,864
长7.8cm 保利香港 2019-10-07

927 清 白玉巧雕如意平安牌
估　价：RMB 30,000~40,000
成交价：RMB 103,500
长4.8cm，宽3.3cm，高0.5cm 北京诚轩 2019-06-03

1724 清 白玉雕子冈款折梅图牌
估　价：RMB 60,000~80,000
成交价：RMB 138,000
长5.6cm 西泠印社 2019-07-06

1057 清 白玉云龙纹牌
估　价：RMB 80,000
成交价：RMB 92,000
长6.6cm，宽4.4cm 古天一 2019-06-05

3021 清 白玉喜字牌
估　价：RMB 40,000~60,000
成交价：RMB 46,000
长6.7cm 中国嘉德 2019-06-02

3027 清 白玉喜得连科牌
估　价：RMB 60,000~80,000
成交价：RMB 69,000
长7.3cm 中国嘉德 2019-06-02

166 清 黑白玛瑙俏色山水人物纹牌
估　价：RMB 8,000
成交价：RMB 25,300
长4.7cm，宽3.2cm 浙江佳宝 2019-06-23

910 清 白玉文鸳并宿牌
估　价：RMB 300,000~400,000
成交价：RMB 517,500
长6.4cm，宽4.1cm 中贸圣佳 2019-08-16

1721 清 白玉雕子冈款陶公牌
估　价：RMB 280,000~350,000
成交价：RMB 402,500
长3.7cm 西泠印社 2019-07-06

1271 清 玛瑙巧雕降龙罗汉牌
估　价：RMB 20,000~30,000
成交价：RMB 33,350
长5.8cm，宽4.4cm 西泠印社 2019-07-06

5018 清 黄玉双凤牌
估　价：RMB 15,000~25,000
成交价：RMB 17,250
长6.5cm 中国嘉德 2019-03-24

1381 清 羲之爱鹅子冈牌
估　价：RMB 150,000~200,000
成交价：RMB 172,500
长5.7cm，宽4cm 中贸圣佳 2019-12-01

431 清 麒麟送子白玉牌
成交价：RMB 55,654
直径14.8cm 中国嘉德 2019-10-07

3014 清 玉雕麻姑喜字小插牌
估　价：RMB 38,000~50,000
成交价：RMB 120,750
长6cm 中国嘉德 2019-06-02

1250 清 刘海戏金蟾白玉牌
估　价：RMB 60,000~80,000
成交价：RMB 69,000
长5.8cm，宽4cm 中贸圣佳 2019-06-07

2043 清 玉雕兽面牌
估　价：RMB 100,000
成交价：RMB 322,000
长4.5cm 古天一 2019-12-03

810 18—19世纪 水晶英雄双联瓶式盖盒
估　价：HKD 30,000~40,000
成交价：RMB 52,818
长9.8cm 香港苏富比 2019-05-30

311 清末至民国 白玉人物图佩
估　价：HKD 60,000~80,000
成交价：RMB 176,059
长5.9cm 香港苏富比 2019-05-30

1243 顾永骏 柏子图碧玉插牌
估　价：RMB 450,000~650,000
成交价：RMB 504,000
长31cm，宽20.5cm 上海联合 2019-06-16

3180 郭万龙 独占鳌头白玉牌
估　价：RMB 50,000~70,000
成交价：RMB 195,500
重60g 西泠印社 2019-07-07

3262 侯晓锋 喜乐有福白玉牌
估　价：RMB 220,000~280,000
成交价：RMB 287,500
重103.5g 西泠印社 2019-07-07

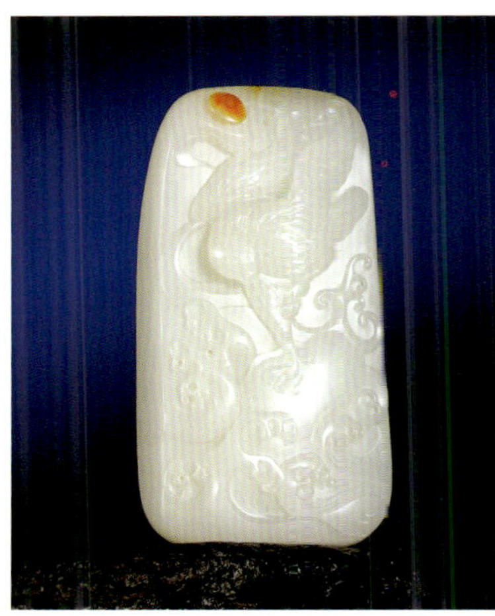

3279 卢开飞 独占鳌头白玉牌
估　价：RMB 190,000~250,000
成交价：RMB 218,500
重115.8g 西泠印社 2019-07-07

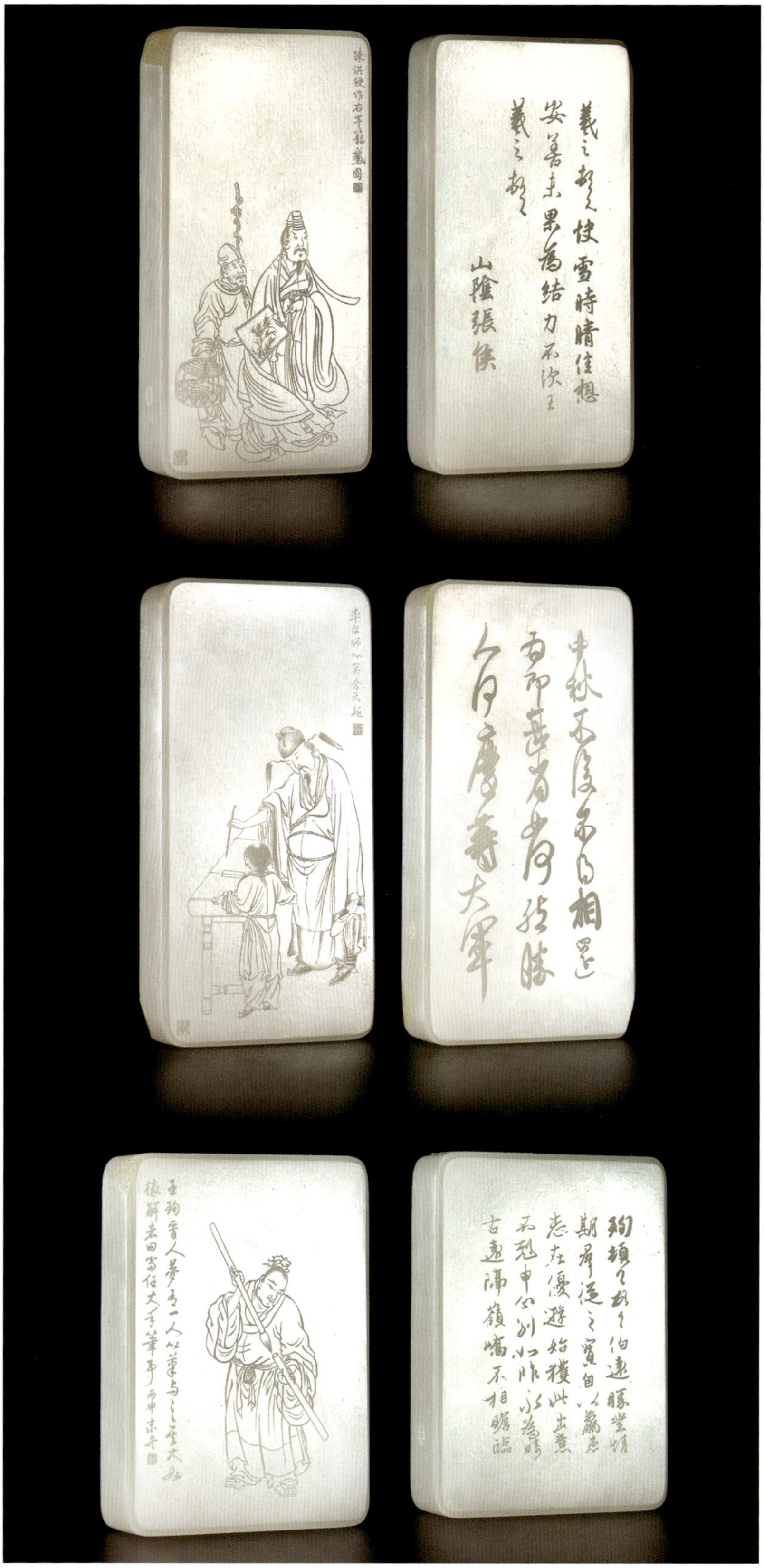

3244 庞然 大自在白玉心经牌
估　价：RMB 300,000~450,000
成交价：RMB 345,000
重95.4g 西泠印社 2019-07-07

3192 杨曦 祝寿白玉牌
估　价：RMB 160,000~200,000
成交价：RMB 195,500
重41.4g 西泠印社 2019-07-07

1387 姜丙雷 白玉三希堂三帖套牌
估　价：RMB 1,200,000~1,500,000
成交价：RMB 1,725,000
长19.7cm，宽14.8cm；长27.17cm，宽25.07cm；长39.14cm，宽34.6cm
中贸圣佳 2019-12-01

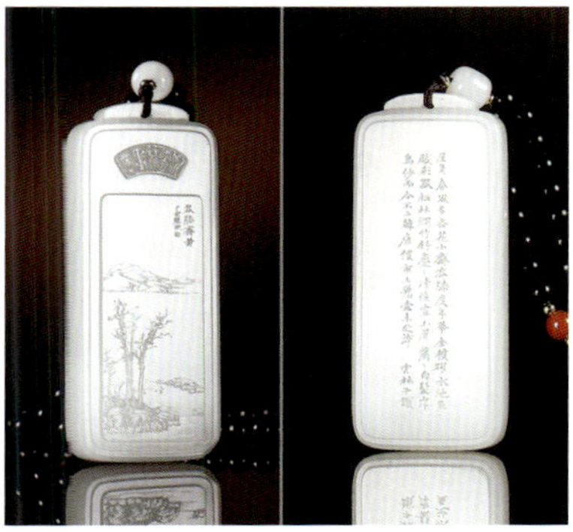

3243 宪然 容膝斋图白玉牌
估　价：RMB 280,000~400,000
成交价：RMB 402,500
重91.6g 西泠印社 2019-07-07

3239 瞿利军 携琴访友白玉插牌
估　价：RMB 1,300,000~2,000,000
成交价：RMB 2,012,500
重696.6g 西泠印社 2019-07-07

150 孙有庚 白玉千手观音挂牌
估　价：RMB 198,000~280,000
成交价：RMB 221,760
长8.8cm，宽4.6cm，高1.3cm，重131.3g
上海联合 2019-12-01

174 吴灶发 白玉春夏秋冬套牌
估　价：RMB 1,950,000~2,600,000
成交价：RMB 2,184,000
长8.5cm×4，重152.8g、154.8g、152.5g、151.4g
上海联合 2019-12-01

3209 王一卜 静观自在白玉牌
估　价：RMB 190,000~280,000
成交价：RMB 218,500
重52.2g 西泠印社 2019-07-07

32 易少勇 暗香送暖
估　价：RMB 3,500,000~5,000,000
成交价：RMB 5,520,000
长7.7cm，宽4cm，高1.2cm，重81g 上海明轩 2019-04-28

1170 元中堂、王天翔 文武星君白玉插牌
估　价：RMB 3,300,000~4,500,000
成交价：RMB 3,696,000
长13.5cm，宽5cm，高1.4cm（单件），重213.7g、218.7g
上海联合 2019-06-16

1180 元中堂、王天翔 南海观音白玉挂牌
估　价：RMB 320,000~450,000
成交价：RMB 358,400
长7.8cm，宽3.9cm，高1.2cm，重84g
上海联合 2019-06-16

1019 元中堂、王天翔 孝公变法白玉挂牌
估　价：RMB 350,000~480,000
成交价：RMB 392,000
长8.5cm，宽5cm，高1.1cm，重106.9g
上海联合 2019-06-16

1160 张焕庆 松鹤延年白玉插牌
估　价：RMB 550,000~800,000
成交价：RMB 616,000
长15.2cm，宽8.5cm，高1.4cm，重393g
上海联合 2019-06-16

佩挂件

1121 新石器时代红山文化 玉兽形佩
估　价：TWD 280,000
成交价：RMB 74,670
高4.7cm，重31g 台北艺珍 2019-09-01

2708 新石器时代红山文化 玛瑙猪龙
估　价：HKD 80,000~120,000
成交价：RMB 391,563
高7.2cm 佳士得 2019-11-27

144 新石器时代红山文化 玉鸮形佩
估　价：USD 8,000~12,000
成交价：RMB 218,173
纽约苏富比 2019-03-19

2712 新石器时代红山文化 青玉勾云形佩
估　价：HKD 300,000~500,000
成交价：RMB 895,000
长18.4cm 佳士得 2019-11-27

2711 新石器时代红山文化 青玉勾云形佩
估　价：HKD 30,000~50,000
成交价：RMB 156,625
长12.3cm 佳士得 2019-11-27

875 文化期 白玉人形佩
估　价：HKD 280,000~320,000
成交价：RMB 299,673
长11cm 中国嘉德 2019-10-07

2704 新石器时代红山文化 玉鸟形佩
估　价：HKD 260,000~400,000
成交价：RMB 1,006,875
长4.6cm 佳士得 2019-11-27

2706 新石器时代红山文化 玉猪龙
估 价：HKD 3,000,000~5,000,000
成交价：RMB 5,481,875
高11.8cm 佳士得 2019-11-27

617 文化期 玉蚕
估 价：HKD 10,000~15,000
成交价：RMB 128,431
长4.8cm 中国嘉德 2019-10-07

936 文化期 横条棱线纹玉佩
估 价：HKD 120,000~180,000
成交价：RMB 139,134
长13.6cm 中国嘉德 2019-10-07

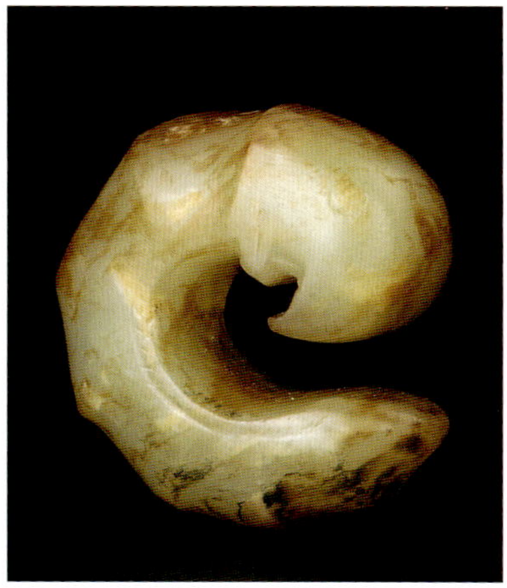

870 文化期 黄玉凤纹卷尾佩
估 价：HKD 180,000~220,000
成交价：RMB 770,587
宽2.8cm 中国嘉德 2019-10-07

1158 文化期 黄玉鸮、猪龙、坠（三件）
估 价：HKD 60,000~80,000
成交价：RMB 95,846
中国嘉德 2019-03-31

627 文化期 玉雕C龙
估 价：HKD 250,000~350,000
成交价：RMB 428,104
高15.5cm 中国嘉德 2019-10-07

625 文化期 玉雕双连人面
估　价：HKD 35,000~45,000
成交价：RMB 37,459
长5cm 中国嘉德 2019-10-07

876 文化期 玉勾云佩
估　价：HKD 350,000~450,000
成交价：RMB 374,591
长10.9cm 中国嘉德 2019-10-07

629 文化期 玉人
估　价：HKD 30,000~50,000
成交价：RMB 32,108
高5.6cm 中国嘉德 2019-10-07

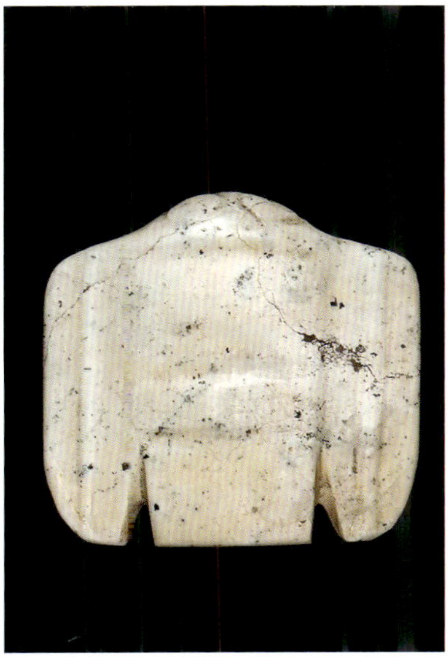

618 文化期 玉鸮
估　价：HKD 20,000~30,000
成交价：RMB 21,405
宽2.7cm 中国嘉德 2019-10-07

3416 商 青白玉鸮
估　价：HKD 350,000~450,000
成交价：RMB 299,250
高3.5cm 香港苏富比 2019-04-03

832 文化期 玉兽面纹佩
估　价：HKD 60,000~80,000
成交价：RMB 64,216
长6.3cm 中国嘉德 2019-10-07

3446 商 青玉鸟佩
估　价：HKD 70,000~90,000
成交价：RMB 64,125
高4.7cm 香港苏富比 2019-04-03

101 商或更晚 鱼形佩
估 价：HKD 60,000~80,000
成交价：RMB 238,140
长15cm 邦瀚斯 2019-05-28

3413 商末至西周初 玉龙佩
估 价：HKD 40,000~60,000
成交价：RMB 320,625
长7cm 香港苏富比 2019-04-03

814 商晚期/西周早期 白玉褐沁鱼形佩
估 价：USD 10,000~15,000
成交价：RMB 355,650
长7.5cm 纽约佳士得 2019-09-13

820 商晚期 青褐玉鸟形佩
估 价：USD 30,000~50,000
成交价：RMB 444,563
长5.9cm 纽约佳士得 2019-09-13 ★

815 商晚期/西周 青黄玉龙首蚕身形佩
估 价：USD 20,000~30,000
成交价：RMB 533,475
长4.6cm 纽约佳士得 2019-09-13 ★

812 商晚期/西周早期 白玉鸮形佩
估 价：USD 8,000~12,000
成交价：RMB 978,038
长4.1cm 纽约佳士得 2019-09-13

825 商晚期/西周早期 褐玉鱼形佩
估　价：USD 5,000~7,000
成交价：RMB 40,011
长5.7cm 纽约佳士得 2019-09-13

109 商晚期/西周早期 兽面纹玉口
估　价：HKD 40,000~50,000
成交价：RMB 410,940
高3.2cm 邦瀚斯 2019-05-28

826 商晚期/西周早期 青黄玉兔形佩
估　价：USD 25,000~35,000
成交价：RMB 284,520
长4.5cm 纽约佳士得 2019-09-13

817 商晚期/西周早期 青玉兔形佩
估　价：USD 6,000~8,000
成交价：RMB 373,433
长4.2cm 纽约佳士得 2019-09-13

819 商晚期/西周早期 青玉兔形佩
估　价：USD 6,000~8,000
成交价：RMB 71,130
长4cm 纽约佳士得 2019-09-13

822 商晚期/西周早期 青玉鱼形佩
估　价：USD 6,000~8,000
成交价：RMB 66,684
长4cm 纽约佳士得 2019-09-13

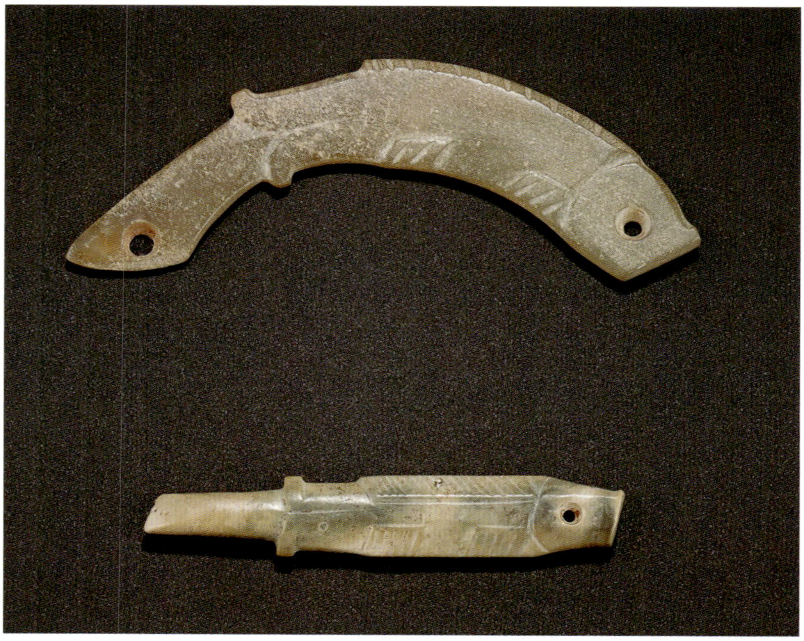

813 商晚期/西周早期 玉鱼形佩（两件）
估　价：USD 6,000~8,000
成交价：RMB 88,913
长5.6cm、7.5cm 纽约佳士得 2019-09-13

639 商至西周 玉雕满红沁鱼
估　价：HKD 120,000~180,000
成交价：RMB 128,431
长9.2cm 中国嘉德 2019-10-07

840 西周 黄玉蛙
估　价：HKD 30,000~50,000
成交价：RMB 34,248
宽2.9cm 中国嘉德 2019-10-07 ★

816 西周 青褐玉鱼形佩
估　价：USD 8,000~12,000
成交价：RMB 177,825
长7.6cm 纽约佳士得 2019-09-13

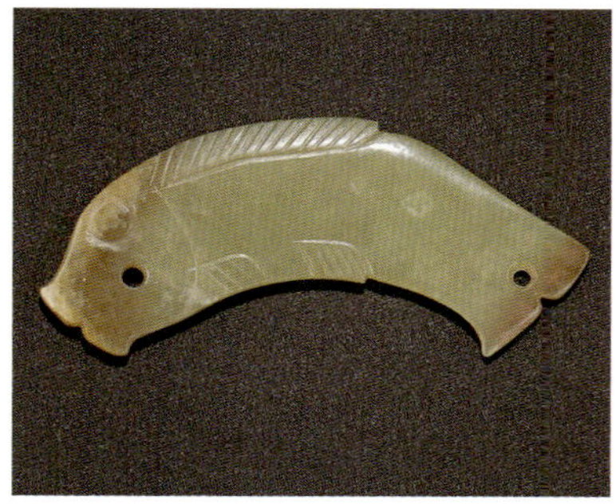

823 西周 青黄玉鱼形佩
估　价：USD 7,000~9,000
成交价：RMB 177,825
长6.4cm 纽约佳士得 2019-09-13

839 西周 玉雕人形佩
估　价：HKD 30,000~50,000
成交价：RMB 53,513
长6.3cm 中国嘉德 2019-10-07 ★

3410 西周 绿松石佩饰（一组八件）
估　价：HKD 20,000~30,000
成交价：RMB 192,375
最长3.7cm 香港苏富比 2019-04-03

880 西周 玉人龙纹佩
估　价：HKD 400,000~600,000
成交价：RMB 642,156
长7cm 中国嘉德 2019-10-07

818 西周 青灰玉鱼形佩
估　价：USD 7,000~9,000
成交价：RMB 88,913
长12cm 纽约佳士得 2019-09-13

821 西周 玉鱼形佩（两件）
估　价：USD 10,000~15,000
成交价：RMB 177,825
长7.5cm、7.8cm 纽约佳士得 2019-09-13

1453 西周 玉兔
估　价：RMB 20,000~30,000
成交价：RMB 23,000
长3cm，宽2cm 西泠印社 2019-07-06

884 春秋 玉镂雕龙凤纹佩
估　价：HKD 400,000~600,000
成交价：RMB 642,156
长3.6cm 中国嘉德 2019-10-07

640 春秋 青玉龙纹佩
估　价：HKD 30,000~50,000
成交价：RMB 32,108
长7.7cm 中国嘉德 2019-10-07

827 西汉 灰玉人形佩
估　价：USD 4,000~6,000
成交价：RMB 84,467
长3.6cm 纽约佳士得 2019-09-13

851 战国 玉舞人佩
估　价：HKD 50,000~70,000
成交价：RMB 85,621
长4.2cm 中国嘉德 2019-10-07

1250 春秋中期 玉镂空螭龙人面羽身纹佩
估　价：RMB 8,000~15,000
成交价：RMB 195,500
长6.3cm 广东崇正 2019-11-27

1654 战国 青白玉雕楚式龙
估　价：RMB 120,000~160,000
成交价：RMB 161,000
长7.2cm 西泠印社 2019-07-06

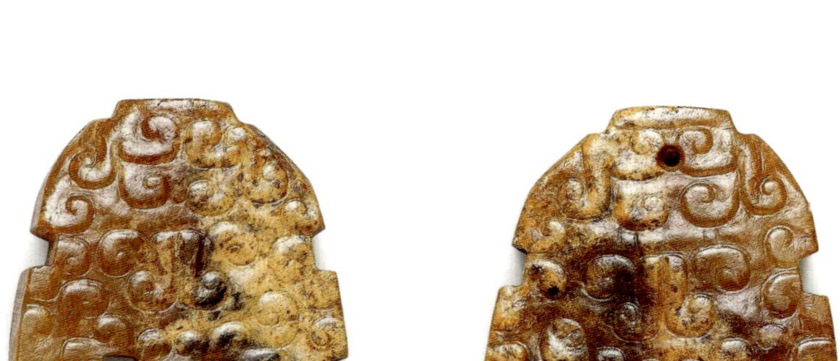

843 春秋 玉卧蚕纹佩
估　价：HKD 20,000~30,000
成交价：RMB 42,810
宽2.2cm 中国嘉德 2019-10-07

890 汉 黄玉镂雕龙纹佩
估 价：HKD 400,000~600,000
成交价：RMB 620,751
长7.8cm 中国嘉德 2019-10-07

222 唐 白玉雕瑞兔佩
估 价：USD 6,000~8,000
成交价：RMB 385,998
纽约苏富比 2019-03-19

109 六朝或更早 玉雕鹅形佩
估 价：USD 8,000~12,000
成交价：RMB 167,825
纽约苏富比 2019-03-19

1 宋 青灰玉褐沁雕跨凤仙人佩
估 价：HKD 60,000~80,000
成交价：RMB 59,940
长6.7cm 邦瀚斯 2019-05-28

852 汉 白玉舞女佩
估 价：HKD 80,000~120,000
成交价：RMB 107,026
长6cm 中国嘉德 2019-10-07

1152 汉 青白玉雕蝉形挂件
估 价：RMB 5,000~8,000
成交价：RMB 13,800
长6.5cm，宽3cm 西泠印社 2019-04-14

1213 宋/元 原皮太狮少狮佩
估 价：HKD 20,000~30,000
成交价：RMB 30,267
宽3.6cm 中国嘉德 2019-03-31

725 辽 比翼双飞玉佩
估　价：TWD 280,000~400,000
成交价：RMB 68,328
长4.7cm 罗芙奥 2019-06-01

1210 辽金 黄玉雕鹿衔莲花挂件
估　价：RMB 20,000~30,000
成交价：RMB 23,000
长5.3cm，宽5cm 西泠印社 2019-07-06

1525 辽金 绿松石雕虎形挂件
成交价：RMB 13,800
长6.8cm，高2.8cm 西泠印社 2019-07-06

6005 元 白玉镂雕海东青啄天鹅佩
估　价：RMB 60,000~80,000
成交价：RMB 69,000
长6.5cm 北京保利 2019-06-06

1204 金 玉童子佩
估　价：HKD 100,000~150,000
成交价：RMB 100,890
长5cm 中国嘉德 2019-03-31

6950 元 白玉飞天佩
估　价：RMB 200,000~300,000
成交价：RMB 1,150,000
长7.7cm 北京保利 2019-12-05

46 金元 白玉留红皮蜀葵形佩
估　价：RMB 15,000
成交价：RMB 59,800
长3.9cm，宽3.5cm 浙江佳宝 2019-06-23

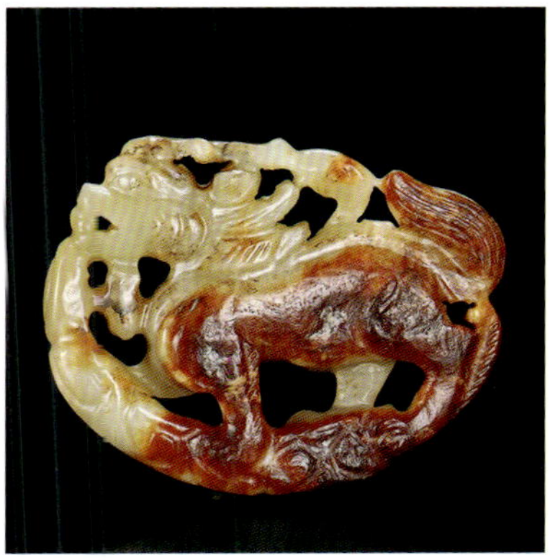

75 元 黄玉红沁兽形佩
估　价：RMB 35,000
成交价：RMB 40,250
长6.15cm，宽4.8cm 浙江佳宝 2019-06-23

2125 元 白玉镂雕穿花云龙纹佩
估　价：RMB 80,000~120,000
成交价：RMB 92,000
长6cm，宽5.8cm 古天一 2019-06-05

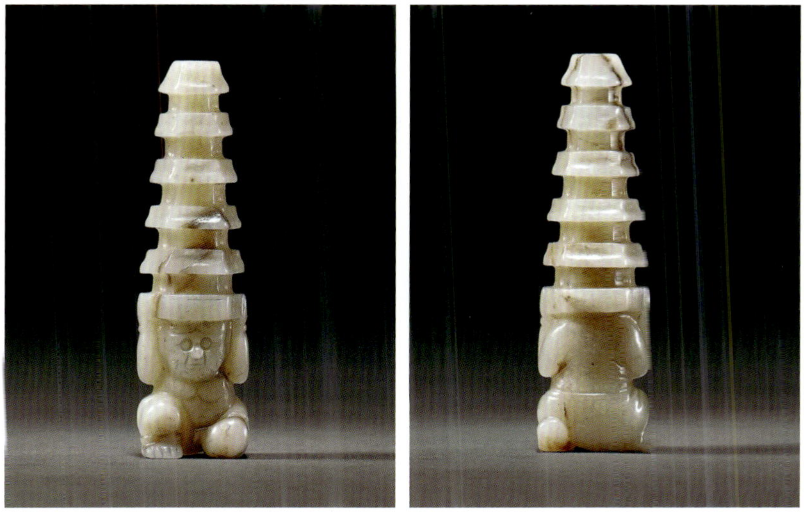

916 元 玉雕胡人托塔坠
估　价：RMB 50,000~65,000
成交价：RMB 74,750
长2cm，宽1.7cm，高7.3cm 北京诚轩 2019-06-03

1487 元 伽罗鸟形佩
估　价：RMB 10,000~20,000
成交价：RMB 39,000
长4.3cm 荣宝斋(南京) 2019-07-21

1243 明 白玉金乌挂件
估　价：RMB 50,000~60,000
成交价：RMB 57,500
宽4.4cm 中贸圣佳 2019-06-07

1300 明 白玉雕螭龙纹佩
估　价：RMB 20,000~30,000
成交价：RMB 36,800
长8cm，宽4.5cm 西泠印社 2019-07-06

62 元 白玉受沁花形佩
估　价：RMB 15,000
成交价：RMB 20,700
长8.1cm，宽5.55cm 浙江佳宝 2019-06-23

915 明早期 玉雕荷禽童子坠
估　价：RMB 30,000~40,000
成交价：RMB 97,750
长4.5cm，宽2.5cm，高6cm 北京诚轩 2019-06-03

167 明 白玉双虎坠
估　价：RMB 6,000
成交价：RMB 9,200
宽3.2cm，高2.4cm 浙江佳宝 2019-06-23

580 明 白玉瑞鹅衔莲及白玉巧作双鱼
估　价：HKD 10,000~15,000
成交价：RMB 176,059
长3.2cm、4cm 香港苏富比 2019-05-30

3456 明 白玉带皮雕瑞兽佩
估　价：HKD 30,000~40,000
成交价：RMB 34,249
长7cm 香港苏富比 2019-04-03

1265 明 红沁金玉满堂挂件
估　价：RMB 60,000~80,000
成交价：RMB 80,500
长4.2cm 中贸圣佳 2019-06-07

6473 明 白玉嵌宝石镂雕玉兔捣药佩
估　价：RMB 60,000~80,000
成交价：RMB 115,000
长5.4cm 北京保利 2019-12-05

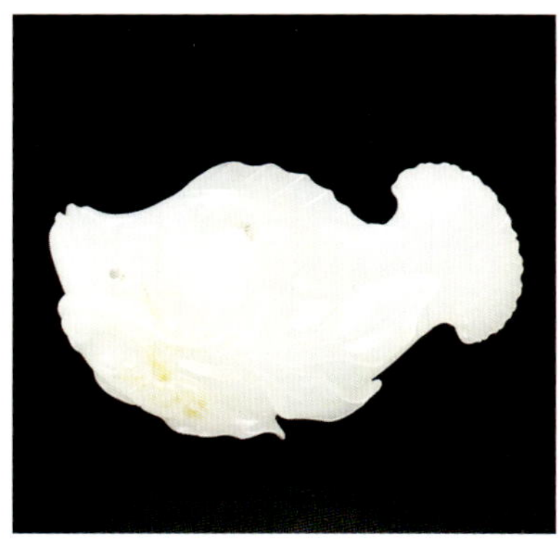

84 明 白玉连年有余佩
估　价：RMB 35,000
成交价：RMB 55,200
长6.5cm 浙江佳宝 2019-06-23

1293 明 黄玉红沁望子成龙佩
估　价：RMB 8,000~15,000
成交价：RMB 97,750
长6cm，宽2.7cm 西泠印社 2019-07-06

1685 明 老提油玉雕舞人佩
估　价：RMB 22,000~30,000
成交价：RMB 25,300
长9.1cm 西泠印社 2019-07-06

6941 明 旧玉饕餮纹坠
估　价：RMB 50,000~80,000
成交价：RMB 632,500
长3.5cm 北京保利 2019-12-05

3004 明 黄玉鸠鸟佩
估　价：RMB 50,000~80,000
成交价：RMB 74,750
长5.5cm 中国嘉德 2019-06-02

3223 明 玉沁色禽鸟佩
估　价：RMB 35,000~55,000
成交价：RMB 368,000
长5.3cm 中国嘉德 2019-11-17

104 明 巧色玉雕螭龙纹佩
估　价：GBP 2,000~3,000
成交价：RMB 26,187
长5.1cm 伦敦佳士得 2019-02-14

1751 明 青白玉雕坐兽
估　价：RMB 60,000~80,000
成交价：RMB 80,500
长5.2cm 西泠印社 2019-07-06

929 明末清初 玉雕文光射斗牛佩
估　价：RMB 10,000~15,000
成交价：RMB 11,500
长6.7cm，宽2.3cm，高1.5cm 北京诚轩 2019-06-03

914 明晚期 玉雕鸡形坠
估　价：RMB 30,000~40,000
成交价：RMB 75,900
长8.1cm，宽4.5cm，高2.5cm 北京诚轩 2019-06-03

3738 18世纪 白玉巧作菱角蝴蝶
估　价：HKD 90,000~120,000
成交价：RMB 96,188
长5.7cm 香港苏富比 2019-04-03

1056 明 玉雕双雁荷叶佩
估　价：RMB 50,000
成交价：RMB 178,250
长9cm 古天一 2019-06-05

50 18世纪 白玉雕金蟾鲤鱼坠
估　价：HKD 120,000~150,000
成交价：RMB 130,140
长4.2cm 邦瀚斯 2019-05-28

598 18世纪 白玉雕螭龙纹佩
估　价：USD 6,000~8,000
成交价：RMB 79,717
纽约苏富比 2019-03-20

2518 18世纪 痕都斯坦嵌金镶宝石玉佩
估　价：RMB 40,000~50,000
成交价：RMB 46,000
长5cm，宽4.2cm 中古陶 2019-06-05

2015 清乾隆 白玉螭龙纹挂坠
估　价：RMB 20,000~30,000
成交价：RMB 34,500
长3.4cm 北京荣宝 2019-12-01

145 清乾隆 白玉福禄万代挂件
估　价：RMB 250,000~300,000
成交价：RMB 287,500
长5cm 上海明轩 2019-04-28

2040 清乾隆 白玉雕三羊开泰佩
估　价：RMB 30,000~50,000
成交价：RMB 43,700
长5.5cm 北京荣宝 2019-06-13

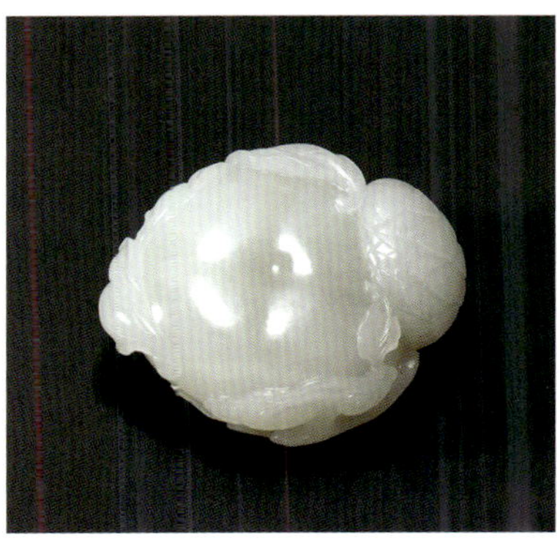

925 清乾隆 青白玉雕百事如意坠
估　价：RMB 30,000~40,000
成交价：RMB 115,000
长5.4cm，宽4.5cm，高2.2cm 北京诚轩 2019-06-03

104 清乾隆 白玉龙凤合符佩
估　价：RMB 300,000~500,000
成交价：RMB 483,000
长8cm 北京鸿盛祥 2019-06-04

78 清乾隆 白玉雕鹅佩
估　价：HKD 100,000~150,000
成交价：RMB 103,140
长5.5cm 邦瀚斯 2019-05-28

80 清乾隆 白玉子冈款岁岁双安佩
估　价：HKD 200,000~300,000
成交价：RMB 270,540
长5.5cm 邦瀚斯 2019-05-28 ●

23 18世纪 白玉茄子坠
估　价：GBP 1,000~2,000
成交价：RMB 42,745
长4.5cm 伦敦佳士得 2019-08-29 ★

901 清乾隆 仿古纹佩
估　价：HKD 550,000~650,000
成交价：RMB 588,643
长18.9cm 中国嘉德 2019-10-07 ●

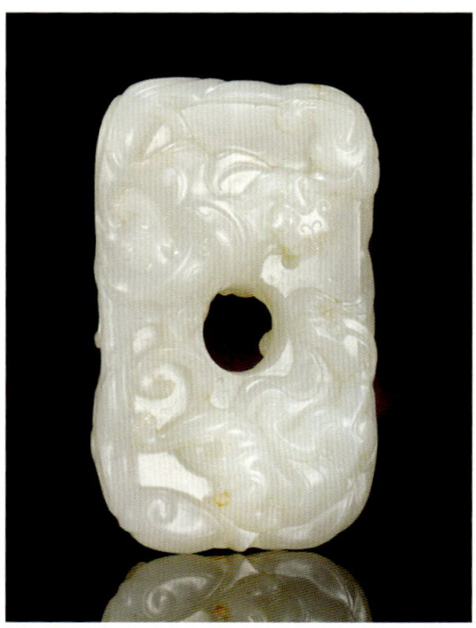

918 清乾隆 白玉浮雕双螭龙穿云纹佩
估　价：RMB 280,000~460,000
成交价：RMB 437,000
长7cm，宽4cm 西泠印社 2019-07-06 ●

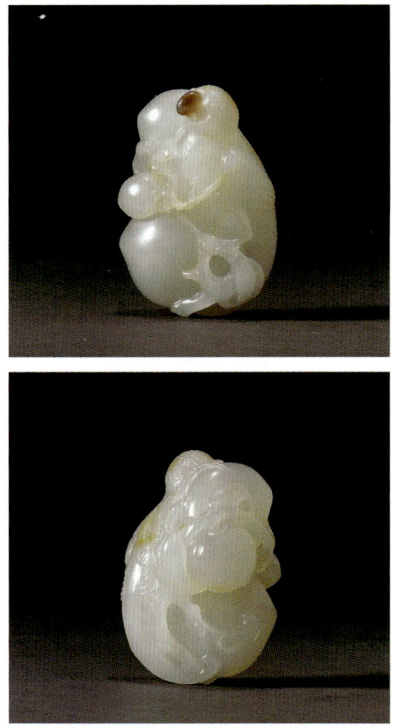

919 清中期 白玉雕寿桃鹦鹉佩
估　价：RMB 30,000~40,000
成交价：RMB 189,750
长3.1cm、宽2.3cm、高4.8cm
北京诚轩 2019-06-03 ●

1253 清中期 白玉红沁福禄万代佩
估　价：HKD 38,000~48,000
成交价：RMB 38,338
长4.9cm 中国嘉德 2019-03-31

1774 清中期 白玉福禄永昌佩
估　价：RMB 30,000~50,000
成交价：RMB 34,500
长6cm 北京翰海 2019-06-15

1764 清中期 白玉洒金云龙纹神品佩
估　价：RMB 100,000~120,000
成交价：RMB 322,000
长6.3cm 北京翰海 2019-06-15

73 清中期 白玉留皮葫芦坠
估　价：RMB 28,000
成交价：RMB 34,500
长7.2cm，宽4.1cm 浙江佳宝 2019-06-23

6024 清中期 白玉浅浮雕山水诗文佩
估　价：RMB 50,000~80,000
成交价：RMB 287,500
长4.2cm 北京保利 2019-06-06

1800 清中期 白玉蛇
估　价：RMB 10,000~20,000
成交价：RMB 11,500
长5.3cm 北京翰海 2019-06-15

1243 清中期 白玉留皮松鼠瓜果佩（一对）
估　价：HKD 100,000~150,000
成交价：RMB 100,890
长7.1cm × 2 中国嘉德 2019-03-31

34 清中期 白玉四君子佩（一对）
估　价：RMB 50,000
成交价：RMB 92,000
直径6.7cm×2 浙江佳宝 2019-06-23

716 清中期 玛瑙巧色吉庆有余佩
估　价：RMB 10,000~20,000
成交价：RMB 20,700
长5cm 保利厦门 2019-01-06

79 18世纪/19世纪 白玉雕灵鹿衔芝佩
估　价：HKD 100,000~150,000
成交价：RMB 108,540
直径6.1cm 邦瀚斯 2019-05-28

50 18世纪/19世纪 白玉褐斑仿古龙凤纹佩
估　价：GBP 1,000~2,000
成交价：RMB 34,196
长9cm 伦敦佳士得 2019-08-29 ★

20 18世纪/19世纪 琥珀富贵凤凰小盖瓶及“松风韵”佩
估　价：GBP 2,000~4,000
成交价：RMB 44,882
伦敦佳士得 2019-08-29 ★

577 清 白玉持荷童子
估　价：HKD 20,000~30,000
成交价：RMB 77,026
长4.7cm 香港苏富比 2019-05-30

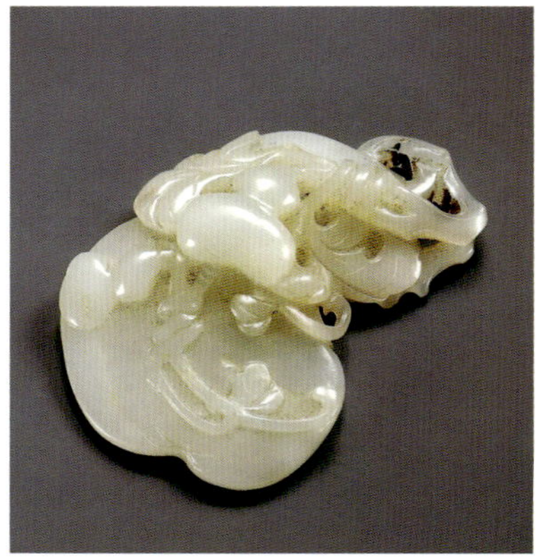

1244 清 白玉大吉葫芦佩
估　价：RMB 70,000~80,000
成交价：RMB 80,500
长6.5cm 中贸圣佳 2019-06-07

1246 清 白玉带皮双菱挂件
估　价：RMB 40,000~50,000
成交价：RMB 46,000
宽3cm 中贸圣佳 2019-06-07

1488 清 白玉雕动物挂件
估　价：RMB 20,000~30,000
成交价：RMB 55,200
长6.5cm 荣宝斋(南京) 2019-07-21

1758 19世纪 白玉葫芦形“和合如意”佩
估　价：USD 5,000~7,000
成交价：RMB 41,956
长6cm 纽约佳士得 2019-03-22

1489 清 白玉雕老鼠挂件
估　价：RMB 20,000~30,000
成交价：RMB 74,750
长6.5cm 荣宝斋(南京) 2019-07-21

1332 清 白玉雕福禄万代挂件
成交价：RMB 109,250
长6.7cm 中贸圣佳 2019-08-16

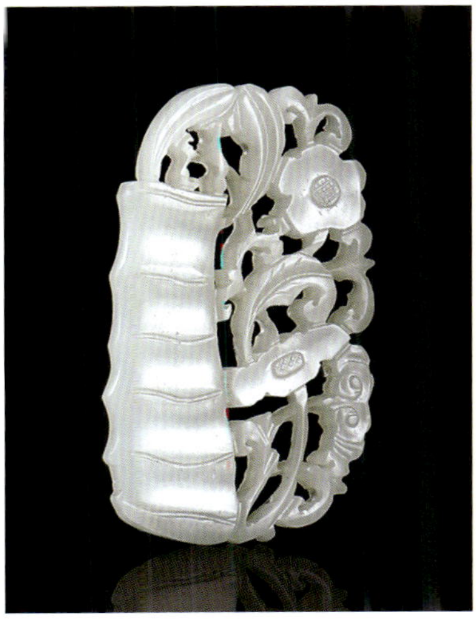

1650 清 白玉雕花卉纹竹节佩
估　价：RMB 30,000~40,000
成交价：RMB 40,250
长6cm 西泠印社 2019-07-06

1728 清 白玉雕麒麟佩
估　价：RMB 90,000~120,000
成交价：RMB 115,000
长5.3cm 西泠印社 2019-07-06

1064 清 白玉雕高士问道图佩
估　价：RMB 38,000~45,000
成交价：RMB 43,700
长5.3cm，宽4.2cm 西泠印社 2019-04-14

1703 清 白玉雕击鼓童子挂件
估　价：RMB 50,000~60,000
成交价：RMB 63,250
长4.8cm 西泠印社 2019-07-06

1335 清 白玉蝶衔灵芝佩
成交价：RMB 44,850
长7.1cm，宽5.9cm 中贸圣佳 2019-08-16

1338 清 白玉雕平安吉庆佩
成交价：RMB 82,800
长7.6cm，高6.9cm 中贸圣佳 2019-08-16

142 清 白玉富甲天下坠
估　价：RMB 18,000
成交价：RMB 20,700
长3.7cm，宽3.2cm 浙江佳宝 2019-06-23

1334 清 白玉雕云龙佩
成交价：RMB 115,000
长6.1cm，高4.6cm 中贸圣佳 2019-08-16

2253 清 白玉和合二仙挂件
估　价：RMB 50,000~60,000
成交价：RMB 57,500
长5cm 北京荣宝 2019-12-01

3108 清 白玉飞天佩
估　价：HKD 45,000~80,000
成交价：RMB 85,757
长7.5cm 保利香港 2019-04-02

1063 清 白玉浮雕诗文松下高士图佩
估　价：RMB 38,000~50,000
成交价：RMB 43,700
长6.5cm，宽4.4cm 西泠印社 2019-04-14

1506 清 白玉吉祥如意佩
估　价：RMB 100,000~200,000
成交价：RMB 115,000
长6cm 北京保利 2019-08-25

1016 清 白玉刘海戏蟾坠
估　价：RMB 35,000
成交价：RMB 40,250
长4.3cm 古天一 2019-06-05

2501 清 白玉龙舟佩
成交价：RMB 63,250
长10.5cm，宽6.2cm 中古陶 2019-06-05

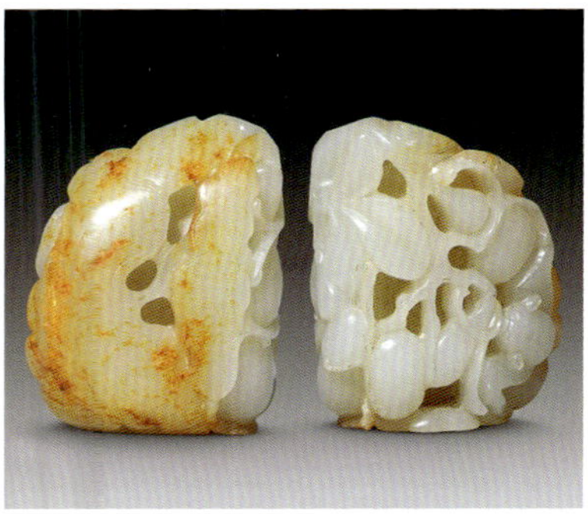

1333 清 白玉留皮葫芦万代挂件
成交价：RMB 63,250
长4.9cm 中贸圣佳 2019-08-16

152 清 白玉龙凤纹合符佩
估　价：RMB 20,000
成交价：RMB 55,200
长7.25cm，宽6.5cm 浙江佳宝 2019-06-23

1652 清 白玉镂雕双喜纹佩
估　价：RMB 30,000~40,000
成交价：RMB 36,800
长5.2cm 西泠印社 2019-07-06

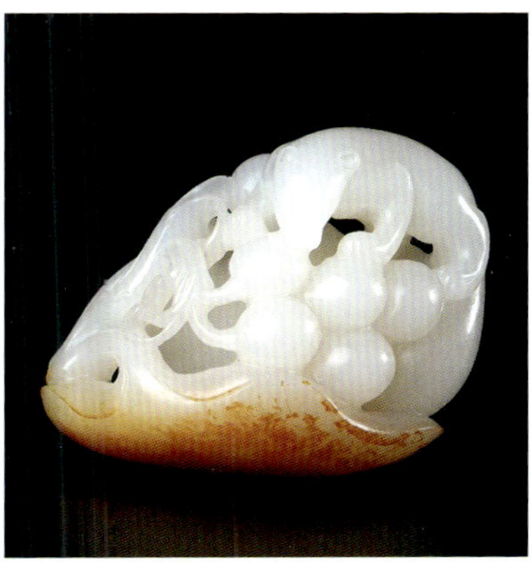

680 清 白玉留皮沁色松鼠葡萄佩
估　价：HKD 100,000~150,000
成交价：RMB 107,026
宽4.6cm 中国嘉德 2019-10-07

1626 清 白玉镂雕竹节鹦鹉佩
估　价：RMB 150,000~180,000
成交价：RMB 230,000
直径5.7cm 西泠印社 2019-07-06

89 清 白玉扭转乾坤佩
估　价：RMB 15,000
成交价：RMB 23,000
直径5cm，高2cm 浙江佳宝 2019-06-23

2949 清 白玉巧雕螭龙坠
估　价：RMB 20,000~30,000
成交价：RMB 25,300
宽4.5cm 中国嘉德 2019-06-02

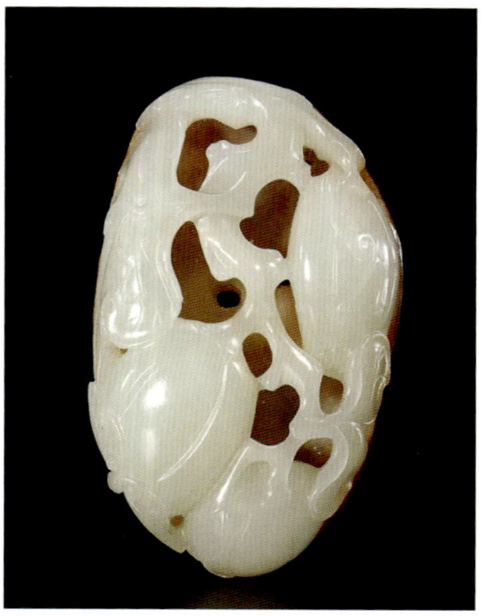

1740 清 白玉洒金瓜果坠
估　价：RMB 25,000~35,000
成交价：RMB 32,200
长6cm 北京翰海 2019-06-15

185 清 白玉三羊开泰佩
估　价：RMB 20,000
成交价：RMB 36,800
长5.5cm，宽5.4cm 浙江佳宝 2019-06-23

616 清 白玉十二生肖图佩
估　价：HKD 30,000~50,000
成交价：RMB 264,088
长6.7cm 香港苏富比 2019-05-30 ★

170 清 白玉双莲蓬挂件
估　价：RMB 8,000
成交价：RMB 32,200
长5.5cm，宽2.4cm 浙江佳宝 2019-06-23

1700 清 白玉兔
估　价：RMB 100,000~120,000
成交价：RMB 138,000
长6.1cm 西泠印社 2019-07-06

1312 清 白玉鸳鸯莲池纹佩
估　价：RMB 120,000~150,000
成交价：RMB 161,000
长5.2cm 中贸圣佳 2019-12-01

3018 清 白玉竹节佩
估　价：RMB 20,000~30,000
成交价：RMB 36,800
长6cm 中国嘉德 2019-06-02

594 清 褐白玉巧雕加官进禄/獾鹿
估　价：HKD 8,000~12,000
成交价：RMB 22,007
长3.8cm 香港苏富比 2019-05-30

2001 清 白玉籽料留皮巧雕荷花坠
估　价：RMB 80,000~150,000
成交价：RMB 172,500
长5.5cm 古天一 2019-06-05

2122 清 黑白玉巧雕仿龙纹挂坠
估　价：RMB 15,000~25,000
成交价：RMB 23,000
长7cm 北京荣宝 2019-06-13

3011 清 碧玉龙纹佩
估　价：RMB 40,000~60,000
成交价：RMB 94,300
长5.9cm，宽4.7cm 中国嘉德 2019-06-02

3012 清 黑白玉镂空雕蟹形佩
估　价：RMB 1,000~2,000
成交价：RMB 32,200
长4.3cm 中国嘉德 2019-06-02

6030 清 黑白玉童子骑马佩、青白玉刘海戏金蟾坠（共两件）
估　价：RMB 8,000~12,000
成交价：RMB 460,000
长6.8cm、5.4cm 北京保利 2019-06-06

3340 清 黄玉子辰佩
估　价：RMB 180,000~220,000
成交价：RMB 287,500
长7.6cm 中鸿信 2019-07-17

2171 清 玛瑙福禄寿坠
估　价：RMB 25,000~30,000
成交价：RMB 28,750
长4cm 北京翰海 2019-06-15

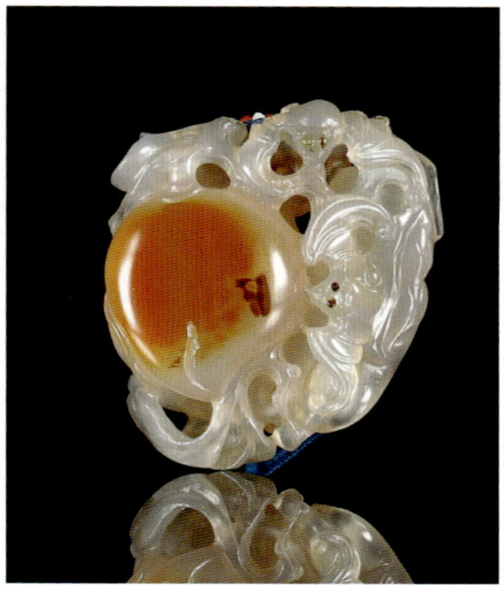

1158 清 玛瑙巧雕福寿三多挂件
估　价：RMB 8,000~15,000
成交价：RMB 13,800
长4.5cm，宽3.7cm 西泠印社 2019-04-14

1159 清 玛瑙巧雕童子挂件
估　价：RMB 8,000~15,000
成交价：RMB 16,100
长4.4cm，宽3.7cm 西泠印社 2019-04-14

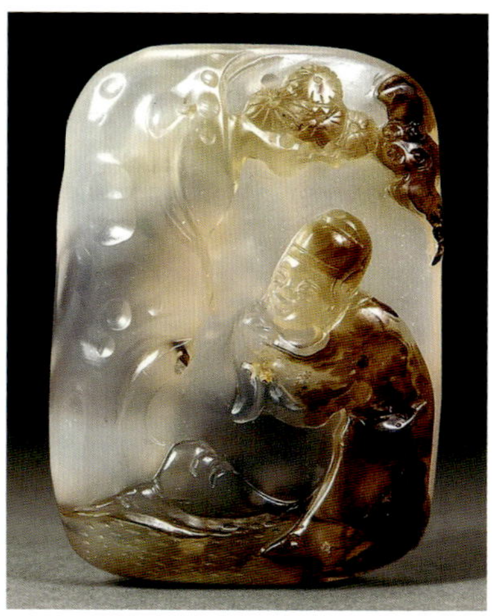

2413 清 玛瑙巧做苏式米芾拜石佩
估　价：RMB 100,000
成交价：RMB 138,000
长5.5cm 北京翰海 2019-03-29

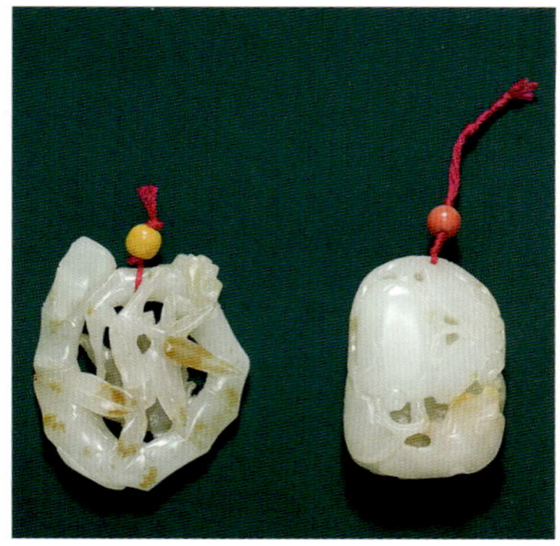

1240 清 青白玉雕瓜瓞连绵玉坠、青白玉镂雕竹节挂件
估　价：HKD 25,000~35,000
成交价：RMB 78,694
均长6cm 中国嘉德 2019-03-31

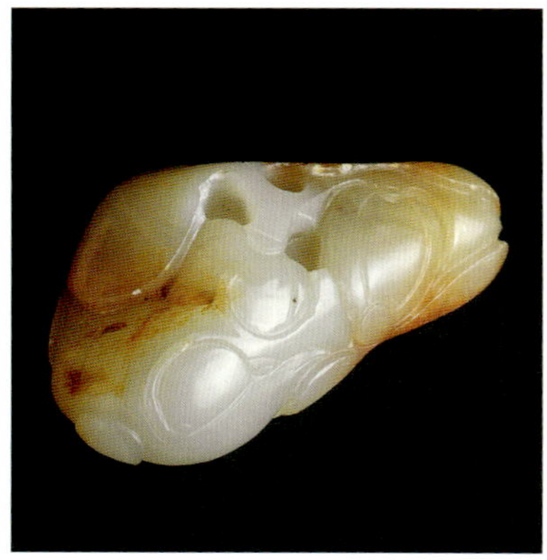

1336 清 青白玉留皮瓜蝶绵绵挂件
成交价：RMB 13,800
长5.7cm 中贸圣佳 2019-08-16

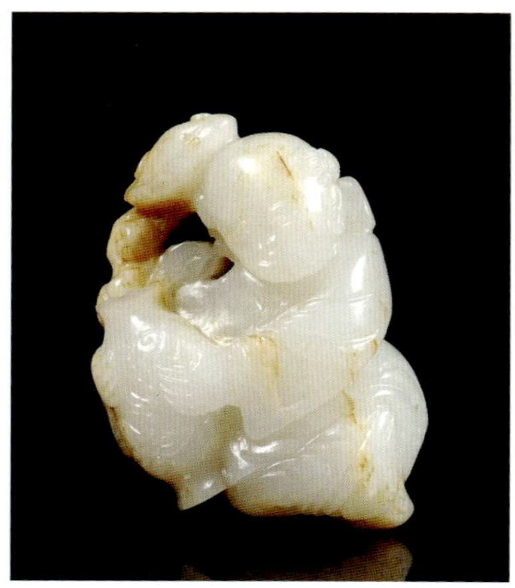

5050 清 青白玉童子坠
估　价：RMB 10,000~20,000
成交价：RMB 17,250
长6cm 中国嘉德 2019-03-24

1019 清 双虎首三珩（一对）
估　价：RMB 280,000
成交价：RMB 483,000
长8.8cm×2 古天一 2019-06-05

1341 清 提油太狮少狮挂件
成交价：RMB 23,000
长4.6cm 中贸圣佳 2019-08-16

2022 清 玉雕人物转心佩
估　价：RMB 8,000
成交价：RMB 78,200
长6cm 北京翰海 2019-10-12

2305 清 玉雕太子玩莲坠
估　价：RMB 5,000
成交价：RMB 34,500
北京翰海 2019-03-29

2302 清 玉雕龙纹佩
估　价：RMB 10,000
成交价：RMB 32,200
长6cm 北京翰海 2019-03-29

2001 清 玉雕人物佩
估　价：RMB 12,000
成交价：RMB 34,500
长6.5cm 北京翰海 2019-10-12

2007 清 玉雕万事如意佩
估　价：RMB 8,000
成交价：RMB 71,300
长6cm 北京翰海 2019-10-12

1827 清 玉府上有龙佩
估 价：RMB 5,000
成交价：RMB 17,250
长6.3cm 北京翰海 2019-03-29

2120 清 玉葫芦
估 价：RMB 4,000
成交价：RMB 60,950
长4.5cm 北京翰海 2019-10-12

1043 清 玉龙形佩
估 价：RMB 450,000
成交价：RMB 828,000
长12.5cm 古天一 2019-06-05

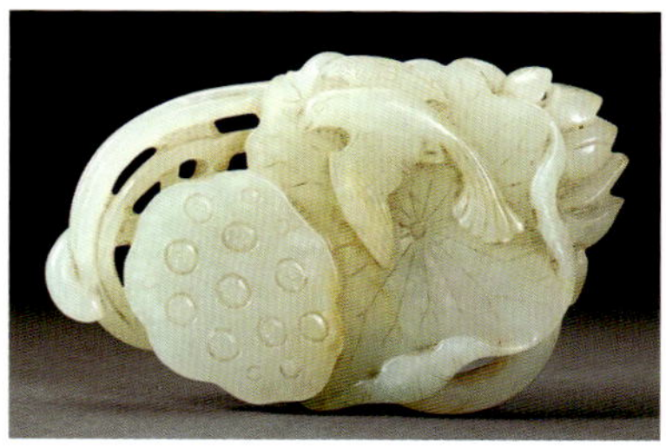

2123 清 玉莲蓬坠
估 价：RMB 6,000
成交价：RMB 34,500
长7.5cm 北京翰海 2019-10-12

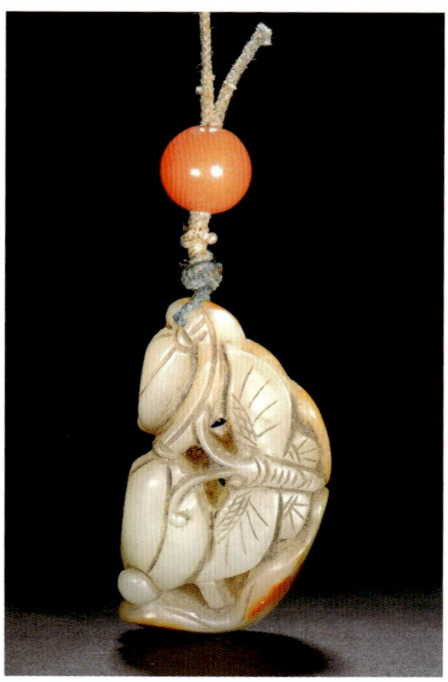

2999 清 玉留皮瓜蝶坠
估 价：RMB 20,000~30,000
成交价：RMB 43,700
长4.8cm 中国嘉德 2019-06-02

2070 清 玉双鹅
估 价：RMB 8,000
成交价：RMB 55,200
长5.5cm 北京翰海 2019-10-12

1820 清 玉双凤佩
估 价：RMB 15,000
成交价：RMB 49,450
长5.3cm 北京翰海 2019-03-29

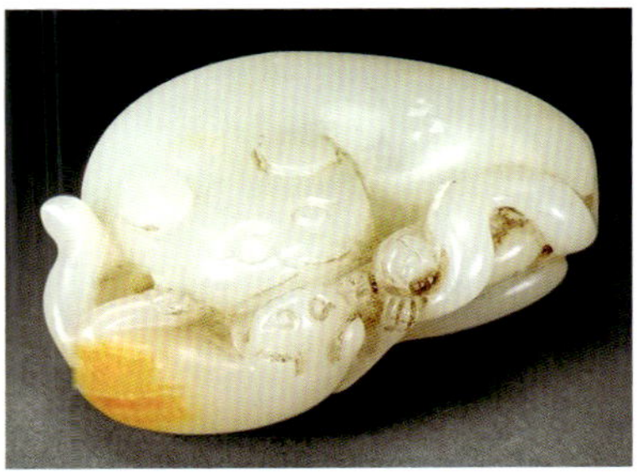

2060 清 玉双欢坠
估　价：RMB 6,000
成交价：RMB 42,550
长5cm 北京翰海 2019-10-12

1324 清 紫水晶雕螭龙纹福瓜佩
估　价：RMB 10,000~15,000
成交价：RMB 13,800
长3.8cm，宽2.7cm 西泠印社 2019-04-14

1178 清或更晚 青玉圆孔方坠
估　价：USD 2,000~3,000
成交价：RMB 109,086
长7.6cm 纽约佳士得 2019-03-21

1173 清 青黄玉人形佩
估　价：RMB 350,000~500,000
成交价：RMB 828,000
长6.3cm 古天一 2019-12-03

264 清末 白玉雕瑞兽佩
估　价：USD 4,000~6,000
成交价：RMB 71,326
纽约苏富比 2019-03-19

262 18世纪 青白玉莲蓬形把件
估　价：GBP 4,000~6,000
成交价：RMB 44,078
长6.8cm 香港苏富比 2019-05-17

573 18世纪 白玉童子
估　价：HKD 15,000~20,000
成交价：RMB 60,520
长6.3cm 香港苏富比 2019-05-30

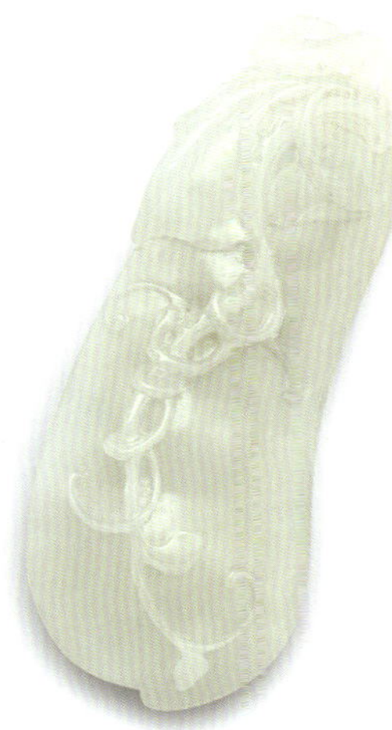

259 19世纪 白玉豆荚
估　价：GBP 2,000~3,000
成交价：RMB 143,254
长10cm 香港苏富比 2019-05-17

239 19世纪 玛瑙芝仙祝寿佩
估　价：GBP 2,000~3,000
成交价：RMB 30,855
长4.6cm 香港苏富比 2019-05-17

160 白玉山高水长挂件
估　价：RMB 180,000~280,000
成交价：RMB 201,600
长6.3cm，宽2.4cm，高1.7cm，重38.4g
上海联合 2019-12-01

60 白玉云龙纹佩
估　价：RMB 180,000
成交价：RMB 287,500
长11.9cm，宽4.9cm 浙江佳宝 2019-06-23

1238 财神白玉挂件
估　价：RMB 70,000~100,000
成交价：RMB 78,400
长5.1cm，宽2.7cm，高1.9cm，重35.4g
上海联合 2019-06-16

6057 曹之璟 白玉"龙行天下"挂件
估　价：RMB 300,000~400,000
成交价：RMB 345,000
长53.4cm，宽53cm，高1.9cm，重103g
华艺国际 2019-08-10

161 顾忠华 白玉一甲一名挂件
估　价：RMB 280,000~380,000
成交价：RMB 313,600
长5.1cm，宽3.8cm，高2.1cm，重54.1g
上海联合 2019-12-01

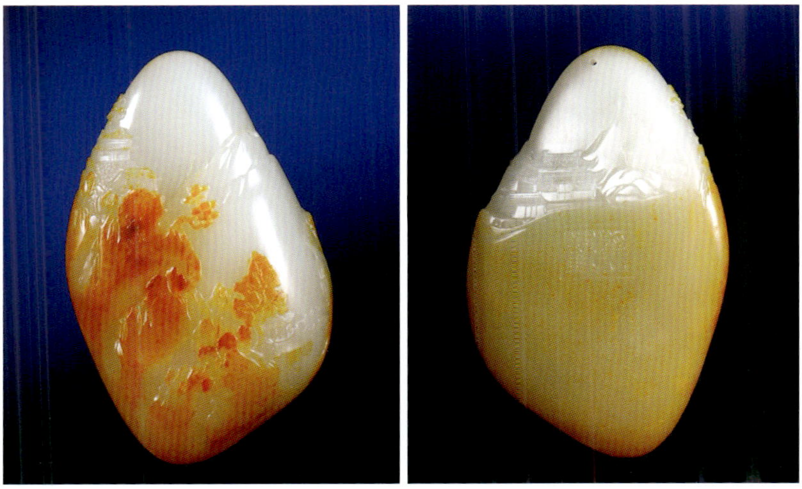

3228 陈健 静观白玉挂件
估　价：RMB 300,000~400,000
成交价：RMB 368,000
重82.8g 西泠印社 2019-07-07

2752 青铜时代石家河文化 黄玉人头
估　价：HKD 600,000~800,000
成交价：RMB 5,267,075
高3cm 佳士得 2019-11-27

1094 黄杨洪 连年有余白玉挂件
估　价：RMB 220,000~320,000
成交价：RMB 246,400
长3.6cm，宽2.4cm，高2.9cm，重36g
上海联合 2019-06-16

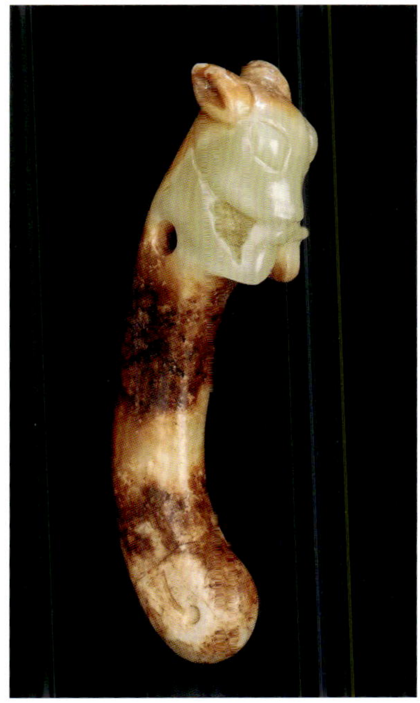

38 黄玉受沁兽首虫身器
估　价：RMB 200,000
成交价：RMB 368,000
长11.9cm，宽4.9cm 浙江佳宝 2019-06-23

26 青玉卷云纹S形龙
估　价：RMB 18,000
成交价：RMB 20,700
长11.8cm，宽2.1cm 浙江佳宝 2019-06-23

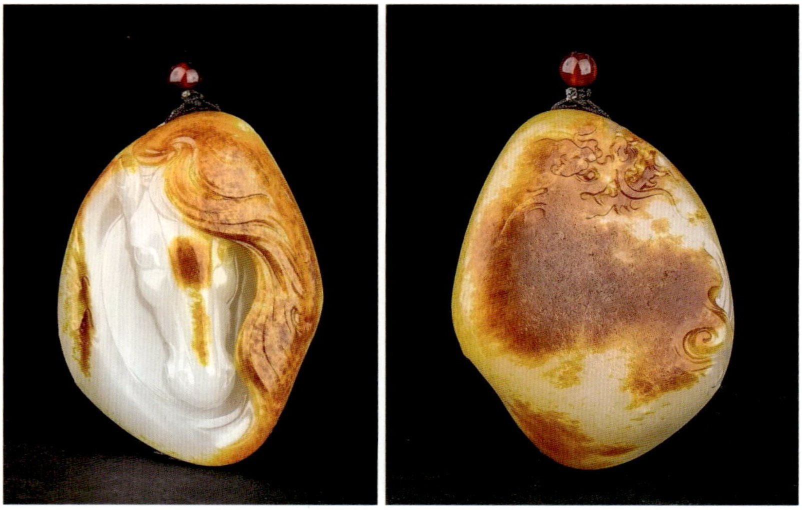

1044 杨建发 一马当先白玉挂件
估　价：RMB 420,000~650,000
成交价：RMB 470,400
长5.3cm，宽3.9cm，高2.4cm，重65.8g
上海联合 2019-06-16

278 王金忠 白玉龙腾四海挂件
估　价：RMB 230,000~300,000
成交价：RMB 257,600
长5.5cm，宽3.6cm，高1.7cm，重57g
上海联合 2019-12-01

34 杨建发 黄沁观音挂件
估　价：RMB 280,000~380,000
成交价：RMB 313,600
长4.8cm，宽3.3cm，高1.7cm，重76.8g
上海联合 2019-12-01

1036 王金忠 荣归白玉挂件
估　价：RMB 190,000~260,000
成交价：RMB 212,800
高5.7cm，重46.8g 上海联合 2019-06-16

1046 吴灶发 鹅如玉白玉挂件
估　价：RMB 165,000~220,000
成交价：RMB 184,800
长5.4cm，宽4.2cm，高2cm，重59g
上海联合 2019-06-16

2010 玉钟式佩
估　价：RMB 18,000
成交价：RMB 40,250
长6.5cm 北京翰海 2019-10-12

1180 青玉猪龙
估　价：USD 5,000~7,000
成交价：RMB 15,406,335
高13cm 纽约佳士得 2019-03-21

1190 汉 黄玉红沁雕瑞兽把件
估　价：RMB 30,000~50,000
成交价：RMB 57,500
长7.5cm，高4.2cm 西泠印社 2019-07-06

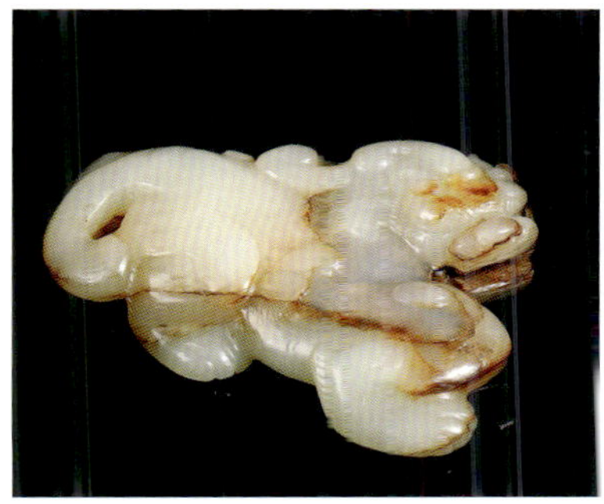

1623 汉 青白玉雕天禄把件
估　价：RMB 380,000~500,000
成交价：RMB 483,000
长7cm 西泠印社 2019-07-06

把玩件

1454 汉 玉豬把件
估　价：RMB 30,000~50,000
成交价：RMB 34,500
长7.2cm，宽2cm 西泠印社 2019-07-06

1449 西周 玉雕蚱蜢把件
估　价：RMB 80,000~120,000
成交价：RMB 103,500
长7.5cm 西泠印社 2019-07-06

3430 辽 青白玉神兽射箭把件
估　价：HKD 60,000~80,000
成交价：RMB 128,250
长3.5cm 香港苏富比 2019-04-03

225 宋至元 白玉雕乐人把件
估　价：USD 20,000~30,000
成交价：RMB 251,738
纽约苏富比 2019-03-19

1186 宋 白玉红沁鹌鹑把件
估　价：RMB 20,000~50,000
成交价：RMB 34,500
长5.5cm，高3.5cm 西泠印社 2019-07-06

3433 宋 白玉相扑童子
估　价：HKD 300,000~400,000
成交价：RMB 256,500
高5.3cm 香港苏富比 2019-04-03

232 辽 水晶雕海东青啄雁把件
估　价：USD 5,000~7,000
成交价：RMB 29,369
纽约苏富比 2019-03-19

1185 宋 玉雕红沁卧犬把件
估　价：RMB 20,000~50,000
成交价：RMB 49,450
长9.5cm，高3.4cm 西泠印社 2019-07-06

2043 金 白玉巧雕骑兽童子
估　价：RMB 120,000~150,000
成交价：RMB 138,000
高4.5cm 古天一 2019-06-05

224 元至明 白玉雕盘龙把件
估　价：USD 50,000~70,000
成交价：RMB 335,650
纽约苏富比 2019-03-19

216 元/明 黄玉雕麒麟把件
估　价：USD 15,000~20,000
成交价：RMB 100,695
纽约苏富比 2019-03-19

3174 元 青白玉卧虎把件
估　价：HKD 100,000~150,000
成交价：RMB 108,000
宽4.7cm 佳士得 2019-05-29

235 元至明 黄玉雕辟邪把件
估　价：USD 20,000~30,000
成交价：RMB 184,608
纽约苏富比 2019-03-19

1737 明 白玉雕欢天喜地把件
估　价：RMB 70,000~80,000
成交价：RMB 92,000
高7.8cm 西泠印社 2019-07-06

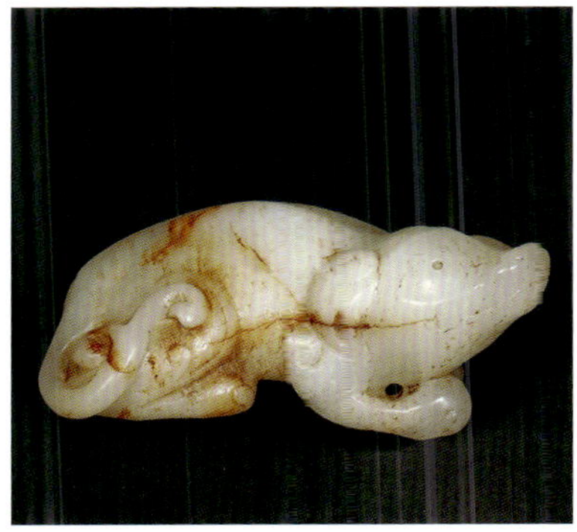

1331 明 白玉雕瑞兽把件
成交价：RMB 92,000
长6.8cm 中贸圣佳 2019-08-16

233 明 黄玉雕龟甲把件
估　价：USD 2,000~3,000
成交价：RMB 159,434
纽约苏富比 2019-03-19

241 明 黄玉雕鹿乳奉亲把件
估　价：USD 40,000~60,000
成交价：RMB 1,006,950
纽约苏富比 2019-03-19

1911 明 蜜蜡鹅把件
估 价：RMB 8,000~20,000
成交价：RMB 9,200
长4cm，重22g 广东崇正 2019-05-23

1189 明 青白玉雕鳜鱼把件
估 价：RMB 55,000~80,000
成交价：RMB 63,250
长10.5cm 西泠印社 2019-07-06

252 明 青白玉雕瑞兽把件
估 价：USD 10,000~15,000
成交价：RMB 100,695
纽约苏富比 2019-03-19

234 明 玉雕瑞兽把件
估 价：USD 4,000~6,000
成交价：RMB 23,496
纽约苏富比 2019-03-19

2907 明 青玉褐斑瑞兽献芝把件
估 价：HKD 400,000~600,000
成交价：RMB 432,000
长9.5cm 佳士得 2019-05-29

217 明 玉雕天马把件
估 价：USD 15,000~20,000
成交价：RMB 100,695
纽约苏富比 2019-03-19

1398 17世纪/18世纪 白玉雕童子骑兽把件
估 价：USD 3,000~5,000
成交价：RMB 92,304
纽约苏富比 2019-03-23

242 明 玉雕卧牛把件
估 价：USD 5,000~7,000
成交价：RMB 33,565
纽约苏富比 2019-03-19

249 17世纪/18世纪 黄玉雕欢喜童子把件
估 价：USD 40,000~60,000
成交价：RMB 839,125
纽约苏富比 2019-03-19

248 17世纪/18世纪 青白玉雕瑞兽把件
估　价：USD 10,000~15,000
成交价：RMB 75,521
纽约苏富比 2019-03-19

219 18世纪 黑白玉雕灵猴献寿把件
估　价：USD 2,000~3,000
成交价：RMB 37,761
纽约苏富比 2019-03-19

201 18世纪 青白玉雕马上封侯把件
估　价：USD 4,000~6,000
成交价：RMB 184,608
纽约苏富比 2019-03-19

204 17世纪至18世纪 青玉雕瑞鸟把件
估　价：USD 6,000~8,000
成交价：RMB 125,869
纽约苏富比 2019-03-19

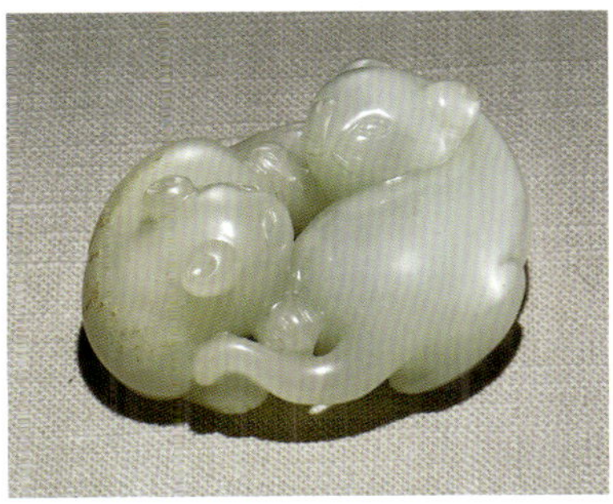

237 18世纪 白玉雕双欢把件
估　价：USD 6,000~8,000
成交价：RMB 109,086
纽约苏富比 2019-03-19

239 清初 青白玉雕瑞鸡把件
估　价：USD 6,000~8,000
成交价：RMB 75,521
纽约苏富比 2019-03-19

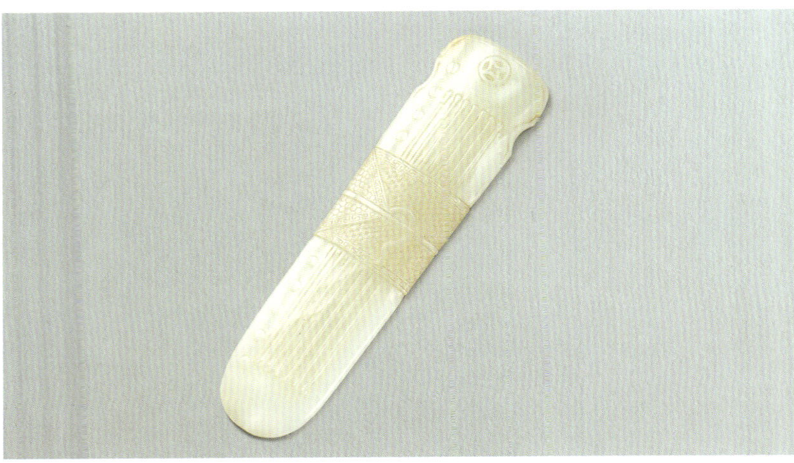

2939 18世纪 白玉琴形把件
估　价：HKD 80,000~120,000
成交价：RMB 70,200
长10.6cm 佳士得 2019-05-29

22 18世纪 白玉带皮金玉满堂把件
估　价：GBP 3,000~5,000
成交价：RMB 51,294
宽5.5cm 伦敦佳士得 2019-08-29

3666 18世纪 白玉凤衔寿桃把件
估　价：HKD 300,000~500,000
成交价：RMB 453,500
长15.5cm 香港苏富比 2019-10-08

5 18世纪 巧色玉雕童子戏猫把件
估　价：GBP 1,500~3,000
成交价：RMB 64,118
宽5cm 伦敦佳士得 2019-08-29

72 清中期 白玉马上封侯把件
估　价：RMB 20,000
成交价：RMB 55,200
长4.55cm 浙江佳宝 2019-06-23

1621 清中期 白玉雕太狮少狮把件
估　价：RMB 250,000~320,000
成交价：RMB 322,000
长6.6cm 西泠印社 2019-07-06

80 清中期 白玉洒金红皮福禄把件
估　价：RMB 80,000
成交价：RMB 138,000
长5.6cm，宽5.22cm，高2.2cm 浙江佳宝 2019-06-23

51 18世纪/19世纪 白玉褐斑童子骑牛把件
估　价：GBP 2,000~4,000
成交价：RMB 51,294
长7cm 伦敦佳士得 2019-08-29

46 清中期 青玉雕耄耋把件及卧猫把件（两件）
估　价：HKD 50,000~80,000
成交价：RMB 49,140
耄耋宽4.9cm，卧猫宽4cm 邦瀚斯 2019-05-28

46 18世纪/19世纪 白玉瑞兽把件
估　价：GBP 3,000~5,000
成交价：RMB 106,863
长7.5cm 伦敦佳士得 2019-08-29

253 18世纪/19世纪 白玉雕灵猴献寿把件
估　价：USD 8,000~12,000
成交价：RMB 46,152
纽约苏富比 2019-03-19

3455 18世纪/19世纪 青白玉童子牧牛把件
估　价：HKD 50,000~70,000
成交价：RMB 74,813
长7.8cm 香港苏富比 2019-04-03

1173 19世纪 灰青玉雕瑞鸟衔叶把件
估　价：USD 6,000~8,000
成交价：RMB 46,152
长13.3cm 纽约佳士得 2019-03-21

260 19世纪 墨玉雕卧羊把件
估　价：USD 2,000~3,000
成交价：RMB 83,913
纽约苏富比 2019-03-19

1607 清 白玉雕佛手把件
估　价：RMB 40,000~60,000
成交价：RMB 109,250
高9.6cm 西泠印社 2019-07-06

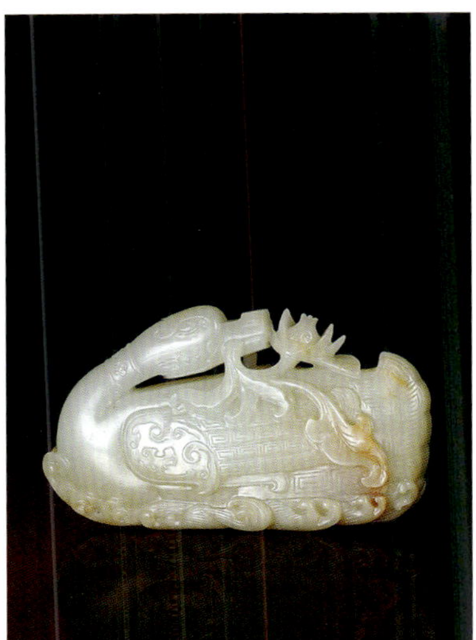

1606 清 白玉雕宝鸭衔莲把件
估　价：RMB 80,000~120,000
成交价：RMB 172,500
长10.7cm 西泠印社 2019-07-06

1636 清 白玉雕吹箫引凤把件
估　价：RMB 280,000~320,000
成交价：RMB 402,500
高9.4cm 西泠印社 2019-07-06

1711 清 白玉雕福禄寿把件
估　价：RMB 140,000~180,000
成交价：RMB 172,500
高8cm 西泠印社 2019-07-06

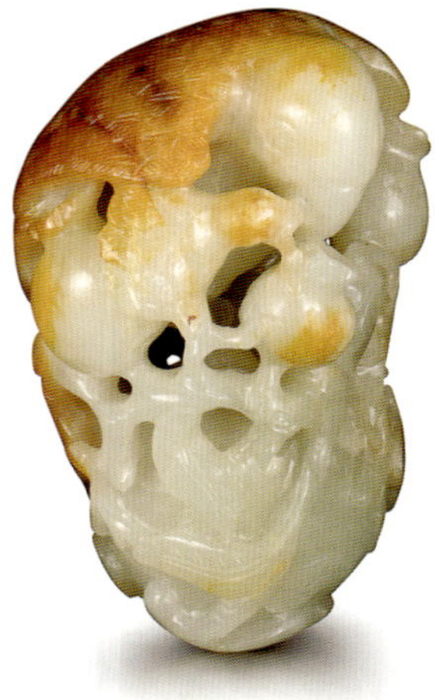

1400 19世纪 青玉雕鹦鹉石榴把件
估　价：USD 7,000~9,000
成交价：RMB 58,739
纽约苏富比 2019-03-23

1681 清 白玉雕俏色母子献寿把件
估　价：RMB 40,000~50,000
成交价：RMB 46,000
高4.9cm 西泠印社 2019-07-06

1667 清 白玉雕龙马负图把件
估　价：RMB 160,000~180,000
成交价：RMB 184,000
长6cm 西泠印社 2019-07-06

1627 清 白玉雕鸳鸯衔莲把件
估　价：RMB 210,000~250,000
成交价：RMB 241,500
长6.1cm 西泠印社 2019-07-06

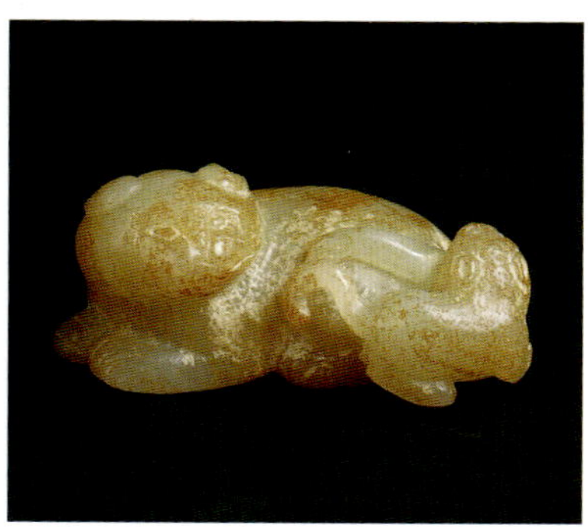

1330 清 白玉雕双欢把件
成交价：RMB 126,500
长6.5cm，高3cm 中贸圣佳 2019-08-16

1665 清 白玉雕耄耋守业把件
估　价：RMB 70,000~90,000
成交价：RMB 86,250
长4.7cm 西泠印社 2019-07-06

3105 清 白玉童子击鼓把件
估　价：HKD 60,000~80,000
成交价：RMB 223,750
宽5cm 佳士得 2019-11-27

3176 清 白玉瑞兽衔莲把件
估　价：HKD 200,000~300,000
成交价：RMB 216,000
长7.6cm 佳士得 2019-05-29

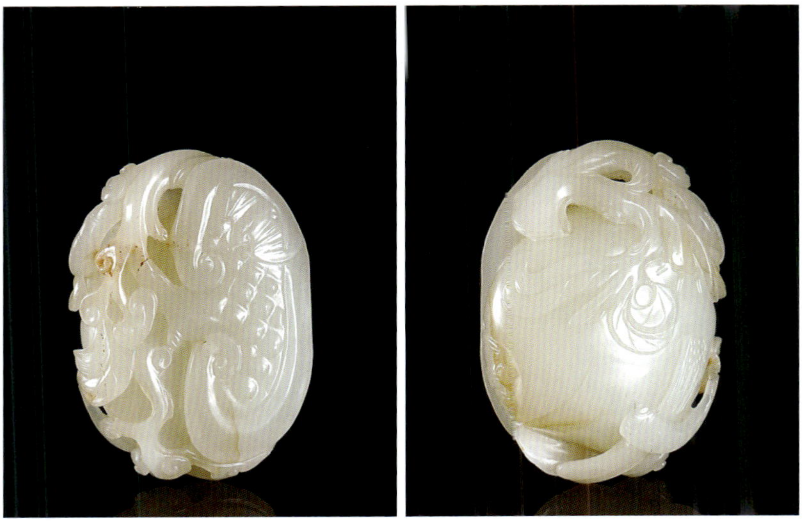

1608 清 白玉福寿双全把件
估　价：RMB 20,000~30,000
成交价：RMB 57,500
长6.4cm 西泠印社 2019-07-06

3131 清 白玉刻童子骑象把件
估　价：HKD 120,000~180,000
成交价：RMB 54,000
长7.3cm 佳士得 2019-05-29

1579 清 黄玉雕瑞兽把件
估　价：USD 5,000~7,000
成交价：RMB 402,780
纽约苏富比 2019-03-23

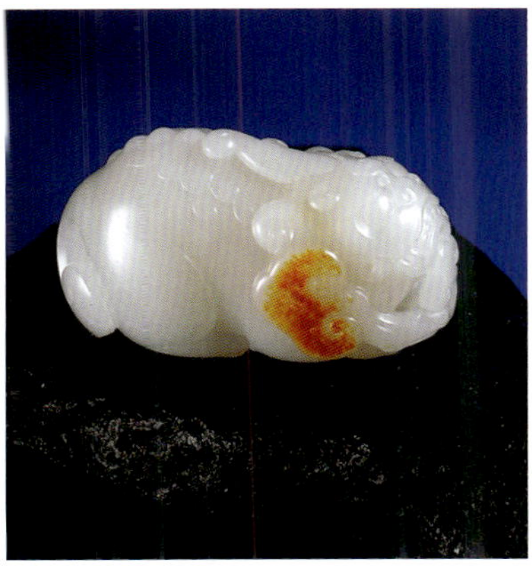

3182 郭万龙 貔貅白玉把件
估　价：RMB 120,000~150,000
成交价：RMB 172,500
重57.9g 西泠印社 2019-07-07

1023 黄杨洪 辟邪白玉把件
估　价：RMB 190,000~280,000
成交价：RMB 212,800
长6.4cm，重122g 上海联合 2019-06-16

3235 瞿利军 高瞻远瞩 白玉把件
估　价：RMB 280,000~350,000
成交价：RMB 345,000
重107g 西泠印社 2019-07-07

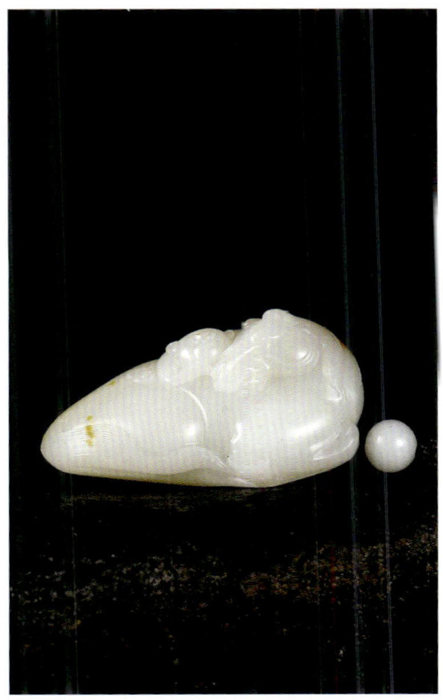

3238 瞿利军 马上封侯白玉把件
估　价：RMB 170,000~220,000
成交价：RMB 230,000
重93.2g 西泠印社 2019-07-07

1102 王金忠 如意有财白玉把件
估　价：RMB 1,380,000~1,800,000
成交价：RMB 1,545,600
重172g 上海联合 2019-06-16

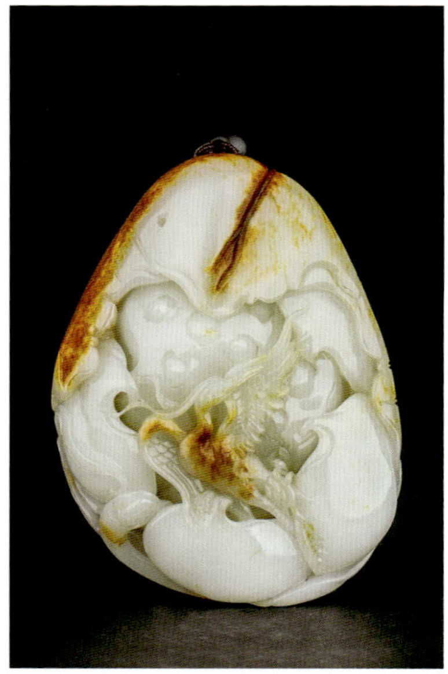

1222 颜桂明 一路连科白玉把件
估　价：RMB 550,000~750,000
成交价：RMB 548,800
长8.9cm，宽6.5cm，高2.5cm，重199g
上海联合 2019-06-16

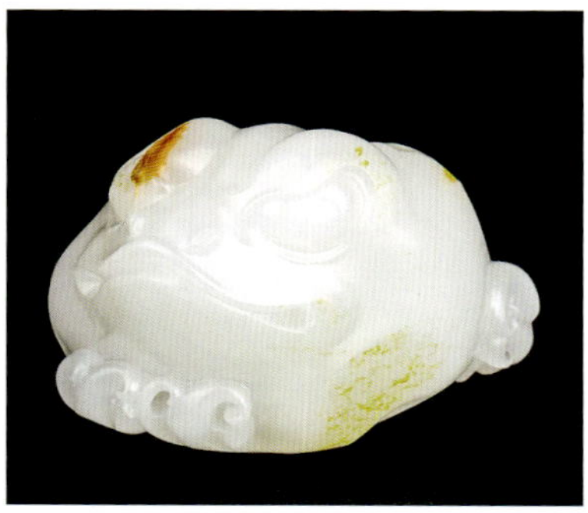

1016 吴金星 招财金蟾白玉把件
估　价：RMB 330,000~420,000
成交价：RMB 392,000
长5.1cm，宽4.1cm，高3cm，重75.4g
上海联合 2019-06-16

3219 吴金星 吉祥瑞兽白玉把件
估　价：RMB 200,000~280,000
成交价：RMB 253,000
重55.2g 西泠印社 2019-07-07

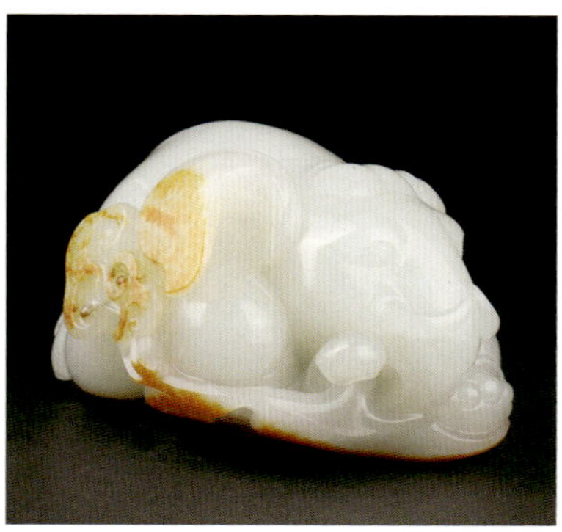

1172 颜桂明 吉祥如意白玉把件
估　价：RMB 490,000~750,000
成交价：RMB 548,800
长7.2cm，宽4.5cm，高3.9cm，重192.8g
上海联合 2019-06-16

1043 杨建发 富甲一方白玉手把件
估　价：RMB 420,000~600,0000
成交价：RMB 470,400
长8cm，宽3.8cm，高3.1cm，重137.1g
上海联合 2019-06-16

50 吴灶发 白玉和和美美把件
估　价：RMB 430,000~550,000
成交价：RMB 481,600
长6.7cm，宽5cm，高4.4cm，重160g
上海联合 2019-12-01

1039 杨中伟 百年好合白玉把件
估　价：RMB 310,000~420,000
成交价：RMB 347,200
长8cm，宽4.4cm，高3.2cm，重93g
上海联合 2019-06-16

玉兵剑饰

1202 宋 青玉雕兽面纹剑格
估　价：RMB 10,000~20,000
成交价：RMB 13,800
长7.2cm，宽3.6cm 西泠印社 2019-09-22

1201 明 黄玉螭龙剑璏
估　价：RMB 50,000~80,000
成交价：RMB 82,800
长12.5cm，宽3.9cm 西泠印社 2019-07-06

1732 明 沁色玉雕螭龙剑璏
估　价：RMB 250,000~300,000
成交价：RMB 287,500
长12cm 西泠印社 2019-07-06

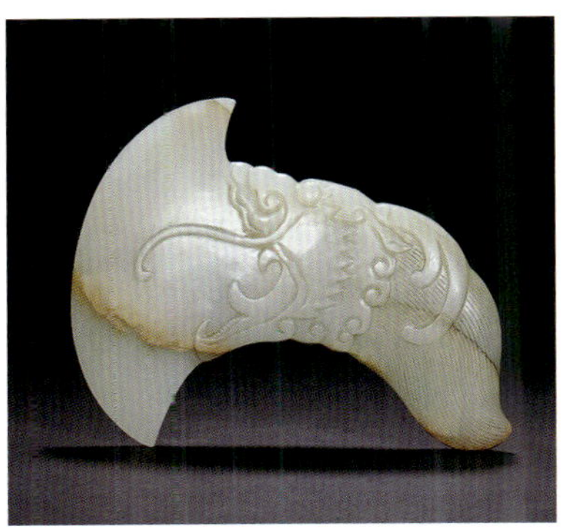

2009 清乾隆 白玉雕龙首斧
估　价：RMB 180,000~280,000
成交价：RMB 207,000
长15.5cm 古天一 2019-06-05

1718 明 沁色玉螭龙纹剑璏
估　价：RMB 100,000~150,000
成交价：RMB 115,000
长6.6cm 西泠印社 2019-07-06

3009 清乾隆 白玉留皮福寿斧形佩
估　价：RMB 160,000~200,000
成交价：RMB 184,000
长5.8cm 中国嘉德 2019-06-02

3144 清乾隆 白玉雕饕餮纹斧
估　价：RMB 80,000~100,000
成交价：RMB 115,000
长14.2cm 中鸿信 2019-07-17

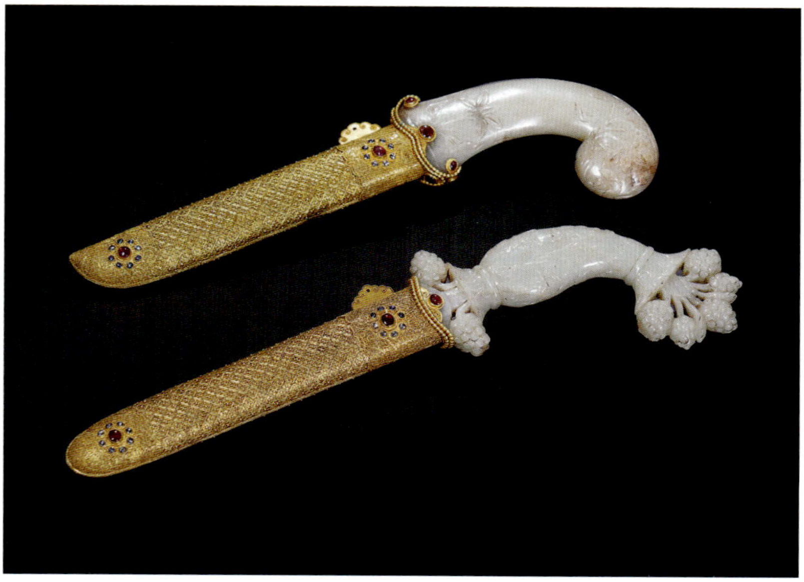

2836 清乾隆 白玉痕都斯坦西番莲纹纯金嵌宝短刀（两件）
估　价：RMB 600,000~800,000
成交价：RMB 1,610,000
尺寸不一 中古陶 2019-06-06

1843 清中期 旧玉御题诗文斧
估　价：RMB 60,000~90,000
成交价：RMB 69,000
长13.7cm 北京翰海 2019-06-15

3832 清 青白玉螭龙剑璏
估　价：RMB 20,000~30,000
成交价：RMB 40,250
长13cm 中国嘉德 2019-03-23

1445 旧玉铲
估　价：RMB 30,000~50,000
成交价：RMB 34,500
长31.5cm，宽8.5cm
西泠印社 2019-07-06

2296 清 玉雕螭龙斧
估　价：RMB 5,000
成交价：RMB 10,350
长6.5cm 北京翰海 2019-03-29

1023 清 玉戈
估　价：RMB 220,000
成交价　RMB 287,500
长21.5cm 古天一 2019-06-05

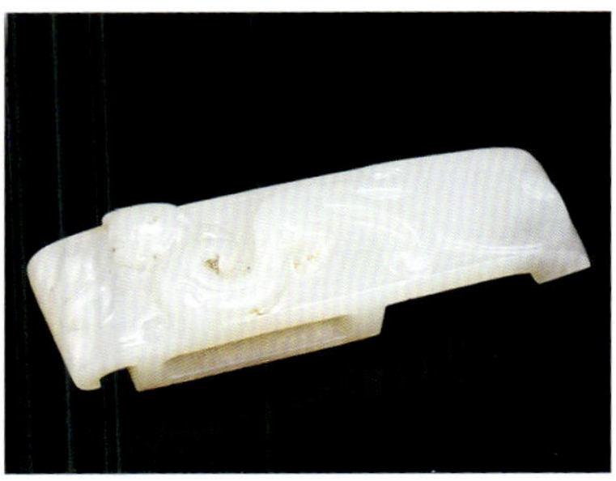

30 白玉螭龙纹剑璏
估　价：RMB 50,000
成交价：RMB 82,800
长8.45cm 浙江佳宝 2019-06-23

1020 清 白玉高浮雕双螭龙剑璏
估　价：RMB 350,000
成交价：RMB 575,000
长10cm 古天一 2019-06-05

2037 清 玉剑饰（一套四件）
估　价：RMB 120,000~180,000
成交价：RMB 212,750
直径4cm，长5.6cm、8.3cm、5.6cm
古天一 2019-06-05

1069 清 玉剑格、玉剑璏（两件）
估　价：RMB 180,000
成交价：RMB 207,000
长9cm、5.5cm 古天一 2019-06-05

35 白玉受沁透雕螭龙纹剑珌
估　价：RMB 60,000
成交价：RMB 69,000
宽59.6cm，高5.82cm 浙江佳宝 2019-06-23

2131 清 青玉雕戚
成交价：RMB 63,250
长7.6cm，宽6cm 古天一 2019-06-05

2020 清乾隆 白玉螭龙带穿
估　价：RMB 18,000~25,000
成交价：RMB 63,250
长3.5cm 北京荣宝 2019-12-01

其他佩饰件

2709 新石器时代红山文化 青玉带齿动物面饰
估　价：HKD 300,000~500,000
成交价：RMB 727,188
长12.6cm 佳士得 2019-11-27

2727 新石器时代良渚文化 神人兽面纹锥形玉饰
估　价：HKD 50,000~80,000
成交价：RMB 223,750
长11.5cm 佳士得 2019-11-27

877 文化期 玉马蹄形器
估　价：HKD 180,000~220,000
成交价：RMB 192,647
高8.9cm 中国嘉德 2019-10-07

2705 新石器时代红山文化 青玉人面饰
估　价：HKD 120,000~180,000
成交价：RMB 839,063
长4.9cm 佳士得 2019-11-27

1170 文化期 玉马蹄形器
估　价：HKD 100,000~150,000
成交价：RMB 151,335
高6.9cm 中国嘉德 2019-03-31

1148 文化期 玉兽面纹杖顶
估　价：HKD 30,000~50,000
成交价：RMB 196,736
宽3.8cm 中国嘉德 2019-03-31

879 商/西周 玉雕牛头纹饰件
估　价：HKD 120,000~180,000
成交价：RMB 214,052
长3.7cm 中国嘉德 2019-10-07

3414 西周 青白玉凤纹饰件
估　价：HKD 30,000~50,000
成交价：RMB 74,813
长7cm 香港苏富比 2019-04-03

3409 西周 玉蚕（一组三件）
估　价：HKD 20,000~30,000
成交价：RMB 106,875
最长3.1cm 香港苏富比 2019-04-03

3437 西周 松绿石鹰饰
估　价：HKD 20,000~30,000
成交价：RMB 34,249
香港苏富比 2019-04-03

882 春秋 白玉龙纹腕饰
估　价：HKD 200,000~300,000
成交价：RMB 214,052
长4.7cm 中国嘉德 2019-10-07

3620 东周 黄玉瑞兽玉佩饰
估　价：HKD 25,000,000~30,000,000
成交价：RMB 22,721,625
长22cm 香港苏富比 2019-04-03

829 春秋晚期 黄褐玉龙纹牌饰
估　价：USD 20,000~30,000
成交价：RMB 444,563
宽5cm 纽约佳士得 2019-09-13

1693 春秋 沁色玉雕兽面纹玉饰（一组两件）
估　价：RMB 20,000~30,000
成交价：RMB 43,700
长2cm×2 西泠印社 2019-07-06

3421 宋 玉鸟杖首
估　价：HKD 70,000~90,000
成交价：RMB 58,781
长9cm 香港苏富比 2019-04-03

3439 宋 黄玉镂空龙纹饰
估　价：HKD 80,000~120,000
成交价：RMB 149,625
长9.3cm 香港苏富比 2019-04-03

3429 辽 青白玉鸟人杖首
估　价：HKD 70,000~90,000
成交价：RMB 64,125
长4.2cm 香港苏富比 2019-04-03

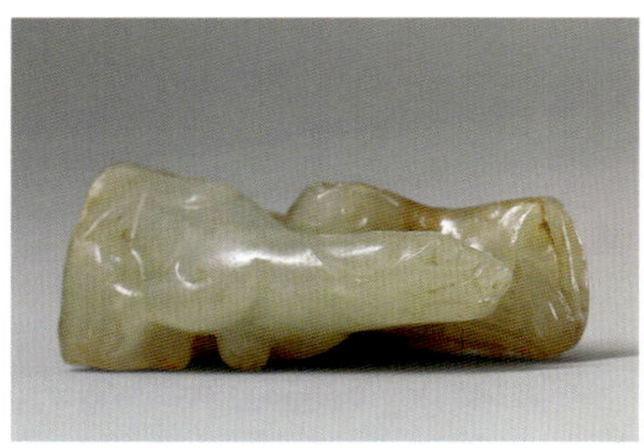

6396 元 白玉巧色雕石竹瑞兽纹饰
估　价：RMB 60,000~80,000
成交价：RMB 92,000
长3.8cm 北京保利 2019-06-06

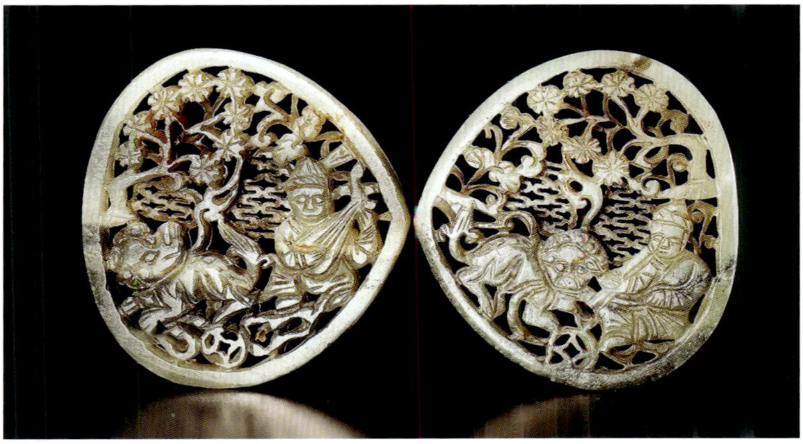

1822 元 黑白玉胡人戏狮桃形饰件（两件）
估　价：RMB 50,000~70,000
成交价：RMB 126,500
长6cm 北京翰海 2019-06-15

128 明 白玉带皮衔荷鸳鸯饰件
估　价：HKD 60,000~80,000
成交价：RMB 162,540
长4.8cm 邦瀚斯 2019-05-28

195 明 白玉龙凤纹觿
估　价：RMB 300,000~500,000
成交价：RMB 1,380,000
长9.5cm 北京鸿盛祥 2019-12-04

1387 清 青白玉雕游龙饰
估　价：USD 4,000~6,000
成交价：RMB 251,738
纽约苏富比 2019-03-23

6943 明 白玉双钩鸟纹嵌饰
估　价：RMB 30,000~50,000
成交价：RMB 184,000
长3.8cm 北京保利 2019-12-05

77 18世纪 白玉雕螭龙灵芝饰件及螭龙钺饰件（一组两件）
估　价：HKD 60,000~80,000
成交价：RMB 86,940
灵芝饰件长5.1cm，钺饰件长5cm 邦瀚斯 2019-05-28

2981 清乾隆/嘉庆 碧玉别子（一对）
估　价：HKD 30,000~40,000
成交价：RMB 37,800
长6.6cm×2 佳士得 2019-05-29 ★

69 清乾隆 青玉带皮镂空雕松鼠葡萄饰件
估　价：HKD 60,000~80,000
成交价：RMB 54,540
长6.1cm 邦瀚斯 2019-05-28

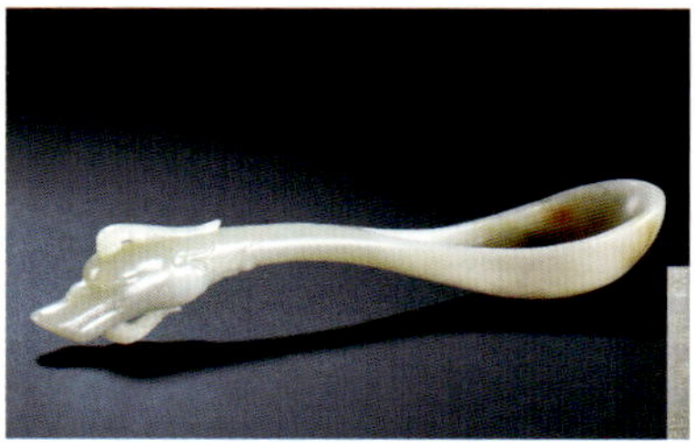

3342 清嘉庆 旧玉龙首羹匙
成交价：RMB 36,800
长20cm 中鸿信 2019-07-17

33 18世纪/19世纪 白玉带皮雕寿老饰件
估　价：HKD 50,000~80,000
成交价：RMB 49,140
长8.3cm 邦瀚斯 2019-05-28

167 明 黄玉夔凤杖首
估　价：RMB 500,000~600,000
成交价：RMB 943,000
长8.8cm 北京鸿盛祥 2019-12-04

5005 清 青白玉灵寿纹瓦子
估　价：RMB 20,000~30,000
成交价：RMB 23,000
长10.6cm 中国嘉德 2019-03-24

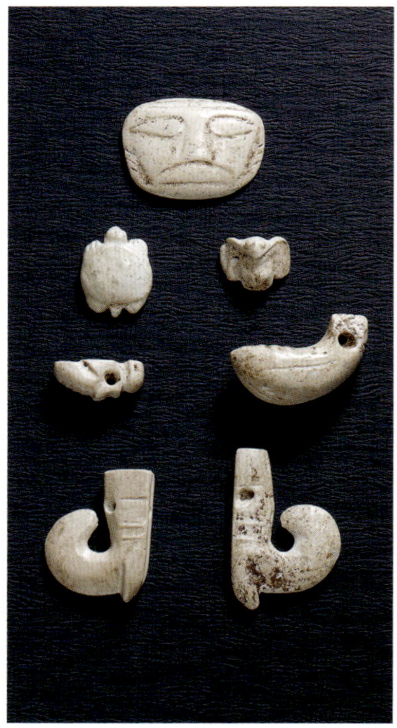

2739 新石器时代大汶口文化 玉饰（七件）
估　价：HKD 80,000~120,000
成交价：RMB 335,625
最宽3.4cm 佳士得 2019-11-27

40 黄王红沁瓦棱纹臂鞲
估　价：RMB 8,000
成交价：RMB 9,200
长4.9，宽4.3cm，高2.6cm
浙江佳宝 2019-06-23

1004 清 玉冠状器
估　价：RMB 100,000
成交价：RMB 115,000
长5.6cm，宽3.6cm 古天一 2019-06-05

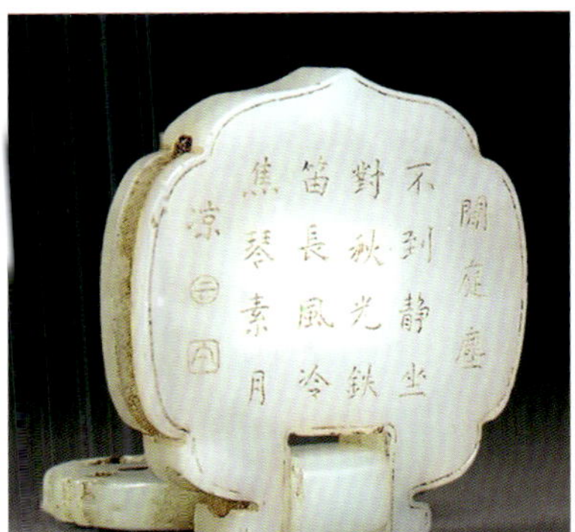

1886 清 玉诗文盘扣
估　价：RMB 12,000
成交价：RMB 78,200
长9cm 北京翰海 2019-03-29

2702 新石器时代兴隆洼文化 玉耳饰玦（两件）
估　价：HKD 40,000~60,000
成交价：RMB 201,375
直径3.8cm 佳士得 2019-11-27

1028 清 双龙形玉珩
估　价：RMB 280,000
成交价：RMB 425,500
长8cm 古天一 2019-06-05

陈设和生活用品

玉 屏

941 西汉 白玉镂雕四灵纹座屏
估　价：HKD 1,800,000~2,200,000
成交价：RMB 3,317,806
长27.6cm 中国嘉德 2019-10-07 ★

3039 18世纪 白玉贺寿图圆屏
估　价：HKD 1,000,000~1,500,000
成交价：RMB 1,188,000
直径22cm 佳士得 2019-05-29 ★

734 18世纪 青玉描金山水楼阁图插屏
估　价：RMB 250,000~450,000
成交价：RMB 287,500
长23cm，宽13cm，高25cm
保利厦门 2019-01-06 ●

1194 清乾隆 碧玉雕御制诗夜游赤壁图插屏
估　价：RMB 400,000~600,000
成交价：RMB 437,000
高29cm，屏心长19.8cm，宽15cm
华艺国际 2019-08-10 ●

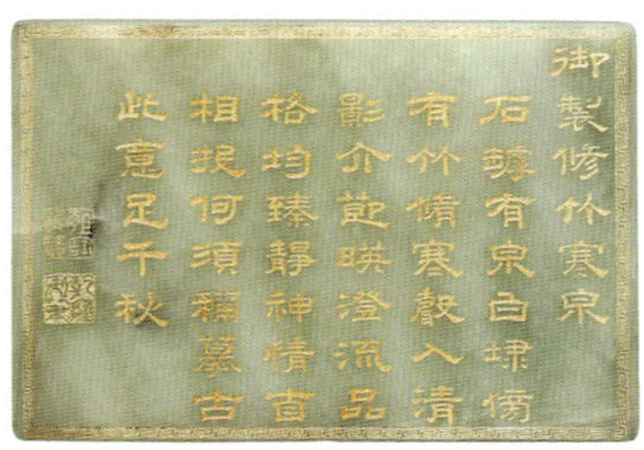

3016 清乾隆 青白玉描金御题诗竹林山泉图插屏
估　价：HKD 400,000~600,000
成交价：RMB 864,000
长15.7cm，宽10.8cm 佳士得 2019-05-29 ★

1115 18世纪 白玉高士访友图插屏
估　价：USD 80,000~120,000
成交价：RMB 1,174,775
高19cm 纽约佳士得 2019-03-21

128 清乾隆 碧玉“老子出关图”插屏
估　价：GBP 10,000~20,000
成交价：RMB 458,115
高23.7cm 伦敦佳士得 2019-11-05

130 清乾隆 青金石描金题诗层峦叠翠图插屏（诗载《清高宗御制诗文全集（五）·御制诗三集》卷一）
估　价：GBP 30,000~50,000
成交价：RMB 436,300
高22.3cm 伦敦佳士得 2019-11-05

2442 清乾隆 御制白玉雕十六罗汉插屏
估　价：RMB 160,000~280,000
成交价：RMB 218,500
高30.5cm 中鸿信 2019-07-16

821 清乾隆 碧玉山水图圆插屏及掐丝珐琅座
估　价：USD 100,000~150,000
成交价：RMB 3,484,047
纽约佳士得 2019-03-20 ★

2266 清 白玉人物故事插屏
估　价：RMB 50,000~100,000
成交价：RMB 92,000
直径20.5cm 北京荣宝 2019-12-01

1120 清乾隆 火烧玉耕织图插屏（一对）
估　价：HKD 1,200,000~1,800,000
成交价：RMB 1,267,320
直径17cm×2 华艺国际 2019-11-24 ★

2443 清中期 御制白玉雕踏雪寻梅图吉天福禄插屏
估　价：RMB 120,000~180,000
成交价：RMB 161,000
直径36.5cm 中鸿信 2019-07-16

116 清乾隆 青金石嵌百宝蝙蝠“大吉”葫芦屏连紫檀座（一对）
估　价：GBP 120,000~180,000
成交价：RMB 6,485,600
高48.2cm × 2 伦敦佳士得 2019-11-05

1477 清中期 碧玉描金鹿鹤同春插屏（一对）
估　价：RMB 800,000~1,000,000
成交价：RMB 1,035,000
高31cm × 2 荣宝斋(南京) 2019-07-21

882 清 白玉雕童子洗象插屏（一对）
估　价：RMB 30,000~50,000
成交价：RMB 195,500
带座高19.3cm × 2 西泠印社 2019-07-06

2148 清 白玉人物故事插屏（一对）
估　价：RMB 300,000~400 000
成交价：RMB 368,000
高39cm × 2 北京荣宝 2019-06-13

1960 清 碧玉双面描金神仙祝寿纹插屏（带原配红木屏座）（一对）
估　价：RMB 160,000~270,000
成交价：RMB 184,000
高39.5cm × 2 广东崇正 2019-11-28

3335 清 黄玉高士插屏（成对）
估　价：RMB 550,000~600,000
成交价：RMB 1,265,000
直径22.5cm × 2 中鸿信 2019-07-17

1629 清嘉庆 白玉雕飞龙穿云如意
估　价：RMB 480,000~680,000
成交价：RMB 747,500
长38.5cm 西泠印社 2019-07-06

玉如意

1169 清早期 南红玛瑙九如如意
估　价：RMB 280,000~380,000
成交价：RMB 316,400
长30cm 华艺国际 2019-08-10 ★

154 18世纪 青白玉雕福寿双清如意
估　价：HKD 400,000~600,000
成交价：RMB 1,026,540
长42cm 邦瀚斯 2019-05-28

3339 清中期 白玉太平有象福寿如意
估　价：RMB 25,000~50,000
成交价：RMB 460,000
长52cm 中鸿信 2019-07-17

890 清 黄玉浮雕龙纹如意摆件
估　价：RMB 220,000~480,000
成交价：RMB 437,000
长38.5cm 西泠印社 2019-07-06

222 18世纪/19世纪 青白玉人物图如意
估　价：GBP 10,000~15,000
成交价：RMB 264,630
长37cm 伦敦佳士得 2019-05-14

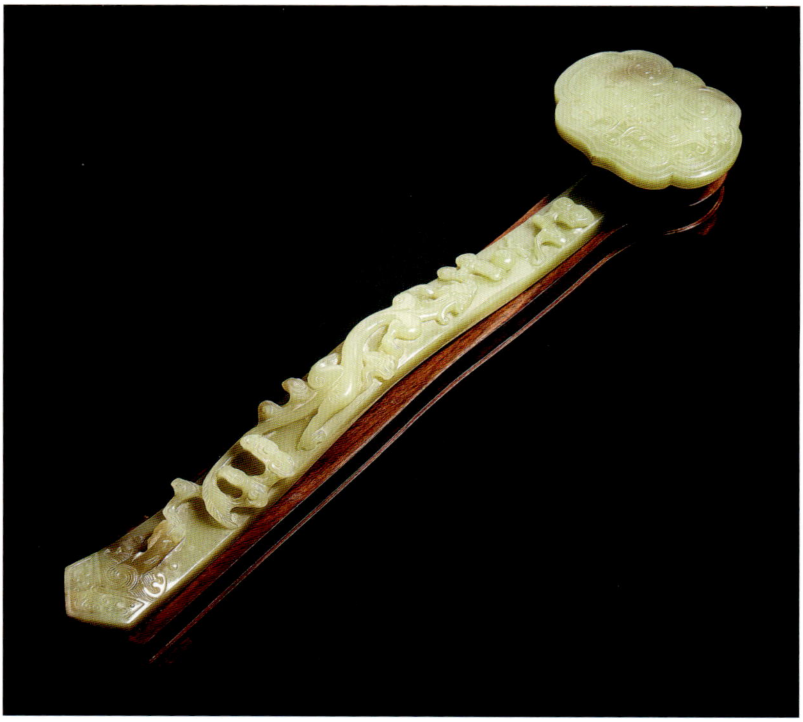

802 18世纪 黄玉饕餮纹如意
估　价：USD 120,000~180,000
成交价：RMB 4,531,275
长31.1cm 纽约佳士得 2019-03-20 ★

2478 清 碧玉镶白玉雕福寿八宝山水如意
估　价：RMB 350,000~580,000
成交价：RMB 575,000
长58cm 中鸿信 2019-07-16 ●

2771 清乾隆 白玉万福庆寿如意
估　价：RMB 1,800,000~2,800,000
成交价：RMB 2,587,500
长40.5cm 中国嘉德 2019-06-02 ●

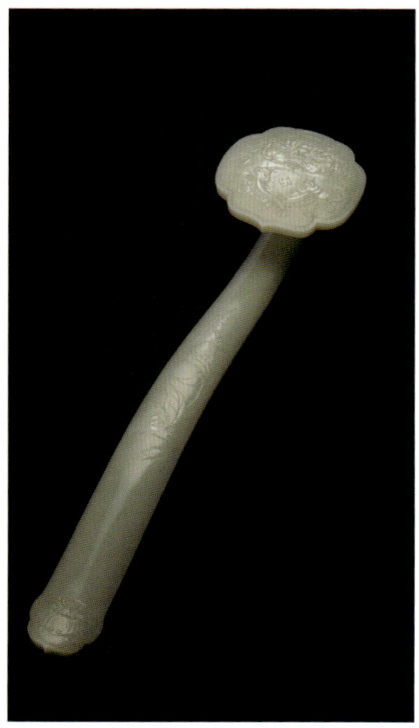

153 清 青白玉双鱼纹如意
估　价：GBP 20,000~40,000
成交价：RMB 436,300
长49.5cm 伦敦佳士得 2019-11-05 ●

3038 清乾隆 青白玉福寿双全如意
估　价：HKD 1,200,000~1,800,000
成交价：RMB 1,188,000
长46cm 佳士得 2019-05-29

2437 清乾隆 御制白玉雕正面龙纹福寿如意
估　价：RMB 2,000,000~3,000,000
成交价：RMB 7,475,000
长35.5cm 中鸿信 2019-07-16

101 清乾隆至嘉庆 白玉福寿长青如意
估　价：HKD 300,000~400,000
成交价：RMB 1,927,375
长41.8cm 香港苏富比 2019-10-08

1117 18世纪/19世纪 青白玉如意（一对）
估　价：USD 100,000~150,000
成交价：RMB 1,174,775
长45.8cm×2 纽约佳士得 2019-03-21

玉佛手

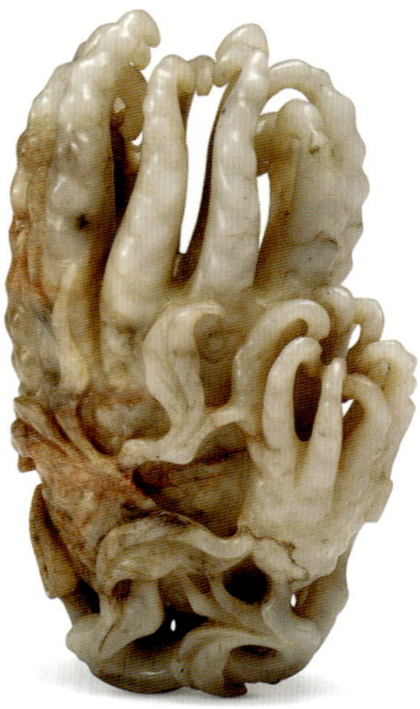

247 17世纪/18世纪 青白玉带皮雕佛手
估　价：GBP 6,000~10,000
成交价：RMB 77,184
长13.4cm 伦敦佳士得 2019-05-14

21 18世纪 青白玉雕佛手摆件
估　价：HKD 80,000~120,000
成交价：RMB 119,340
长13.6cm 邦瀚斯 2019-05-28

1480 清 白玉雕佛手摆件
估　价：RMB 30,000~50,000
成交价：RMB 57,500
长6cm 荣宝斋(南京) 2019-07-21

1114 18世纪 青白玉佛手摆件
估　价：USD 30,000~50,000
成交价：RMB 293,694
长17.8cm 纽约佳士得 2019-03-21 ★

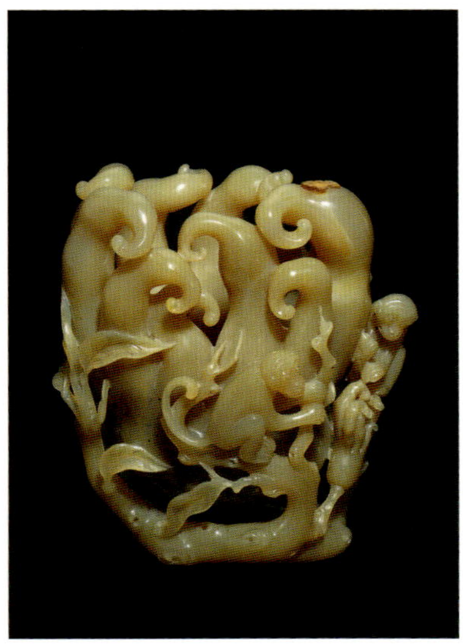

37 清 玛瑙佛手
估　价：GBP 5,000~8,000
成交价：RMB 70,899
长12.7cm 伦敦佳士得 2019-11-05 ★

1013 清 白玉佛手
估　价：RMB 70,000
成交价：RMB 80,500
长5.8cm 古天一 2019-06-05

玉山子

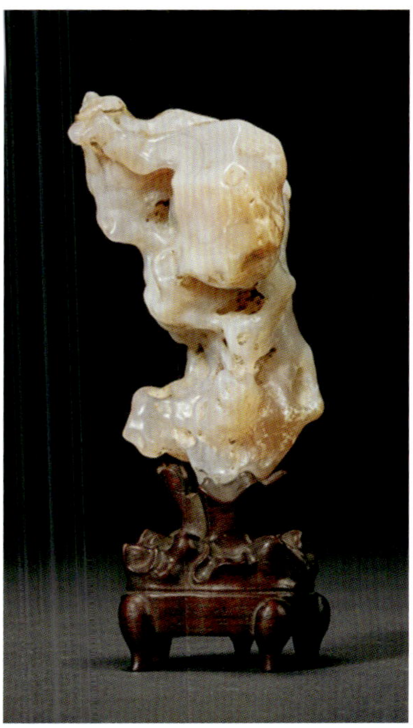

1502 明 玛瑙随形山子摆件
估　价：RMB 30,000~50,000
成交价：RMB 34,500
高10cm 西泠印社 2019-07-06

2933 金 青褐玉刻螭龙洞石山子
估　价：HKD 300,000~500,000
成交价：RMB 378,000
高10.5cm 佳士得 2019-05-29

3041 明 灰黑玉刻诗山子
估　价：HKD 280,000~320,000
成交价：RMB 256,500
高18cm 香港苏富比 2019-04-02

1201 元 玉镂雕龙纹山子
估　价：HKD 200,000~300,000
成交价：RMB 201,780
高20.3cm 中国嘉德 2019-03-31

5707 清乾隆 白玉仙人贺寿山子
估　价：RMB 500,000~800,000
成交价：RMB 575,000
长18.5cm 北京保利 2019-12-04

7121 清乾隆 白玉松鹤长春图山子
估　价：RMB 250,000~350,000
成交价：RMB 287,500
长9.5cm 北京保利 2019-12-05

147 17世纪/18世纪 青白玉带皮雕松鹤延年图山子
估　价：HKD 2,000,000~3,000,000
成交价：RMB 1,944,540
长17.8cm 邦瀚斯 2019-05-28

1116 18世纪 青白玉高士图山子
估　价：USD 50,000~70,000
成交价：RMB 503,475
高19.7cm 纽约佳士得 2019-03-21

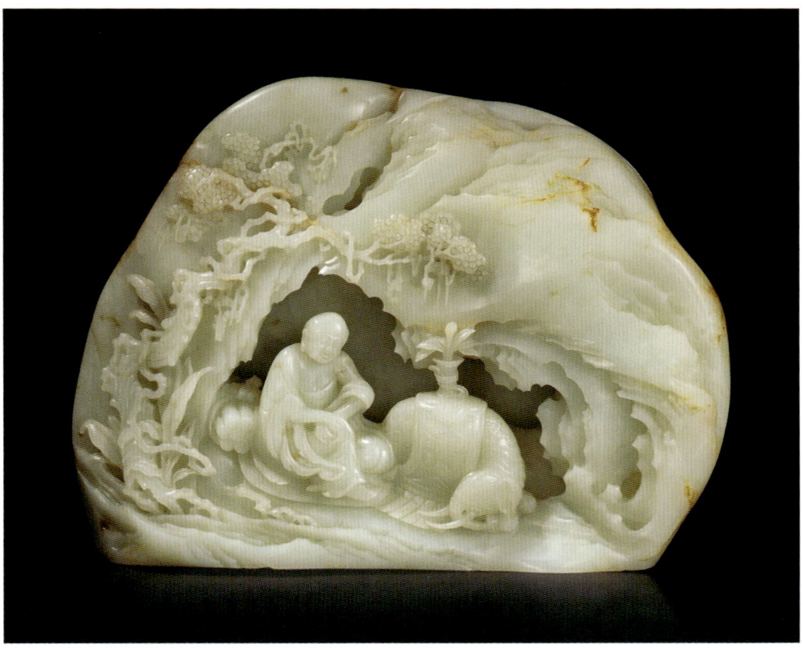

823 清乾隆 白玉雕迦理迦尊者山子
估　价：USD 200,000~300,000
成交价：RMB 7,350,735
长22cm 纽约佳士得 2019-03-20

3029 18世纪 白玉和合二仙山子
估　价：HKD 1,200,000~2,600,000
成交价：RMB 1,342,500
高18.4cm 佳士得 2019-11-27

176 18世纪 白玉雕浴马图山子
成交价：RMB 368,000
高17.8cm 中鸿信 2019-07-16

2053 清乾隆 白玉籽料洒金皮人物故事纹大山子
估　价：RMB 450,000~550,000
成交价：RMB 517,500
高12.5cm 古天一 2019-06-05

126 17世纪/18世纪 青玉带皮雕猴戏图山子
估　价：HKD 150,000~200,000
成交价：RMB 518,940
高10cm 邦瀚斯 2019-05-28

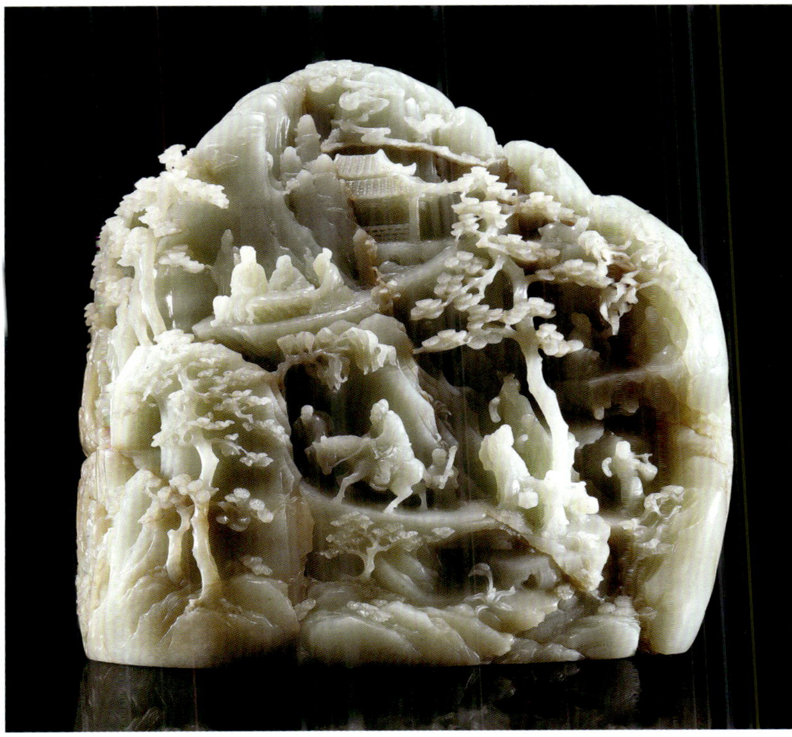

5709 清乾隆 白玉高士雅集图大山子
估　价：RMB 5,800,000~8,800,000
成交价：RMB 8,625,000
高29cm，宽31cm，重21.5kg
北京保利 2019-12-04

325 清乾隆 白玉山子
估　价：RMB 200,000~300,000
成交价：RMB 230,000
高9cm 北京华辰 2019-07-14

733 18世纪 白玉山水人物图山子
估　价：RMB 800,000~1,000,000
成交价：RMB 920,000
长21cm，高14.5cm 保利厦门 2019-01-06

3265 清乾隆 白玉浮雕人物故事山子
估　价：RMB 120,000~180,000
成交价：RMB 195,500
长22cm 中鸿信 2019-07-17

5708 清乾隆 白玉携琴访友大山子
估　价：RMB 1,600,000~1,800,000
成交价：RMB 1,840,000
高24.5cm，重8.7kg 北京保利 2019-12-04 ★

5586 清乾隆 青白玉御题诗罗汉山子
估　价：RMB 2,800,000~3,800,000
成交价：RMB 3,220,000
高18cm 北京保利 2019-06-05 ●

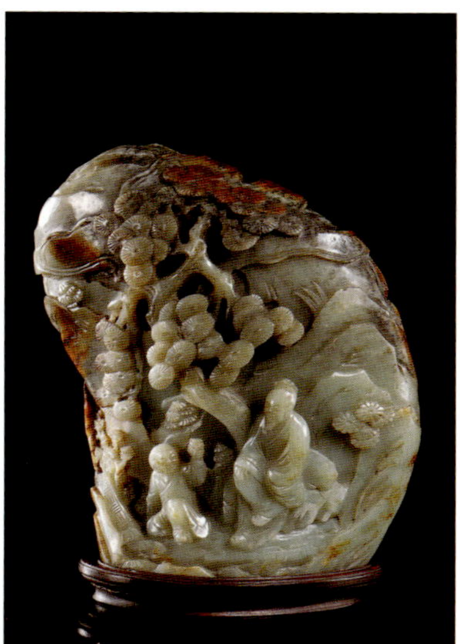

6413 清乾隆 青白玉留皮山水人物大山子
估　价：RMB 150,000~200,000
成交价：RMB 299,000
高20.5cm 北京保利 2019-06-06 ●

5561 清乾隆 碧玉雕仿灵璧石山子
估　价：RMB 400,000~500,000
成交价：RMB 828,000
高19.5cm 北京保利 2019-06-05 ●

1119 19世纪 灰青玉山雕山水亭台图大山子
估　价：USD 20,000~30,000
成交价：RMB 234,955
高19.1cm 纽约佳士得 2019-03-21 ●

246 清乾隆 青白玉带皮雕人物图山子
估　价：GBP 30,000~50,000
成交价：RMB 826,969
高21cm 伦敦佳士得 2019-05-14

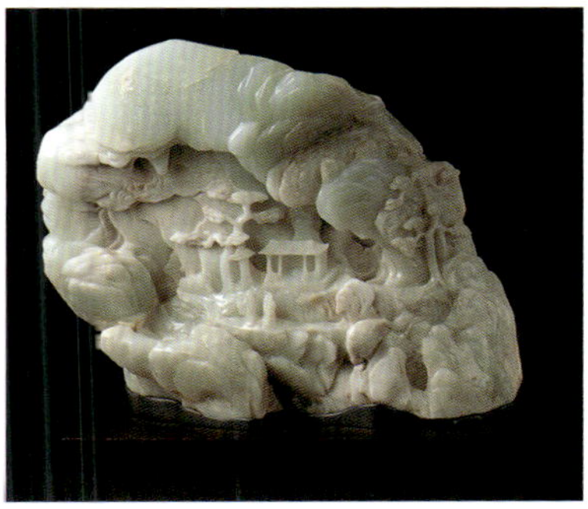

1176 19世纪 青白玉雕访友图大山子
估　价：USD 20,000~30,000
成交价：RMB 251,738
长24.1cm 纽约佳士得 2019-03-21

81 清 黑白玉瑶池祝寿图山子
估　价：RMB 180,000
成交价：RMB 253,000
长18cm，高19cm 浙江佳宝 2019-06-23

1501 清 孔雀石随形山子摆件
估　价：RMB 30,000~60,000
成交价：RMB 74,750
长9.6cm 西泠印社 2019-07-06

3262 清 蜜蜡雕人物故事山子
估　价：RMB 50,000~80,000
成交价：RMB 80,500
长10cm 中鸿信 2019-07-17

144 清乾隆 御制青玉雕孤山放鹤图山子
估　价：HKD 500,000~800,000
成交价：RMB 540,540
长16.7cm 邦瀚斯 2019-05-28

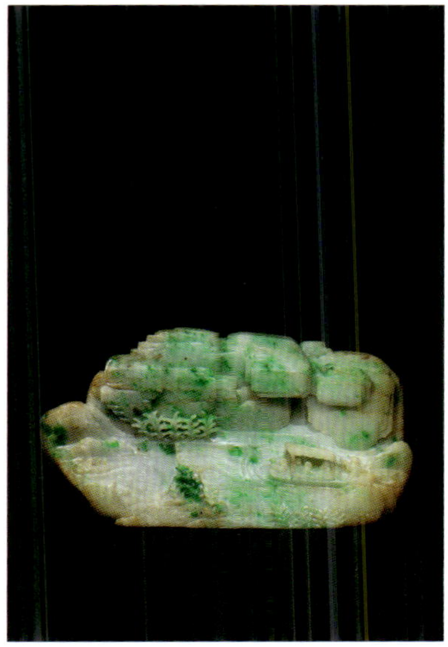

134 清 翠玉赤壁图山子
估　价：GBP 12,000~18,000
成交价：RMB 239,965
长17.5cm 伦敦佳士得 2019-11-05

1241 清 南红巧雕山水人物图山子摆件
估　价：RMB 20,000~50,000
成交价：RMB 34,500
高24cm 西泠印社 2019-07-06

452 18世纪/19世纪 青玉仙山楼阁山子
估 价：GBP 8,000~12,000
成交价：RMB 275,488
高30cm 香港苏富比 2019-05-17

3135 碧玉山水人物大山子
估 价：RMB 1,000~2,000
成交价：RMB 36,800
高57.5cm（含座） 中国嘉德 2019-06-25

人物摆件

3412 商 玉跪人
估 价：HKD 600,000~800,000
成交价：RMB 855,000
高4cm 香港苏富比 2019-04-03 ★

3436 商末至西周 黄玉神人坐像
估 价：HKD 80,000~120,000
成交价：RMB 117,563
高6.1cm 香港苏富比 2019-04-03

1461 汉 玉翁仲
估 价：RMB 280,000~450,000
成交价：RMB 437,000
高4.5cm 西泠印社 2019-07-06

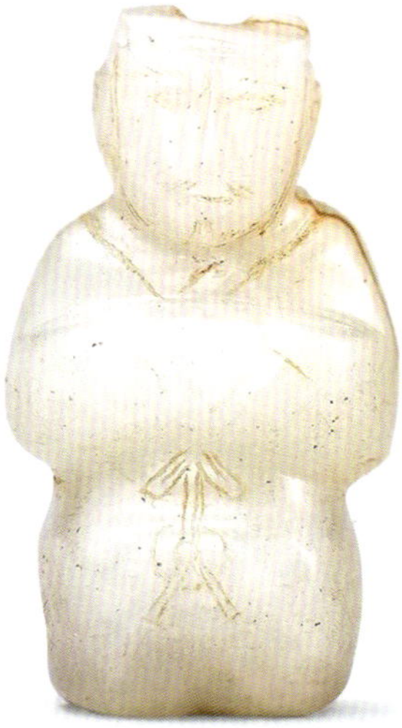

853 汉 玉雕跪人
估　价：HKD 80,000~120,000
成交价：RMB 128,431
高3.9cm 中国嘉德 2019-10-07

1762 宋 白玉雕持荷童子
估　价：RMB 110,000~130,000
成交价：RMB 126,500
高7cm 西泠印社 2019-07-06

6393 元 黄玉翁仲
估　价：RMB 30,000~50,000
成交价：RMB 161,000
高8cm 北京保利 2019-06-06

1435 唐至五代 白玉善财童子立像
估　价：RMB 160,000~260,000
成交价：RMB 253,000
高9cm 西泠印社 2019-07-06

1195 汉 玉翁仲
估　价：HKD 20,000~30,000
成交价：RMB 20,178
高4.2cm 中国嘉德 2019-03-31

3415 宋或更早 黄玉人
估　价：HKD 350,000~450,000
成交价：RMB 641,250
高6.2cm 香港苏富比 2019-04-03

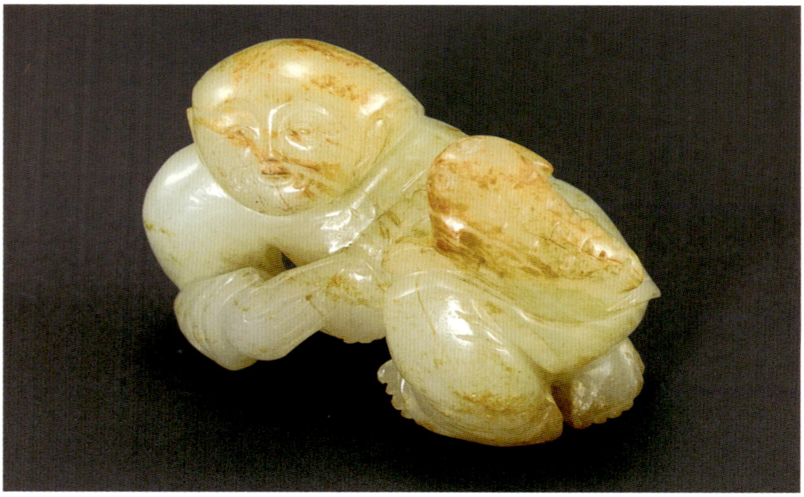

581 明 青白玉刘海戏金蟾
估　价：HKD 20,000~30,000
成交价：RMB 209,070
长5.1cm 香港苏富比 2019-05-30

58 宋至元 白玉红沁童子戏象
估　价：RMB 28,000
成交价：RMB 43,700
长4.8cm 浙江佳宝 2019-06-23

1634 元 白玉雕观音坐像
估　价：RMB 60,000~80,000
成交价：RMB 86,250
高4.8cm 西泠印社 2019-07-06

1215 元 白玉雕迦楼罗像
估　价：RMB 120,000~180,000
成交价：RMB 178,250
高5cm 西泠印社 2019-07-06

1565 明 青白玉雕胡人驯狮摆件
估　价：RMB 50,000~80,000
成交价：RMB 172,500
长6.2cm，高5cm 西泠印社 2019-07-06

1262 明 白玉持鹊童子
估　价：RMB 180,000~200,000
成交价：RMB 207,000
高4.4cm 中贸圣佳 2019-06-07

1219 明 黄玉带沁力士
估　价：HKD 80,000~120,000
成交价：RMB 80,712
高8cm 中国嘉德 2019-03-31

1719 明 白玉雕持荷童子
估　价：RMB 80,000~100,000
成交价：RMB 109,250
高8.4cm 西泠印社 2019-07-06

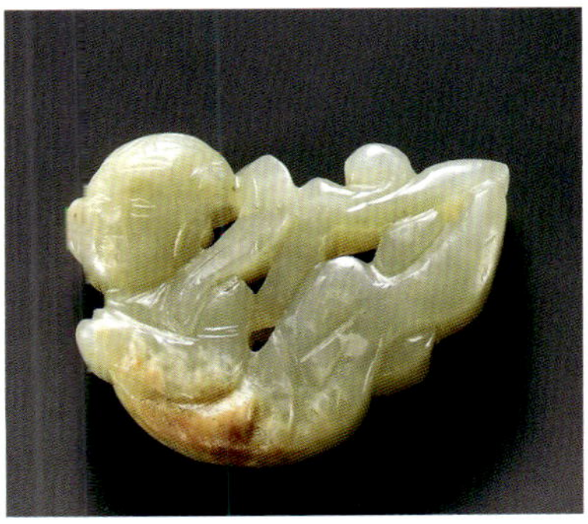

199 明 白玉飞天
估　价：RMB 50,000~60,000
成交价：RMB 103,500
长4cm 北京鸿盛祥 2019-06-04

227 明 南红玛瑙刘海戏金蟾摆件
估　价：RMB 280,000~380,000
成交价：RMB 322,000
高5cm 北京大羿 2019-06-04

226 明 黑白玉俏色胡人摆件
估　价：RMB 800,000~1,000,000
成交价：RMB 920,000
高3.5cm 北京大羿 2019-06-04

1568 明末清初 蜜蜡雕汉钟离像
估　价：RMB 50,000~100,000
成交价：RMB 80,500
高8cm，重26.7g 西泠印社 2019-07-06

37 明 青白玉雕童子戏狮摆件
估　价：HKD 30,000~40,000
成交价：RMB 43,740
高5.6cm 邦瀚斯 2019-05-28

3440 明 青白玉骑马童子
估　价：HKD 60,000~80,000
成交价：RMB 53,438
高5.3cm 香港苏富比 2019-04-03

943 明末清初 白玉漆金观音站像
估　价：RMB 600,000~800,000
成交价：RMB 1,150,000
高19cm 保利厦门 2019-08-04

28 清乾隆 白玉观音坐像连碧玉莲花座
估　价：GBP 35,000~45,000
成交价：RMB 385,919
观音高6.8cm，总高8.8cm
伦敦佳士得 2019-05-14

152 18世纪 御制青玉雕罗汉立像
估　价：HKD 150,000~200,000
成交价：RMB 378,540
高16.5cm 邦瀚斯 2019-05-28

34 18世纪 青白玉雕寿老童子立鼓摆件
估　价：HKD 30,000~40,000
成交价：RMB 43,740
高7cm 邦瀚斯 2019-05-28

2986 18世纪 白玛瑙雕吕洞宾像
估　价：HKD 150,000~250,000
成交价：RMB 162,000
高17cm 佳士得 2019-05-29

596 18世纪 青白玉雕胡人戏狮摆件
估　价：USD 20,000~30,000
成交价：RMB 268,520
纽约苏富比 2019-03-20

6462 清早期 青玉药师佛
估 价：RMB 120,000~150,000
成交价：RMB 138,000
高17cm 北京保利 2019-12-05

203 清康熙 青白玉雕李白醉酒摆件
估 价：USD 15,000~25,000
成交价：RMB 134,260
纽约苏富比 2019-03-19

41 清乾隆 青白玉雕童子牧牛摆件
估 价：HKD 1,800,000~2,400,000
成交价：RMB 1,728,540
长13.7cm 邦瀚斯 2019-05-28

1258 清中期 玉雕仕女立件
估 价：RMB 400,000~600,000
成交价：RMB 460,000
高27.9cm 中贸圣佳 2019-05-07

2836 清乾隆 青白玉佛坐像
估 价：HKD 800,000~1,500,000
成交价：RMB 1,566,250
高15cm 佳士得 2019-11-27 ★

1252 清早期 水晶雕渔翁得利摆件
估 价：RMB 30,000~60,000
成交价：RMB 43,700
高15.8cm 西泠印社 2019-07-06

55 清中期 白玉留红皮童子牧牛摆件
估 价：RMB 50,000
成交价：RMB 66,700
高4.2cm 浙江佳宝 2019-06-23

50 清中期 黑白玉巧雕刘海戏金蟾
估 价：RMB 22,000
成交价：RMB 51,750
宽3.1cm，高5cm 浙江佳宝 2019-06-23

2446 清乾隆 羊脂白玉雕五子戏弥勒摆件
估 价：RMB 360,000~520,000
成交价：RMB 517,500
长10.8cm，高8.6cm 中鸿信 2019-07-16

836 清 白玉仕女
估 价：RMB 60,000~120,000
成交价：RMB 138,000
高22cm 保利厦门 2019-01-06

231 18世纪/19世纪 琥珀雕人物像（两件）
估　价：GBP 10,000~15,000
成交价：RMB 66,158
尺寸不一 伦敦佳士得 2019-05-14

2271 19世纪 白玉佛
估　价：RMB 50,000~80,000
成交价：RMB 89,700
高15cm 北京荣宝 2019-12-0

1111 18世纪/19世纪 白玉及青玉雕人物过桥摆件
估　价：USD 80,000~120,000
成交价：RMB 3,161,823
长16.5cm 纽约佳士得 2019-03-21 ★

1174 19世纪 青白玉童子骑象摆件
估　价：USD 15,000~25,000
成交价：RMB 335,650
长16.5cm 纽约佳士得 2019-03-21

777 18世纪/19世纪 烟晶雕太白醉酒摆件
估　价：USD 3,000~5,000
成交价：RMB 142,260
长14.3cm 纽约佳士得 2019-09-12

3232 清早期 白玉圆雕太白醉酒像
估　价：RMB 60,000~85,000
成交价：RMB 69,000
长12cm 中鸿信 2019-07-17

3207 清中期 青白玉圆雕刘海戏金蟾像
估　价：RMB 60,000~80,000
成交价：RMB 92,000
高21cm 中鸿信 2019-07-17

125 18—19世纪 白玉观世音菩萨立像
估　价：HKD 1,500,000~2,000,000
成交价：RMB 1,700,625
香港苏富比 2019-10-08 ★

1649 清中期 白玉童子牧牛摆件
估　价：RMB 380,000~480,000
成交价：RMB 437,000
长17cm 西泠印社 2019-07-06

594 19世纪 青玉雕高士童子摆件
估　价：USD 8,000~12,000
成交价：RMB 302,085
纽约苏富比 2019-03-20

1566 清 白玉雕胡人献宝摆件
估　价：RMB 30,000~60,000
成交价：RMB 97,750
长8cm，高6cm 西泠印社 2019-07-06

1424 清 白玉雕渔翁得利摆件
估　价：RMB 30,000~40,000
成交价：RMB 34,500
高11cm 西泠印社 2019-09-22

1610 清 白玉雕观音坐像
估　价：RMB 120,000~180,000
成交价：RMB 437,000
高5.4cm 西泠印社 2019-07-06

1423 清 白玉鹿乳奉亲摆件
估　价：RMB 42,000~50,000
成交价：RMB 48,300
带座高11cm 西泠印社 2019-09-22

151 清 白玉嵌宝石如意观音像
估　价：RMB 500,000~600,000
成交价：RMB 713,000
高9.6cm 北京鸿盛祥 2019-06-04

2995 清 白玉和合童子
估　价：RMB 30,000~50,000
成交价：RMB 71,300
长4.8cm 中国嘉德 2019-06-02

1952 清 白玉仕女
估　价：RMB 300,000
成交价：RMB 575,000
高27.5cm 北京翰海 2019-05-29

3232 徐志浩 妙法圆融白玉摆件
估　价：RMB 550,000~750,000
成交价：RMB 747,500
重255g 西泠印社 2019-07-07

1563 清 白玉雕地藏王菩萨小像
估　价：RMB 20,000~50,000
成交价：RMB 55,200
高2.5cm 西泠印社 2019-07-06

2114 清 黄玉雕胡人骑象摆件
估　价：RMB 85,000~120,000
成交价：RMB 97,750
高4.5cm 古天一 2019-06-05

3203 清 白玉圆雕无量寿佛坐像
估　价：RMB 70,000~100,000
成交价：RMB 109,250
高23.8cm 中鸿信 2019-07-17

33 清 白玉寿上添寿
估　价：GBP 20,000~30,000
成交价：RMB 220,525
长8cm 伦敦佳士得 2019-05-14

870 清 水晶白玉随身佛
估　价：RMB 100,000~120,000
成交价：RMB 138,000
高4cm 中贸圣佳 2019-08-16

620 清 黄玉佛
估　价：RMB 50,000~80,000
成交价：RMB 57,500
高9.5cm 北京保利 2019-04-30

1957 当代 白玉十臂观音
估　价：RMB 300,000
成交价：RMB 690,000
高19cm 北京翰海 2019-03-29

702 清 玉带沁人物像（两件）
估　价：HKD 20,000~30,000
成交价：RMB 80,270
尺寸不一 中国嘉德 2019-10-07

3103 清 玉雕童子（两件）
估　价：HKD 60,000~80,000
成交价：RMB 246,125
尺寸不一 佳士得 2019-11-27

1955 当代 白玉关公
估　价：RMB 300,000
成交价：RMB 805,000
高22.3cm 北京翰海 2019-03-29

1956 当代 白玉韦陀像
估　价：RMB 400,000
成交价：RMB 920,000
高22.6cm 北京翰海 2019-03-29

1958 当代 白玉卓玛噶尔姆
估　价：RMB 400,000
成交价：RMB 920,000
高25cm 北京翰海 2019-03-29

1154 张开华 法相白玉摆件
估　价：RMB 180,000~380,000
成交价：RMB 257,600
长13cm，宽10.3cm，高5.4cm，重931.3g
上海联合 2019-06-16

动物摆件

3426 新石器时代红山文化 青白玉龟
估　价：HKD 70,000~90,000
成交价：RMB 85,500
长4.7cm 香港苏富比 2019-04-03

1173 文化期 青黄玉凤
估　价：HKD 80,000~120,000
成交价：RMB 80,712
长15.3cm 中国嘉德 2019-03-31

2703 新石器时代红山文化 青玉蝉蛹
估　价：HKD 120,000~180,000
成交价：RMB 290,875
长10.7cm 佳士得 2019-11-27

3403 商 玉卧牛
估　价：HKD 1,000,000~1,500,000
成交价：RMB 1,816,875
长4cm 香港苏富比 2019-04-03

862 西汉 玉马
估　价：HKD 5,000,000~7,000,000
成交价：RMB 5,351,300
长8cm 中国嘉德 2019-10-07

2718 新石器时代 青玉鸟
估　价：HKD 30,000~50,000
成交价：RMB 190,188
长7.2cm 佳士得 2019-11-27

1240 汉 玉辟邪
估　价：HKD 280,000~380,000
成交价：RMB 326,246
长5.3cm，宽2.8cm，高2.1cm
华艺国际 2019-05-27

134 汉至六朝 玉瑞兽
估　价：USD 300,000~500,000
成交价：RMB 4,967,620
纽约苏富比 2019-03-19

106 六朝 黄玉瑞蟾
估　价：USD 200,000~300,000
成交价：RMB 4,162,060
纽约苏富比 2019-03-19 ★

1720 宋 白玉雕卧羊
估　价：RMB 150,000~200,000
成交价：RMB 207,000
长6.8cm 西泠印社 2019-07-06

1780 宋 白玉雕立狮
成交价：RMB 155,250
高4.2cm 西泠印社 2019-07-06

12 宋/明 白玉雕瑞兽摆件
估　价：HKD 500,000~800,000
成交价：RMB 594,540
高6.1cm 邦瀚斯 2019-05-28

863 宋 玉沁色双马
估　价：HKD 80,000~120,000
成交价：RMB 203,349
长5.4cm 中国嘉德 2019-10-07

3405 六朝 黄玉瑞兽
估　价：HKD 2,200,000~2,800,000
成交价：RMB 1,923,750
高7.5cm 香港苏富比 2019-04-03

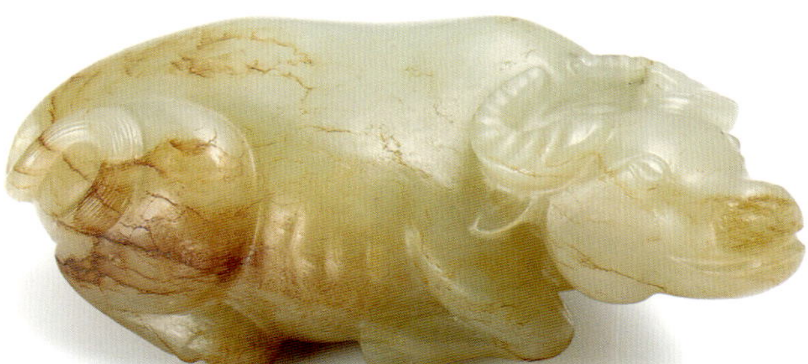

3719 宋 玉卧牛
估　价：HKD 800,000~1,200,000
成交价：RMB 855,000
长7.9cm 香港苏富比 2019-04-03

3408 宋 黄玉卧牛
估　价：HKD 100,000~150,000
成交价：RMB 85,500
长5.4cm 香港苏富比 2019-04-03

1215 宋/元 白玉瑞兽
估　价：HKD 90,000~130,000
成交价：RMB 90,801
宽6cm 中国嘉德 2019-03-31

3411 宋至明 黄玉卧犬
估　价：HKD 250,000~350,000
成交价：RMB 213,750
长6.2cm 香港苏富比 2019-04-03

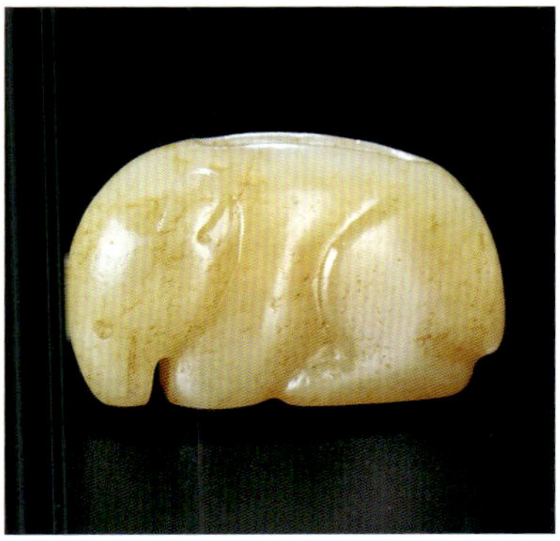

88 辽金 黄玉貘
估　价：RMB 22,000
成交价：RMB 46,000
长3.55cm 浙江佳宝 2019-06-23

37 元 白玉红沁翼龙摆件
估　价：RMB 150,000
成交价 RMB 172,500
长8.5cm，宽2.3cm，高6cm
浙江佳宝 2019-06-23

6394 元 白玉留皮骆驼
估　价：RMB 300,000~400,000
成交价：RMB 402,500
长6.8cm 北京保利 2019-06-06

5599 元 青白玉卧羊
估　价：RMB 1,600,000~2,600,000
成交价：RMB 2,185,000
长12cm 北京保利 2019-06-05

930 元 青玉蹲龙
估　价：RMB 120,000~150,000
成交价：RMB 460,000
长7.8cm，高17cm 北京诚轩 2019-11-16

860 元 提油玉卧兽
成交价：RMB 540,500
长7.4cm 中贸圣佳 2019-1[illegible]-3[illegible]

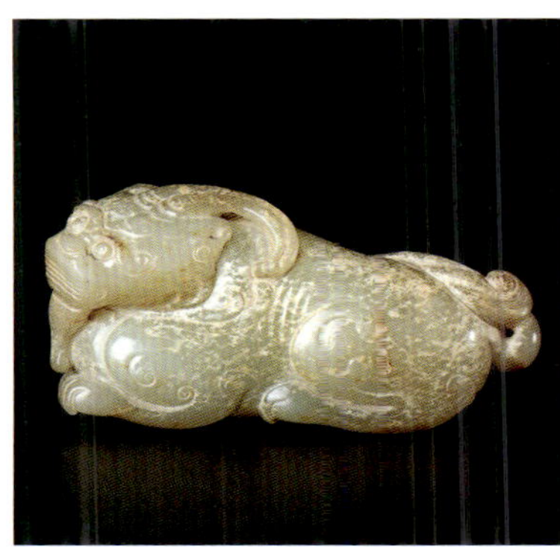

665 元 玉雕瑞兽
估　价：HKD 180,000~220,000
成交价：RMB 192,647
长9cm 中国嘉德 2019-10-07

20 17世纪或更早 白玉龙
估　价：GBP 30,000~50,000
成交价：RMB 441,050
高6cm 伦敦佳士得 2019-05-14 ★

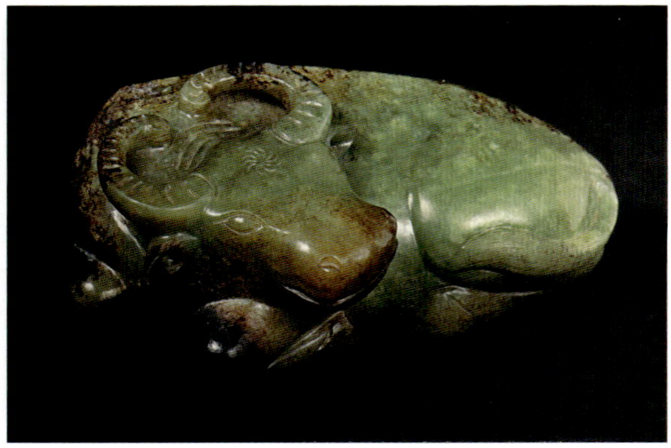

1172 17世纪 青玉卧牛
估　价：USD 10,000~15,000
成交价：RMB 234,955
长17.8cm 纽约佳士得 2019-03-21

3001 元 玉猪
估　价：RMB 10,000~20,000
成交价：RMB 28,750
长3.8cm 中国嘉德 2019-06-02

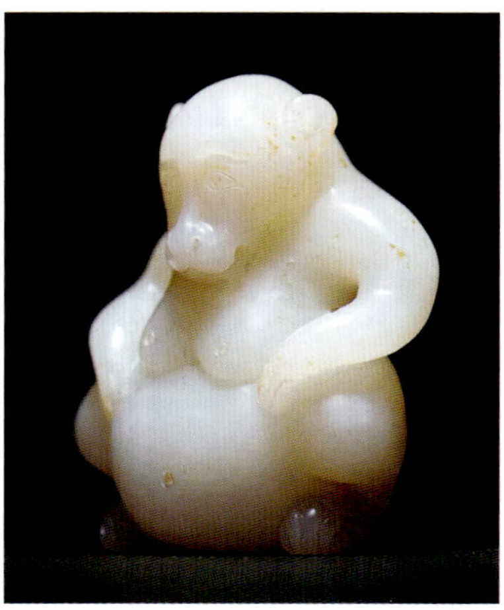

1146 明早期 老和田玉熊摆件
估　价：RMB 80,000
成交价：RMB 103,500
宽5.5cm，高6.5cm 上海嘉禾 2019-09-07

3417 元至明 黄玉卧象
估　价：HKD 150,000~250,000
成交价：RMB 128,250
长6.8cm 香港苏富比 2019-04-03

132 17世纪 青玉瑞狮献灵芝摆件
估　价：GBP 25,000~40,000
成交价：RMB 220,525
长23cm 伦敦佳士得 2019-05-14

34 明（17世纪）青玉瑞兽
估　价：GBP 6,000~8,000
成交价：RMB 327,225
高9.8cm 伦敦佳士得 2019-11-05

1559 明 火烧玉卧马
估　价：RMB 28,000~35,000
成交价：RMB 32,200
长11cm 荣宝斋(南京) 2019-07-21

124 明 白玉雕天鹿
估　价：HKD 300,000~500,000
成交价：RMB 324,540
高5.4cm 邦瀚斯 2019-05-28

1224 明 黄玉虎
估　价：HKD 50,000~70,000
成交价：RMB 70,623
宽4.6cm 中国嘉德 2019-03-31

1229 明 沁色玉蟾
估　价：HKD 30,000~50,000
成交价：RMB 30,267
长6.7cm 中国嘉德 2019-03-31

721 明 古玉蛇龙
估　价 RMB 30,000~50,000
成交价 RMB 34,500
长4.5cm 保利厦门 2019-01-06

1709 明 旧玉鼠
估　价：RMB 6,000~12,000
成交价：RMB 40,250
长5.8cm 北京翰海 2019-06-15

3452 明 青白玉卧狮衔芝
估　价：HKD 60,000~80,000
成交价：RMB 53,438
长6cm 香港苏富比 2019-04-03

1171 明 灰褐玉象
估　价：USD 12,000~18,000
成交价：RMB 503,475
长12.7cm 纽约佳士得 2019-03-21

3441 明 青白王卧犬
估　价：HKD 40,000~60,000
成交价：RMB 107,028
长8.5cm 香港苏富比 2019-04-03

1328 明 青玉龙形摆件
估　价：RMB 50,000~100,000
成交价：RMB 101,200
长13.6cm 中贸圣佳 2019-12-01

147 明 青玉瑞兽
估　价：GBP 5,000~8,000
成交价：RMB 92,714
长6.7cm 伦敦佳士得 2019-11-05

1255 明 水晶雕羊摆件
估　价：RMB 10,000~30,000
成交价：RMB 32,200
长8cm，高4.5cm 西泠印社 2019-07-06

1211 明 玉鸡
估　价：HKD 35,000~45,000
成交价：RMB 35,312
长4.7cm 中国嘉德 2019-03-31

216 明末清初 青玉鹰熊
估　价：GBP 10,000~15,000
成交价：RMB 88,210
高6cm 伦敦佳士得 2019-05-14

32 明或更早 白玉雕鹰熊摆件
估　价：HKD 400,000~600,000
成交价：RMB 756,540
长8cm 邦瀚斯 2019-05-28

39 18世纪 白玉雕母子异兽摆件
估　价：HKD 100,000~150,000
成交价：RMB 108,540
长8.3cm 邦瀚斯 2019-05-28

218 18世纪 鸡骨玉雕卧羊摆件
估　价：USD 6,000~8,000
成交价：RMB 167,825
纽约苏富比 2019-03-19

3442 清康熙 白玉衔芝瑞兽
估　价：HKD 70,000~90,000
成交价：RMB 96,325
长8cm 香港苏富比 2019-04-03

3624 18世纪 白玉衔莲宝鹅
估　价：HKD 700,000~900,000
成交价：RMB 1,068,750
长15.5cm 香港苏富比 2019-04-03

3035 18世纪 青玉貘摆件
估　价：HKD 120,000~180,000
成交价：RMB 118,800
长10.7cm 佳士得 2019-05-29

132 18世纪 青玉雕麒麟衔牡丹摆件
估　价：HKD 200,000~300,000
成交价：RMB 216,540
长13.3cm 邦瀚斯 2019-05-28

257 清康熙 青玉雕岁岁和谐摆件
估　价：USD 10,000~15,000
成交价：RMB 184,608
纽约苏富比 2019-03-19

221 17世纪/18世纪 青玉灵猴献寿
估　价：GBP 5,000~8,000
成交价：RMB 99,236
高7.7cm 伦敦佳士得 2019-05-14

867 清早期 尚均款和田白玉豌豆
估　价：RMB 80,000~120,000
成交价：RMB 103,500
长2.7cm 中贸圣佳 2019-08-16

2045 清早期 蜜蜡雕太狮少狮摆件
估　价：RMB 100,000~150,000
成交价：RMB 172,500
长8cm，高6.5cm 北京荣宝 2019-12-01

824 18世纪 碧玉大卧牛
估　价：USD 80,000~120,000
成交价：RMB 3,967,383
长30cm 纽约佳士得 2019-03-20

1175 17世纪/18世纪 青玉卧骆驼摆件
估　价：USD 25,000~35,000
成交价：RMB 125,869
长19.7cm 纽约佳士得 2019-03-21

697 18世纪 白玉瑞兽
估　价：HKD 150,000~200,000
成交价：RMB 267,565
长6.2cm 中国嘉德 2019-10-07

7114 18世纪 白玉卧羊
估　价：RMB 250,000~350,000
成交价：RMB 414,000
长8cm 北京保利 2019-12-05

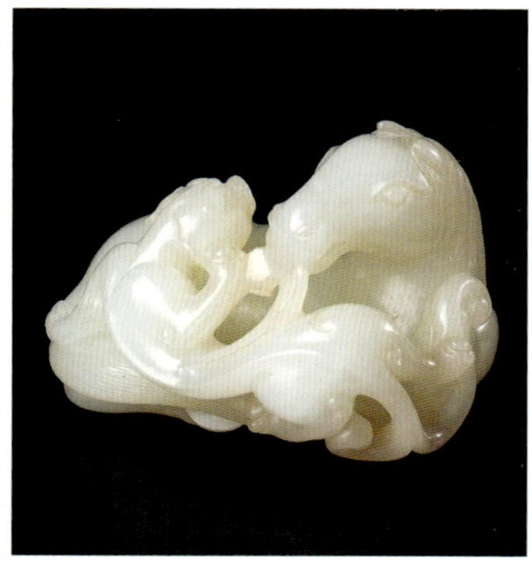

695 18世纪 白玉龙马精神
估　价：HKD 150,000~200,000
成交价：RMB 235,457
长6.2cm 中国嘉德 2019-10-07

1238 18世纪 白玉童子洗象摆件
估　价：HKD 380,000~420,000
成交价：RMB 504,450
长14.4cm 中国嘉德 2019-03-31

3034 清乾隆 白玉雕龙马洛龟摆件
估　价：HKD 5,000,000~7,000,000
成交价：RMB 4,669,920
长15.5cm 佳士得 2019-05-29

146 18世纪 青白玉卧水牛
估　价：GBP 6,000~10,000
成交价：RMB 141,798
长7.6cm 伦敦佳士得 2019-11-05

131 18世纪 青白玉象
估　价：GBP 40,000~60,000
成交价：RMB 396,945
长22.8cm 伦敦佳士得 2019-05-14

133 18世纪 青玉卧马
估　价：GBP 80,000~120,000
成交价：RMB 1,047,494
长41cm 伦敦佳士得 2019-05-14

214 18世纪 黄玉鹅
估　价：GBP 6,000~10,000
成交价：RMB 176,420
长8cm 伦敦佳士得 2019-05-14

40 清乾隆 白玉雕羊生肖像
估　价：HKD 180,000~240,000
成交价：RMB 367,740
高5.3cm 邦瀚斯 2019-05-28

2037 清乾隆 白玉雕双狮摆件
估 价：RMB 350,000~450,000
成交价：RMB 460,000
长9cm 北京荣宝 2019-06-13

151 清乾隆 白玉麒麟负书摆件
估 价：HKD 400,000~600,000
成交价：RMB 346,140
长9cm 邦瀚斯 2019-05-28

899 清乾隆 白玉瑞兽
估 价：HKD 200,000~300,000
成交价：RMB 214,052
长8cm 中国嘉德 2019-10-07

6403 清乾隆 白玉嵌碧玺卧犬
估 价：RMB 100,000~150,000
成交价：RMB 172,500
长6.2cm 北京保利 2019-06-06

82 清乾隆 白玉狮形摆件
估 价：RMB 400,000
成交价：RMB 632,500
长21cm，宽14cm，高6.6cm
浙江佳宝 2019-06-23

6414 清乾隆 白玉三羊开泰摆件
估 价：RMB 650,000~850,000
成交价：RMB 805,000
长11.3cm 北京保利 2019-06-06

3108 清乾隆 黄玉雕仿古兽
成交价：RMB 57,500
高18.5cm 中鸿信 2019-07-17

2017 清乾隆 白玉羊神
估 价：RMB 80,000~100,000
成交价：RMB 115,000
高5.5cm 北京荣宝 2019-12-01

1281 清乾隆 白玉象摆件
估　价：RMB 180,000~250,000
成交价：RMB 218,500
长16.5cm，高10.8cm 中贸圣佳 2019-06-07

3367 清乾隆 青金石三羊开泰附带掐丝珐琅座
估　价：RMB 180,000~250,000
成交价：RMB 287,500
青金石长26.5cm，宽21cm，高13cm
中鸿信 2019-07-17

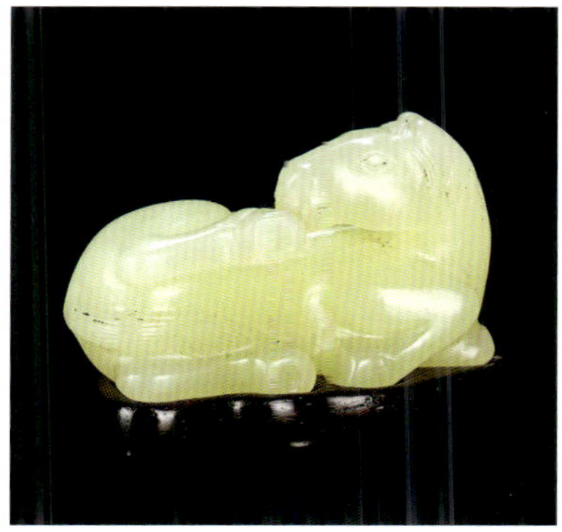

86 清中期 黄玉滚马摆件
估　价：RMB 28,000
成交价：RMB 59,800
长4.2cm 浙江佳宝 2019-06-23

112 清乾隆 青白玉摩羯鱼摆件
估　价：HKD 80,000~100,000
成交价：RMB 340,125
长12cm 香港苏富比 2019-10-08

254 19世纪 白玉雕瘦马摆件
估　价：USD 5,000~7,000
成交价：RMB 75,521
纽约苏富比 2019-03-19

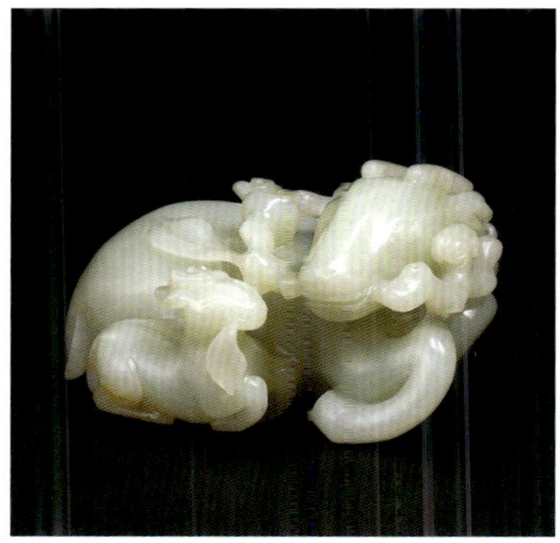

42 18世纪/19世纪 青白玉卧羊
估　价：GBP 5,000~8,000
成交价：RMB 119,983
长10.8cm 伦敦佳士得 2019-11-05

2115 清乾隆 黄玉雕瑞兽
估　价：RMB 500,000~600,000
成交价：RMB 575,000
长6.6cm 古天一 2019-06-05

887 清中期 白玉巧色祥鹿摆件
估　价：RMB 360,000~600,000
成交价：RMB 529,000
长12cm，高4.4cm 西泠印社 2019-07-06

1571 清中期 白玉坐龙摆件
估　价：RMB 60,000~120,000
成交价：RMB 126,500
高5.2cm 西泠印社 2019-07-06

580 19世纪 青白玉雕太狮少狮摆件
估　价：USD 30,000~50,000
成交价：RMB 1,342,600
纽约苏富比 2019-03-20

1257 清 白玉蟾
估　价：RMB 70,000~80,000
成交价：RMB 80,500
长5.9cm 中贸圣佳 2019-06-07

1720 清 白玉独角兽
估　价：RMB 10,000~20,000
成交价：RMB 11,500
长6cm 北京翰海 2019-06-15

3173 清 白玉褐斑鸡
估　价：HKD 100,000~150,000
成交价：RMB 194,400
长4.5cm 佳士得 2019-05-29

3080 清 白玉鹤
估　价：RMB 1,000~2,000
成交价：RMB 32,200
高22.8cm 中国嘉德 2019-06-25

1524 清 白玉胡人洗象
估　价：RMB 60,000~100,000
成交价：RMB 69,000
长5cm 北京保利 2019-08-25

1842 清 白玉三羊开泰摆件
成交价：RMB 575,000
长5cm，宽3.9cm，高2.8cm 中贸圣佳
2019-08-16

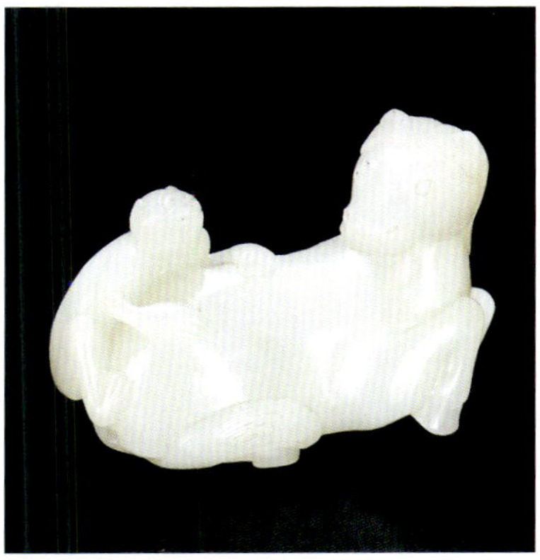

98 清 白玉马上封侯摆件
估　价：RMB 50,000
成交价：RMB 59,800
长7.2cm，高5.2cm 浙江佳宝 2019-06-23

3014 清 黄玉三羊开泰摆件
估　价：HKD 800,000~1,500,000
成交价：RMB 1,342,500
长16cm 佳士得 2019-11-27

2052 清 白玉三羊开泰
估　价：RMB 150,000~200,000
成交价：RMB 172,500
长9.5cm 华艺国际 2019-08-11

649 清 白玉卧马
估　价：HKD 20,000~30,000
成交价：RMB 104,535
长8cm 香港苏富比 2019-05-30

1635 清 白玉雕羊羊如意摆件
估　价：RMB 500,000~650,000
成交价：RMB 805,000
高7.4cm 西泠印社 2019-07-06

1248 清 白玉双獾
估　价：HKD 120,000~180,000
成交价：RMB 121,068
宽4.5cm 中国嘉德 2019-03-31

3556 清 白玉辟邪摆件
估　价：RMB 250,000~300,000
成交价：RMB 345,000
长29cm 中鸿信 2019-07-17

226 清 白玉双猴献寿大摆件
估　价：RMB 150,000~180,000
成交价：RMB 414,000
双猴分别高10.7cm、11.7cm
北京鸿盛祥 2019-06-04

3488 清 旧玉太平有象摆件
估　价：RMB 80,000~120,000
成交价：RMB 368,000
高41cm 中鸿信 2019-07-17

1286 清 南红玛瑙巧雕子母兽摆件
估　价：RMB 20,000~30,000
成交价：RMB 23,000
长15cm，高8cm 西泠印社 2019-09-22

1263 清 白玉烤皮双鱼
估　价：RMB 50,000~60,000
成交价：RMB 57,500
长6.5cm 中贸圣佳 2019-06-07

2987 清 玉提色鱼、牛（各一件）
估　价：RMB 50,000~80,000
成交价：RMB 101,200
鱼长8.5cm，牛长4cm 中国嘉德 2019-06-02

595 清 青白玉卧犬
估　价：HKD 8,000~12,000
成交价：RMB 121,040
长6.5cm 香港苏富比 2019-05-30

128 20世纪 青白玉五虎摆件
估　价：GBP 1,000~1,500
成交价：RMB 23,510
长15.9cm 伦敦佳士得 2019-08-29

652 18世纪 黄玉瑞兽
估　价：HKD 80,000~120,000
成交价：RMB 1,210,403
直径4.9cm 香港苏富比 2019-05-30

1568 19世纪/20世纪 青玉雕双羊如意摆件
估　价：USD 10,000~15,000
成交价：RMB 167,825
纽约苏富比 2019-03-23

1177 清 玉雕白马驮经摆件
成交价：RMB 28,750
长7.2cm，高4cm 西泠印社 2019-09-22

648 18—19世纪 白玉卧猪
估　价：HKD 150,000~200,000
成交价：RMB 418,139
长6.4cm 香港苏富比 2019-05-30

1048 郭万龙 龙腾四海白玉摆件
估　价：RMB 880,000~1,200,000
成交价：RMB 985,600
长4.1cm，宽8.1cm，高10.8cm，重539.9g
上海联合 2019-06-16

1180 清 玉狗
估　价：RMB 30,000~50,000
成交价：RMB 34,500
长8.2cm，高2.7cm 西泠印社 2019-07-06

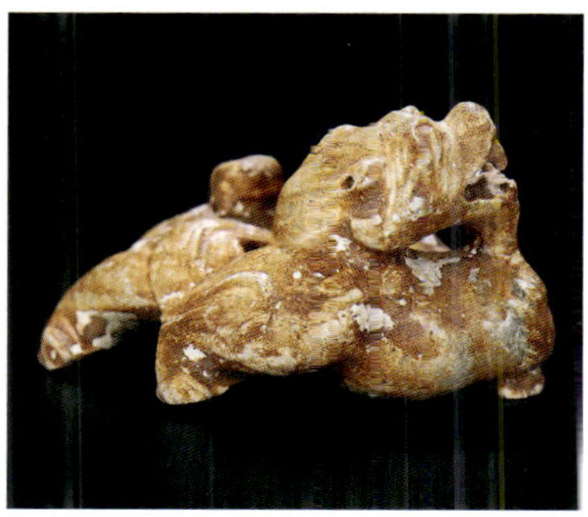

54 白玉受沁辟邪
估　价：RMB 120,000
成交价：RMB 149,500
长4.35cm，宽3.8cm，高2.7cm
浙江佳宝 2019-06-23

1177 青褐玉马首
估　价：USD 2,000~3,000
成交价：RMB 117,478
高13.3cm 纽约佳士得 2019-03-21

2156 民国 玉卧马摆件
估　价：RMB 27,000~35,000
成交价：RMB 32,200
长11.5cm 北京荣宝 2019-06-13

134 黄玉兔
估　价：GBP 6,000~8,000
成交价：RMB 66,158
长7.9cm 伦敦佳士得 2019-05-14

1713 清 玉卧羊
估　价：RMB 15,000~30,000
成交价：RMB 17,250
长5.2cm 北京翰海 2019-06-15

5654 青金石烧蓝太平有象
估　价：RMB 1,000~2,000
成交价：RMB 23,000
高27.6cm（含座） 中国嘉德 2019-10-16

1162 清 玛瑙巧雕太狮少狮摆件
估　价：RMB 10,000~20,000
成交价：RMB 18,400
高3.3cm 西泠印社 2019-04-14

159 吴德升 白玉山鬼摆件
估　价：RMB 800,000~1,500,000
成交价：RMB 896,000
长11.4cm，宽3.4cm，高6.5cm，重220.6g
上海联合 2019-12-01

165 吴正森 白玉龙马精神摆件
估　价：RMB 420,000~600,000
成交价：RMB 470,400
长7.4cm，宽3.5cm，高6.5cm，重219.4g
上海联合 2019-12-01

1153 颜桂明 带子上朝 青花摆件
估　价：RMB 180,000~280,000
成交价：RMB 201,600
长15.8cm，宽7.7cm，高7cm，重1117g
上海联合 2019-06-16

植物摆件

2345 辽 蜜蜡随形雕花卉纹摆件
估　价：RMB 200,000~250,000
成交价：RMB 230,000
长15cm 北京荣宝 2019-12-01

599 18世纪 青白玉雕福寿双全摆件
估　价：USD 15,000~25,000
成交价：RMB 117,478
纽约苏富比 2019-03-20

252 18世纪 白玉榴开百子摆件
估　价：GBP 5,000~7,000
成交价：RMB 187,332
长6.5cm 香港苏富比 2019-05-17

910 17世纪/18世纪 青白玉桃
估　价：HKD 80,000~120,000
成交价：RMB 117,729
宽10cm 中国嘉德 2019-10-07

3063 清 青白玉双桃
估　价：RMB 15,000~25,000
成交价：RMB 17,250
长10cm 中国嘉德 2019-06-25

686 18—19世纪 绿松石雕瓜瓞绵绵
估　价：HKD 40,000~60,000
成交价：RMB 440,146
长16.5cm 香港苏富比 2019-05-30

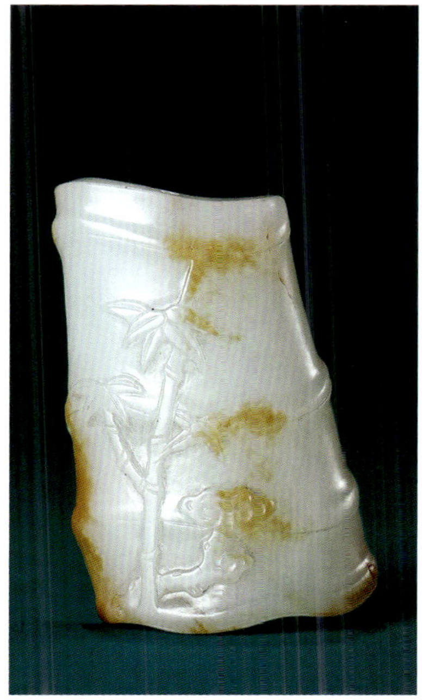

1241 清 白玉带沁雕竹摆件
估　价：HKD 20,000~30,000
成交价：RMB 38,338
高4.7cm 中国嘉德 2019-03-31

1119 清 白玉雕福瓜摆件
估　价：RMB 10,000~20,000
成交价：RMB 13,800
带座高3.8cm；福瓜长8.6cm，高2.5cm
西泠印社 2019-04-14

1269 张焕庆 清莲 白玉摆件
估　价：RMB 180,000~250,000
成交价：RMB 201,600
长6.8cm，宽4.1cm，高8.4cm，重270g
上海联合 2019-06-16

1167 张焕庆 一路连科白玉摆件
估　价：RMB 960,000~1,500,000
成交价：RMB 1,075,200
长8.6m，宽10cm，高15.2ccm，重485g
上海联合 2019-06-16

其他摆件

895 唐/宋 玉雕鞍马摆件
估　价：HKD 800,000~1,500,000
成交价：RMB 856,208
长9cm 中国嘉德 2019-10-07

893 清 白玉雕荷塘清趣图摆件
估　价：RMB 30,000~50,000
成交价：RMB 63,250
长11cm，高8.6cm 西泠印社 2019-07-06

126 18世纪 白玉寿石摆件
估　价：GBP 8,000~12,000
成交价：RMB 88,210
高14.6cm 伦敦佳士得 2019-05-14

3458 清乾隆 青白玉鹤鹿庆寿船
估　价：HKD 400,000~600,000
成交价：RMB 480,938
长17.7cm 香港苏富比 2019-04-03

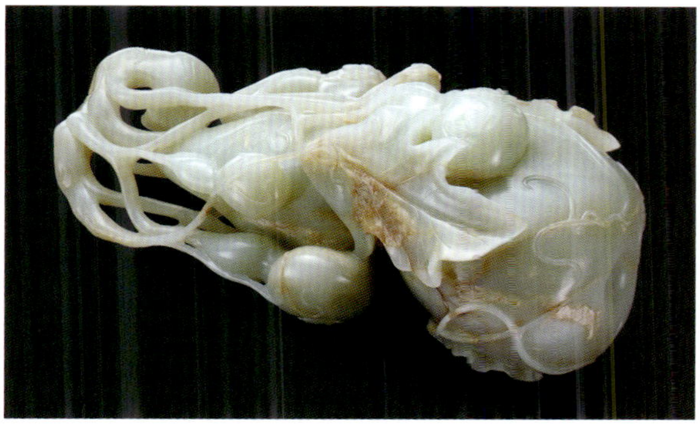

143 18世纪 青白玉福寿绵绵摆件
估　价：HKD 300,000~400,000
成交价：RMB 340,125
长21.9cm 香港苏富比 2019-10-08

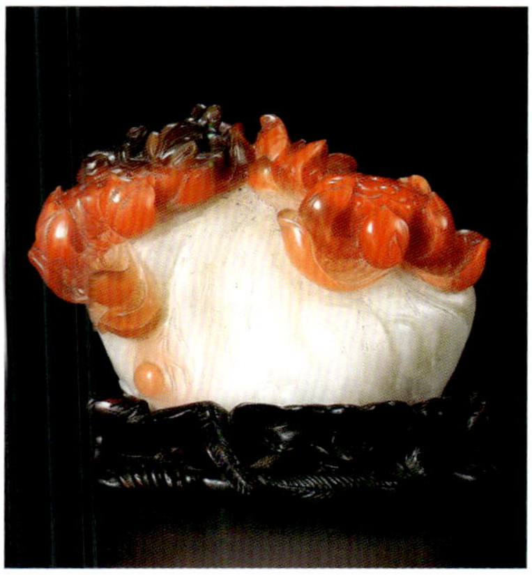

822 清乾隆 南红玛瑙巧雕荷塘清趣摆件
估　价：RMB 20,000~30,000
成交价：RMB 32,200
长7.5cm 保利厦门 2019-08-04

1611 清乾隆 白玉雕春江行舟摆件
估　价：RMB 350,000~550,000
成交价：RMB 575,000
长20cm 西泠印社 2019-07-06

2568 清 玉方石摆件
估　价：RMB 15,000
成交价：RMB 59,800
高8.5cm 北京翰海 2019-10-12

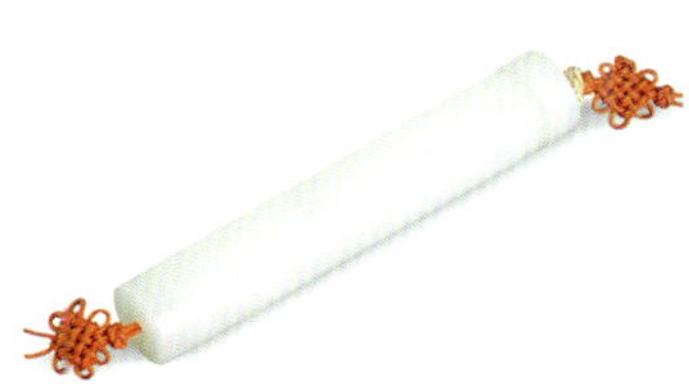

1840 清 白玉经筒
估　价：RMB 15,000~20,000
成交价：RMB 23,750
长8.6cm 中贸圣佳 2019-08-16

92 清 黑白玉俏色琴棋书画
估　价：RMB 180,000~200,000
成交价：RMB 264,500
长4.8cm，宽3.8cm 北京鸿盛祥 2019-06-04

58 2018年 崔磊 和田玉雕抱而合一摆件
估　价：RMB 1,200,000~1,800,000
成交价：RMB 1,725,000
长19.9cm，宽15.9cm，高15.1cm 上海宝库 2019-04-28

622 清 白玉兽面纹匜
估　价：RMB 20,000~30,000
成交价：RMB 23,000
长19.5cm 北京保利 2019-04-30

944 碧玉凤首花鸟纹灯笼（一对）
估　价：USD 20,000~30,000
成交价：RMB 177,825
高37.5cm×2 纽约佳士得 2019-09-13 ★

33 崔磊 白玉鱼之乐摆件
估　价：RMB 540,000~650,000
成交价：RMB 604,800
长7.9cm，宽2.6cm，高5.1cm，重150.9g
上海联合 2019-12-01

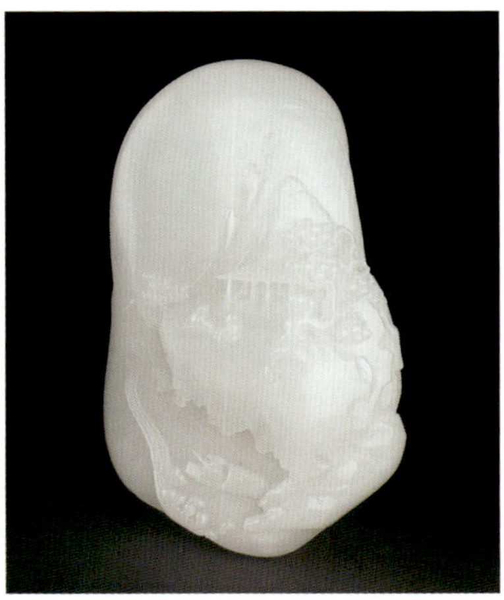

1040 陈健 怡然自得白玉摆件
估　价：RMB 500,000~700,000
成交价：RMB 560,000
长11.2cm，宽6.6cm，高4.5cm，重415.2g
上海联合 2019-06-16

6054 柴艺扬 白玉“佳偶天成”摆件
估　价：RMB 120,000~180,000
成交价：RMB 138,000
长10.5cm，宽4.5cm，高4.2cm，重154.8g
华艺国际 2019-08-10

6061 高毅进 和田玉籽料“子承大业”山籽雕
估　价：RMB 320,000~500,000
成交价：RMB 345,000
长14cm，宽6.5cm，高10.5cm；
带座长18cm，宽11.5cm，高16mm；
重1085g 华艺国际 2019-08-10

162 高俊华 青花高山流水摆件
估　价：RMB 530,000~700,000
成交价：RMB 593,600
长15.8cm，宽2.9cm，高10.5cm，重430g
上海联合 2019-12-01

1155 张焕庆 渔家乐白玉摆件
估　价：RMB 410,000~650,000
成交价：RMB 459,200
长11.7cm，宽5.4cm，高5cm，重196.7g
上海联合 2019-06-16

51 张焕庆 白玉四君子摆件
估　价：RMB 1,360,000~1,800,000
成交价：RMB 1,523,200
长10.5cm，宽4.6cm，高15.4cm，重983.2g
上海联合 2019-12-01

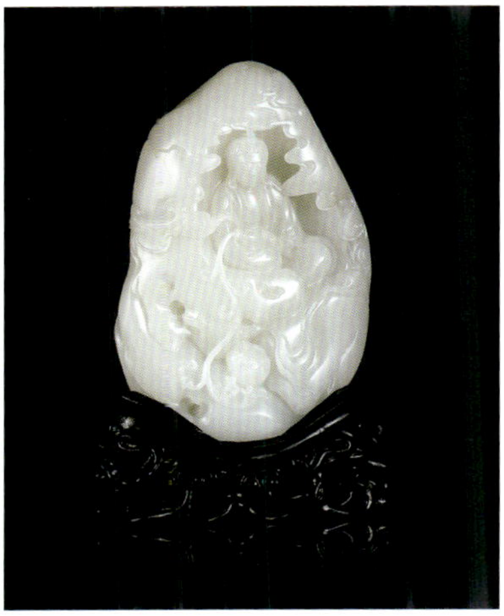

3224 张永来 沐净梵尘白玉摆件
估　价：RMB 350,000~600,000
成交价：RMB 483,000
重692g 西泠印社 2019-07-06

157 赵显志 白玉路路如意摆件
估　价：RMB 870,000~1,080,000
成交价：RMB 974,400
长7.5cm，宽4.2cm，高12.2cm，重422.8g
上海联合 2019-12-01

玉　瓶

17 唐至宋 白玉红沁盖瓶
估　价：RMB 45,000
成交价：RMB 55,200
高7.88cm 浙江佳宝 2019-06-23

1730 元 青白玉雕螭龙纹瓶
估　价：RMB 420,000~600,000
成交价：RMB 920,000
高13cm 西泠印社 2019-07-06

803 18世纪 黄玉雕双螭赶珠纹盖瓶
估　价：USD 100,000~150,000
成交价：RMB 1,510,425
高16.5cm 纽约佳士得 2019-03-20 ★

217 18世纪 白玉瓶及执壶（一组三件）
估　价：GBP 5,000~8,000
成交价：RMB 826,969
尺寸不一 伦敦佳士得 2019-05-14

6408 清乾隆 白玉仿古蝉纹活环盖瓶
估　价：RMB 600,000~800,000
成交价：RMB 782,000
高25.8cm 北京保利 2019-06-06

227 18世纪 青白玉双象耳盖瓶
估　价：GBP 50,000~80,000
成交价：RMB 606,444
高31cm 伦敦佳士得 2019-05-14

1235 清乾隆 白玉仿古夔龙纹瓶
估　价：HKD 800,000~1,200,000
成交价：RMB 815,616
高22.3cm 华艺国际 2019-05-27

601 18世纪 青玉雕兽面螭龙纹象耳瓶
估　价：USD 6,000~8,000
成交价：RMB 50,348
纽约苏富比 2019-03-20

676 明/清中期 玉雕兽面纹舍利瓶连碧玉方盒
估　价：HKD 120,000~180,000
成交价：RMB 267,565
盒宽5.4cm 中国嘉德 2019-10-07

3552 清乾隆 白玉雕梅花双联瓶
估　价：RMB 120,000~180,000
成交价：RMB 253,000
长23cm 中鸿信 2019-07-17

3543 清乾隆 白玉莲池纹双龙耳瓶
估　价：RMB 120,000~150,000
成交价：RMB 322,000
高19.3cm 中鸿信 2019-07-17

110 清乾隆 白玉龙凤庆寿灵芝纽双活环耳八方盖瓶
估　价：HKD 3,000,000~4,000,000
成交价：RMB 3,401,250
高34.2cm 香港苏富比 2019-10-08 ★

805 清乾隆 白玉铺首衔环耳瓶
估　价：USD 100,000~150,000
成交价：RMB 1,594,338
高19.1cm 纽约佳士得 2019-03-20 ★

154 清乾隆 白玉兽面博古纹赏瓶
估　价：RMB 500,000~600,000
成交价：RMB 575,000
高20cm 北京鸿盛祥 2019-06-04

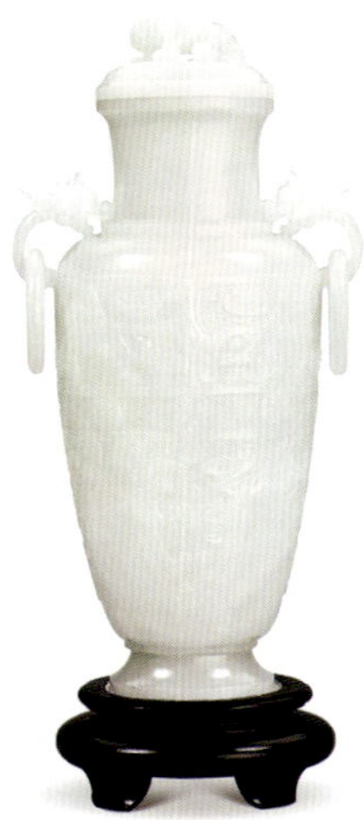

1234 清乾隆 白玉兽面纹盖瓶
估　价：HKD 700,000~900,000
成交价：RMB 713,664
高20cm 华艺国际 2019-05-27

100 清乾隆 白玉双象耳衔环饕餮纹大瓶
估　价：RMB 200,000
成交价：RMB 310,500
宽14cm，高28cm 浙江佳宝 2019-06-23

655 清乾隆 和田玉雕锦地象耳寿字赏瓶（一对）
估　价：RMB 1,800,000~3,800,000
成交价：RMB 2,420,000
高20.5cm × 2 北京乔禧 2019-05-25

3263 清乾隆 黄玉浮雕“大吉”蝠纹葫芦形扁瓶（一对）
估　价：RMB 100,000~150,000
成交价：RMB 218,500
高18.7cm × 2 中鸿信 2019-07-17

3337 清乾隆 旧玉留皮穿花龙纹环耳瓶
估　价：RMB 90,000~120,000
成交价：RMB 299,000
高28.8cm 中鸿信 2019-07-17

6969 清乾隆 青白玉雕仿古双耳盖瓶
估　价：RMB 185,000~200,000
成交价：RMB 212,750
高24cm 北京保利 2019-12-05

1236 清乾隆 青玉缠枝宝相花纹盖瓶
估　价：HKD 900,000~1,300,000
成交价：RMB 866,592
高37.5cm 华艺国际 2019-05-27

158 清乾隆 青白玉雕仿古饕餮龙纹瓶
估　价：HKD 400,000~600,000
成交价：RMB 1,620,540
高23.8cm 邦瀚斯 2019-05-28

3622 清乾隆 御制黄玉浮雕螭龙圆方双联瓶
估　价：HKD 15,000,000~20,000,000
成交价：RMB 14,000,625
高22.9cm 香港苏富比 2019-04-03

2482 清乾隆 御制白玉浮雕夔凤纹御题诗文兽耳游环盖瓶
估　价：RMB 180,000~350,000
成交价：RMB 299,000
高25.5cm 中鸿信 2019-07-16

1622 清乾隆 白玉镂雕平安长寿链瓶
估　价：RMB 280,000~400,000
成交价：RMB 402,500
高15cm 西泠印社 2019-07-06

895 清乾隆 碧玉雕葵口如意耳瓶
估　价：RMB 180,000~450,000
成交价：RMB 322,000
高25cm 西泠印社 2019-07-06

1638 清乾隆 白玉雕云蝠纹葫芦瓶
估 价：RMB 800,000~1,200,000
成交价：RMB 1,150,000
高15.8cm 西泠印社 2019-07-06

1369 清乾隆 白玉高浮雕螭龙纹链条瓶
估 价：RMB 2,200,000~3,800,000
成交价：RMB 3,680,000
高20.6cm 西泠印社 2019-07-06

128 清乾隆至嘉庆 白玉雕夔龙双龙活环耳盖瓶
估 价：HKD 500,000~700,000
成交价：RMB 680,250
高25.7cm 香港苏富比 2019-10-08

2450 清乾隆 御制青花籽料雕山水人物御题诗文玉壶春瓶
估 价：RMB 100,000~180,000
成交价：RMB 115,000
高17.8cm 中鸿信 2019-07-16

3266 清中期 白玉雕“大吉”葫芦小盖瓶
估 价：RMB 90,000~120,000
成交价：RMB 103,500
高8cm 中国嘉德 2019-11-17

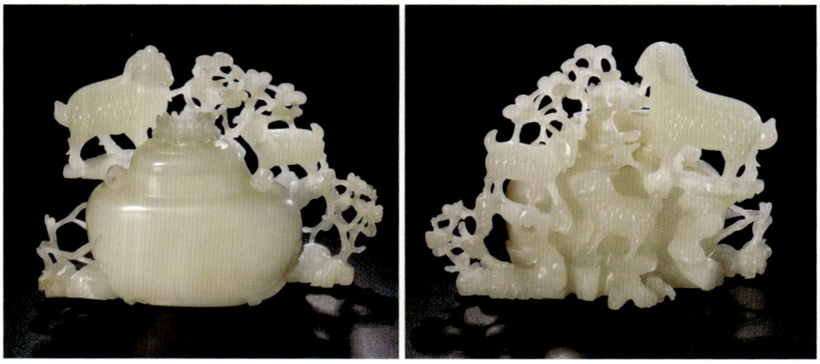

1849 清中期 白玉三羊开泰盖瓶
估　价：RMB 150,000~250,000
成交价：RMB 172,500
长13.6cm 北京翰海 2019-06-15

2137 清中期 白玉兽面活环双耳瓶（一对）
估　价：RMB 650,000~700,000
成交价：RMB 747,500
高25cm × 2 北京荣宝 2019-06-13

125 19世纪 青白玉福寿纹双活环耳大盖瓶
估　价：GBP 20,000~30,000
成交价：RMB 196,335
高41.9cm 伦敦佳士得 2019-11-05

3451 清中期 旧玉双耳瓶
估　价：RMB 180,000~220,000
成交价：RMB 287,500
高25.5cm 中鸿信 2019-07-17

128 18世纪/19世纪 白玉龙凤呈祥盖瓶
估　价：GBP 30,000~50,000
成交价：RMB 330,788
高18.4cm 伦敦佳士得 2019-05-14

582 18世纪/19世纪 碧玉雕夔龙纹龙耳四方圆角瓶
估　价：USD 10,000~15,000
成交价：RMB 50,348
纽约苏富比 2019-03-20

570 18世纪/19世纪 青白玉雕仿古纹如意耳活环方盖瓶
估　价：USD 60,000~80,000
成交价：RMB 671,300
纽约苏富比 2019-03-20

942 18世纪/19世纪 青白玉圆雕童子方盖瓶
估 价：USD 10,000~15,000
成交价：RMB 195,608
高19.5cm 纽约佳士得 2019-09-13

1857 清 白玉链条瓶
估 价：RMB 60,000~80,000
成交价：RMB 69,000
高10.2cm 中贸圣佳 2019-08-16

1761 19世纪 青白玉浮雕博古双联瓶
估 价：USD 20,000~30,000
成交价：RMB 201,390
高19cm 纽约佳士得 2019-03-22

592 18世纪/19世纪 青玉雕鹤寿延年图盖瓶
估 价：USD 15,000~25,000
成交价：RMB 125,869
纽约苏富比 2019-03-20

6410 清中期 白玉雕兽面纹双耳盖瓶
估 价：RMB 400,000~500,000
成交价：RMB 460,000
高27cm 北京保利 2019-06-06

47 清 白玉高浮雕攀附螭龙赏瓶
估 价：RMB 200,000~300,000
成交价：RMB 322,000
高19.7cm 北京鸿盛祥 2019-06-04

153 清 白玉兽耳活环天鸡瓶
估 价：RMB 150,000~180,000
成交价：RMB 408,250
高24.5cm 北京鸿盛祥 2019-06-04

2144 清 玛瑙巧雕梅花双联瓶
估 价：RMB 80,000~100,000
成交价：RMB 92,000
高13.5cm 北京荣宝 2019-06-13

2269 清 白玉童子瓶
估　价：RMB 100,000~200,000
成交价：RMB 149,500
高25cm 北京荣宝 2019-12-01

1625 清 青白玉雕龙纹贯耳瓶
估　价：RMB 550,000~750,000
成交价：RMB 1,495,000
高17cm 西泠印社 2019-07-06

3110 清 黄玉夔龙纹抱月瓶
估　价：HKD 100,000~200,000
成交价：RMB 100,890
高11.9cm 保利香港 2019-04-02

1628 清 白玉云纹活环耳出戟盖瓶
估　价：RMB 500,000~650,000
成交价：RMB 805,000
高19.3cm 西泠印社 2019-07-06

1258 清 水晶镂雕瑞兽活环耳赏瓶
估　价：RMB 35,000~60,000
成交价：RMB 46,000
高24.8cm 西泠印社 2019-07-06

3040 清 白玉鱼化龙盖瓶
估　价：RMB 180,000~300,000
成交价：RMB 207,000
高14.8cm 中国嘉德 2019-06-02

265 清 青白玉雕兽首活环盖瓶
估　价：USD 30,000~50,000
成交价：RMB 1,006,950
纽约苏富比 2019-03-19

1401 19世纪/20世纪 青白玉雕缠莲八吉祥纹凤耳活环盖瓶
估　价：USD 15,000~20,000
成交价：RMB 587,388
纽约苏富比 2019-03-23

9 20世纪早期 碧玉仿古饕餮纹供瓶
估　价：GBP 5,000~8,000
成交价：RMB 23,510
高14.5cm 伦敦佳士得 2019-08-29

2284 清 玉雕九龙扁瓶
估　价：RMB 70,000
成交价：RMB 80,500
高31cm 北京翰海 2019-10-12

919 清 白玉雕螭龙纹长颈瓶
估　价：RMB 200,000~350,000
成交价：RMB 299,000
高20.2cm 西泠印社 2019-07-06

玉 尊

3227 明 白玉雕饕餮纹出戟尊
估 价：RMB 100,000~150,000
成交价：RMB 172,500
高16.8cm 中鸿信 2019-07-17

820 清乾隆 白玉五子登科兽面纹方尊
估 价：RMB 500,000~800,000
成交价：RMB 747,500
长10cm，高8cm 保利厦门 2019-01-06

1189 清乾隆 白玉五子登科方尊
估 价：RMB 380,000~580,000
成交价：RMB 529,000
长10cm 华艺国际 2019-08-10

103 清乾隆 碧玉天鸡尊
估 价：RMB 250,000~300,000
成交价：RMB 402,500
高18.6cm 北京鸿盛祥 2019-06-04

97 清乾隆 白玉仿古鹿形牺尊
估 价：RMB 180,000
成交价：RMB 287,500
长10cm，高10.4cm 浙江佳宝 2019-06-23

1 明 白玉佛两尊
估 价：RMB 500,000~800,000
成交价：RMB 920,000
高5.2cm、5.8cm 上海明轩 2019-04-28

3035 清 白玉凤形尊
估 价：RMB 50,000~80,000
成交价：RMB 57,500
高11.2cm 中国嘉德 2019-06-02

2451 清乾隆 黄玉雕变形龙纹游环盖尊
估　价：RMB 120,000~180,000
成交价：RMB 207,000
高19.4cm 中鸿信 2019-07-16

玉觥、玉觞

916 明 螭龙纹玉觥
估　价：RMB 100,000~150,000
成交价：RMB 149,500
高11cm 中贸圣佳 2019-08-16

1687 明 青玉雕龙纹觥形盖杯
估　价：RMB 200,000~250,000
成交价：RMB 276,000
高17cm 西泠印社 2019-07-06

1138 清乾隆 白玉雕龙凤耳夔龙蕉叶纹觥（带座）
估　价：RMB 800,000~1,200,000
成交价：RMB 1,127,000
高22cm 华艺国际 2019-08-10

804 17世纪/18世纪 白玉龙尾觥
估　价：USD 200,000~300,000
成交价：RMB 4,289,607
高17.8cm 纽约佳士得 2019-03-20

3027 清乾隆 白玉凤饰龙鋬觥
估　价：HKD 4,500,000~5,500,000
成交价：RMB 6,328,800
高18.4cm 佳士得 2019-05-29 ★

1343 明 青玉螭龙纹觥
估　价：RMB 150,000~200,000
成交价：RMB 172,500
高14.1cm 中贸圣佳 2019-12-01

1266 清中期 白玉仿古兽面纹螭龙耳觥
估　价：HKD 80,000~120,000
成交价：RMB 191,691
高14.3cm 中国嘉德 2019-03-31

2480 清乾隆 御制白玉雕饕餮纹象首足觥
估　价：RMB 250,000~380,000
成交价：RMB 494,500
高23cm 中鸿信 2019-07-16

1851 明 旧玉龙形觥
估　价：RMB 30,000~50,000
成交价：RMB 34,500
高13.8cm 北京翰海 2019-06-15

22 清乾隆 青白玉应龙纹觥
估　价：RMB 180,000
成交价：RMB 207,000
高13.2cm 浙江佳宝 2019-06-23

225 19世纪 碧玉仿古兽面纹觥
估　价：GBP 6,000~8,000
成交价：RMB 121,289
长20cm 伦敦佳士得 2019-05-14

2132 清 白玉兽面纹觥
估　价：RMB 80,000~150,000
成交价：RMB 138,000
长16.8cm 北京荣宝 2019-06-13

1039 清 白玉仿古饕餮纹觥
估　价：RMB 120,000
成交价：RMB 138,000
高11.5cm 古天一 2019-06-05

7280 元 水晶羽觞杯
估　价：RMB 200,000~300,000
成交价：RMB 230,000
长9cm 北京保利 2019-12-05

2808 清雍正 玛瑙羽觞杯
估　价：HKD 160,000~200,000
成交价：RMB 134,250
长8.8cm 佳士得 2019-11-27

2807 汉 水晶羽觞杯
估　价：HKD 200,000~300,000
成交价：RMB 246,125
长10.8cm 佳士得 2019-11-27

玉　觚

2477 明 青白玉雕“福寿”出戟花觚
估　价：RMB 180,000~280,000
成交价：RMB 207,000
高25.5cm 中鸿信 2019-07-16

1645 清初 白玉花觚
估　价：RMB 160,000~200,000
成交价：RMB 218,500
高28.8cm 西泠印社 2019-07-06

3028 清乾隆 白玉仿古饕餮纹方觚
估　价：HKD 2,800,000~3,500,000
成交价：RMB 3,011,040
高22.5cm 佳士得 2019-05-29 ★

121 清乾隆 白玉菱花式花觚
估　价：HKD 3,000,000~5,000,000
成交价：RMB 11,042,725
高20.8cm 香港苏富比 2019-10-08 ★

1118 18世纪 青白玉雕游龙戏珠纹觚
估　价：USD 50,000~70,000
成交价：RMB 797,169
高21.7cm 纽约佳士得 2019-03-21 ★

1375 清乾隆 白玉雕菊花山石纹花觚
估　价：RMB 300,000~400,000
成交价：RMB 345,000
高22.2cm 中贸圣佳 2019-12-01

1063 清 青白玉高浮雕松鹤延年花觚
估　价：RMB 80,000~150,000
成交价：RMB 149,500
高20.2cm 西泠印社 2019-07-06

1222 黄玉螭龙菱形花口觚
估 价：RMB 1,200,000
成交价：RMB 1,380,000
直径13cm，高33cm 上海嘉禾 2019-09-07

139 18世纪/19世纪 青玉仿古出戟饕餮纹方鼎
估 价：GBP 6,000~8,000
成交价：RMB 104,749
高19cm 伦敦佳士得 2019-05-14

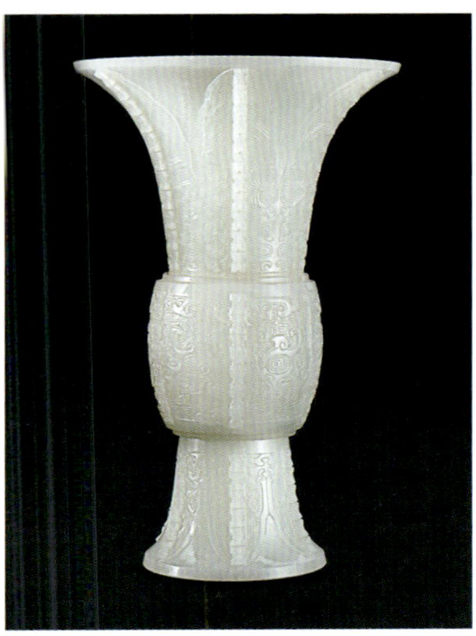

1113 19世纪 白玉饕餮纹觚
估 价：USD 30,000~50,000
成交价：RMB 797,169
高21.9cm 纽约佳士得 2019-03-21

玉 鼎

2271 清中期 旧玉饕餮纹四方鼎
估 价：RMB 60,000~90,000
成交价：RMB 80,500
长17.3cm 中鸿信 2019-07-16

玉 壶

1630 明 白玉雕螭龙纹寿字执壶
估 价：RMB 450,000~600,000
成交价：RMB 920,000
高13.6cm 西泠印社 2019-07-06

2476 明 白玉雕莲瓣万寿壶
估　价：RMB 160,000~280,000
成交价：RMB 345,000
长20cm，高13cm 中鸿信 2019-07-16

3333 明 白玉雕龙凤纹兽纽执壶
估　价：RMB 120,000~150,000
成交价：RMB 138,000
高17cm 中鸿信 2019-07-17

908 清乾隆 水晶方壶
估　价：RMB 400,000~600,000
成交价：RMB 460,000
长16.1cm，高14.1cm 中贸圣佳 2019-06-07

2051 清乾隆 水晶四方壶
估　价：RMB 350,000~550,000
成交价：RMB 552,000
高15cm 北京荣宝 2019-12-01

132 18—19世纪 白玉吉庆有余双福耳小壶
估　价：HKD 400,000~600,000
成交价：RMB 453,500
高12.3cm 香港苏富比 2019-10-08 ★

102 19世纪 白玉竹节纹君子之风茶壶
估　价：RMB 1,200,000~1,500,000
成交价：RMB 3,450,000
长15.5cm 北京鸿盛祥 2019-06-04

3180 清末/民初 碧玉凤首盖壶
估　价：HKD 200,000~300,000
成交价：RMB 216,000
高20cm 佳士得 2019-05-29

5493 白玉羊首菊瓣提梁壶
估　价：RMB 1,000~2,000
成交价：RMB 25,300
高20cm 中国嘉德 2019-10-16

玉　罐

2129 清中期 白玉双龙纹双耳盖罐
估　价：RMB 15,000~30,000
成交价：RMB 20,700
长8.5cm 北京荣宝 2019-06-13

698 清 水晶仿古纹盖罐
估　价：HKD 15,000~20,000
成交价：RMB 49,516
高6.7cm 香港苏富比 2019-05-30

玉　匜

207 明 青玉雕乳钉纹匜
估　价：USD 5,000~7,000
成交价：RMB 75,521
纽约苏富比 2019-03-19

1717 元 白玉匜杯
估　价：RMB 30,000~40,000
成交价：RMB 34,500
高4cm 西泠印社 2019-07-06

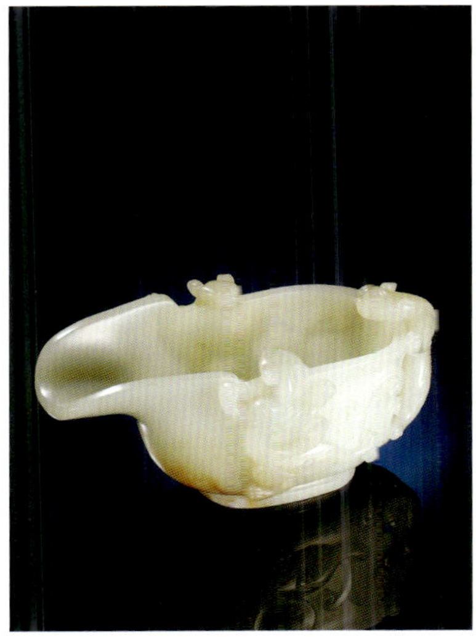

1277 清 白玉雕螭龙纹匜杯
估　价：RMB 50,000~80,000
成交价：RMB 57,500
长16.5cm，高7.5cm 西泠印社 2019-07-06

3240 杨光 龙凤纹白玉匜杯
估　价：RMB 350,000~450,000
成交价：RMB 460,000
重505g 西泠印社 2019-07-07

1646 明 沁色玉雕螭龙纹匜杯
估　价：RMB 650,000~850,000
成交价：RMB 1,380,000
长14.2cm 西泠印社 2019-07-06

227 明 青玉雕兽首纹簋式炉
估　价：USD 8,000~12,000
成交价：RMB 117,478
纽约苏富比 2019-03-19

208 明 碧玉雕乳钉纹簋式炉
估　价：USD 3,000~5,000
成交价：RMB 92,304
纽约苏富比 2019-03-19

玉　炉

1110 18世纪 碧玉仿古龙纹三足盖炉
估　价：USD 50,000~70,000
成交价：RMB 3,725,715
底部直径24.4cm 纽约佳士得 2019-03-21

911 宋 白玉提油缠枝花卉纹双耳方炉
估　价：RMB 20,000~50,000
成交价：RMB 63,250
长15cm，通高10.6cm 西泠印社 2019-07-06

3068 清乾隆 白玉雕螭龙菊瓣纽朝冠耳盖炉
估　价：RMB 60,000~80,000
成交价：RMB 80,500
长19.2cm，高12.2cm 中鸿信 2019-07-17

2835 明 白玉饕餮双龙耳簋式炉
估　价：RMB 50,000~80,000
成交价：RMB 109,250
高8.8cm 中古陶 2019-06-06

5411 清乾隆 白玉蝴蝶耳四系方炉
估　价：RMB 500,000~600,000
成交价：RMB 575,000
宽15cm 北京保利 2019-06-06

3026 清乾隆 白玉雕环耳四足炉
估　价：HKD 1,400,000~2,000,000
成交价：RMB 1,816,020
高14.3cm 保利香港 2019-04-02

135 清乾隆 白玉仿古饕餮纹朝冠耳盖炉
估　价：HKD 1,800,000~2,500,000
成交价：RMB 2,040,750
高17.5cm 香港苏富比 2019-10-08

2084 清乾隆 白玉镂雕牡丹纹香熏
估　价：RMB 120,000~180,000
成交价：RMB 138,000
高10cm 古天一 2019-06-05

181 清乾隆 白玉雕饕餮纹双耳龙纽盖炉
成交价：RMB 920,000
高16.3cm 中鸿信 2019-07-16

2043 清乾隆 白玉兽面纹双耳炉
估　价：RMB 150,000~200,000
成交价：RMB 230,000
长16cm 北京荣宝 2019-06-13

718 清乾隆 碧玉饕餮纹双活环耳炉
估　价：RMB 180,000~280,000
成交价：RMB 207,000
宽14.5cm 保利厦门 2019-01-06

2052 清乾隆 御制白玉兽面纹炉
估　价：RMB 550,000~850,000
成交价：RMB 805,000
长19cm，高12.5cm 北京荣宝 2019-12-01

1109 18世纪/19世纪 碧玉博山炉
估　价：USD 20,000~30,000
成交价：RMB 1,006,950
高17.8cm 纽约佳士得 2019-03-21

59 清乾隆 青白玉雕兽面纹朝冠耳甗式炉
估　价：HKD 250,000~350,000
成交价：RMB 454,140
高19cm 邦瀚斯 2019-05-28

837 清乾隆 碧玉兽面纹双龙耳盖炉
估　价：RMB 150,000~250,000
成交价：RMB 195,500
宽23cm 保利厦门 2019-01-06

2444 清乾隆 御制白玉雕饕餮纹活环朝冠耳炉
估　价：RMB 300,000~400,000
成交价：RMB 402,500
长16.7cm 中鸿信 2019-07-16

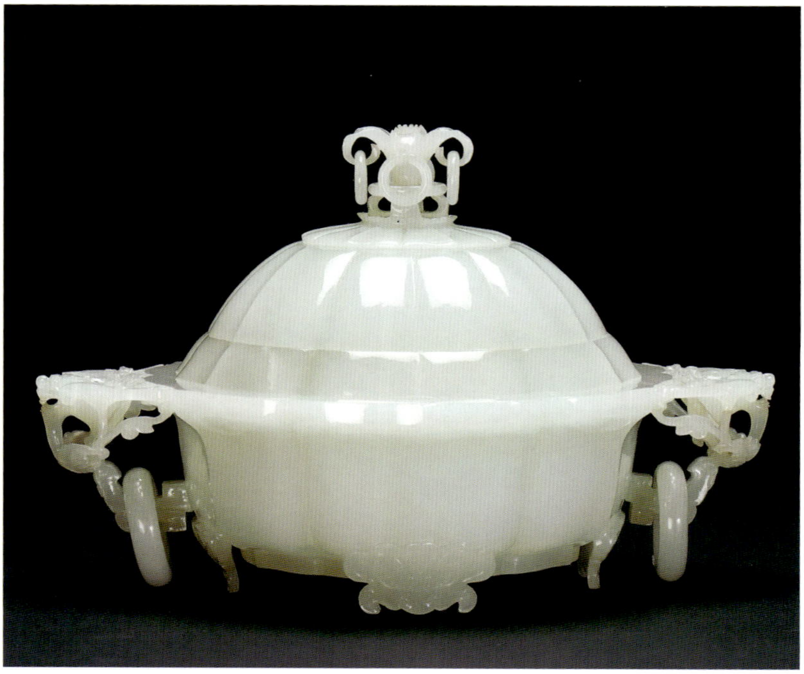

3033 清中期 白玉雕蝶恋花年年有余花卉环耳纽盖炉
估　价：HKD 1,000,000~1,800,000
成交价：RMB 1,605,390
长18.7cm，宽17.5cm，高11.5cm 保利香港 2019-10-07

2481 清乾隆 御制黄玉雕夔龙纹兽耳游环盖炉
估　价：RMB 120,000~220,000
成交价：RMB 207,000
宽22cm，高12.8cm 中鸿信 2019-07-16

1857 清中期 墨玉八卦三足炉
估　价：RMB 8,000~12,000
成交价：RMB 40,250
高5.5cm 北京翰海 2019-06-15

1368 清 白玉雕狮首活环耳三足炉
估　价：RMB 650,000~1,000,000
成交价：RMB 1,092,500
通径19cm，高17.8cm 西泠印社 2019-07-06

7109 清中期 白玉雕夔龙纹盖炉
估　价：RMB 350,000~550,000
成交价：RMB 690,000
宽14.5cm 北京保利 2019-12-05

572 19世纪 碧玉雕兽面纹朝冠耳盘龙纽三足盖炉
估　价：USD 10,000~15,000
成交价：RMB 167,825
纽约苏富比 2019-03-20

603 19世纪 白玉雕乳钉纹方鼎式狮纽盖炉
估　价：USD 30,000~40,000
成交价：RMB 318,868
纽约苏富比 2019-03-20

2445 清乾隆 御制青金石雕饕餮纹牺耳炉
估　价：RMB 350,000~480,000
成交价：RMB 517,500
宽13.3cm，高4.5cm 中鸿信 2019-07-16

424 清 白玉刻三羊开泰圆形小香炉
成交价：RMB 69,567
直径5.3cm 中国嘉德 2019-10-07

228 19世纪 水晶仿古龙纹四管式盖炉
估　价：GBP 10,000~15,000
成交价：RMB 143,341
高12cm 伦敦佳士得 2019-05-14

2260 清 白玉活环皮球花炉
估　价：RMB 120,000~200,000
成交价：RMB 195,500
高10.5cm 北京荣宝 2019-12-01

1268 清 白玉鬲式炉
估　价：HKD 160,000~210,000
成交价：RMB 171,513
腹径9.5cm 中国嘉德 2019-03-31

2989 清 白玉开光阿拉伯文熏炉
估　价：HKD 350,000~500,000
成交价：RMB 864,000
直径8cm 佳士得 2019-05-29

1839 清 青玉阿拉伯纹筒式炉
估　价：RMB 35,000~55,000
成交价：RMB 55,200
高12cm 北京荣宝 2019-04-28

3336 清 白玉甪端香熏（成对）
估　价：RMB 220,000~350,000
成交价：RMB 253,000
高17cm×2 中鸿信 2019-07-17

1237 清 玛瑙雕朝冠耳炉
估　价：RMB 20,000~50,000
成交价：RMB 51,750
通径12cm，高7cm 西泠印社 2019-07-06

1156 清 青白玉雕兽面纹朝冠耳炉
估　价：RMB 30,000~50,000
成交价：RMB 43,700
通径22.5cm，高23.7cm 西泠印社 2019-04-14

170 王永芳 白玉双狮兽耳活环三足炉
估　价：RMB 650,000~850,000
成交价：RMB 728,000
长11cm，宽7.8cm，高9.8cm，重337.5g
上海联合 2019-12-01

玉　盒

1190 清早期 “五云多处是三台”白玉双层诗文香盒
估　价：RMB 300,000~400,000
成交价：RMB 322,000
直径4.3cm，高1.8cm 华艺国际 2019-08-10

7286 清乾隆 白玉“亚”章方盒
估　价：RMB 800,000~1,200,000
成交价：RMB 920,000
宽7.4cm 北京保利 2019-12-05

829 清乾隆 白玉鹌鹑盖盒
估　价：RMB 70,000~100,000
成交价：RMB 80,500
长11.5cm 保利厦门 2019-08-04

1658 金 白玉雕双凤纹方形盖盒
估　价：RMB 60,000~80,000
成交价：RMB 80,500
长5.1cm 西泠印社 2019-07-06

3402 清乾隆 白玉鹌鹑盖盒（一对）
估　价：HKD 150,000~250,000
成交价：RMB 855,000
长8.2cm×2 香港苏富比 2019-04-03

7288 清乾隆 白玉瓜蝶盖盒
估　价：RMB 300,000~500,000
成交价：RMB 345,000
宽7.8cm 北京保利 2019-12-05

912 18世纪 白玉鹅盖盒（一对）
估　价：HKD 1,500,000~1,800,000
成交价：RMB 1,712,416
长5.7cm×2 中国嘉德 2019-10-07

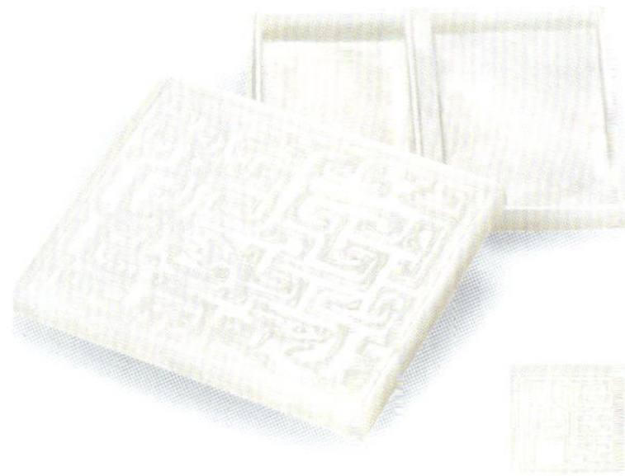

7285 清乾隆 白玉龙凤纹长方小盖盒
估　价：RMB 250,000~350,000
成交价：RMB 287,500
长7cm 北京保利 2019-12-05

153 清乾隆 白玉雕仿古纹方盒
估　价：HKD 300,000~400,000
成交价：RMB 346,140
宽5.7cm 邦瀚斯 2019-05-28

3021 清乾隆 白玉嵌宝灵芝纹圆盖盒
估　价：HKD 400,000~600,000
成交价：RMB 432,000
直径9.6cm 佳士得 2019-05-29

3027 清乾隆 白玉雕年年有余福寿盖盒
估　价：HKD 1,200,000~1,800,000
成交价：RMB 1,210,680
宽13.5cm，高7.5cm 保利香港 2019-04-02

107 清乾隆 白玉岁岁平安盖盒
估　价：HKD 2,000,000~3,000,000
成交价：RMB 6,471,445
直径14.1cm 香港苏富比 2019-10-08

133 清乾隆 碧玉仿古饕餮纹方盖盒
估　价：HKD 500,000~700,000
成交价：RMB 850,313
长15.9cm 香港苏富比 2019-10-08

2092 清乾隆 御题诗白玉瓜式香盒
成交价：RMB 207,000
长7cm，高3cm 中鸿信 2019-07-16

7287 清乾隆 白玉如意花卉纹倭角香盒
估　价：RMB 120,000~180,000
成交价：RMB 138,000
长5.7cm 北京保利 2019-12-05

888 清乾隆 白玉雕鹌鹑盖盒
估　价：RMB 80,000~120,000
成交价：RMB 109,250
带座高10.2cm；鹌鹑高7.7cm，通径9.7cm
西泠印社 2019-07-06

1617 清乾隆 碧玉雕御制诗薄胎盖盒
估　价：RMB 180,000~220,000
成交价：RMB 287,500
直径7.7cm 西泠印社 2019-07-06

40 18世纪/19世纪 青白玉喜鹊盖盒（一对）
估　价：GBP 15,000~20,000
成交价：RMB 1,036,213
长14cm × 2 伦敦佳士得 2019-11-05

423 清 青白玉兽面纹盖盒
成交价：RMB 58,864
宽6.5cm 中国嘉德 2019-10-07

3025 18世纪/19世纪初 白玉鹌鹑盖盒
估　价：HKD 300,000~500,000
成交价：RMB 324,000
长10cm 佳士得 2019-05-29

1347 清 白玉雕瓜瓞绵绵嵌黄花梨盖盒
成交价：RMB 80,500
长11.5cm 中贸圣佳 2019-08-16

2048 清中期 白玉兽面纹盖盒
估　价：RMB 50,000~60,000
成交价：RMB 63,250
长6.5cm，宽4cm，高5.5cm
北京荣宝 2019-12-01

2050 清 玛瑙兽耳盖盒
估　价：RMB 10,000~20,000
成交价：RMB 43,700
直径9cm 北京荣宝 2019-12-01

914 清 白玉掏挖连体桃蝠纹盒
估　价：RMB 80,000~120,000
成交价：RMB 109,250
长9.3cm 中贸圣佳 2019-08-16

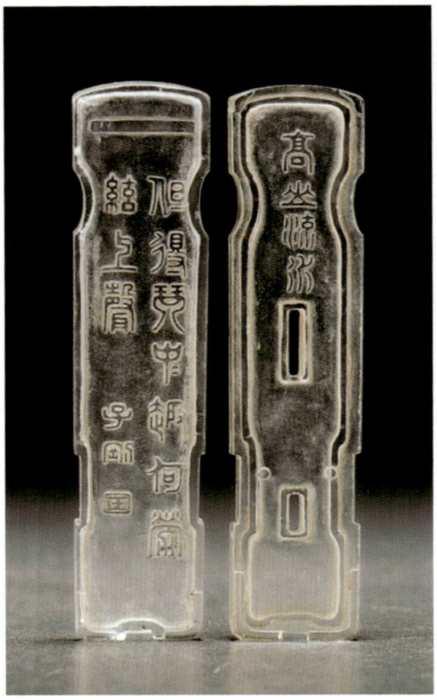

1253 清 子冈款水晶雕琴形盖盒
估　价：RMB 40,000~60,000
成交价：RMB 46,000
长9.7cm 西泠印社 2019-07-06

玉　奁

130 清乾隆 白玉兽面纹福寿长青三兽首衔环奁
估　价：HKD 3,000,000~4,000,000
成交价：RMB 3,401,250
直径22.7cm 香港苏富比 2019-10-08 ★

127 18世纪 白玉福寿如意莲花足双福活环耳奁
估　价：HKD 500,000~700,000
成交价：RMB 1,360,500
香港苏富比 2019-10-08 ★

5601 清乾隆 白玉铺首活环盖奁
估　价：RMB 1,000,000~1,500,000
成交价：RMB 2,300,000
宽16.9cm 北京保利 2019-06-05

117 清乾隆 白玉折沿镂雕八吉祥莲花纽盖奁
估　价：HKD 2,000,000~3,000,000
成交价：RMB 3,628,000
直径16cm 香港苏富比 2019-10-08 ★

6405 明 青白玉海棠式盏托
估　价：RMB 80,000~120,000
成交价：RMB 92,000
长16.5cm 北京保利 2019-06-06

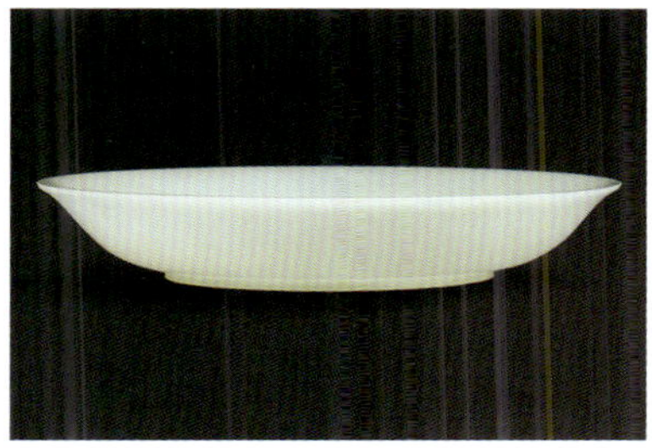

114 清乾隆 白玉光素撇口盘
估　价：HKD 180,000~250,000
成交价：RMB 850,313
直径24.8cm 香港苏富比 2019-10-08

玉　簋

1763 清乾隆 白玉仿古饕餮纹盖簋
估　价：USD 20,000~30,000
成交价：RMB 268,520
宽19cm 纽约佳士得 2019-03-22

6054 清中期 青玉雕仿青铜簋
估　价：RMB 35,000~55,000
成交价：RMB 78,200
宽17cm 北京保利 2019-06-06

玉　盘

1615 元 青玉雕螭龙纹盘
估　价：RMB 70,000~90,000
成交价：RMB 92,000
直径14.4cm 西泠印社 2019-07-06

692 清中期 白玉花口杯连盏托
估　价：HKD 250,000~350,000
成交价：RMB 321,078
直径10.9cm 中国嘉德 2019-10-07

5600 清 碧玉雕花瓣折沿盘（成对）
估　价：RMB 300,000~400,000
成交价：RMB 517,500
直径29.5cm×2 北京保利 2019-06-05

1259 明万历 金盏托玉碗
估　价：RMB 800,000~1,200,000
成交价：RMB 1,150,000
高8.2cm 中贸圣佳 2019-06-07

玉　碗

2001 明 玛瑙包金碗
成交价：RMB 6,900
口径10cm 中古陶 2019-06-06

3093 18世纪 白玉碗
估　价：HKD 400,000~600,000
成交价：RMB 559,375
口径9cm 佳士得 2019-11-27

229 18世纪 痕都斯坦式水晶嵌钻石盖碗
估　价：GBP 10,000~20,000
成交价：RMB 143,341
口径10cm 伦敦佳士得 2019-05-14

688 清乾隆 白玉御制诗如意纹三清碗
估　价：RMB 500,000~800,000
成交价：RMB 1,035,000
口径12.6cm，高9cm 中贸圣佳 2019-11-30

3074 清乾隆 碧玉碗（一对）
估　价：RMB 1,000~2,000
成交价：RMB 149,500
口径12cm×2 中国嘉德 2019-06-25

123 清乾隆 青白玉三清御题诗盖碗
估　价：RMB 420,000~500,000
成交价：RMB 483,000
口径12.6cm 上海明轩 2019-04-28

886 清乾隆 碧玉浮雕花鸟纹对碗
估　价：RMB 80,000~150,000
成交价：RMB 126,500
口径14.3cm、14.5cm 西泠印社
2019-07-06

3267 清乾隆 白玉碗
估　价：RMB 50,000~80,000
成交价：RMB 126,500
口径16cm 中鸿信 2019-07-17

115 清乾隆 白玉碗
估　价：HKD 300,000~400,000
成交价：RMB 793,625
香港苏富比 2019-10-08

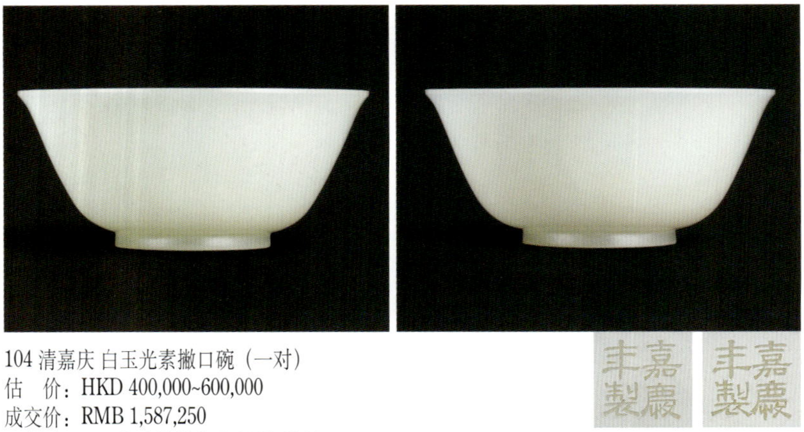

104 清嘉庆 白玉光素撇口碗（一对）
估　价：HKD 400,000~600,000
成交价：RMB 1,587,250
口径12.4cm×2 香港苏富比 2019-10-08 ★

3113 19世纪 青玉碗（一对）
估　价：HKD 150,000~200,000
成交价：RMB 205,200
口径16.5cm×2 佳士得 2019-05-29

3663 18世纪 白玉痕都斯坦花耳盖碗
估　价：HKD 180,000~280,000
成交价：RMB 204,075
口径17cm 香港苏富比 2019-10-08

226 18世纪/19世纪 痕都斯坦式碧玉菊瓣盖碗
估　价：GBP 6,000~10,000
成交价：RMB 77,184
口径15.5cm 伦敦佳士得 2019-05-14

6973 清中期 冰糖玛瑙碗
估　价：RMB 150,000~200,000
成交价：RMB 172,500
口径10.4cm 北京保利 2019-12-05

3191 清中期 白玉雕七佛供碗
估　价：RMB 40,000~50,000
成交价：RMB 115,000
口径13cm，高9.2cm 中鸿信 2019-07-17

719 碧玉描金松梅纹大碗（一对）
估　价：RMB 80,000~120,000
成交价：RMB 92,000
口径25cm × 2 保利厦门 2019-01-06

1659 金 白玉雕双耳杯
估　价：RMB 50,000~60,000
成交价：RMB 69,000
长9.6cm 西泠印社 2019-07-06

6407 清乾隆 白玉碗
估　价：RMB 200,000~300,000
成交价：RMB 368,000
口径14cm 北京保利 2019-06-06

1372 清 青白玉高足碗
估　价：RMB 150,000~200,000
成交价：RMB 345,000
口径14.5cm，高10.1cm 中贸圣佳 2019-12-01

204 元/明 青白玉瓜瓞绵绵杯
估　价：GBP 4,000~6,000
成交价：RMB 132,234
长11cm 香港苏富比 2019-05-17

玉　杯

1848 清 白玉连年有余盖碗
估　价：RMB 100,000~150,000
成交价：RMB 126,500
口径11.8cm 北京翰海 2019-06-15

3063 宋 白玉带皮螭龙纹杯
估　价：HKD 3,000,000~5,000,000
成交价：RMB 3,206,250
高13.3cm 香港苏富比 2019-04-02

900 宋 黄玉雕兽面纹玉杯
估　价：RMB 120,000~220,000
成交价：RMB 552,000
口径10.8cm，高10.5cm 西泠印社 2019-07-06

910 元 白玉雕梅花形双螭龙耳杯
估　价：RMB 50,000~80,000
成交价：RMB 80,500
通径10cm 西泠印社 2019-07-06

152 元 青玉菱口杯
估　价：RMB 20,000~30,000
成交价：RMB 23,000
口径7cm 北京大羿 2019-03-23

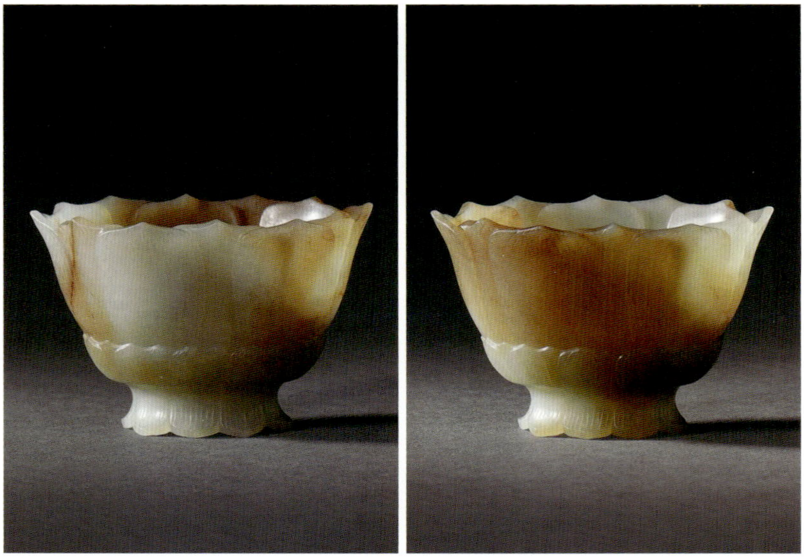

912 元 玉雕莲花形杯
估　价：RMB 50,000~65,000
成交价：RMB 92,000
长4.5cm，宽4.3cm，高6.2cm
北京诚轩 2019-06-03

206 元/明 青白玉荷叶形杯
估　价：GBP 8,000~12,000
成交价：RMB 66,117
长11cm 香港苏富比 2019-05-17

31 明早期 青白玉双耳花口杯
估　价：RMB 20,000~30,000
成交价：RMB 31,360
口径5.5cm，高3.5cm 上海联合 2019-06-16

2973 17世纪 白玉仿古螭龙纹杯
估　价：HKD 320,000~500,000
成交价：RMB 345,600
宽9.5cm 佳士得 2019-05-29

211 明 白玉雕莲花式高足杯
估　价：USD 10,000~15,000
成交价：RMB 100,695
纽约苏富比 2019-03-19

1273 明 灰玉双螭纹荷叶杯
估　价：RMB 130,000~160,000
成交价：RMB 149,500
长14.5cm，宽8.5cm，高4cm 中贸圣佳 2019-06-07

1614 明 沁色玉雕天禄永昌款螭龙玉杯
估　价：RMB 500,000~700,000
成交价：RMB 1,725,000
高12.3cm 西泠印社 2019-07-06

1385 明 南红巧色螭龙纹杯
估　价：RMB 120,000~150,000
成交价：RMB 138,000
长8.8cm，高5cm 中贸圣佳 2019-12-01

1274 明 火烧玉童子杯
估　价：RMB 300,000~350,000
成交价：RMB 368,000
长12cm，高5.5cm 中贸圣佳 2019-06-07

44 明 青白玉镂空喜上眉梢纹杯
估　价：RMB 35,000
成交价：RMB 82,800
长15.3cm，宽11cm，高4.2cm 浙江佳宝
2019-06-23

1862 明 双螭纹杯
估　价：RMB 80,000~120,000
成交价：RMB 92,000
长14cm 中贸圣佳 2019-08-16

2736 明 玉镂雕螭龙纹花卉杯
估　价：RMB 300,000~500,000
成交价：RMB 345,000
宽17.3cm 中国嘉德 2019-06-02

3724 18世纪 白玉杯（一对）
估　价：HKD 200,000~300,000
成交价：RMB 213,750
口径7.7cm×2 香港苏富比 2019-04-03

569 明 玉雕“英雄”合卺杯
估　价：USD 10,000~15,000
成交价：RMB 176,216
纽约苏富比 2019-03-20

253 17世纪/18世纪 玛瑙葵花形杯
估　价：GBP 1,500~2,000
成交价：RMB 28,651
长10.3cm 香港苏富比 2019-05-17

425 18世纪 白玉仿古单把式耳杯
成交价：RMB 57,500
长9.6cm，宽7.8cm 中贸圣佳 2019-06-07

2767 清乾隆 白玉螭龙纹小杯
估　价：RMB 200,000~300,000
成交价：RMB 655,500
高5cm 中国嘉德 2019-06-02

2772 清乾隆 白玉杯（一对）
估　价：RMB 1,000,000~1,500,000
成交价：RMB 1,207,500
口径6.5cm、6.6cm 中国嘉德 2019-06-02

2789 清乾隆 玛瑙仿犀角祥云龙纹杯
估　价：RMB 150,000~250,000
成交价：RMB 172,500
高11cm 中国嘉德 2019-06-02

2044 清乾隆 白玉荷花杯
估　价：RMB 800,000~1,200,000
成交价：RMB 1,035,000
长9cm，高5.5cm 北京荣宝 2019-06-13

686 清乾隆 青玉仿青铜爵杯
估　价：RMB 150,000~200,000
成交价：RMB 253,000
高16.2cm 中贸圣佳 2019-11-30

909 清乾隆 白玉小杯（一对）
估　价：RMB 150,000~200,000
成交价：RMB 172,500
口径5.9cm×2，高3.2cm×2 中贸圣佳 2019-06-07

62 18世纪/19世纪 青玉雕倭角杯
估　价：HKD 60,000~80,000
成交价：RMB 108,540
高7.4cm 邦瀚斯 2019-05-28

1390 清乾隆 白玉卧足杯
估　价：RMB 120,000~300,000
成交价：RMB 230,000
口径6.6cm，高4.5cm 西泠印社 2019-07-06

140 19世纪 青玉痕都斯坦式花卉纹花耳杯
估　价：GBP 1,500~2,000
成交价：RMB 55,131
宽13.5cm 伦敦佳士得 2019-05-14

148 清乾隆 白玉仿古单耳杯
估　价：RMB 80,000~120,000
成交价：RMB 92,000
口径4.8cm 北京中汉 2019-06-04

1118 清 青白玉雕菊瓣茶盏
估　价：RMB 10,000~20,000
成交价：RMB 29,900
口径10cm，高5.8cm 西泠印社 2019-04-14

玉　缸

3136 云龙纹大缸
估　价：RMB 1,000~2,000
成交价：RMB 34,500
直径102cm 中国嘉德 2019-06-25

844 清乾隆 青玉浮雕七佛钵
估　价：USD 200,000~300,000
成交价：RMB 1,689,338
口径24.1cm 纽约佳士得 2019-09-13 ★

玉盆、玉钵

3116 碧玉海水龙纹钵
估　价：RMB 1,000~2,000
成交价：RMB 17,250
口径9.7cm 中国嘉德 2019-06-25

122 清乾隆 白三八吉祥钵
估　价：HKD 500,000~700,000
成交价：RMB 2,494,250
口径13.7cm 香港苏富比 2019-10-08 ★

908 清乾隆 痕都斯坦风格海棠形水仙盆
估　价：RMB 50,000~60,000
成交价：RMB 92,000
长16cm 中贸圣佳 2019-08-16

3230 明 青玉镂雕玉兰花插
估　价：RMB 55,000~88,000
成交价：RMB 97,750
高42cm 中鸿信 2019-07-17

玉花插、盆景

3621 18世纪 白玉浮雕螭龙凤凰活环耳花插
估　价：HKD 1,500,000~2,500,000
成交价：RMB 3,206,250
高18.7cm 香港苏富比 2019-04-03 ★

3229 明 南红玛瑙浮雕鹤鹿同春花插
估　价：RMB 52,000~86,000
成交价：RMB 92,000
高13.4cm 中鸿信 2019-07-17

1361 清早期 南红玛瑙梅桩花插
估　价：RMB 120,000~220,000
成交价：RMB 138,000
连座高14.5cm 华艺国际 2019-08-10

2037 清乾隆 南红玛瑙雕福寿如意大花插
估　价：RMB 450,000~550,000
成交价：RMB 517,500
长25cm，高15cm 古天一 2019-06-05

2044 清乾隆 碧玉鱼化龙花插
估　价：RMB 170,000~250,000
成交价：RMB 195,500
高19.7cm 华艺国际 2019-08-11

124 18世纪 白玉雕松树桩花插
估　价：HKD 600,000~800,000
成交价：RMB 4,838,845
高18.7cm 香港苏富比 2019-10-08

1186 清乾隆 白玉雕灵芝宝瓶花插
估　价：RMB 200,000~300,000
成交价：RMB 218,500
连座高18cm 华艺国际 2019-08-10

3494 清乾隆 白玉和合二仙花插
估　价：RMB 800,000~1,000,000
成交价：RMB 1,012,000
高10.8cm 中国嘉德 2019-11-17

116 清中期 白玉雕玉兰花插
估　价：RMB 250,000~400,000
成交价：RMB 437,000
高13cm 上海明轩 2019-04-28

106 18世纪 青白玉玉兰花插
估　价：HKD 400,000~600,000
成交价：RMB 453,500
高13.9cm 香港苏富比 2019-10-08

1413 清乾隆 青白玉灵芝花插
估　价：RMB 100,000~200,000
成交价：RMB 149,500
高10cm 北京保利 2019-08-25

157 清乾隆/嘉庆 青白玉雕鱼龙戏珠花插
估　价：HKD 300,000~500,000
成交价：RMB 1,080,540
高18cm 邦瀚斯 2019-05-28

1191 清 白玉嵌百宝花插
估　价：RMB 300,000~400,000
成交价：RMB 345,000
高45cm 华艺国际 2019-08-10

1183 18世纪/19世纪 玛瑙镂雕树桩形花插
估　价：USD 12,000~18,000
成交价：RMB 184,608
高15.9cm 纽约佳士得 2019-03-21

3208 清中期 青白玉雕佛手花插
估　价：RMB 35,000~58,000
成交价：RMB 63,250
高26cm 中鸿信 2019-07-17

玉渣斗

133 碧玉白玉水仙盆景（一对）
估　价：GBP 5,000~8,000
成交价：RMB 436,300
高19.5cm×2 伦敦佳士得 2019-11-05

103 18世纪 白玉光素渣斗
估　价：HKD 2,000,000~3,000,000
成交价：RMB 11,042,725
口径17.9cm 香港苏富比 2019-10-08

玉香筒（香插）

200 18世纪 碧玉嵌铜鎏金童子香插摆件
估　价：RMB 1,000~2,000
成交价：RMB 28,750
直径9.9cm 北京中汉 2019-03-25

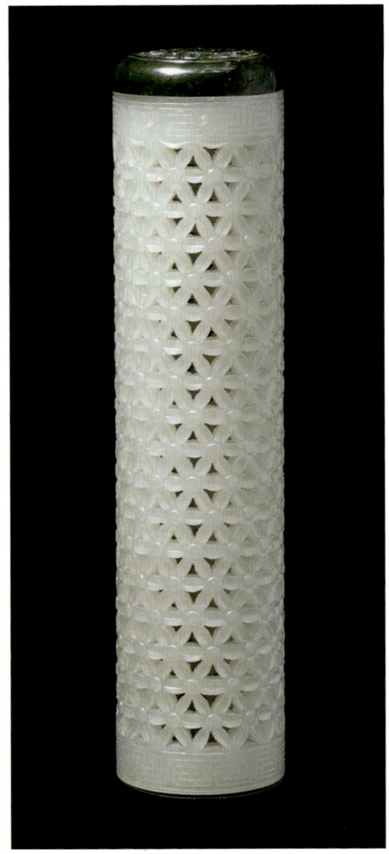

577 清 白玉透雕锦纹香筒连碧玉盖及座
估　价：USD 8,000~12,000
成交价：RMB 201,390
纽约苏富比 2019-03-20

2487 清乾隆 御制白玉镂雕山水人物故事香筒（一对）
估　价：RMB 150,000~260,000
成交价：RMB 172,500
高28cm×2 中鸿信 2019-07-16

242 清 白玉镂雕高士图香筒
估　价：GBP 6,000~8,000
成交价：RMB 44,105
高20cm 伦敦佳士得 2019-05-14

玉　镜

2235 清 玉雕花鸟镜
估　价：RMB 8,000
成交价：RMB 9,200
直径7cm 北京翰海 2019-03-29

玉烛台

2047 清中期 碧玉海晏河清烛台
估　价：RMB 180,000~250,000
成交价：RMB 287,500
高21cm 北京荣宝 2019-06-13

2032 清 碧玉海晏河清烛台（一对）
估　价：RMB 280,000
成交价：RMB 552,000
高23cm × 2 古天一 2019-12-03

888 秦 秦式龙形觿
估　价：HKD 220,000~280,000
成交价：RMB 235,457
长6.2cm 中国嘉德 2019-10-07

其　他

2710 新石器时代红山文化 玉鹰首杖
估　价：HKD 40,000~60,000
成交价：RMB 246,125
长17.5cm 佳士得 2019-11-27

1183 西周 黄玉龙形觿
估　价：HKD 70,000~90,000
成交价：RMB 121,068
长11.8cm 中国嘉德 2019-03-31

101 东周 青玉雕龙首觿
估　价：USD 20,000~30,000
成交价：RMB 201,390
纽约苏富比 2019-03-19

942 西汉 白玉朱雀形灯
估　价：HKD 5,000,000~7,000,000
成交价：RMB 17,867,900
高17cm 中国嘉德 2019-10-07 ★

578 明/清 玉雕仿古钟
估　价：USD 6,000~8,000
成交价：RMB 67,130
纽约苏富比 2019-03-20

801 明或更晚 青白玉褐沁枕
估　价：USD 10,000~15,000
成交价：RMB 402,780
长17.4cm 纽约佳士得 2019-03-20

3720 明 白玉五股金刚杵
估　价：HKD 150,000~180,000
成交价：RMB 908,438
长8cm 香港苏富比 2019-04-03

2837 清乾隆 青白玉金刚杵
估　价：HKD 300,000~500,000
成交价：RMB 727,188
长15.2cm 佳士得 2019-11-27 ★

6951 元 白玉带沁金刚杵
估　价：RMB 150,000~250,000
成交价：RMB 2,127,500
长8.7cm 北京保利 2019-12-05

2488 清乾隆 御制白玉镂雕嵌宝活环金刚杵纽盖奁
估　价：RMB 150,000~250,000
成交价：RMB 195,500
高20cm 中鸿信 2019-07-16

3531 清乾隆 白玉云龙纹御题诗文香亭
估　价：RMB 220,000~280,000
成交价：RMB 322,000
高60cm 中鸿信 2019-07-17

1103 18世纪或更晚 尼泊尔水晶陪胪金刚杵
估　价：USD 25,000~35,000
成交价：RMB 201,390
长26cm 纽约佳士得 2019-03-21

1112 18世纪/19世纪 玉饕餮纹斝
估　价：USD 30,000~50,000
成交价：RMB 713,256
高27.9cm 纽约佳士得 2019-03-21

3033 清乾隆 青白玉金刚铃
估　价：HKD 800,000~1,200,000
成交价：RMB 2,803,680
高19cm 佳士得 2019-05-29

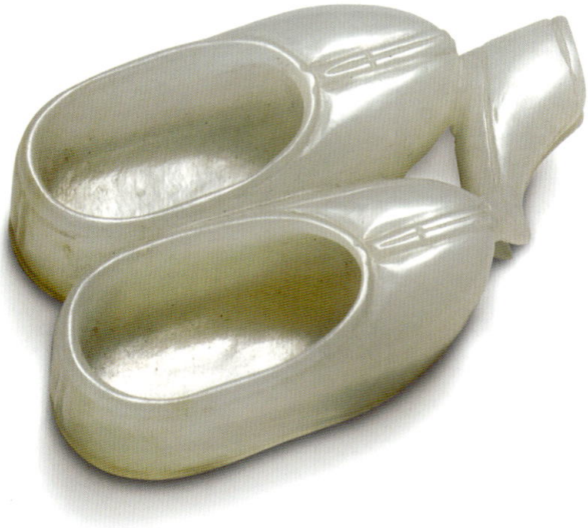

1407 19世纪 白玉雕双履摆件
估　价：USD 2,000~3,000
成交价：RMB 50,348
纽约苏富比 2019-03-23

1846 清 青玉金刚杵
估　价：RMB 70,000~100,000
成交价：RMB 92,000
长12.1cm 中贸圣佳 2019-08-16

文房用品

玉　笔

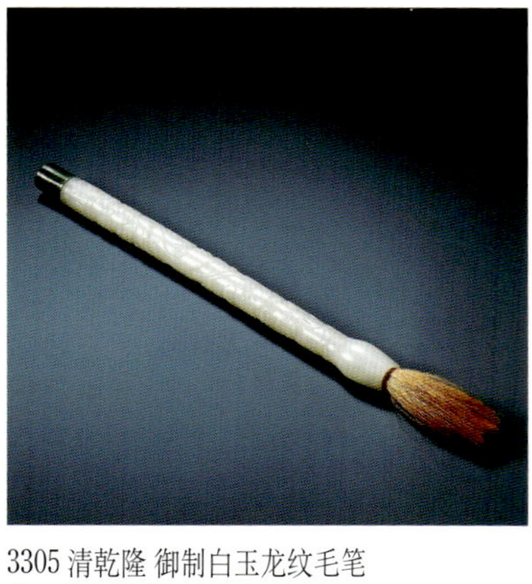

3305 清乾隆 御制白玉龙纹毛笔
估　价：RMB 50,000~80,000
成交价：RMB 103,500
长25cm 中鸿信 2019-07-17

1179 20世纪（清末）青白玉笔（两件）
估　价：USD 1,000~1,500
成交价：RMB 33,565
长27.6cm×2 纽约佳士得 2019-03-21

1648 清 白玉管提笔（一对）
估　价：RMB 350,000~450,000
成交价：RMB 460,000
长18.2cm×2 西泠印社 2019-07-06

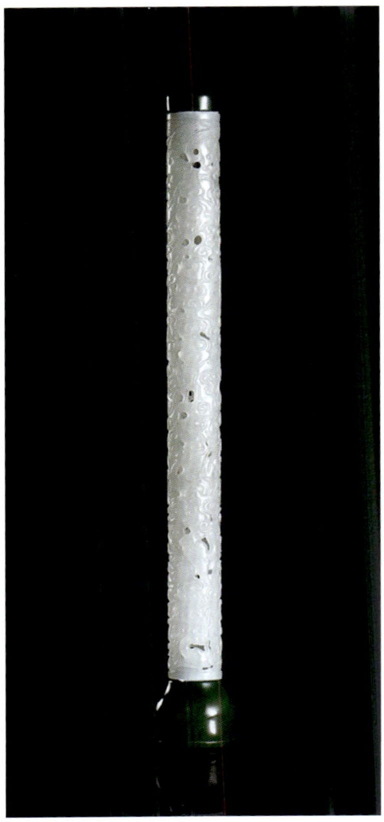

1716 清 白玉雕云龙纹笔管
估　价：RMB 160,000~200,000
成交价：RMB 184,000
长17cm 西泠印社 2019-07-06

玉笔筒

1688 明 碧玉雕鹿鶴同春纹笔筒
估　价：RMB 60,000~80,000
成交价：RMB 86,250
高10.7cm 西泠印社 2019-07-06

1878 清乾隆 碧玉雕八仙过海纹笔筒
估　价：RMB 600,000~1,200,000
成交价：RMB 897,000
直径16.9cm，高17.7cm 广东崇正 2019-05-23

573 18世纪 碧玉雕文会图笔筒
估　价：USD 400,000~600,000
成交价：RMB 3,188,675
纽约苏富比 2019-03-20

822 18世纪 碧玉雕通景仙山亭台图笔筒
估　价：USD 200,000~300,000
成交价：RMB 3,967,383
直径17.1cm 纽约佳士得 2019-03-20 ★

689 清乾隆 碧玉浮雕仙山祝寿笔海
估　价：RMB 2,800,000~3,500,000
成交价：RMB 3,450,000
直径19cm，高19cm 中贸圣佳 2019-11-30

574 清乾隆/嘉庆 白玉雕御游图笔筒
估　价：USD 800,000~1,200,000
成交价：RMB 13,828,780
纽约苏富比 2019-03-20 ★

2847 清乾隆乙卯年（1795）御用题诗碧玉“樊桐仙侣”笔筒
估　价：HKD 4,000,000~6,000,000
成交价：RMB 5,481,875
高12.7cm 佳士得 2019-11-27 ★

131 清乾隆 碧玉山水人物图笔筒
估　价：GBP 80,000~120,000
成交价：RMB 818,063
高16.5cm 伦敦佳士得 2019-11-05 ★

2485 清乾隆 御制白玉浮雕开光山水人物倭角方形笔筒
估　价：RMB 100,000~150,000
成交价：RMB 138,000
高13.9cm 中鸿信 2019-07-16

3544 清 白玉高士仙游图笔筒
成交价：RMB 126,500
高12.8cm 中鸿信 2019-07-17

173 张焕庆 碧玉鹤鹿同春笔筒
估　价：RMB 880,000~1,200,000
成交价：RMB 985,600
长11.5cm，宽7.4cm，高18cm，重1130g
上海联合 2019-12-01

玉笔架

3303 清康熙 水晶“福山寿海”笔架山
成交价：RMB 57,500
长11.6cm 中鸿信 2019-07-17

256 18世纪 青白玉雕山亭高士图笔搁
估　价：USD 20,000~30,000
成交价：RMB 151,043
纽约苏富比 2019-03-19 ★

1260 清中期 白玉“福山寿海”三峰笔搁
估　价：HKD 50,000~70,000
成交价：RMB 55,490
长10.8cm 中国嘉德 2019-03-31

907 清 白玉童子戏鹅笔架
估　价：RMB 50,000~80,000
成交价：RMB 69,000
长6.9cm 西泠印社 2019-07-06

213 19世纪 水晶雕灵芝式笔搁
估　价：GBP 2,000~3,000
成交价：RMB 22,039
长12.3cm 香港苏富比 2019-05-17

42 18世纪 白玉雕双鹿衔芝笔架
估　价：HKD 70,000~100,000
成交价：RMB 65,340
长10.9cm 邦瀚斯 2019-05-28

6043 清中期 黄玉五峰笔山
估　价：RMB 50,000~80,000
成交价：RMB 57,500
长12.5cm 北京保利 2019-06-06

玉印盒

111 18—19世纪初 白玉光素印盒
估　价：HKD 80,000~100,000
成交价：RMB 249,425
直径6.8cm 香港苏富比 2019-10-08

5021 清 青白玉印盒
估　价：RMB 15,000~25,000
成交价：RMB 17,250
长8.7cm 中国嘉德 2019-03-24

玉墨床

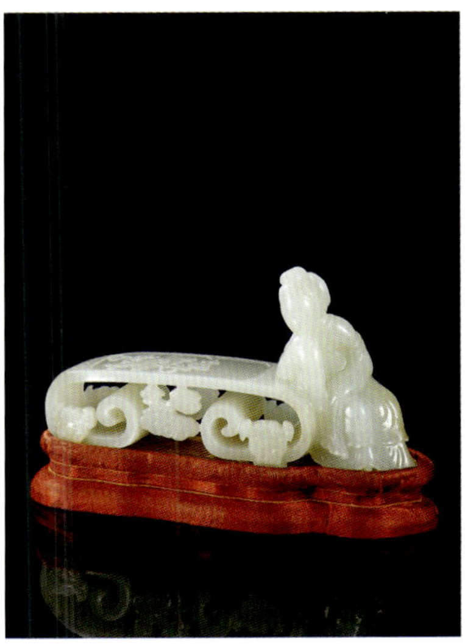

1069 清 白玉雕仕女墨床
估　价：RMB 150,000~180,000
成交价：RMB 172,500
长14cm，高8cm 西泠印社 2019-07-06

2128 元 白玉雕胡人戏狮墨床
估　价：RMB 60,000~90,000
成交价：RMB 115,000
长7cm、宽6cm 古天一 2019-06-05

3125 清乾隆 紫檀嵌黄杨木镶白玉刻《兰亭序》墨床
估　价：RMB 80,000~120,000
成交价：RMB 138,000
长17.7cm 中鸿信 2019-07-1

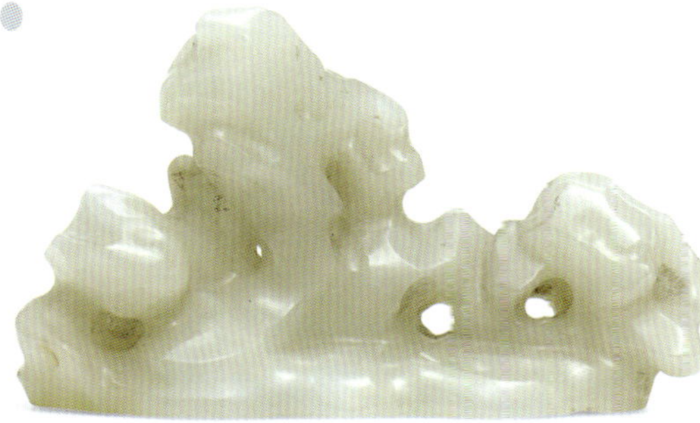

228 18世纪 青白玉赏石笔山
估　价：GBP 4,000~6,000
成交价：RMB 121,215
长9.1cm 香港苏富比 2019-05-17

2944 明 玉雕芦雁墨床
估　价：RMB 40,000~60,000
成交价：RMB 112,700
长8.7cm 中国嘉德 2019-06-02

3024 18世纪 青玉海兽纹水盂
估　价：HKD 300,000~500,000
成交价：RMB 302,400
宽11.5cm 佳士得 2019-05-29

玉水丞

1631 宋 沁色玉雕三羊开泰水丞
估　价：RMB 120,000~160,000
成交价：RMB 195,500
高4.7cm 西泠印社 2019-07-06

1170 17世纪 青白玉辟邪形水丞
估　价：USD 10,000~15,000
成交价：RMB 226,564
长13.3cm 纽约佳士得 2019-03-21

6406 清乾隆 白玉鸟形水丞
估　价：RMB 150,000~200,000
成交价：RMB 172,500
长9cm 北京保利 2019-06-06

3091 清乾隆 黄玉童子水丞
估　价：HKD 260,000~350,000
成交价：RMB 727,188
长8.6cm 佳士得 2019-11-27

1558 元或更早 白玉螭龙式水呈
估　价：RMB 180,000~250,000
成交价：RMB 207,000
长12cm，高4.7cm 广东崇正 2019-11-28

251 清 黄玉水盂
估　价：GBP 5,000~8,000
成交价：RMB 93,723
宽5.7cm 伦敦佳士得 2019-05-14

1830 清中期 白玉福寿水呈
估　价：RMB 25,000~35,000
成交价：RMB 28,750
长6cm 北京翰海 2019-06-15

玉砚滴

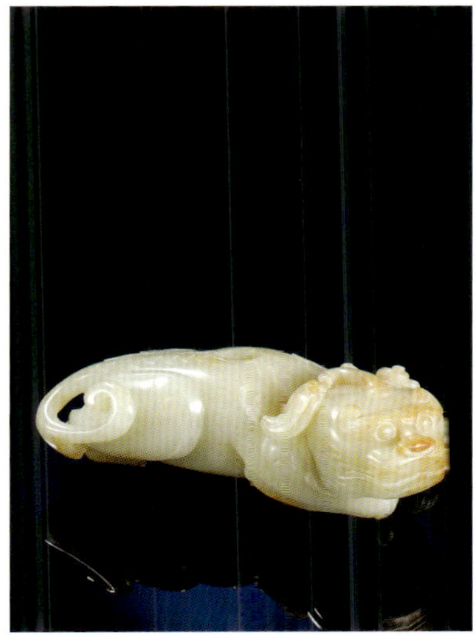

901 明 白玉红沁瑞兽砚滴
估　价：RMB 120,000~260,000
成交价：RMB 207,000
长13.5cm，高4.6cm 西泠印社 2019-07-06

903 清 白玉带沁莲蓬水盂
估　价：RMB 30,000~60,000
成交价：RMB 63,250
长13.3cm 西泠印社 2019-07-06

1432 清 白玉雕灵猴献寿水盂
估　价：RMB 20,000~30,000
成交价：RMB 322,000
带座高8.8cm，水盂通径9cm，高6cm
西泠印社 2019-07-06

1689 清 白玉雕螭龙纹砚滴
估　价：RMB 70,000~80,000
成交价：RMB 86,250
长7.6cm 西泠印社 2019-07-06

2133 清乾隆 白玉福寿水注
估 价：RMB 1,500,000~2,000,000
成交价：RMB 1,725,000
高10.4cm 北京荣宝 2019-06-13

1072 清 白玉雕异兽砚滴
估 价：RMB 20,000~50,000
成交价：RMB 55,200
长8cm，高4.7cm 西泠印社 2019-07-06

玉笔洗

909 元 白玉雕螭龙纹梅花形水洗
估 价：RMB 10,000~20,000
成交价：RMB 34,500
长9cm，高3cm 西泠印社 2019-07-06

75 明 白玉桃形洗
估 价：RMB 120,000~150,000
成交价：RMB 138,000
高4.3cm 上海明轩 2019-04-28

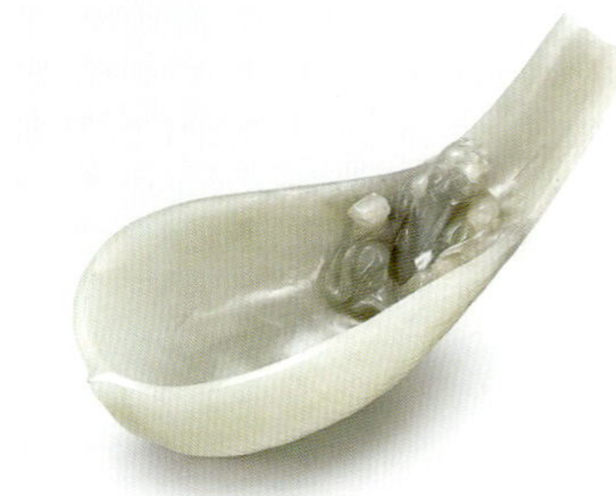

17 明 青白玉雕太乙莲舟洗
估 价：HKD 80,000~120,000
成交价：RMB 76,140
长16cm 邦瀚斯 2019-05-28

1657 明 白玉雕螭龙纹荷叶洗
估 价：RMB 160,000~180,000
成交价：RMB 184,000
长11.2cm 西泠印社 2019-07-06

913 明 玉雕荷蟹洗
估　价：RMB 80,000~100,000
成交价：RMB 126,500
长8.7cm，宽6.5cm，高10.7cm 北京诚轩 2019-06-03

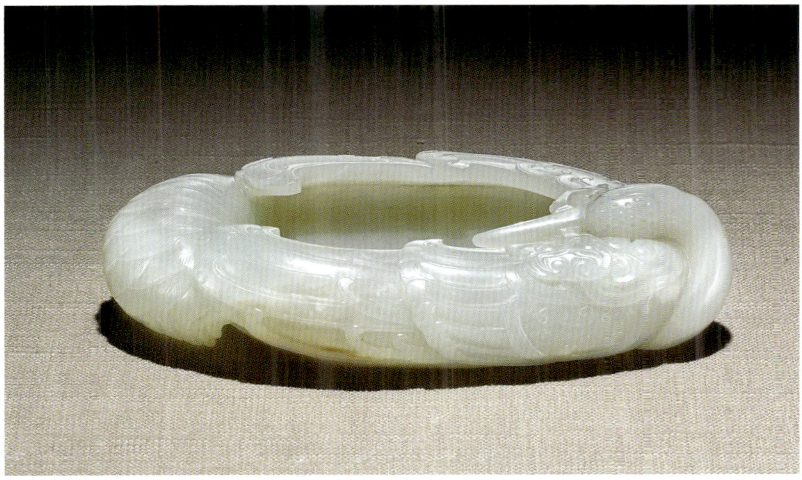

3406 清康熙 白玉仙鹤式洗
估　价：HKD 600,000~800,000
成交价：RMB 662,625
长13.7cm 香港苏富比 2019-04-03

451 晚明 青白玉花式洗
估　价：GBP 2,000~3,000
成交价：RMB 77,137
直径14.7cm 香港苏富比 2019-05-17

129 17世纪/18世纪 白玉雕荷叶洗
估　价：HKD 60,000~80,000
成交价：RMB 65,340
长11cm 邦瀚斯 2019-05-28

923 清康熙/雍正 玉雕双鱼洗
估　价：RMB 80,000~100,000
成交价：RMB 92,000
直径13.8cm 北京诚轩 2019-06-03

201 晚明 青玉葵花式洗
估　价：GBP 5,000~7,000
成交价：RMB 44,078
长10.21cm 香港苏富比 2019-05-17

833 清初 白玉荷虾图洗
估　价：RMB 80,000~150,000
成交价：RMB 105,800
长17cm 保利厦门 2019-01-06

101 清乾隆 白玉佛教八宝题材笔洗
估　价：RMB 300,000~400,000
成交价：RMB 345,000
直径16.4cm 北京鸿盛祥 2019-06-04

129 清乾隆 白玉瑞兽活环耳花口洗
估　价：GBP 100,000~150,000
成交价：RMB 2,820,680
直径30.5cm 伦敦佳士得 2019-11-05

25 18世纪 碧玉双桃形洗
估　价：GBP 2,000~4,000
成交价：RMB 64,118
长9cm 伦敦佳士得 2019-08-29

1233 清乾隆 白玉福寿如意海棠式洗
估　价：HKD 800,000~1,500,000
成交价：RMB 662,688
长20.2cm 华艺国际 2019-05-27

687 清乾隆 白玉螭龙耳六棱洗
估　价：RMB 300,000~500,000
成交价：RMB 805,000
长14.3cm，高6.8cm 中贸圣佳 2019-11-30

7128 清中期 白玉螭龙仙草洗
估　价：RMB 100,000~150,000
成交价：RMB 149,500
长12cm 北京保利 2019-12-05

249 清乾隆 白玉瑞兽活环耳洗
估　价：GBP 60,000~100,000
成交价：RMB 3,486,500
长22.3cm 伦敦佳士得 2019-05-14

132 清乾隆 碧玉菊纹双蝶活环耳洗
估　价：GBP 60,000~80,000
成交价：RMB 545,375
长27cm 伦敦佳士得 2019-11-05

1759 清乾隆 白玉五福活环耳洗
估　价：USD 100,000~150,000
成交价：RMB 1,384,556
长22.8cm 纽约佳士得 2019-03-22

831 清乾隆 黑白玉巧雕金玉满堂洗
估　价：RMB 80,000~120,000
成交价：RMB 92,000
直径13cm 保利厦门 2019-08-04

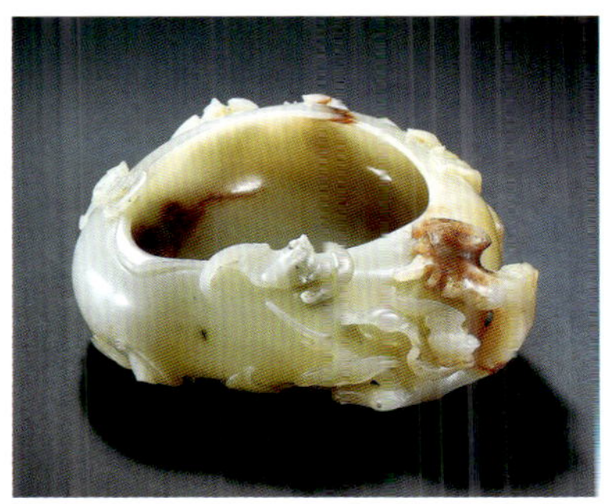

2280 清乾隆 旧玉五蝠捧寿桃形洗
估　价：RMB 50,000~80,000
成交价：RMB 115,000
长13.4cm 中鸿信 2019-07-16

1664 清乾隆 白玉雕佛手笔洗
估　价：RMB 80,000~120,000
成交价：RMB 138,000
长11.6cm 西泠印社 2019-07-06

2449 清乾隆 御制黄玉雕缠枝莲纹圆形洗
估　价：RMB 300,000~400,000
成交价：RMB 575,000
直径20.7cm 中鸿信 2019-07-16

1633 清乾隆 青白玉雕牡丹形水洗
估　价：RMB 120,000~150,000
成交价：RMB 161,000
长12.5cm 西泠印社 2019-07-06

7142 清中期 白玉镂雕花卉笔洗
估　价：RMB 100,000~150,000
成交价：RMB 115,000
宽10.3cm 北京保利 2019-12-05

1067 清乾隆 白玉雕诗文花卉福纹水洗
估　价：RMB 450,000~600,000
成交价：RMB 575,000
直径12.8cm，高3.4cm 西泠印社 2019-07-06

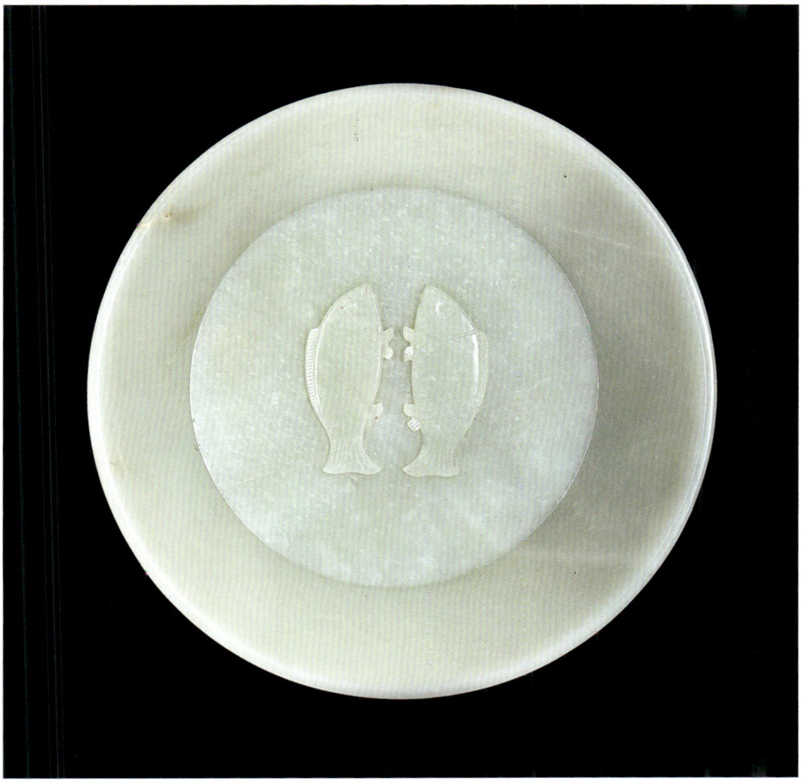

806 清乾隆 青白玉御题诗双鱼洗
估　价：USD 1,000,000~1,500,000
成交价：RMB 19,434,135
直径25.4cm 纽约佳士得 2019-03-20

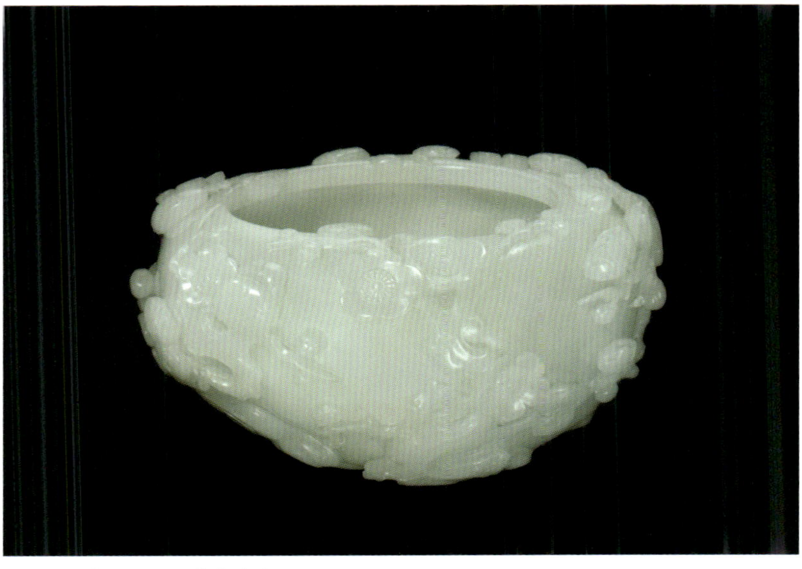

41 18世纪/19世纪 白玉梅花纹洗
估　价：GBP 5,000~8,000
成交价：RMB 1,036,213
宽12.5cm 伦敦佳士得 2019-11-05

937 18世纪/19世纪 碧玉五龙戏珠纹洗
估　价：USD 40,000~60,000
成交价：RMB 489,019
宽26.5cm 纽约佳士得 2019-09-13

23 18世纪/19世纪 青白玉雕灵芝洗
估　价：HKD 50,000~80,000
成交价：RMB 130,140
长12cm 邦瀚斯 2019-05-28

223 19世纪末/20世纪 黄玉螭龙纹笔洗
估　价：GBP 6,000~10,000
成交价：RMB 52,926
宽12.7cm 伦敦佳士得 2019-05-14

1235 清 白玉带皮云龙纹水洗
估　价：HKD 80,000~120,000
成交价：RMB 80,712
宽9.8cm 中国嘉德 2019-03-31

834 清 白玉双凤耳水洗
估　价：RMB 180,000~250,000
成交价：RMB 207,000
长20cm 保利厦门 2019-01-06

203 18世纪 碧玉雕荷叶式洗
估　价：GBP 6,000~8,000
成交价：RMB 96,972
香港苏富比 2019-05-17

玉笔舔

190 清 白玉叶形梅虫纹笔舔
估　价：RMB 50,000
成交价：RMB 92,000
长18.5cm 浙江佳宝 2019-06-23

3028 清 白玉雕荷叶清趣笔舔
估　价：RMB 45,000~60,000
成交价：RMB 55,200
长17cm 中鸿信 2019-07-17

427 清 白玉雕荷叶青蛙小笔舔
成交价：RMB 48,162
宽6.5cm 中国嘉德 2019-10-07

玉纸镇

9 东汉或更晚 青玉雕辟邪纸镇
估　价：HKD 50,000~80,000
成交价：RMB 130,140
长7.6cm 邦瀚斯 2019-05-28

1913 明 白玉带皮古松灵芝纹纸镇
估　价：RMB 120,000~200,000
成交价：RMB 287,500
长29.6cm 广东崇正 2019-05-23

22 清乾隆 青白玉荷花莲房纸镇
估　价：HKD 600,000~800,000
成交价：RMB 540,540
宽12.1cm 邦瀚斯 2019-05-28

917 清中期 白玉嵌百宝桃形镇
估　价：HKD 260,000~360,000
成交价：RMB 278,268
宽7.2cm 中国嘉德 2019-10-07

96 清中期 乾隆款黄玉四世同堂镇
估　价：RMB 80,000
成交价：RMB 149,500
长8cm，宽7.7cm，高8.2cm
浙江佳宝 2019-06-23

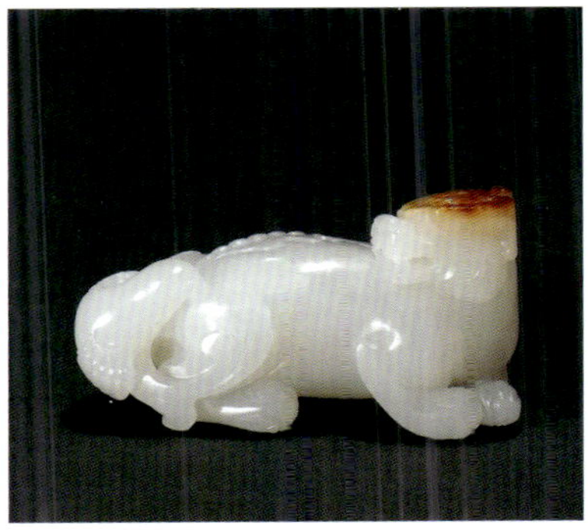

924 清中期 白玉巧雕英雄镇
估　价：RMB 20,000~23,000
成交价：RMB 97,750
长5.4cm，宽2.2cm，高3cm 北京诚轩
2019-06-03

4641 清 白玉鸳鸯镇
估　价：RMB 30,000~50,000
成交价：RMB 34,500
长6.5cm 中国嘉德 2019-06-03

1166 周立祥 竹兰图白玉纸镇
估　价：RMB 300,000~500,000
成交价：RMB 336,000
长8.5cm，宽3.8cm，高2.1cm，重173.4g；
长8.5cm，宽3.8cm，高2.2cm，重171.6g
上海联合 2019-06-16

2042 清 青玉龙纹压尺
估　价：RMB 20,000~30,000
成交价：RMB 71,300
长22.5cm 北京荣宝 2019-06-13

3343 清乾隆 御制白玉仿唐八方砚
估　价：RMB 150,000~200,000
成交价：RMB 172,500
长12cm 中鸿信 2019-07-17

玉砚台

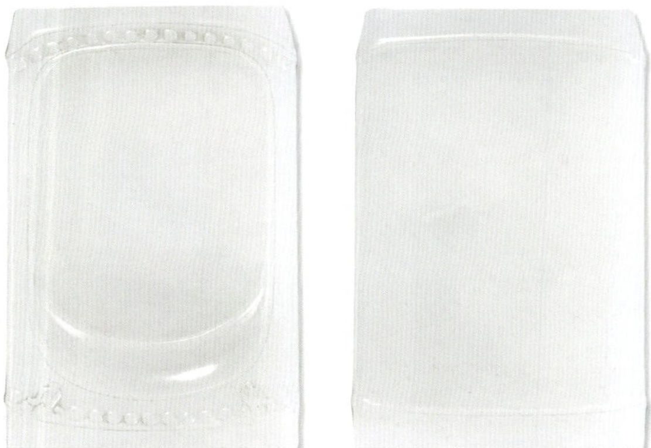

1317 清早期 白玉竹节砚
估　价：RMB 80,000~150,000
成交价：RMB 92,000
长9cm 华艺国际 2019-08-10

672 清 白玉笔砚（各一件）
估　价：HKD 30,000~50,000
成交价：RMB 214,052
笔长26.2cm 中国嘉德 2019-10-07

6044 清 白玉琴形砚
估　价：RMB 25,000~35,000
成交价：RMB 28,750
长12.5cm 北京保利 2019-06-06

586 清 白玉长方砚
估　价：USD 4,000~6,000
成交价：RMB 67,130
纽约苏富比 2019-03-20

玉　玺

3311 清中期 青玉蛟龙纽御玺
估　价：RMB 180,000~220,000
成交价：RMB 575,000
长13.2cm，宽13.2cm，高12cm
中鸿信 2019-07-17

894 宋 玉雕虎纽玺
估　价：HKD 800,000~1,200,000
成交价：RMB 2,140,520
高10.7cm 中国嘉德 2019-10-07

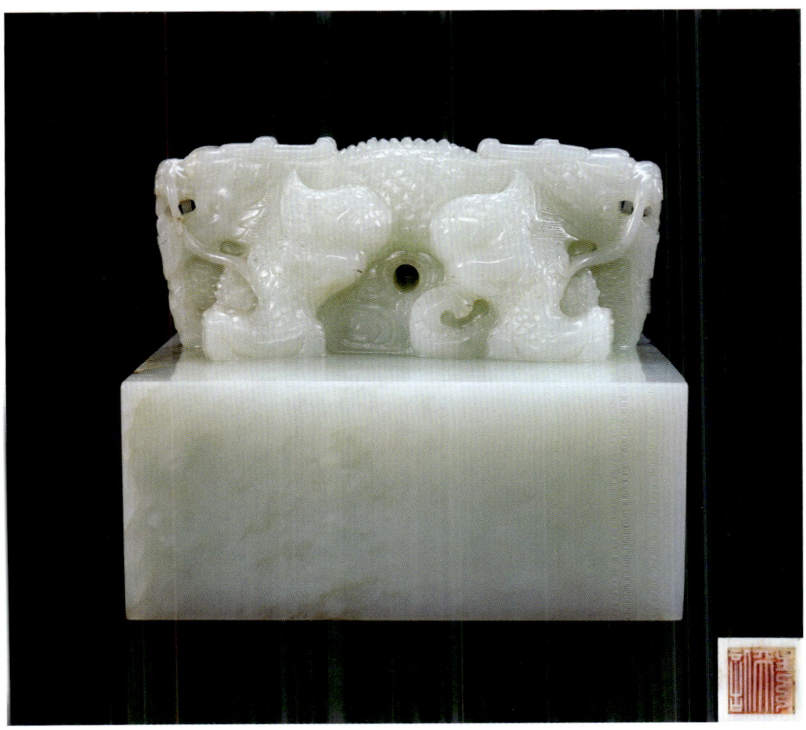

5569 清乾隆五十一年（1786） 御制白玉交龙纽“信天主人”宝玺
成交价：RMB 94,300,000
长12.9cm，宽12.9cm，高11cm，重3555g 北京保利 2019-06-05

3011 清嘉庆 御制白玉交龙纽“周甲延禧之宝”方玺
估　价：HKD 18,000,000~24,000,000
成交价：RMB 17,733,600
长9.7cm，宽9.6cm，高9.6cm 佳士得 2019-05-29 ★

1351 清光绪 叶叔重旧藏御用白玉蹲龙纽“敬天”押玺
估　价：RMB 800,000~1,600,000
成交价：RMB 1,322,500
长3cm，宽2.7cm，高4cm 西泠印社 2019-07-06

2016 清中期 碧玉雕覆斗式顶百寿玺
估　价：RMB 35,000~55,000
成交价：RMB 55,200
长6.3cm，宽6cm，高7cm
北京荣宝 2019-12-01

2018 清 白玉兽纽“别有洞天”印玺
估　价：RMB 80,000~150,000
成交价：RMB 115,000
长3.3cm，宽1.7cm，高3.3cm
北京荣宝 2019-12-01

玉印章

382 战国/汉 白玉覆斗纽印“膂乡”及印谱
估　价：HKD 250,000~350,000
成交价：RMB 2,782,676
宽2.2cm 中国嘉德 2019-10-07

386 战国/汉 淡青白玉覆斗印“宋婴”及印谱
估　价：HKD 400,000~600,000
成交价：RMB 6,498,655
宽2.2cm 中国嘉德 2019-10-07

854 汉 玉方纽覆斗印
估　价：HKD 60,000~80,000
成交价：RMB 224,755
宽2cm 中国嘉德 2019-10-07

1275 元/明 青白玉龟纽印和白玉提油螭龙纽印
估　价：HKD 10,000~15,000
成交价：RMB 22,196
高6.6cm 中国嘉德 2019-03-31

113 明 白玉覆斗印
估　价：RMB 80,000~100,000
成交价：RMB 109,250
长1.6cm 北京鸿盛祥 2019-06-04

384 战国/汉 黑玉覆斗纽印“程灶”及印谱
估　价：HKD 300,000~500,000
成交价：RMB 3,317,806
宽2.2cm 中国嘉德 2019-10-07

385 战国/汉 鸡骨白玉印覆斗印“襄平君”及印谱
估　价：HKD 300,000~500,000
成交价：RMB 3,424,832
宽2.2cm 中国嘉德 2019-10-07

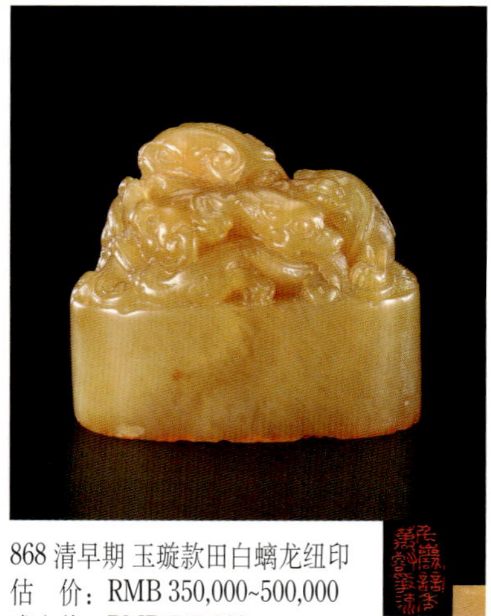

868 清早期 玉璇款田白螭龙纽印
估　价：RMB 350,000~500,000
成交价：RMB 517,500
长4.1cm，高3.9cm 中贸圣佳 2019-08-16

380 战国/汉 茶色玉覆斗纽印“李娟”及印谱
估　价：HKD 100,000~150,000
成交价：RMB 663,561
宽1.4cm 中国嘉德 2019-10-07

969 清道光 陶澍碧玉龙纽“长沙之勋”印
估　价：RMB 800,000~1,200,000
成交价：RMB 943,000
长4.5cm，宽4.5cm，高6.4cm 中贸圣佳
2019-06-07

383 战国/汉 绿玉覆斗纽印“信型（城）医（侯）”及印谱
估　价：HKD 300,000~500,000
成交价：RMB 3,210,780
宽2.4cm 中国嘉德 2019-10-07

1328 清 白玉巧色苍龙教子长方印
成交价：RMB 195,500
长8.6cm，宽2.6cm，高3.5cm
中贸圣佳 2019-08-16

6049 清 白玉盘螭“公[illegible]并观”方章
估　价：RMB 120,000~150,000
成交价：RMB 138,000
长4.5cm，宽4.4cm，高4cm
北京保利 2019-06-06

381 战国/汉 绿玉覆斗纽印“陈训”及印谱
估　价：HKD 120,000~180,000
成交价：RMB 984,639
宽1.7cm 中国嘉德 2019-10-07

619 清 黄玉螭龙纽印
估　价：RMB 50,000~80,000
成交价：RMB 57,500
宽5.2cm 北京保利 2019-04-30

1163 周立祥“心同孤鹤静，节效古松贞”白玉章
估　价：RMB 280,000~450,000
成交价：RMB 313,600
长4.8cm，宽4.7cm，高3.9cm，重142.5g 上海联合 2019-06-16 ●

玉臂搁

1348 清 白玉秘阁款臂搁
成交价：RMB 138,000
长17.5cm，宽5cm 中贸圣佳 2019-08-16 ●

1409 清早期 文珍款 玉雕指日高升图臂搁
成交价：RMB 48,300
长16cm 华艺国际 2019-08-10 ★

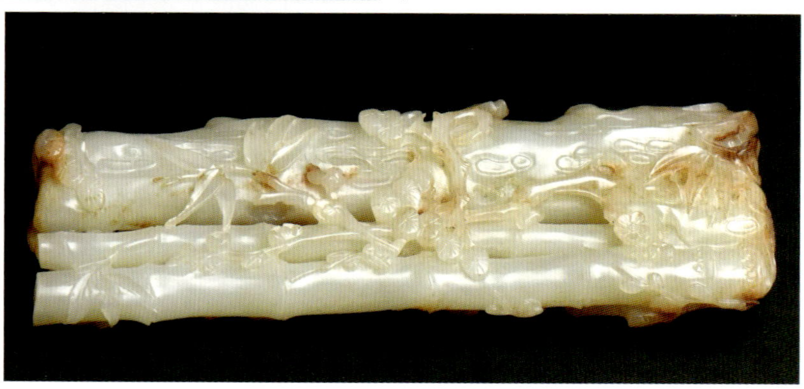

345 清 白玉带皮松梅竹三友臂搁
估　价：RMB 100,000~150,000
成交价：RMB 184,000
长16.5cm 江苏汇中 2019-05-11

砚 屏

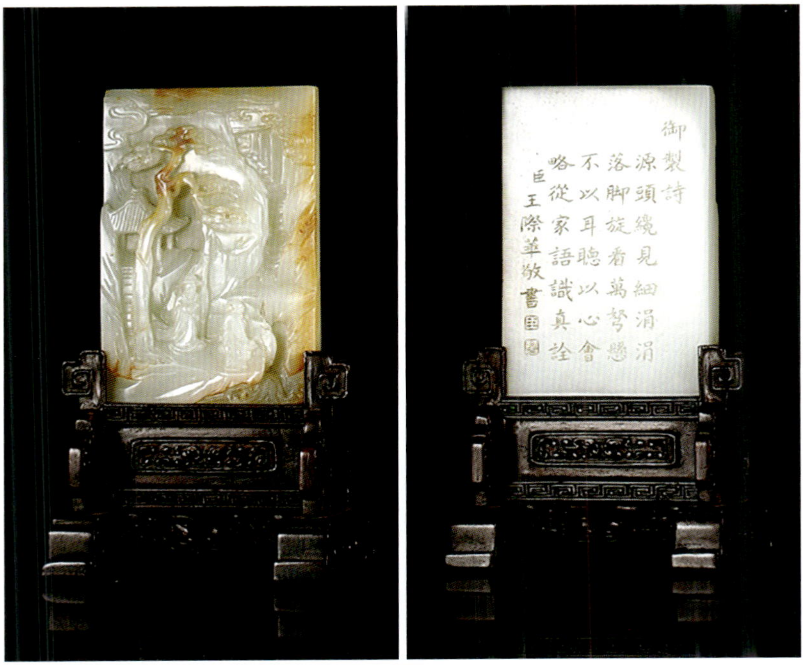

1616 清乾隆 白玉雕御制诗观瀑图砚屏
估 价：RMB 280,000~350,000
成交价：RMB 437,000
高8.8cm 西泠印社 2019-07-06

2036 清乾隆 白玉浅刻王老观太极砚屏
估 价：RMB 35,000~45,000
成交价：RMB 51,750
高12.7cm 北京荣宝 2019-12-01

2077 清乾隆 白玉雕仙山采芝砚屏
估 价：RMB 180,000~250,000
成交价：RMB 207,000
高21.6cm，宽16cm 古天一 2019-06-05

2769 清乾隆 青白玉双面雕戏狮图砚屏
估 价：RMB 450,000~550,000
成交价：RMB 517,500
高22.5cm，宽15cm 中国嘉德 2019-06-02

2035 清乾隆 御制紫檀碧玉云龙纹御制诗文砚屏
估　价：RMB 100,000~200,000
成交价：RMB 517,500
高28cm 北京荣宝 2019-12-01

803 清中期 紫檀玉璜砚屏
估　价：RMB 80,000~150,000
成交价：RMB 115,000
长21cm，宽8cm，高24cm 保利厦门
2019-01-06

1193 清乾隆 白玉御制学诗堂记砚屏（一对）
估　价：RMB 160,000~200,000
成交价：RMB 172,500
高17.8cm×2 华艺国际 2019-08-10

2289 清乾隆 白玉“内府图书”玉别子
成交价：RMB 11,500
长7.5cm 中鸿信 2019-07-16

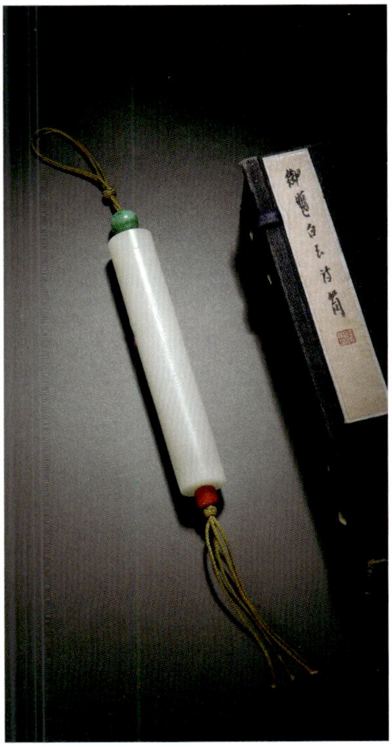

917 清乾隆 白玉刻御制诗筒
估　价：RMB 400,000~500,000
成交价：RMB 460,000
长10.3cm，宽1.7cm 北京诚轩 2019-06-03

1197 汉 玉猪（一对）
估　价：HKD 150,000~200,000
成交价：RMB 151,335
长12cm × 2 中国嘉德 2019-03-31

葬　玉

1196 西汉 白玉带沁蝉
估　价：HKD 50,000~70,000
成交价：RMB 80,712
长6.5cm 中国嘉德 2019-03-31

926 汉 白玉蝉
估　价：HKD 90,000~130,000
成交价：RMB 96,323
长6.3cm 中国嘉德 2019-10-07

655 汉 白玉蝉
估　价：HKD 40,000~60,000
成交价：RMB 42,810
长6cm 中国嘉德 2019-10-07

3172 东汉 青玉握猪
估　价：HKD 40,000~60,000
成交价：RMB 129,600
长10.8cm 佳士得 2019-05-29

3438 汉 黄料蝉
估　价：HKD 15,000~20,000
成交价：RMB 48,094
长4.5cm 香港苏富比 2019-04-03

106 汉 玉握猪
估　价：HKD 200,000~300,000
成交价：RMB 238,140
长11.2cm 邦瀚斯 2019-05-28

1211 汉 玉握猪（一对）
估　价：RMB 40,000~60,000
成交价：RMB 46,000
长12cm × 2 西泠印社 2019-09-22

1452 汉 玉握猪（一对）
估　价：RMB 30,000~60,000
成交价：RMB 57,500
长12cm × 2 西泠印社 2019-07-06

原　石

1112 白玉原石
估　价：RMB 115,000~180,000
成交价：RMB 128,800
长6.2cm，宽2.7cm，高2.2cm，重65.5g
上海联合 2019-06-16

1120 白玉原石
估　价：RMB 560,000~850,000
成交价：RMB 627,200
长19cm，宽16cm，高4.5cm，重2303g
上海联合 2019-06-16

2019玉器拍卖成交汇总

(成交价RMB：1万元以上)

拍品名称	物品尺寸	成交价RMB	拍卖公司	拍卖日期
礼玉				
玉璜				
新石器时代 江淮地区原始文化玛瑙璜	长13.8cm	134,250	佳士得	2019-11-27
新石器时代 良渚文化 玉璜及玉斧（一组三件）	最大长10.7cm	36,288	万昌斯	2019-05-27
西周 白玉“龙”纹璜	长6.8cm	33,178	万昌斯	2019-05-27
西周 黄玉交龙纹璜	10.9cm	961,875	香港苏富比	2019-04-03
西周 玉龙凤纹璜	长10.5cm	356,500	广东崇正	2019-11-27
西周 · 玉雕龙纹璜	长9cm	23,000	西泠印社	2019-07-06
东周/战国 青玉璜	宽9.5cm	87,290	伦敦佳士得	2019-02-14
东周/战国 玉谷纹璜	长12.4cm	256,500	香港苏富比	2019-04-03
春秋 玉“龙”纹璜及玉勒	最大长8cm	72,576	万昌斯	2019-05-27
战国 白玉双龙首璜（一对）	宽8.9cm	117,729	中国嘉德	2019-10-07
战国 黄玉“谷”纹璜	长19.3cm	29,030	万昌斯	2019-05-27
战国 玉龙形璜	长10.7cm	161,000	广东崇正	2019-11-27
汉 玉雕双龙形璜	宽10.7cm	107,026	中国嘉德	2019-10-07
元 黄玉云雷纹璜	长11.5cm	575,000	北京保利	2019-06-06
明 白玉红沁龙纹玉璜	长7.3cm	28,750	北京鸿盛祥	2019-06-04
明 黄玉红沁双龙纹璜	长9.8cm	149,500	北京鸿盛祥	2019-12-04
明 黄玉人龙纹玉璜	长14.6cm	517,500	北京鸿盛祥	2019-06-04
明 玉龙璜（两件）	长10.3cm	149,500	中国嘉德	2019-11-17
明 玉蒲纹璜	长11.6cm	28,750	中国嘉德	2019-11-17
清 白玉雕勾云龙纹璜	长11.5cm	172,500	古天一	2019-06-05
清 玉雕双龙首谷纹璜	长10.5cm	483,000	古天一	2019-06-05
清 玉三连素璜	直径14.5cm	109,250	古天一	2019-06-05
清 玉双孔璜（一对）	直径9.5cm	51,750	古天一	2019-06-05
清 玉双孔素璜	长13.2cm	103,500	古天一	2019-06-05
清代 青白玉双龙首玉璜	长6cm	184,000	古天一	2019-12-03
清代 双兽首勾云纹玉璜	长14.5cm	115,000	古天一	2019-12-03
白玉红沁双龙首璜	长5.9cm	34,500	浙江佳宝	2019-06-23
白玉受沁人龙纹璜	长11.4cm	94,300	浙江佳宝	2019-06-23
仿古龙纹璜	长8cm	46,000	中贸圣佳	2019-12-01
凌家滩文化 玉璜（两件）	直径9cm	46,988	佳士得	2019-11-27
玉琥				
商 青白玉琥	长10.3cm	299,678	香港苏富比	2019-04-03
商 玉虎佩	长3.8cm	45,900	邦瀚斯	2019-05-28
西周 玉虎形饰	长9.3cm	80,156	香港苏富比	2019-04-03
春秋 玉琥（一对）	最大长9.7cm	98,496	万昌斯	2019-05-27
玉璧				
新石器时代 红山文化 黄玉璧及双联璧	最大长7.9cm	114,048	万昌斯	2019-05-27
新石器时代 良渚文化 大玉璧	直径18.2cm	165,888	万昌斯	2019-05-27
新石器时代 玉璧	直径14.6cm	138,000	广东崇正	2019-11-27
新石器时代 玉璧	直径14.5cm	74,750	广东崇正	2019-11-27
新石器时代 玉璧	直径12cm	32,200	广东崇正	2019-11-27
新石器时代 玉璧	直径6.8cm	17,250	广东崇正	2019-11-27
新石器时代 玉璧（一组两件）	直径18cm	65,468	伦敦佳士得	2019-02-14
新石器时代 玉三璜联璧	直径11.5cm	418,139	香港苏富比	2019-05-30
新石器时代黑龙江地区或红山文化 白玉椭圆形璧	长9.5cm	615,313	佳士得	2019-11-27
新石器时代或更晚 小玉璧	直径6cm	106,875	香港苏富比	2019-04-02
良渚文化 青玉璧	直径18.5cm	190,188	佳士得	2019-11-27
龙山文化 青玉牙璧	宽11.6cm	268,500	佳士得	2019-11-27
龙山文化 青玉牙璧	长8.5cm	83,906	佳士得	2019-11-27
龙山文化 玉牙璧	宽12.1cm	615,313	佳士得	2019-11-27
齐家文化 玉璧	直径10.6cm	61,531	佳士得	2019-11-27
文化期 白玉双联璧	宽12cm	60,534	中国嘉德	2019-03-31
文化期 玉璧	直径13cm	10,089	中国嘉德	2019-03-31
文化期玉璧和玉匕形器（共三件）	长11.5cm	141,246	中国嘉德	2019-03-31
春秋 玉雕碳坑沁龙纹璧	直径5.5cm	85,621	中国嘉德	2019-10-07
战国 白玉带红沁“谷”纹璧	直径3.9cm	31,104	万昌斯	2019-05-27
战国 白玉谷纹璧	直径11cm	173,250	广东崇正	2019-11-27
战国 白玉蒲纹璧、白玉环	直径9.2cm；直径2.9cm	97,750	广东崇正	2019-11-27
战国 白玉云龙纹璧、勾云纹玉牌	牌长6.1cm×4.3cm	43,700	广东崇正	2019-11-27
战国 玉浮雕螭纹璧	直径6.1cm	53,513	中国嘉德	2019-10-07
战国 玉谷纹璧	直径4.8cm	58,864	中国嘉德	2019-10-07
战国 · 勾云纹出戟玉璧	外径8cm；内径4cm	34,500	西泠印社	2019-07-05
战国-宋 白玉勾云纹璧、青白玉螭龙璧及墨玉谷纹璧（一组三件）	尺寸不一	11,500	西泠印社	2019-07-05
西汉 银镶玉璧（一组）	直径14cm；直径11.8cm	422,440	华艺国际	2019-11-24
西汉早期 青玉龙凤纹璧	直径21cm	885,500	广东崇正	2019-11-27
汉 白玉带沁“谷”纹璧	直径5cm；厚0.5cm	33,178	万昌斯	2019-05-27
汉 白玉带沁系璧	直径5.8cm；厚0.3cm	62,208	万昌斯	2019-05-27
汉 白玉雕蒲纹玉璧	直径12cm	69,000	西泠印社	2019-07-05
汉 兽面纹玉璧	外径17.7cm	55,200	西泠印社	2019-07-05
汉 玉璧	直径13.5cm	149,336	保利香港	2019-10-07
宋 白玉带沁螭龙纹璧	外径8.2cm；内径2cm	63,250	西泠印社	2019-07-05
宋-明 黄玉红沁圭璧礼天龙纹佩	长9.2cm；宽5.45cm	55,200	浙江佳宝	2019-06-23
元 白玉雕双螭龙玉璧	直径11.2cm	138,000	西泠印社	2019-07-05
元 青白玉高浮雕盘螭璧	宽7.4cm	107,026	中国嘉德	2019-10-07
中国北部或西南 公元前两千纪青玉璧	直径27.3cm	195,508	纽约佳士得	2019-09-13
明 白玉变体凤纹玉璧	直径3.8cm	86,250	北京鸿盛祥	2019-06-04
明 白玉出廓四龙璧	长8cm；宽5.8cm	57,500	北京鸿盛祥	2019-12-04
明 白玉带灰皮“龙”纹出廓璧	长9.4cm；厚0.8cm	77,760	万昌斯	2019-05-27
明 白玉带沁圭璧	玉长16cm；厚1.1cm	51,840	万昌斯	2019-05-27
明 白玉浮雕三螭龙出廓璧	直径9.6cm	138,000	北京鸿盛祥	2019-06-04
明 白玉浮雕双螭谷纹璧	直径8.4cm	92,000	北京鸿盛祥	2019-06-04
明 白玉浮雕双螭椭圆型璧	长9.9cm	172,500	北京鸿盛祥	2019-06-04
明 白玉谷纹璧	直径6.1cm	241,500	北京鸿盛祥	2019-12-04
明 白玉谷纹璧	直径10.1cm	120,750	北京鸿盛祥	2019-06-04
明 白玉谷纹璧	直径7cm	46,000	中国嘉德	2019-06-02
明 白玉红沁龙纹双区璧	直径10.6cm	132,250	北京鸿盛祥	2019-12-04
明 白玉龙纹璧	直径9cm	126,500	北京鸿盛祥	2019-06-04
明 白玉龙纹系璧（一对）	直径3.5cm×2	55,200	中古陶	2019-06-05
明 白玉沁色双螭龙璧	直径5.5cm	25,300	北京鸿盛祥	2019-12-04
明 白玉四夔凤出廓璧	长4.4cm	437,000	北京鸿盛祥	2019-06-04
明 白玉五龙璧	直径13cm；通高21.2cm	299,000	上海明轩	2019-04-28
明 白玉宜子孙出廓璧	高11.5cm；直径8.7cm	575,000	中鸿信	2019-07-17
明 白玉游丝毛雕双区璧	直径7.7cm	103,500	北京鸿盛祥	2019-06-04
明 白玉云纹璧	直径6.5cm	103,500	北京鸿盛祥	2019-06-04
明 红沁出廓双螭玉璧	长3.9cm	28,750	北京鸿盛祥	2019-12-04
明 红沁凸唇玉璧	直径11cm	74,750	北京鸿盛祥	2019-06-04
明 红沁玉璧	直径5.8cm	55,200	北京鸿盛祥	2019-12-04
明 黄玉出廓璧	长10.2cm；厚0.5cm	46,656	万昌斯	2019-05-27

*查看图片请参照凡例4方法

2019玉器拍卖成交汇总

(成交价RMB：1万元以上)

拍品名称	物品尺寸	成交价RMB	拍卖公司	拍卖日期
明 黄玉红沁出廓舞人璧	长5cm	126,500	北京鸿盛祥	2019-12-04
明 黄玉蒲纹璧	直径13.3cm	575,000	中古陶	2019-06-05
明 黄玉天圆地方璧	长4.6cm	253,000	北京鸿盛祥	2019-12-04
明 旧玉雕螭纹璧	直径13.5cm	109,250	中贸圣佳	2019-12-01
明 老玉玛瑙环璧（一组十件）	尺寸不一	11,270	上海嘉禾	2019-09-07
明 沁色玉璧	直径5.4cm	20,700	西泠印社	2019-07-06
明 青白玉双螭谷纹璧	长7.2cm	17,250	中国嘉德	2019-06-02
明 青黄玉璧	直径12.7cm	57,500	中古陶	2019-06-05
明 青玉璧	直径16.5cm	126,500	中古陶	2019-06-05
明 青玉雕蒲纹龙纹璧	直径14.5cm	115,000	北京保利	2019-12-05
明 青玉雕双螭纹璧	直径12cm	23,000	北京保利	2019-12-04
明 青玉谷纹璧	直径11cm	40,250	中古陶	2019-06-05
明 青玉谷纹璧	直径9.2cm	23,000	中国嘉德	2019-03-24
明 玉高浮雕螭龙纹璧带架	玉直径10.5cm	43,700	广东崇正	2019-05-23
明代 白玉八卦璧	直径5.6cm	63,250	古天一	2019-12-03
明代 白玉双龙出廓璧	8.2cm×5.8cm	40,250	古天一	2019-06-05
明或更早 玉琮 玉环及玉璧（一组三件）	直径8.5cm	38,189	伦敦佳士得	2019-02-14
明或清 玉璧（五件）	直径13.8cm	90,972	中国嘉德	2019-10-07
明-清 玉璧及玉环（一组两件）	尺寸不一	11,500	西泠印社	2019-07-06
清-明 白玉凤纹佩 各纹璧及藕头佩（共三件）	尺寸不一	14,950	北京保利	2019-03-26
明末清初 白玉双螭龙出廓璧	长4.8cm	165,394	伦敦佳士得	2019-05-14
清早期 白玉交结四方龙纹璧	直径5.8cm；高0.6cm	40,250	浙江佳宝	2019-06-23
清早期 白玉饕餮纹璧	高15cm	109,250	北京荣宝	2019-12-01
清早期 玉雕龙纹璧	直径7cm	23,000	北京保利	2019-08-25
18世纪 白玉谷纹璧和玉环（各一件）	直径5.7cm	30,267	中国嘉德	2019-03-31
清乾隆 白玉长宜子孙璧	直径7.6cm	460,000	中古陶	2019-06-05
清乾隆 仿古谷纹玉璧 原紫檀御题器座	直径8.2cm	34,500	中鸿信	2019-07-16
清乾隆 黄玉谷纹璧配乾隆御题诗硬木座	直径12.8cm	920,000	北京保利	2019-06-05
清乾隆 造办处紫檀底座玉璧	直径15cm；通高31.5cm	897,000	上海明轩	2019-04-28
清乾隆 紫檀嵌银丝御制诗文镶谷纹黄玉璧"福禄"壁瓶	高36cm	138,000	古天一	2019-06-05
清中期 白玉璧、白玉环、蝠衔古币佩（共三件）	尺寸不一	67,850	北京保利	2019-06-06
清中期 白玉螭龙纹璧	直径5cm	20,700	北京翰海	2019-06-15
清中期 白玉浮雕螭龙纹璧	直径5.7cm	69,000	北京保利	2019-06-06
清中期 白玉教子升天出廓璧	高7.5cm	17,250	北京翰海	2019-06-15
清中期 旧玉夔龙璧	高31cm	172,500	中鸿信	2019-07-17
清中期 旧玉夔龙璧插屏	高23.5cm	86,250	中鸿信	2019-07-17
清 白玉"龙"纹出廓璧	长6.4cm；厚1.2cm	124,416	万昌斯	2019-05-27
清 白玉螭龙璧	长8.5cm	36,800	北京保利	2019-03-26
清 白玉螭龙勾云纹玉璧	直径5.8cm	74,750	中古陶	2019-06-05
清 白玉带沁"龙"纹方形璧	长7.6cm；厚1.9cm	49,766	万昌斯	2019-05-27
清 白玉雕红沁谷纹璧	直径7.8cm	195,500	古天一	2019-06-05
清 白玉雕龙纹璧	长6.1cm；宽5.9cm	29,900	中贸圣佳	2019-08-16
清 白玉鼓钉纹璧	高15cm	36,800	中古陶	2019-06-06
清 白玉交结四方璧	直径5.8cm	43,700	中国嘉德	2019-11-17
清 白玉龙纹璧	直径5.5cm	46,000	北京保利	2019-08-25
清 白玉龙纹璧	直径5.5cm	28,750	北京保利	2019-08-25
清 白玉镂空螭龙璧	直径5.5cm	18,750	广东省拍	2019-06-09

拍品名称	物品尺寸	成交价RMB	拍卖公司	拍卖日期
清 白玉狮子滚绣球璧	直径5.2cm	17,250	北京翰海	2019-06-15
清 白玉双螭龙谷纹璧	直径6.5cm	69,000	北京鸿盛祥	2019-12-04
清 白玉双龙合璧佩	长7cm；宽5.5cm	43,700	浙江佳宝	2019-06-23
清 谷纹小玉璧	直径3.4cm	195,500	古天一	2019-06-05
清 谷纹玉璧	直径4cm	80,500	古天一	2019-06-05
清 黄玉十二生肖璧	直径4.2cm	59,800	浙江佳宝	2019-06-23
清 旧玉螭璧 环（3件）		10,350	北京翰海	2019-03-29
清 蝌蚪纹玉璧	直径4.8cm	126,500	古天一	2019-06-05
清 青白玉螭龙谷纹璧	直径5.8cm	17,250	中国嘉德	2019-03-24
清 青白玉望子成龙璧	直径7.6cm	17,250	中古陶	2019-06-05
清 水晶雕螭龙玉璧钮满文方章	长3cm×1.5cm×5cm	36,800	北京保利	2019-12-05
清 阴刻文字红沁素玉璧	直径7.3cm	69,000	古天一	2019-06-05
清 玉雕螭虎璧	直径6cm	32,200	北京翰海	2019-10-12
清 玉雕蒲纹璧	直径6.8cm	126,500	古天一	2019-06-05
清 玉勾云纹璧	直径18cm	10,350	北京翰海	2019-03-29
清 玉圈 璧（3件）		13,800	北京翰海	2019-03-29
清代 白玉螭龙璧	直径5.8cm	43,700	古天一	2019-12-03
清代 白玉谷纹璧	直径4.6cm	149,500	古天一	2019-12-03
清代 白玉红沁谷纹璧	直径5cm	230,000	古天一	2019-12-03
清代 白玉红沁谷纹璧	直径4.8cm	69,000	古天一	2019-12-03
清代 青白玉谷纹大璧	直径15cm	299,000	古天一	2019-12-03
清代 素玉璧	直径14.5cm	207,000	古天一	2019-12-03
民国 青白玉雕十二章龙纹圭璧	长28.5cm	11,500	北京保利	2019-08-25
19世纪/20世纪 玉浮雕螭龙纹璧		109,086	纽约苏富比	2019-03-23
白玉红沁谷纹璧	高0.54cm；直径6.76cm	41,400	浙江佳宝	2019-06-23
白玉红沁蒲纹璧	直径11.5cm；高0.55cm	51,750	浙江佳宝	2019-06-23
白玉受沁卷云纹四凤出廓璧	长5.74cm；宽5.62cm	43,700	浙江佳宝	2019-06-23
黄玉双龙璧	长5.5cm	20,700	北京保利	2019-03-26
青玉红沁蒲纹璧	直径6.7cm；高0.46cm	17,250	浙江佳宝	2019-06-23
玉琮、玉璧（四件一组）	尺寸不一	13,800	北京保利	2019-11-22
玉琮				
新石器时代 良渚文化 神人兽面纹玉琮	宽8.5cm	1,620,540	邦瀚斯	2019-05-28
新石器时代 良渚文化兽面纹玉琮	高10cm	8,255,025	香港苏富比	2019-04-02
新石器时代 玉琮	高3.3cm；宽3.5cm	126,500	广东崇正	2019-11-27
良渚文化 碧玉四层兽面纹琮	高11.4cm	2,125,625	佳士得	2019-11-27
良渚文化 青玉琮（残件）	高5.5cm	246,125	佳士得	2019-11-27
良渚文化 三层人神兽面纹玉琮	高7.8cm	28,035,875	佳士得	2019-11-27
良渚文化 神人兽面纹玉琮式管	高3.8cm	469,875	佳士得	2019-11-27
文化期 青黄玉灰皮红沁兽面纹琮	宽7.5cm	181,602	中国嘉德	2019-03-31
文化期 玉雕兽面神人纹三节琮	高9cm	642,156	中国嘉德	2019-10-07
商 白玉灰皮琮	宽4.6cm	45,401	中国嘉德	2019-03-31
西周 玉琮	宽4.6cm	53,513	中国嘉德	2019-10-07
宋 白玉带沁琮	高6.8cm	82,944	万昌斯	2019-05-27
元 黄玉刻罗汉图八方琮式器	高7.2cm；长10cm	97,750	中贸圣佳	2019-11-30
明 白玉红沁琮	高10.3cm	517,500	北京鸿盛祥	2019-12-04
明 白玉红沁琮	长4.6cm	161,000	北京鸿盛祥	2019-06-04

拍品名称	物品尺寸	成交价RMB	拍卖公司	拍卖日期
明 白玉沁色龙纹八卦图琮	长5.6cm；高4.7cm	92,000	北京鸿盛祥	2019-12-04
明 白玉沁色弦纹琮	长10cm；高5.2cm	69,000	北京鸿盛祥	2019-12-04
明 白玉云龙纹琮	长5.9cm；高8.3cm	281,750	北京鸿盛祥	2019-12-04
明 白玉柱型玉琮	直径6.5cm	287,500	北京鸿盛祥	2019-06-04
明 方形玉琮	直径7.5cm；高14.2cm	517,500	中贸圣佳	2019-06-07
明 黑沁玉琮	长6.3cm	195,500	北京鸿盛祥	2019-06-04
明 红沁玉琮	长5.8cm	80,500	北京鸿盛祥	2019-06-04
明 黄玉琮	长4cm	86,250	北京鸿盛祥	2019-06-04
明 黄玉琮式勒	长2.4cm	184,000	北京鸿盛祥	2019-12-04
明 黄玉红沁琮	长5.6cm；高3.5cm	437,000	北京鸿盛祥	2019-12-04
明 黄玉沁色琮	长9.5cm；高3.2cm	40,250	北京鸿盛祥	2019-12-04
明 黄玉沁色玉琮	长5.4cm；高2.8cm	195,500	中贸圣佳	2019-08-16
明 旧玉琮式勒子	长2.5cm	74,750	中国嘉德	2019-06-02
明 旧玉雕兽面纹琮	宽10.5cm	34,500	北京保利	2019-12-04
明 沁色浮雕饕餮纹玉琮	长10.8cm；高9cm	36,800	北京鸿盛祥	2019-12-04
明 青黄玉红沁琮	长5.4cm	103,500	北京鸿盛祥	2019-06-04
明 青玉琮式勒子	尺寸不一	25,300	中古陶	2019-06-05
明 兽面纹玉琮勒	长3.9cm	48,300	北京鸿盛祥	2019-12-04
明 玉琮	高11.8cm	55,200	西泠印社	2019-07-06
明 玉琮	高3.5cm	51,750	西泠印社	2019-07-06
明 圆形玉琮	直径8.2cm；高4.1cm	149,500	中贸圣佳	2019-06-07
明/清 灰青玉琮	宽9.8cm	251,735	纽约佳士得	2019-03-21
清乾隆 旧玉琮	高11.5cm	19,550	中鸿信	2019-07-17
清 玉雕红沁琮	高3.5cm；6.2cm × 6.2cm	402,500	古天一	2019-06-05
清代 白玉红沁三节连星玉琮	高7cm	94,300	古天一	2019-12-03
清代 红沁大玉琮	高5cm；8.5cm × 8.5cm	5,520,000	古天一	2019-12-03
清代 红沁大玉琮	高5.6cm；9.3cm × 9.3cm	1,782,500	古天一	2019-12-03
清代 黄玉琮	高2.6cm；4cm × 4cm	126,500	古天一	2019-12-03
清代 玉雕红沁琮式勒子 红沁勒子项串	高3.8cm	517,500	古天一	2019-12-03
红沁琮式玉勒	宽1.3cm；高2.86cm	28,750	浙江佳宝	2019-06-23
御贡——吴大澄藏古驵琮	尺寸不一	8,970,000	西泠印社	2019-07-06
玉圭				
新石器时代 玉圭	长18cm	52,900	广东崇正	2019-11-27
新石器时代 玉圭	长14.3cm；宽6.2cm	32,200	广东崇正	2019-11-27
龙山文化 玉圭	长22.9mcm	391,563	佳士得	2019-11-27
文化期 玉圭	高20.6cm	34,248	中国嘉德	2019-10-07
文化期 玉圭	长29.5cm	32,285	中国嘉德	2019-03-31
商晚期 青玉槽纹圭	长29cm	108,540	邦瀚斯	2019-05-28
明 白玉正面十二章纹背礼乐志圭	高19.2cm	253,000	中鸿信	2019-07-17
明或更早 玉圭	长15.8cm	218,500	华艺国际	2019-08-10
明或更早 玉圭	长18.5cm	63,250	华艺国际	2019-08-10
清乾隆 白玉仿古御制诗文圭	长47cm	172,500	中鸿信	2019-07-16
清代 红玉圭	长15.8cm	230,000	古天一	2019-12-03
玉璋				
新石器时代 或龙山文化 黑褐色玉璋	长32.9cm	151,740	邦瀚斯	2019-05-28
文化期 玉牙璋	长52.5cm	492,320	中国嘉德	2019-10-07
文化期 玉璋	长38.8cm	30,257	中国嘉德	2019-03-31
明或更早 玉璋	长14.5cm	356,500	华艺国际	2019-08-10
玉册				
清乾隆 御题“绥边经制”青白玉册	玉14cm × 7cm 册19.5cm × 11.5cm	1,840,000	保利厦门	2019-01-06
清 碧玉心经册页	长23cm	25,300	北京保利	2019-03-26
白玉马、黄玉牛、耕织册、盒（一组）	尺寸不一	11,500	北京保利	2019-11-22
玉刀				
新石器时代 江淮地区原始文化石刀	长21.5cm	16,781	佳士得	2019-11-27
新石器时代 可能为大汶口文化玉刀（两件）	长35.8cm	89,500	佳士得	2019-11-27
新石器时代 玉刀	长34.6cm	167,313	佳士得	2019-11-27
龙山文化 墨玉三孔刀	长33.2cm	447,500	佳士得	2019-11-27
龙山文化 墨玉三孔刀	长50.8cm	335,525	佳士得	2019-11-27
汉 陈仙洲旧藏玉刀	长51cm	552,000	西泠印社	2019-07-06
明末清初 黄玉龙凤纹刀	长18.5cm	172,500	古天一	2019-12-03
17-18世纪 白玉马首文具刀	长28.2cm	690,000	北京保利	2019-12-05
玉戈				
商 玉雕双连戈	高6.9cm	40,670	中国嘉德	2019-10-07
商 玉戈	长20.3cm	311,194	纽约佳士得	2019-09-13
商 玉戈	23cm	961,375	香港苏富比	2019-04-03
商/西周 玉双联戈佩		109,086	纽约苏富比	2019-03-19
玉钺				
新石器时代 青玉钺	长19cm	35,800	佳士得	2019-11-27
新石器时代 玉钺	长12.3cm；宽9cm	120,750	广东崇正	2019-11-27
新石器时代 玉钺	长12.6cm；宽6.8cm	115,000	广东崇正	2019-11-27
良渚文化 玉钺	长17cm	61,531	佳士得	2019-11-27
龙山文化 青玉钺	长20.6cm	469,375	佳士得	2019-11-27
龙山文化 玉钺	长13.9cm	391,563	佳士得	2019-11-27
齐家文化 玉钺	长13cm	391,563	佳士得	2019-11-27
文化期 玉钺	高19cm	22,196	中国嘉德	2019-03-31
商 青玉戚	15.3cm	534,375	香港苏富比	2019-04-08
玉斧				
新石器时代 良渚文化 玉斧	长14.2cm；厚0.9cm	103,680	万昌斯	2019-05-27
新石器时代 青玉斧	长28.8cm	72,719	佳士得	2019-11-27
新石器时代 玉斧（一组两件）	长18cm	45,327	伦敦佳士得	2019-02-14
新石器时代 玉斧（一组三件）	长16cm	38,189	伦敦佳士得	2019-02-14
文化期 玉斧	长14cm	40,356	中国嘉德	2019-03-31
商 玉斧	长25.4cm；宽7cm	97,750	西泠印社	2019-07-05
明 旧玉雕卷涡纹斧	长18.5cm	34,500	北京保利	2019-12-04
玉剑首				
春秋 玉勾云纹剑柄	长8.8cm	101,675	中国嘉德	2019-10-07
西汉 白玉花卉谷纹剑首	2cm × 5.5cm	117,563	香港苏富比	2019-04-03
春秋 · 玉雕谷纹剑首	直径4.6cm	12,550	西泠印社	2019-04-14
玉剑格				
汉 白玉“高浮雕”“龙”纹剑格	长6.1cm	196,992	万昌斯	2019-05-27
汉 白玉螭龙纹剑格	长6cm	25,300	西泠印社	2019-09-22

2019玉器拍卖成交汇总

（成交价RMB：1万元以上）

拍品名称	物品尺寸	成交价RMB	拍卖公司	拍卖日期
明 穿戏螭龙纹玉剑格	长5.5cm；宽2.2cm	80,500	北京鸿盛祥	2019-12-04
玉剑璏				
春秋 玉雕卷云纹剑璏	长11.5cm	18,400	西泠印社	2019-09-22
西汉 玉螭龙纹剑璏	长8cm	171,000	香港苏富比	2019-04-03
汉 白玉雕兽面纹剑璏	长4.8cm；宽2cm	14,950	西泠印社	2019-07-06
汉 白玉雕双螭纹剑璏	长10.2cm	345,000	西泠印社	2019-07-06
汉 白玉浮雕螭龙纹剑璏	长5.5cm；宽2.8cm	51,750	西泠印社	2019-07-06
汉 青白玉雕蒲纹剑璏及蒲纹玉璧（一组两件）	尺寸不一	11,500	西泠印社	2019-07-06
明 白玉谷纹剑璏	长7cm	103,500	北京保利	2019-12-05
明 黄玉出廓浮雕三螭龙剑璏	长8.3cm	138,000	北京鸿盛祥	2019-12-04
明 玉螭纹剑璏	长8.5cm	25,300	北京保利	2019-12-05
明 玉剑璏	长6.8cm	23,000	北京保利	2019-12-05
清代 白玉螭龙熊纹剑璏	长10.5cm	379,500	古天一	2019-12-03
清代 白玉出廓螭龙剑璏	长6.8cm	138,000	古天一	2019-12-03
清代 白玉高浮雕螭龙剑璏	长9cm	184,000	古天一	2019-12-03
玉剑珌				
东周 玉兽面纹剑珌	长5.6cm	106,875	香港苏富比	2019-04-02
战国 白玉带灰皮“龙”“虎”“兔”纹剑珌	长5.2cm	673,920	万昌斯	2019-05-27
西汉 青玉沁色丁字纹剑珌	宽8cm	184,140	邦瀚斯	2019-05-28
汉 沁色玉雕双螭纹剑珌	长5.6cm	172,500	西泠印社	2019-07-06
明 白玉红沁兽面纹剑珌	长5.4cm；高4.1cm	80,500	北京鸿盛祥	2019-12-04
明 玉剑珌（一组四件）	11.5cm；9.7cm；9.2cm；长8.5cm	78,200	中国嘉德	2019-11-17
清代 白玉螭龙剑珌	长5.5cm	112,700	古天一	2019-12-03
玉剑璲				
东汉 白玉带红沁“龙”纹剑璲	长5.2cm	331,776	万昌斯	2019-05-27
汉 白玉“高浮雕”“螭龙”纹出廓剑璲	长7.7cm	186,624	万昌斯	2019-05-27
明 黄玉留皮螭龙纹文带	长8.6cm	132,250	北京鸿盛祥	2019-06-04
明 黄玉攀附双螭龙文带	长12.8cm	115,000	北京鸿盛祥	2019-12-04
玉虎符				
其他玉刀剑饰				
西周至汉代 玉配饰、玉剑饰、玉带钩（一组四件）	尺寸不一	23,000	广东崇正	2019-11-27
汉 玉雕剑饰（一套）	最长处7.2cm	1,658,903	中国嘉德	2019-10-07
明 青白玉雕螭龙纹剑饰	长12cm	23,000	北京保利	2019-12-05
清代 青白玉饕餮纹剑饰	高5cm	207,000	古天一	2019-12-03
佩饰件				
玉玦				
新石器时代 红山文化 黄玉带灰皮玦	直径4cm；厚1.2cm	103,680	万昌斯	2019-05-27
新石器时代 红山文化 黄玉带灰皮玦	长3.4cm；厚1.3cm	49,766	万昌斯	2019-05-27
新石器时代 红山文化 黄玉柱形玦	高4.4cm	88,128	万昌斯	2019-05-27
新石器时代 良渚文化 “五彩沁”玉玦	直径6.6cm；厚0.5cm	57,024	万昌斯	2019-05-27
新石器时代 青玉玦	长4.8cm	138,938	香港苏富比	2019-04-03
文化期 龙纹玉玦	高3.5cm	107,026	中国嘉德	2019-10-07
文化期 玉玦	宽3.6cm	802,695	中国嘉德	2019-10-07
文化期 玉玦	直径2.5cm	48,162	中国嘉德	2019-10-07
文化期 玉玦	直径3.4cm	20,178	中国嘉德	2019-03-31
商–清 玉玦及白玉手镯（一组两件）	尺寸不一	13,800	西泠印社	2019-09-22

拍品名称	物品尺寸	成交价RMB	拍卖公司	拍卖日期
西周 白玉“双面工”“龙”纹玦（一对）	最大直径3.7cm；厚0.3cm	39,398	万昌斯	2019-05-27
西周 白玉红沁玦	直径4.2cm	141,246	中国嘉德	2019-03-31
西周 青白玉龙纹玦	直径4.6cm	90,801	中国嘉德	2019-03-31
西周 玉勾云纹玦、玉龙纹玦	直径6.5cm；直径5cm	63,250	广东崇正	2019-11-27
战国 白玉兽面纹玦形勒（一对）	高2.5cm	26,757	中国嘉德	2019-10-07
明 白玉黑沁龙纹玉玦（一对）	高2.2cm	92,000	北京鸿盛祥	2019-06-04
明 白玉水银沁玦	直径3.8cm	36,800	北京鸿盛祥	2019-12-04
明 红沁玉玦	直径3cm	46,000	北京鸿盛祥	2019-12-04
明 黄玉玦	直径3.6cm	126,500	北京鸿盛祥	2019-12-04
明 黄玉玦	直径3.3cm	51,750	北京鸿盛祥	2019-12-04
明 黄玉玦	直径3.9cm	46,000	北京鸿盛祥	2019-06-04
明 黄玉玦	直径3.6cm	46,000	北京鸿盛祥	2019-12-04
明 黄玉玦	直径2.9cm；长1.6cm	11,500	北京鸿盛祥	2019-12-04
明 青黄玉玦	直径4.1cm	103,500	北京鸿盛祥	2019-06-04
明 玉玦	直径3cm	46,000	北京鸿盛祥	2019-12-04
明 玉玦一对	直径3.1cm	97,750	北京鸿盛祥	2019-12-04
清 黄玉玦	直径6cm	80,500	古天一	2019-06-05
清代 红沁夔龙纹玉玦	高3cm	80,500	古天一	2019-12-03
清代 黄玉龙纹玉玦	直径3cm	97,750	古天一	2019-12-03
清代 青白玉素玦 素勒子（二件）	高3cm；高3.3cm	57,500	古天一	2019-12-03
清代 玉雕环形玦	直径6.5cm	29,900	古天一	2019-12-03
白玉包金扣铜绿沁玦	直径3cm；高0.72cm	17,250	浙江佳宝	2019-06-23
玉璇玑				
文化期 黄玉璇玑	宽5.3cm	32,108	中国嘉德	2019-10-07
商 白玉三联璇玑	最大长10.4cm；厚0.6cm	67,392	万昌斯	2019-05-27
商早期・玉璇玑	长11.3cm；宽9.5cm	195,500	西泠印社	2019-07-06
明 白玉璇玑	直径12.3cm	184,000	中古陶	2019-06-05
玉环、玉瑗				
良渚文化 玉兽面纹环	直径9.6cm	2,125,625	佳士得	2019-11-27
良渚文化早期 光素玉环	直径11.9cm	167,813	佳士得	2019-11-27
齐家文化 玉环	直径11.2cm	95,094	佳士得	2019-11-27
齐家文化 玉三连环	直径10cm	55,938	佳士得	2019-11-27
文化期 白玉红沁环	直径9cm	53,513	中国嘉德	2019-10-07
西周 黄玉素环	直径12cm	42,810	中国嘉德	2019-10-07
春秋战国 玉兽面纹环	直径11cm	23,000	广东崇正	2019-11-27
春秋–战国・白玉雕龙纹活环节佩	长6.2cm；宽4.5cm	207,000	西泠印社	2019-07-06
战国 白玉带红沁“谷”纹环	直径4.4cm；厚0.5cm	31,104	万昌斯	2019-05-27
战国 白玉带沁“谷”纹瑗	直径9.5cm；厚0.6cm	311,040	万昌斯	2019-05-27
战国 勾连云纹玉环、谷纹环	直径8.7cm；直径5.9cm	29,900	广东崇正	2019-11-27
战国 黄玉带灰皮“龙”“熊”纹瑗	直径9.8cm；厚0.3cm	1,244,160	万昌斯	2019-05-27
战国 玉雕三才环	直径8.5cm	21,405	中国嘉德	2019-10-07
战国 玉谷纹环	直径9cm	49,450	广东崇正	2019-11-27
汉 白玉弦纹玉环	高1.5cm；外径6cm；内径4.4cm	17,250	西泠印社	2019-07-06
汉 黑沁云纹玉勒及白玉绞丝环（一组两件）	尺寸不一	12,650	西泠印社	2019-09-22

拍品名称	物品尺寸	成交价RMB	拍卖公司	拍卖日期
汉 三蒲纹环	直径7.6cm	69,567	中国嘉德	2019-10-07
汉 三咬尾龙环	宽3.5cm	342,483	中国嘉德	2019-10-07
汉代 白玉龙纹环	直径4.5cm	120,750	广东崇正	2019-11-27
唐/宋 玉镂雕牡丹环	宽5.7cm	64,216	中国嘉德	2019-10-07
宋 白玉红沁高浮雕风云际会环	直径5.04cm；高1.58cm	80,500	浙江佳宝	2019-06-23
宋 水晶海棠形三连环	长12.58cm；宽6.2cm	212,750	浙江佳宝	2019-06-23
宋或更早 白玉带沁"五岳图"瑗	直径10.5cm；厚0.9cm	196,992	万昌斯	2019-05-27
辽 白玉蹀躞带环	长3.93cm；宽2.76cm	17,250	浙江佳宝	2019-06-23
元 白水晶环、绿琉璃兔各一	直径3.9cm；长3.4cm	34,500	中国嘉德	2019-06-02
元 白玉龟鹤祥云纹带环	长3.7cm	69,000	北京保利	2019-06-06
民国 黄玉题字环	直径4.6cm	24,208	香港苏富比	2019-05-30
明 白玉"浅浮雕""兽面"纹环	直径5.5cm；厚1cm	88,128	万昌斯	2019-05-27
明 白玉谷纹环	直径5.1cm	97,750	北京鸿盛祥	2019-12-04
明 白玉谷纹环	直径6.9cm	71,300	北京鸿盛祥	2019-12-04
明 白玉红沁浮雕螭龙纹环	外径5.8cm；内径2.4cm	36,800	西泠印社	2019-07-06
明 白玉红沁云雷纹环	直径6.5cm	506,000	北京鸿盛祥	2019-12-04
明 白玉红沁云纹环	直径4.4cm	51,750	北京鸿盛祥	2019-12-04
明 白玉环	直径8.7cm	51,750	中古陶	2019-06-05
明 白玉绞丝纹铺首环	直径10.3cm	74,750	北京鸿盛祥	2019-06-04
明 白玉留皮沁色咬尾龙环	长5cm	287,500	北京鸿盛祥	2019-06-04
明 白玉纽丝环	直径5.4cm	55,200	北京鸿盛祥	2019-12-04
明 白玉纽丝环	直径4.5cm	34,500	北京鸿盛祥	2019-12-04
明 白玉衔尾龙纹环	直径4.4cm	92,000	北京鸿盛祥	2019-06-04
明 红沁谷纹环	直径6.3cm	126,500	北京鸿盛祥	2019-12-04
明 红沁素面玉环	直径6.2cm	82,800	北京鸿盛祥	2019-06-04
明 黄玉谷纹环	直径5.1cm	402,500	北京鸿盛祥	2019-06-04
明 黄玉环	直径9.5cm	155,250	北京鸿盛祥	2019-12-04
明 黄玉环	直径8.1cm	112,700	北京鸿盛祥	2019-12-04
明 黄玉环	直径6.7cm；4.7cm	101,200	北京鸿盛祥	2019-12-04
明 旧玉环	直径7.6cm	402,500	北京保利	2019-12-05
明 沁色玉雕环形龙	直径4.5cm	25,300	西泠印社	2019-07-06
明 玉螭龙环、玉回纹环（一组两件）	直径2.9cm；直径5.5cm	34,500	中国嘉德	2019-06-02
明 战国红玛瑙环	直径7.1cm	212,750	北京鸿盛祥	2019-12-04
清乾隆 白玉浮雕环	直径3.8cm	287,500	中贸圣佳	2019-06-07
清乾隆 白玉留皮雕双螭纹环	直径5.4cm	195,500	中贸圣佳	2019-06-07
清中期 白玉痕都斯坦风格白玉绞丝环	长8.9cm	23,000	北京保利	2019-12-05
清中期 白玉龙凤纹环	直径6cm	11,500	北京翰海	2019-06-15
清中期 白玉龙纹环	直径5.8cm	57,500	北京保利	2019-06-23
清中期 白玉龙纹环、兽钮印两件（共三件）	直径3.6cm；高5.7cm；高2.8cm	126,500	北京保利	2019-06-06
清中期 黄玉龙凤纹环	直径6.5cm	11,500	北京翰海	2019-06-15
清中期 黄玉龙纹环	直径6.5cm	13,800	北京翰海	2019-06-15
清中期 黄玉窃曲纹环	直径6.3cm	32,200	北京翰海	2019-06-15
清中期 六舟款白玉瑗	直径4.4cm	71,300	中国嘉德	2019-06-03
清中期 玉龙形环	直径7cm	23,000	北京翰海	2019-06-15
清 白玉"万寿无疆"环	直径5.8cm	17,250	中古陶	2019-06-05
清 白玉雕螭龙环、龙凤纹佩（共两件）	长8.2cm；直径5.8cm	126,500	北京保利	2019-06-06
清 白玉雕螭龙纹袈裟环	外径5.6cm；内径3.6cm	126,500	西泠印社	2019-07-06

拍品名称	物品尺寸	成交价RMB	拍卖公司	拍卖日期
清 白玉雕红沁谷纹环	直径6cm	230,000	古天一	2019-06-05
清 白玉雕黄沁谷纹环	直径5cm	109,250	古天一	2019-06-05
清 白玉红沁三才环	直径6.2cm	125,500	古天一	2019-06-05
清 白玉活环小花觚	高7cm	36,800	古天一	2019-06-05
清 白玉诗文环	外径5cm；内径3.7cm	20,700	西泠印社	2019-09-22
清 白玉双螭龙环	直径4.3cm	55,200	北京鸿盛祥	2019-06-04
清 白玉同心环	直径6cm	57,500	中国嘉德	2019-11-17
清 红沁勾云纹玉环	直径3.6cm	368,000	古天一	2019-06-05
清 玛瑙包伏纹活环鼻烟壶	高8cm	39,[illegible]00	北京荣宝	2019-12-0[illegible]
清 青玉环	直径5cm	43,700	古天一	2019-06-05
清 玉雕双螭环	长8cm	16,100	北京翰海	2019-03-29
清 玉凤纹环	直径7.5cm	13,300	北京翰海	2019-06-15
清 玉环	直径8cm	11,500	北京翰海	2019-10-12
清 玉环	直径10.6cm	172,500	古天一	2019-06-05
清 玉环墨	长11cm	17,250	北京翰海	2019-10-12
清 玉龙环	宽6.2cm	40,250	中国嘉德	2019-11-17
清代 白玉雕龙纹出戟环	直径9cm	483,000	古天一	2019-12-03
清代 白玉仿古活环鸮纹杯	高10cm	109,250	古天一	2019-12-03
清代 白玉红沁勾云纹环	直径6cm	379,500	古天一	2019-12-03
清代 红沁素玉环	直径5.3cm	23,000	古天一	2019-12-03
清代 红沁玉环	直径8.5cm	25,300	古天一	2019-12-03
清代 有领玉环	直径9.6cm	92,000	古天一	2019-12-03
清代 玉雕谷纹环	直径7.8cm	2[illegible]8,500	古天一	2019-12-03
清代 玉雕绞丝环	直径5.5cm	172,500	古天一	2019-12-03
19世纪/20世纪 玉透雕螭龙团寿纹环		21,817	纽约苏富比	2019-03-23
白玉红沁绞丝环	直径4.7cm	17,250	浙江佳宝	2019-06-23
冰糖玛瑙环（一组二十七件）	尺寸不一	46,000	浙江佳宝	2019-06-23
黄玉受沁螭龙纹环	长6.2cm；宽5.4cm	69,000	浙江佳宝	2019-06-23
清 玉环	直径8.5cm	13,800	北京翰海	2019-03-29
玉管、玉勒				
新石器时代 玉蚕蛹、玉管	长3.5cm；高4.1cm	13,800	广东崇正	2019-11-27
文化期 白玉勒（九件）	长4.5cm	80,712	中国嘉德	2019-03-31
文化期 玉勒	宽2.4cm	74,918	中国嘉德	2019-10-07
文化期 玉勒（两件）	高5.3cm	22,196	中国嘉德	2019-03-31
文化期 玉人面纹双层勒	高3.6cm	246,160	中国嘉德	2019-10-07
商 白玉带灰皮"蚕"纹勒	长3.3cm	134,784	万昌斯	2019-05-27
商 碧玉蝉纹勒	长5.6cm	32,108	中国嘉德	2019-10-07
商 黄玉"兔"纹勒	长3.7cm；厚0.9cm	362,880	万昌斯	2019-05-27
商 玉勒子	高4.8cm	35,622	中国嘉德	2019-10-07
西周 白玉束形勒	高5.8cm	30,712	中国嘉德	2019-03-31
西周 玉勒（两件）	宽2.4cm	40,356	中国嘉德	2019-03-31
春秋"元宝"纹玉勒（一对）	最大长2.3cm；厚2.2cm	57,392	万昌斯	2019-05-27
春秋 白玉龙纹管	长8.3cm	35,62	中国嘉德	2019-10-07
春秋 青玉勾连纹勒子	长6.2cm	32,108	中国嘉德	2019-10-07
春秋 玉螭纹勒子（一对）	高2.5cm	90,972	中国嘉德	2019-10-07
春秋 玉勾云纹勒子	长8.7cm	80,270	中国嘉德	2019-10-07
春秋·云纹玉勒	高3.5cm	40,250	西泠印社	2019-07-06
春秋战国 白玉龙兽纹管	高3.5cm	109,250	广东崇正	2019-11-27
战国 白玉带灰皮"谷"纹勒	长5.3cm	103,680	万昌斯	2019-05-27
战国 勾云纹玉勒、玉勒	高6.1cm	17,250	广东崇正	2019-11-27
战国 玉兽面纹剑、玉勾连云纹勒、玉龙形佩（一组三件）	长21.5cm；8cm；17cm	82,800	广东崇正	2019-11-27
西汉 青白玉谷纹勒子	高5cm	74,813	香港苏富比	2019-04-03

2019玉器拍卖成交汇总

(成交价RMB：1万元以上)

拍品名称	物品尺寸	成交价RMB	拍卖公司	拍卖日期
汉 蚕形玉勒及兽纹玉勒（一组四件）	尺寸不一	20,700	西泠印社	2019-07-06
汉代 玉螭龙纹勒	长5cm；6.8cm	94,300	广东崇正	2019-11-27
宋 白玉带沁“龙”纹勒	长4.4cm	196,992	万昌斯	2019-05-27
宋 白玉红沁云纹勒子	长3cm；直径2.8cm	13,800	西泠印社	2019-07-06
宋 白玉红沁云纹勒子	长3cm；直径1.6cm	11,500	西泠印社	2019-09-22
宋 白玉弥勒佛	长6.1cm	93,312	万昌斯	2019-05-27
宋 兽面纹玉勒	长6.2cm	28,750	西泠印社	2019-07-06
宋 玉勒	高5.1cm	20,700	西泠印社	2019-07-06
元 玉虎勒子	长3cm	34,500	保利厦门	2019-08-04
明早期 老玉方勒子（八件）	尺寸不一	28,750	上海嘉禾	2019-09-07
明早期 老玉勒子（五件）	尺寸不一	57,500	上海嘉禾	2019-09-07
明 白玉带沁云纹勒串	长4.3cm	253,000	北京保利	2019-12-05
明 白玉浮雕螭龙纹玉勒	长6.7cm	69,000	北京鸿盛祥	2019-06-04
明 白玉勾连云纹勒	长4.5cm	86,250	北京鸿盛祥	2019-06-04
明 白玉谷纹玉勒	长3cm	80,500	北京鸿盛祥	2019-06-04
明 白玉红沁喇叭形玉勒	长8.5cm	172,500	北京鸿盛祥	2019-06-04
明 白玉红沁三棱玉勒	长6cm	126,500	北京鸿盛祥	2019-06-04
明 白玉龙纹勒	长7.5cm	155,250	北京鸿盛祥	2019-06-04
明 白玉龙纹束腰方勒	长8.2cm	149,500	北京鸿盛祥	2019-12-04
明 白玉窃曲纹鼓形珠勒	直径2.6cm	74,750	北京鸿盛祥	2019-06-04
明 白玉沁色龙纹勒	长4.9cm	517,500	北京鸿盛祥	2019-12-04
明 勾云纹玉勒	长4.5cm	12,650	西泠印社	2019-04-14
明 红沁多棱云纹玉勒	长5.5cm	86,250	北京鸿盛祥	2019-06-04
明 红沁黄玉勒	直径2.8cm	276,000	北京鸿盛祥	2019-06-04
明 红沁玉勒	长6.3cm	40,250	北京鸿盛祥	2019-12-04
明 红沁玉勒	长3.7cm	25,300	北京鸿盛祥	2019-06-04
明 红沁玉勒	长6.5cm	25,300	北京鸿盛祥	2019-12-04
明 黄玉浮雕蝉纹多棱型勒	直径3.5cm；高4.6cm	483,000	北京鸿盛祥	2019-12-04
明 黄玉鼓形勒	长3.6cm	71,300	北京鸿盛祥	2019-12-04
明 黄玉红沁束腰弦纹勒	长6.3cm	74,750	北京鸿盛祥	2019-12-04
明 黄玉勒	长7.3cm	71,300	北京鸿盛祥	2019-12-04
明 黄玉勒	长4.8cm	69,000	北京鸿盛祥	2019-06-04
明 黄玉勒	长6.1cm	46,000	北京鸿盛祥	2019-12-04
明 黄玉龙纹勒子	长4.7cm	57,500	中贸圣佳	2019-06-07
明 黄玉沁色勾连云纹勒	长5.1cm	109,250	北京鸿盛祥	2019-12-04
明 黄玉沁色龙纹勒	长4.9cm	132,250	北京鸿盛祥	2019-12-04
明 黄玉素勒	长6cm	46,000	北京鸿盛祥	2019-06-04
明 黄玉弦纹喇叭形勒	长7.4cm	161,000	北京鸿盛祥	2019-06-04
明 水银沁玉勒	长4cm	36,800	北京鸿盛祥	2019-06-04
明 玉雕螭龙纹勒	长3.8cm	40,356	中国嘉德	2019-03-31
明玉雕瑞兽、凤纹勒子（共两件）	长6cm；长4.5cm	10,350	北京保利	2019-03-26
明 玉鼓珠型勒（一对）	长2.4cm	89,700	北京鸿盛祥	2019-12-04
明 玉三棱形勒	长6cm	55,200	北京鸿盛祥	2019-06-04
明 玉兽面勒子手钏	尺寸不一	172,500	北京鸿盛祥	2019-06-04
明 云纹玉勒	高2.9cm	230,000	北京鸿盛祥	2019-06-04
清早期 南红玛瑙鸿运当头弥勒	高8cm	115,000	北京保利	2019-06-06
清雍正 御制玛瑙云鹤纹勒子	高4.3cm	322,000	北京荣宝	2019-12-01
18世纪 白玉阴刻波罗蜜多心经勒子	高5.8cm	374,591	中国嘉德	2019-10-07
清 白玉雕经文勒子	长4.9cm	17,250	西泠印社	2019-09-22
清 白玉翎管	长7.4cm	13,800	中古陶	2019-06-05
清 白玉翎管（两件）	长7.2cm；长7.6cm	86,250	中国嘉德	2019-06-02
清 白玉洒金皮翎管	长7.3cm	115,000	北京鸿盛祥	2019-12-04
清 白玉洒金皮翎管	长7cm	82,800	北京鸿盛祥	2019-06-04
清 白玉喜鹊牡丹纹方形勒	长6.4cm；宽1.88cm；高1.1cm	40,250	浙江佳宝	2019-06-23
清 白玉阴刻罗汉礼佛图诗文勒	长6.2cm；直径1.6cm	36,800	西泠印社	2019-07-06
清 白玉御题诗文勒子	高5.7cm	40,250	中鸿信	2019-07-17
清 兽面纹玉勒子	高3cm；高1.5cm	460,000	古天一	2019-06-05
清 玉雕兽面纹勒子	高3.2cm	483,000	古天一	2019-06-05
清 玉勾云纹扁方勒（一对）	长7.5cm	86,250	古天一	2019-06-05
清 玉红沁勒子	长4cm	94,300	古天一	2019-06-05
清 玉红沁勒子	长7cm	17,250	古天一	2019-06-05
清 玉红沁长勒子	长8.5cm	57,500	古天一	2019-06-05
清 玉勒子	长4.5cm	40,250	古天一	2019-06-05
清 玉翎管	长7cm	101,200	北京翰海	2019-10-12
清 玉翎管	高7cm	20,700	北京翰海	2019-03-29
清 玉留皮翎管（四个）	尺寸不一	57,500	中国嘉德	2019-06-02
清代 白玉红沁素勒子（一对）	高2cm	218,500	古天一	2019-12-03
清代 红沁素玉勒子	长6.2cm	92,000	古天一	2019-12-03
清代 青白玉弦纹玉勒子	高4cm	57,500	古天一	2019-12-03
清代 青黄玉兽面纹玉勒	高2cm	69,000	古天一	2019-12-03
清代 玉红沁勒子	长2.5cm	138,000	古天一	2019-12-03
清代 玉红沁素勒子	长7.1cm	322,000	古天一	2019-12-03
清代 玉红沁素勒子	长6.2cm	101,200	古天一	2019-12-03
清代 玉勒 玉坠各2件	长2.5cm；长3cm	172,500	古天一	2019-12-03
清代 玉素勒子	长7cm	253,000	古天一	2019-12-03
民国 青玉童子闹弥勒	宽17cm	24,150	北京保利	2019-03-26
白玉弥勒摆件	高14cm	11,500	北京保利	2019-08-25
褐白玉勒配白玉盒	玉盒长5.4cm；宽4.4cm	287,500	中贸圣佳	2019-06-07
旧玉勒子（一组两件）	尺寸不一	28,750	西泠印社	2019-07-06
赵琦 清溪归棹 南红勒子	重42.4g	25,300	西泠印社	2019-07-07
玉扳指				
明 玉扳指、龙纹璧（两件）	直径3cm；长5.5cm	13,800	北京保利	2019-08-25
清早期 白玉水银沁秋猎图扳指	直径3.1cm；1.9cm；高2.3cm	80,500	北京鸿盛祥	2019-12-04
清乾隆 白玉“御制诗”扳指	直径3.4cm	49,766	万昌斯	2019-05-27
清乾隆 白玉双骏诗文扳指	尺寸不一	149,500	北京鸿盛祥	2019-06-04
清乾隆 白玉御题诗扳指	直径3.2cm	172,500	北京保利	2019-06-06
清乾隆 白玉御题诗文扳指、烟壶（一组三件）	尺寸不一	63,250	中鸿信	2019-07-17
清乾隆 黄玉御题诗扳指	高2.6cm	518,400	佳士得	2019-05-29
清乾隆 御题诗“射熊”白玉扳指	直径3.2cm；高2.4cm	34,500	中鸿信	2019-07-16
清乾隆 御制白玉扳指	直径3cm	506,000	保利厦门	2019-08-04
清乾隆 御制白玉扳指	直径3.5cm；高2.7cm	149,500	中贸圣佳	2019-12-01
清乾隆·白玉雕御制诗文扳指	高2.6cm	126,500	西泠印社	2019-07-06
清中期 白玉御制诗扳指	高2.5cm；直径2.5cm	55,200	古天一	2019-12-03
清 白玉、旧玉雕熊、猪、白玉雕扁豆、黄玉马、青白玉留皮“鹤鹿同春”扳指（共四件）	尺寸不一	25,300	北京保利	2019-06-05
清 白玉扳指		41,956	纽约苏富比	2019-03-23
清 白玉扳指	外直径3.4cm；内直径2.1cm	25,920	万昌斯	2019-05-27
清 白玉扳指	内径2cm	43,700	中国嘉德	2019-06-02
清 白玉扳指三件及白玛瑙扳纸一件	直径3.3cm	246,125	佳士得	2019-11-27

(成交价RMB：1万元以上)

拍品名称	物品尺寸	成交价RMB	拍卖公司	拍卖日期
清 白玉带沁“龙”纹扳指	外直径3.1cm；内直径1.9cm	10,368	万昌斯	2019-05-27
清 白玉雕花卉扳指	长3cm	10,350	北京翰海	2019-10-12
清 白玉雕宣统款扳指	外径3.2cm	184,000	西泠印社	2019-07-06
清 白玉花鸟纹手镯及白玉龙纹扳指	直径7.6cm	212,563	佳士得	2019-11-27
清 白玉留皮扳指	直径3.4cm；直径2cm；高3cm	71,300	北京鸿盛祥	2019-06-04
清 白玉留皮扳指、玉留皮风云际会扳指（各一件）	内径2cm；内径1.9cm	23,000	中国嘉德	2019-06-02
清 白玉留皮巧雕扳指（两件）	尺寸不一	25,920	万昌斯	2019-05-27
清 白玉巧色喜字扳指	直径2.8cm	93,53	香港苏富比	2019-05-30
清 白玉洒金皮扳指	直径3.4cm；2cm；高3cm	115,000	北京鸿盛祥	2019-12-04
清 白玉诗文扳指	直径2.9cm；直径1.9cm；高2.6cm	74,750	北京鸿盛祥	2019-06-04
清 白玉素面扳指	直径4.2cm	322,000	西泠印社	2019-07-06
清 白玉英雄图扳指	高2.2cm	11,500	广东崇正	2019-05-23
清 黄玉带沁浮雕骏马图诗文子冈款扳指	高2.7cm；外径3.4cm；内径2cm	57,500	西泠印社	2019-07-06
清 乾隆御制款白玉诗文扳指	高2.4cm；外径2.9cm；内径2cm	69,000	西泠印社	2019-07-06
清 青白玉扳指	内径2cm	17,250	中国嘉德	2019-03-24
清 青白玉扳指（两只）	内径2.2cm；内径2.2cm	36,800	中国嘉德	2019-06-25
清 玉扳指	高2.5cm	23,000	北京翰海	2019-10-12
清 玉雕扳指、翎管、盖盒、烟壶等（一组十一件）	尺寸不一	184,000	中鸿信	2019-07-16
清 玉福寿扳指	高2.5cm	29,900	北京翰海	2019-03-29
民国 碧玉扳指	直径3cm	11,500	北京保利	2019-06-23
杨棻青 白玉如鱼得水扳指	尺寸不一	44,800	上海联合	2019-12-01
清 白玉雕提携佩	长6.4cm；宽3.7cm	18,400	中贸圣佳	2019-08-16
玉带板				
唐 白玉胡人献宝带板	长5.6cm	190,098	华艺国际	2019-11-24
元 白玉带皮荷塘鸳鸯纹带板	长5.8cm	97,750	北京保利	2019-06-06
元 白玉浮雕龙纹带板（一套）	尺寸不一	460,000	中鸿信	2019-07-16
元 白玉胡人戏狮带板	长7cm	115,000	北京保利	2019-06-06
元 银嵌青白玉镂雕双鹿带板		21,250	香港苏富比	2019-05-30
明 白玉带板（一套）	尺寸不一	109,250	中鸿信	2019-07-17
明 白玉带板（整套二十件）	最大长8.7cm；厚0.6cm	124,416	万昌斯	2019-05-27
明 白玉花鸟纹带板	长5.5cm	20,700	中国嘉德	2019-03-24
明 白玉龙纹大型带板	长17.2cm；宽6.3cm	253,000	北京鸿盛祥	2019-12-04
明 白玉龙纹带板	高17cm	34,500	北京翰海	2019-06-15
明 白玉龙纹带板	7.5cm×5.2cm	13,800	中古陶	2019-06-05
明 白玉镂雕鹿竹纹带板	宽7.4cm	18,160	中国嘉德	2019-03-31
明 白玉双面镂雕腾龙福寿带板	长9.2cm	51,750	北京保利	2019-06-06
明白玉松鹿延年图带板	长8cm	10,350	中国嘉德	2019-03-24
明白玉素身带板（两件）	最大长7cm；厚0.8cm	77,760	万昌斯	2019-05-27
明 青白玉镂雕龙纹带板	宽14.8cm	48,427	中国嘉德	2019-03-31
明 青白玉镂空松竹梅瑞鹿纹带板一套二十片	长5-11cm	1,540,513	香港苏富比	2019-05-30
明 青白玉透雕螭龙纹带板		23,496	纽约苏富比	2019-03-19

拍品名称	物品尺寸	成交价RMB	拍卖公司	拍卖日期
明 玉雕龙形带板	长7.5cm；宽5.5cm	28,750	西泠印社	2019-09-22
明 玉龙纹带板	长11.8cm	23,000	中国嘉德	2019-06-02
清 白玉雕胡人伎乐纹带板	长4.5cm	195,500	古天一	2019-06-05
清 白玉雕鹿鹤同春玉带板	长8.2cm	40,250	西泠印社	2019-07-06
清 白玉描金带板（两件）	长10.7cm	34,500	北京保利	2019-03-26
清 玉连珠纹鱼龙变化带板	长7cm	10,350	北京翰海	2019-10-12
民国 玉带板（13件）		57,500	北京翰海	2019-10-12
玉带饰				
宋 白玉镂空飞天带饰	宽6cm	54,540	邦瀚斯	2019-05-28
宋/元 白玉带洒金皮龙纹带饰	宽6.9cm	95,846	中国嘉德	2019-03-31
宋-明 白玉“犀牛望月”及“兔”纹带饰	最大长5.7cm；厚0.8cm	31,104	万昌斯	2019-05-27
辽 红缟玛瑙带饰（一套十三件）	最大长4.6cm；总重127g	62,208	万昌斯	2019-05-27
金代 玉雕人物鹤鹿纹带饰	8cm×6.8cm	230,000	古天一	2019-06-05
金-元 白玉带沁“鱼莲”纹带饰配原装铜鎏金带扣	总长19.3cm	136,624	万昌斯	2019-05-27
元 白玉带沁“绶带鸟”带饰	长9.8cm；厚1.6cm	259,200	万昌斯	2019-05-27
元 白玉凤穿牡丹纹带饰	长4cm；宽3.2cm	34,500	浙江佳宝	2019-06-23
元 白玉巧色雕秋山图带饰	长6.2cm	138,000	北京保利	2019-06-06
元黑白玉巧雕“爵禄封侯”带饰	长11cm	114,048	万昌斯	2019-05-27
明 白玉“山水人物”带饰	长5.3cm	51,840	万昌斯	2019-05-27
明 白玉“双凤”纹带饰	长7.9cm	33,178	万昌斯	2019-05-27
明 白玉镶铜扣“寿”字纹带饰	玉长7.1cm	36,288	万昌斯	2019-05-27
明 玛瑙瑞兽带饰	长5.5cm	13,800	北京保利	2019-03-26
明代 白玉麒麟带饰	10cm×6.8cm	115,000	古天一	2019-06-05
18世纪/19世纪 碧玉雕云龙纹带饰	长10cm	42,745	伦敦佳士得	2019-08-29
清 白玉带沁“花卉”纹带饰（两件）	最大长6.9cm；厚0.6cm	49,766	万昌斯	2019-05-27
清 青白玉龙首太极花卉纹三联带饰	14×4×1.7cm	10,215	中古陶	2019-06-05
玉带钩				
春秋 玉勾云纹带钩	长3.7cm	51,372	中国嘉德	2019-10-07
战国 白玉龙首带钩	长18.2cm	1,234,312	中国嘉德	2019-10-07
西汉 玉兽首纹带钩	长17.5cm	1,070,250	中国嘉德	2019-10-07
汉 白玉“龙”纹七节铁芯带钩	长19.3cm	1,347,840	万昌斯	2019-05-27
汉 白玉带灰皮“虎”纹“龙首”带钩	长17.6cm	51,840	万昌斯	2019-05-27
元 白玉龙首小带钩	长6.4cm	45,000	北京保利	2019-12-05
明 白玉苍龙教子带钩	长11cm	35,800	中古陶	2019-06-05
明 白玉雕龙带钩	长13.5cm	23,000	西泠印社	2019-04-14
明 白玉凤甲天下带钩	长7cm	126,500	北京鸿盛祥	2019-12-04
明 白玉浮雕三龙纹带钩	长12.5cm	57,500	北京鸿盛祥	2019-06-04
明 白玉留皮浮雕龙凤纹带钩	长8.3cm	103,500	北京鸿盛祥	2019-06-04
明 白玉龙首饕餮纹带钩	长7.3cm	805,000	北京鸿盛祥	2019-12-04
明 白玉龙纹带扳带钩（一组三件）	长10.5cm；宽4.4cm	17,250	浙江佳宝	2019-06-23
明 白玉沁红龙首琵琶钩	长6.9cm	46,000	北京鸿盛祥	2019-06-04
明 白玉水银沁龙首带钩	长11.3cm	115,000	北京鸿盛祥	2019-12-04
明 白玉螳螂瓜棱带钩	长10.8cm	32,200	中国嘉德	2019-06-02
明 和田玉苍龙教子带钩	长11.7cm	63,250	中古陶	2019-06-05
明 糖玉龙纹带钩	长5.6cm	28,750	中国嘉德	2019-06-02
明 玉雕蝉纹神鸟带钩	长9cm	17,250	北京保利	2019-08-25
明 玉雕马首小带钩	长6.8cm	195,500	北京保利	2019-12-05
明、19/20世纪 白玉如意花果纹钮扣 青白玉及褐玉苍龙教子带钩（一组三件）	长17cm	43,645	伦敦佳士得	2019-02-14
18世纪 青白玉雕螳螂捕蝉带钩	长11.8cm	38,340	邦瀚斯	2019-05-28

2019玉器拍卖成交汇总

(成交价RMB：1万元以上)

拍品名称	物品尺寸	成交价RMB	拍卖公司	拍卖日期
17世纪/18世纪 青白玉带皮雕龙纹钩	长14.5cm	26,187	伦敦佳士得	2019-02-14
18世纪 18世纪/19世纪 鸡骨白玉苍龙教子带钩 白玉三多纹如意形带钩	长11.5cm	23,510	伦敦佳士得	2019-08-29
18世纪 白玉螭龙纹灵芝带钩（两件）	宽14cm	75,600	佳士得	2019-05-29
18世纪 白玉龙纹钩	长14.5cm	16,367	伦敦佳士得	2019-02-14
清乾隆 白玉雕望子成龙带钩	长9.5cm	40,250	荣宝斋（南京）	2019-07-21
清乾隆 白玉雕望子成龙下卷式带钩	长9.5cm	140,300	荣宝斋（南京）	2019-07-21
清乾隆 白玉雕五福龙首带钩	长11.8cm	119,340	邦瀚斯	2019-05-28
清乾隆 白玉鹅首带钩 螳螂捕蝉带钩（一组三枚）	长10.3cm；8.6cm；8.4cm	92,000	北京鸿盛祥	2019-12-04
清乾隆 白玉凤首带钩	长9cm	51,750	北京荣宝	2019-12-01
清乾隆 白玉龙首带钩	长9cm	46,000	北京保利	2019-12-05
清乾隆 苍龙教子纹玉带钩	长14.2cm	112,147	香港中汉	2019-05-30
清乾隆 青白玉雕苍龙教子带钩	长12.2cm	65,340	邦瀚斯	2019-05-28
清乾隆 青玉雕苍龙教子带钩	长14.4cm	45,900	邦瀚斯	2019-05-28
清乾隆 青玉雕凤带钩	长11cm	184,140	邦瀚斯	2019-05-28
清中期 白玉苍龙教子带钩	长10.5cm	34,500	北京保利	2019-06-23
清中期 白玉凤首带钩	长10.2cm	13,800	北京翰海	2019-06-15
清中期 白玉福寿带勾	长11.8cm	23,000	北京保利	2019-06-23
18世纪/19世纪 青白玉雕龙首带钩一组两件	长11.7cm	65,340	邦瀚斯	2019-05-28
18世纪/19世纪 青白玉龙纹带钩四件及如意纹发簪两件（一组六件）	长14.5cm	24,005	伦敦佳士得	2019-02-14
清 白玉螭龙带钩	长9.3cm	34,248	保利香港	2019-10-07
清 白玉带钩（三件）	长10.5cm	48,427	中国嘉德	2019-03-31
清 白玉雕苍龙教子带钩	长11.5cm	26,450	古天一	2019-06-05
清 白玉雕苍龙教子带钩	长12.0cm	11,500	西泠印社	2019-07-06
清 白玉雕龙凤纹璏形带钩	长11.3cm	109,250	西泠印社	2019-07-06
清 白玉龙勾	长13.3cm	39,100	北京保利	2019-03-26
清 白玉龙勾	长12cm	27,600	北京保利	2019-03-26
清 白玉龙勾	长12.5cm	21,850	北京保利	2019-08-25
清 白玉龙勾	长12.5cm	49,450	北京翰海	2019-10-12
清 白玉龙勾（一组三件）	长7cm	13,800	北京保利	2019-03-26
清 白玉龙钩金镶放大镜	长20.7cm	69,000	北京鸿盛祥	2019-06-04
清 白玉龙首带钩	长13cm	13,800	中国嘉德	2019-10-16
清 白玉龙纹带钩	长15cm	41,400	北京保利	2019-08-25
清 白玉马首鹅首带钩（两件）	长11cm；长11.1cm	48,300	中国嘉德	2019-06-02
清 白玉马头带钩	长10.7cm	25,223	保利香港	2019-04-02
清 白玉小龙首带钩	长8.5cm	10,350	中国嘉德	2019-03-23
清 青白玉“梅寿万年”锁、“寿天百禄”牌、团寿带钩（共三件）	尺寸不一	74,750	北京保利	2019-06-06
清 青白玉龙首带钩手镜	长23.5cm	23,000	中国嘉德	2019-03-24
清 青白玉龙纹钩	长12.6cm	48,300	中国嘉德	2019-11-17
清 玉带钩（四件）	尺寸不一	23,000	荣宝斋（南京）	2019-07-21
清 玉雕勾云纹龙首带勾	长4cm	34,500	古天一	2019-06-05
清 玉龙勾	长10cm	43,700	北京翰海	2019-10-12
清 玉龙勾	长12cm	25,300	北京翰海	2019-10-12
清 玉龙勾	长10cm	20,700	北京翰海	2019-10-12
清 玉龙勾	长12cm	17,250	北京翰海	2019-03-29
清 玉龙形带钩	长5.5cm	322,000	古天一	2019-06-05
清代 玉雕龙形带钩	长6cm	172,500	古天一	2019-12-03

拍品名称	物品尺寸	成交价RMB	拍卖公司	拍卖日期
19世纪/20世纪 白玉雕马上封侯带钩		15,943	纽约苏富比	2019-03-23
受沁龙首玉带钩	长8.6cm；高2.3cm；宽1.3cm	28,750	浙江佳宝	2019-06-23
明 和田玉四面工大龙钩	高13cm；宽3cm	43,700	上海嘉禾	2019-09-07
清早期 白玉龙钩	长10.2cm	203,349	中国嘉德	2019-10-07
清中期 南红玛瑙龙钩	长8cm	34,500	中国嘉德	2019-11-17
清 白玉龙钩及仕女、仙女坠（三件）	长8.8cm；长5.5cm；长5.7cm	11,500	北京保利	2019-12-05
玉带扣				
明 白玉福满堂带扣	长9.7cm	11,500	中古陶	2019-06-05
明 白玉马上封侯带扣	长8.9cm	172,500	北京保利	2019-08-25
明或以前 玉圭、玉带扣一副、玉勒（一组三件）	长3.9cm；长3.5cm	74,750	广东崇正	2019-11-27
清早期 青白玉浅浮雕寿桃带扣	长13.8cm	11,500	北京保利	2019-06-23
清乾隆 白玉受沁龙首花卉纹带扣	长12.6cm；宽4.8cm	32,200	浙江佳宝	2019-06-23
清乾隆 碧玉嵌白玉双龙捧寿带扣	长4cm	36,800	北京荣宝	2019-12-01
清乾隆 碧玉一体嵌合式双龙纹带扣	长9.3cm	66,700	北京鸿盛祥	2019-12-04
清中期 白玉回文带扣	长9.5cm	57,500	北京翰海	2019-06-15
清中期 白玉洒金御题诗文带扣	长8cm	40,250	北京翰海	2019-06-15
清中期 白玉随形洒金皮带扣	长7.2cm	36,800	北京保利	2019-12-05
19世纪 翠玉龙纹带扣	长10.5cm	490,838	伦敦佳士得	2019-11-05
清 白玉“马上封侯”带扣	长7.9cm	49,766	万昌斯	2019-05-27
清 白玉带灰皮“蝠”形带扣	长8.6cm	49,766	万昌斯	2019-05-27
清 白玉富贵花带扣	长6.3cm	17,250	中国嘉德	2019-11-17
清 白玉留皮带扣（一套）	长7.7cm；宽2.8cm	46,000	中贸圣佳	2019-08-16
清 白玉龙纹带扣	长11.5cm	11,500	北京保利	2019-03-26
清 白玉镂雕牡丹纹带钩	长13.4cm	22,007	香港苏富比	2019-05-30
清 白玉镂雕如意结带扣	高7.4cm	11,500	中古陶	2019-06-06
清 白玉兽面纹宝瓶形带扣	长6.3cm	11,500	中国嘉德	2019-10-16
清 碧玉雕龙纹带扣	长16.0cm	74,750	西泠印社	2019-07-06
清 福寿如意大扣	7×5.9×0.4cm	13,800	中古陶	2019-06-05
清 黄玉高浮雕螭龙纹将军扣	长4.45cm；宽4.4cm	17,250	浙江佳宝	2019-06-23
清 青玉龙首带扣	11×4×1.5cm	13,800	中古陶	2019-06-05
清 玉雕螭龙带扣	长21cm	63,250	北京翰海	2019-03-29
清 玉福寿纹带扣	长10cm	20,700	北京翰海	2019-10-12
白玉双鹅带扣	长9.1cm	10,350	中国嘉德	2019-10-16
清 玉平安欢喜扣	高7.3cm	63,250	北京翰海	2019-03-29
玉锁				
清乾隆 白玉和合二仙山石灵芝纹如意锁	长14.5cm	172,500	中古陶	2019-06-05
清乾隆 白玉玉堂富贵锁	长8.5cm	13,800	北京保利	2019-08-25
清 白玉“福星高照”锁	长8.9cm	16,589	万昌斯	2019-05-27
清 白玉“玉堂富贵”锁	长7.5cm；宽5.5cm	25,300	荣宝斋（南京）	2019-07-21
清 白玉雕寿同日月锁牌	长6.7cm；宽4.7cm	11,500	中贸圣佳	2019-08-16
清 白玉福禄寿三星高照如意锁	15.8×10.2×0.9cm	92,000	中古陶	2019-06-05
清 白玉福山寿海天保九如意锁	6.7×4.5×0.6cm	36,800	中古陶	2019-06-05
清 白玉福寿花卉纹如意锁	8.5×6.2×0.5cm	17,250	中古陶	2019-06-05
清 白玉福寿满堂如意锁	7.6×4.7×0.7cm	23,000	中古陶	2019-06-05
清 白玉福寿满堂如意锁	7.6×5.4×0.4cm	17,250	中古陶	2019-06-05
清 白玉福寿双全如意锁	长9.9cm	11,500	中古陶	2019-06-05
清 白玉富贵长春如意锁	长8.8cm	11,500	中古陶	2019-06-05
清 白玉喜字花卉纹如意锁	7.7cm×5.7cm	23,000	中古陶	2019-06-05
清 白玉仙人乘槎如意锁	7.8×6×0.5cm	20,700	中古陶	2019-06-05

拍品名称	物品尺寸	成交价RMB	拍卖公司	拍卖日期
清 白玉玉堂富贵双龙纹松下高士方锁	8.2×6.2×0.6cm	23,000	中古陶	2019-06-05
清 白玉玉堂富贵锁、双龙布币佩（两件）	宽8.5cm；长6.6cm	32,200	北京保利	2019-12-05
清 白玉早生贵子宝相花纹如意锁	7.5×5.5×0.5cm	34,500	中古陶	2019-06-05
清 青白玉缠枝莲纹寿字如意锁	8.5×6.2×0.5cm	13,800	中古陶	2019-06-05
清 青白玉福寿满堂如意锁	长7.1cm	17,250	中古陶	2019-06-05
清 青白玉福寿双全如意锁	长7.8cm	11,500	中古陶	2019-06-05
清 青白玉玉堂富贵如意锁	长7cm	23,000	中古陶	2019-06-05
清 青白玉玉堂富贵如意锁	8×5.6×0.3cm	17,250	中古陶	2019-06-05
清 长生乐龙纹玉锁	5.8cm×3.2cm	25,300	中古陶	2019-06-05
19世纪 玉堂富贵白玉锁	长8.6cm	22,007	香港苏富比	2019-05-30
清 玉锁	长8cm	59,800	北京翰海	2019-03-29
玉磬				
明 玉云蝠纹磬	长17cm	92,000	华艺国际	2019-08-11
清乾隆 白玉鱼化龙纹磬	长16.5cm	80,500	中鸿信	2019-07-17
清乾隆·白玉雕龙凤纹磬	长9.3cm	109,250	西泠印社	2019-07-06
清 白玉大吉大利磬	高16.8cm	184,000	中鸿信	2019-07-17
清 碧玉雕太平有象磬	高85.5cm	109,250	中古陶	2019-06-06
清 青金石嵌百宝云龙纹磬	高38.5cm	17,025	中古陶	2019-06-06
清 玉雕龙纹璧、年年有余磬（共两件）	直径8.5cm；长6cm	17,250	北京保利	2019-06-23
清 玉磬	长19.8cm	17,250	北京保利	2019-01-20
碧玉描金云龙诗文磬	长33cm	10,350	北京保利	2019-01-20
玉刚卯				
汉代 玉环、玉刚卯（一组两件）	直径5.4cm	82,800	广东崇正	2019-11-27
宋 白玉带沁“八棱”刚卯	长4.1cm	93,312	万昌斯	2019-05-27
明 仿古沁色刚卯	长3.6cm	34,500	北京鸿盛祥	2019-06-04
白玉红沁刚卯	宽1cm；高2.24cm	40,250	浙江佳宝	2019-06-23
玉柄形器				
商代 玉柄形器（两件）	长10.6cm	74,750	广东崇正	2019-11-27
西周 玉龟柄形器	长7cm	60,534	中国嘉德	2019-03-31
春秋 青玉秦式柄形器	长12cm	50,445	中国嘉德	2019-03-31
明 白玉柄型器	长8.3cm	310,500	北京鸿盛祥	2019-12-04
明 黄玉圆雕柄形器	长6.6cm	48,300	北京鸿盛祥	2019-12-04
清 玉龙凤纹柄形器	长9cm	149,500	古天一	2019-06-05
白玉夔龙兽面纹柄形器	长9.8cm；宽3.9cm	25,300	浙江佳宝	2019-06-23
玉炉顶				
金代 黑白玉巧雕獬豸炉顶	高3.8cm	161,000	古天一	2019-06-05
元 白玉镂雕穿花龙炉顶	高5.9cm	74,750	中鸿信	2019-07-16
元 白玉钮形“一路连升”炉顶	高4.8cm	46,656	万昌斯	2019-05-27
元 白玉秋山图炉顶	长5.3cm；宽3.5cm；高4.2cm	32,200	浙江佳宝	2019-06-23
元 火烧玉镂雕龙纹炉顶	高6.6cm	71,300	西泠印社	2019-07-06
元 旧玉一路连科炉顶	高8.5cm	34,500	北京翰海	2019-06-15
元 青白玉雕一路连科炉顶	高9.0cm	103,500	西泠印社	2019-07-06
元 青白玉雕一路连科炉顶	高5.7cm	43,700	西泠印社	2019-07-06
明 白玉“一路连升”炉顶	高4.2cm	57,024	万昌斯	2019-05-27
明 白玉雕蟠龙炉顶	直径6cm	108,540	邦瀚斯	2019-05-28
明 白玉留皮鸳鸯炉顶	高4.5cm	46,000	北京保利	2019-08-25
明 白玉龙形炉顶	高3.1cm	57,500	中贸圣佳	2019-08-16
明 白玉透雕龙纹炉顶	高6cm	23,000	北京荣宝	2019-12-01
明 白玉圆形“一路连升”炉顶	直径4.3cm；高3.6cm	98,496	万昌斯	2019-05-27
明 青白玉留皮巧做玉兔炉顶	4.3cm×3cm	40,250	中古陶	2019-06-05
明 青白玉镂雕路路连科纹冠顶		117,478	纽约苏富比	2019-03-23

拍品名称	物品尺寸	成交价RMB	拍卖公司	拍卖日期
明 青白玉镂雕麒麟牌及青白玉镂雕鸳鸯花卉纹炉顶	宽7.5cm	23,369	伦敦佳士得	2019-02-14
明 玉鹭鸶纹炉顶	高5.8cm	45,000	中国嘉德	2019-06-02
清 白玉雕鹭鸶炉顶	高5.5cm	13,300	北京翰海	2019-03-29
清 青白玉一路连科炉顶	高6.3cm	43,700	中国嘉德	2019-03-24
玉香囊				
元 鸡骨玉镂雕路路连科纹香囊		13,461	纽约苏富比	2019-03-19
清早期 白玉镂空人物香囊	直径5.5cm	13,800	北京保利	2019-06-23
18世纪/19世纪 青玉镂空葫芦形香囊	高7.5cm	27,540	邦瀚斯	2019-05-28
清 白玉灵芝纹荷包式香囊	高7.5cm	104,535	香港苏富比	2019-05-30
清 白玉榴开百子万寿花香囊	直径4.9cm	120,750	北京鸿盛祥	2019-12-04
清 白玉镂空雕荷花香囊	宽3.5cm；高5cm	20,700	荣宝斋（南京）	2019-07-21
清 白玉镂空狮子滚绣球纹香囊	直径4cm；高4.2cm	20,700	浙江佳宝	2019-06-23
清 白玉香囊	长6.6cm	32,200	西泠印社	2019-09-22
玉珠串、项链				
新石器时代 红山文化-商 白玉带红沁勒子手串	总长17.6cm；最大玉长3.7cm	67,392	万昌斯	2019-05-27
新石器时代 良渚文化 玉珠串项链（三十八颗）	最大长4.3cm；总长62.4cm	82,944	万昌斯	2019-05-27
新石器时代 良渚文化 玉珠串项链（十七颗）	最大玉长3.7cm；串长78cm	98,496	万昌斯	2019-05-27
良渚文化 玉串饰	长44cm	425,125	佳士得	2019-11-27
良渚文化 玉珠（四件）	长2cm	44,750	佳士得	2019-11-27
良渚文化及更早 玉串饰	长38.5cm	335,625	佳士得	2019-11-27
良渚文化及更早 玉串饰	长32.3cm	223,750	佳士得	2019-11-27
文化期 白玉红沁多宝串	直径2.4cm	50,445	中国嘉德	2019-03-31
文化期 白玉红沁手串	直径22cm	26,757	中国嘉德	2019-10-07
文化期 多宝玉串	长2.9cm	203,349	中国嘉德	2019-10-07
文化期 黄玉红沁勒和玦多宝串	宽4.3cm	60,534	中国嘉德	2019-03-31
商 玉勒多宝串	珠径最大长1.5cm；最小长1cm	63,250	西泠印社	2019-07-06
西周 黄玉勒子多宝串（两件）	最大长2.6cm	57,024	万昌斯	2019-05-27
西周-战国 白玉多宝串（三件）	最大玉长3.4cm；厚0.8cm	31,104	万昌斯	2019-05-27
公元前1世纪 蓝琉璃珠配滇文化白玛瑙“熊头”项链及手链	最大总长约434mm	29,030	万昌斯	2019-05-27
2世纪 缠丝玛瑙配金饰项链	总长约396mm	31,104	万昌斯	2019-05-27
2世纪 蓝玛瑙项链	总长约559mm	25,920	万昌斯	2019-05-27
2世纪 玛瑙配白水晶项链	总长约686mm	29,030	万昌斯	2019-05-27
公元前2世纪 红玛瑙配金坠项链	总长约672mm	39,398	万昌斯	2019-05-27
公元前5世纪 红玛瑙配青玉玦项链	总长约478mm	36,288	万昌斯	2019-05-27
公元前5世纪 琉璃配青金石项链	总长约560mm	29,030	万昌斯	2019-05-27
公元前5世纪 玛瑙多宝项链	总长约668mm	46,656	万昌斯	2019-05-27
公元前5世纪 玛瑙多宝项链	总长约624mm	43,546	万昌斯	2019-05-27
宋 玉勒子多宝串	尺寸不一	23,000	西泠印社	2019-07-06
明 白玉螭钮印多宝串	尺寸不一	149,500	北京鸿盛祥	2019-06-04
明 白玉带钉金沁多宝串（两件）	最大长4cm；厚1cm	20,736	万昌斯	2019-05-27
明 白玉带红沁多宝串（翁仲、刚卯、鸡心佩）	最大长7.6cm；厚0.7cm	88,128	万昌斯	2019-05-27
明 白玉龙环玉鱌多宝串	尺寸不一	23,000	北京鸿盛祥	2019-06-04
明 白玉龙纹勒子多宝串	尺寸不一	25,300	北京鸿盛祥	2019-12-04
明 白玉辟邪多宝串	尺寸不一	61,000	北京鸿盛祥	2019-06-04
明 白玉兽面多宝串	尺寸不一	84,000	北京鸿盛祥	2019-12-04
明 红沁玉虎多宝串	尺寸不一	46,000	北京鸿盛祥	2019-06-04
明 黄玉璧、玉蝉多宝串	尺寸不一	13,800	北京鸿盛祥	2019-06-04
明 黄玉多宝串	尺寸不一	55,200	北京鸿盛祥	2019-06-04
明 黄玉红沁多宝串	尺寸不一	120,750	北京鸿盛祥	2019-06-04
明 神人面纹珠勒手串	尺寸不一	57,500	北京鸿盛祥	2019-12-04

2019玉器拍卖成交汇总

(成交价RMB：1万元以上)

拍品名称	物品尺寸	成交价RMB	拍卖公司	拍卖日期
明 双狮、玉印多宝串	尺寸不一	36,800	北京鸿盛祥	2019-06-04
明 瓦楞纹玉印多宝串	尺寸不一	69,000	北京鸿盛祥	2019-12-04
明 翁仲多宝串	尺寸不一	25,300	北京鸿盛祥	2019-06-04
明 玉雕动物多宝串（四件）	最大长5.4cm；厚1cm	57,024	万昌斯	2019-05-27
明 玉雕冈卯、云纹璧及龙首璜佩多宝串	尺寸不一	172,500	西泠印社	2019-07-06
明 玉多宝串	尺寸不一	71,300	北京鸿盛祥	2019-12-04
明 玉虎玉兔多宝串	尺寸不一	55,200	北京鸿盛祥	2019-06-04
明 玉环核雕多宝串	尺寸不一	21,850	北京鸿盛祥	2019-06-04
明 玉玦 玉勒多宝串	尺寸不一	32,200	北京鸿盛祥	2019-12-04
明 玉勒多宝串	尺寸不一	34,500	北京鸿盛祥	2019-12-04
明 玉勒多宝串	尺寸不一	20,700	北京鸿盛祥	2019-06-04
明 玉勒莲花坠多宝串	尺寸不一	14,950	北京鸿盛祥	2019-06-04
明 玉质多宝串	尺寸不一	55,200	西泠印社	2019-07-06
明 玉珠勒多宝串	尺寸不一	43,700	北京鸿盛祥	2019-12-04
明 玉珠勒手串	尺寸不一	51,750	北京鸿盛祥	2019-12-04
明 玉锥形器多宝串	尺寸不一	23,000	北京鸿盛祥	2019-06-04
明 云纹玉勒多宝串	尺寸不一	51,750	北京鸿盛祥	2019-06-04
明 中穿孔童子多宝串	尺寸不一	112,700	北京鸿盛祥	2019-06-04
明、清 玉勒子等小件多宝串	长13.1cm	11,500	中国嘉德	2019-06-02
清中期 蜜蜡朝珠	长63cm；重104.2g	92,000	中贸圣佳	2019-06-07
清中期 蜜蜡手串	珠径1cm	18,400	北京荣宝	2019-12-01
19世纪 琥珀、蜜蜡吊坠、项链、手串等（三十五件）	尺寸不一	43,700	中国嘉德	2019-03-24
19世纪 蜜蜡串（两件）	尺寸不一	28,750	北京荣宝	2019-04-28
19世纪 蜜蜡项链	长34.2cm	17,250	中国嘉德	2019-03-24
19世纪 蜜蜡项链	长30.5cm	10,350	中国嘉德	2019-06-25
19世纪 蜜蜡项链（四串）	尺寸不一	23,000	中国嘉德	2019-03-24
19世纪 蜜蜡项链四串	尺寸不一	17,250	中国嘉德	2019-06-25
19世纪 蜜蜡项链五串	尺寸不一	13,800	中国嘉德	2019-06-25
清 白玉十八子手串	珠径1cm	74,750	西泠印社	2019-07-06
清 翡翠雕手串及白玉、玛瑙雕多宝串（共四件）	尺寸不一	11,500	北京保利	2019-12-04
清 红沁玉勒子串饰	最大高2.2cm	138,000	古天一	2019-06-05
清 琥珀18子持珠	珠径1.5cm；总重80.6g	28,750	西泠印社	2019-07-06
清 琥珀朝珠	单直径1.2cm	27,600	浙江佳宝	2019-06-23
清 黄玉环松石项链	3.6cm×3cm	92,000	古天一	2019-06-05
清 贾得田刻莲子十八籽手串		34,500	广东崇正	2019-11-28
清 金珀珠串	直径1.3cm×108	23,000	北京诚轩	2019-06-03
清 旧玉多宝串		19,550	北京翰海	2019-03-29
清 绿松石配南红佛珠108籽		115,000	中古陶	2019-06-06
清 蜜蜡108珠子两串	尺寸不一	14,950	广东崇正	2019-03-03
清 蜜蜡朝珠		86,250	中古陶	2019-06-06
清 蜜蜡十八籽手持	18籽	34,500	中古陶	2019-06-06
清 蜜蜡十八籽手串	直径1.5cm×18；重30g	14,950	广东崇正	2019-05-23
清 蜜蜡十六子手串	珠径1.2cm；总重40g	20,700	西泠印社	2019-07-06
清 青金石朝珠及手串	朝珠长约144cm；手串直径约9cm	98,168	伦敦佳士得	2019-11-05
清 珊瑚碧玉珠串		43,700	古天一	2019-06-05
清 珊瑚十八子手持	尺寸不一	103,500	北京鸿盛祥	2019-12-04
清 珊瑚十八子手执		28,750	西泠印社	2019-07-07
清 松石手串	直径8.3cm	13,800	北京保利	2019-01-20
清 血珀十八子手持		17,250	西泠印社	2019-07-07
清 一组四枚多宝串	尺寸不一	74,750	北京鸿盛祥	2019-06-04
清 玉雕“富甲一方”多宝串	高3cm；直径2.8cm；3cm×2.8cm	23,000	古天一	2019-06-05
清 玉雕多宝串、玉环等（一组五件）	尺寸不一	11,500	北京保利	2019-06-06
清 玉雕十二生肖手串	尺寸不一	69,000	荣宝斋（南京）	2019-07-21
清 玉雕十二生肖珠炼	长54cm	503,438	佳士得	2019-11-27
清 玉多宝串（两串）	长23cm；长20cm	40,250	中国嘉德	2019-06-02
清 玉红沁勒子多宝串	高4cm；长2cm	80,500	古天一	2019-06-05
清 籽玉手串		69,000	北京翰海	2019-03-29
清代 白玉飞禽多宝串	高4cm	63,250	古天一	2019-12-03
清代 白玉谷纹璧 龙纹玉杆多宝串	直径5cm；高4.2cm	287,500	古天一	2019-12-03
清代 红沁玉蝉多宝串	长3.5cm；长2cm；长3.5cm	97,750	古天一	2019-12-03
清代 红沁玉勒子多宝串	5粒	71,300	古天一	2019-12-03
清代 红沁玉勒子多宝串	高3.6cm；直径1.8cm；长2.5cm	34,500	古天一	2019-12-03
清代 红沁玉勒子手串		218,500	古天一	2019-12-03
清代 琥珀棱面珠项串（一件）		24,640	上海联合	2019-12-01
清代 南红玛瑙18子提珠		63,250	古天一	2019-12-03
清代 玉雕龙形环多宝串	直径3.5cm	34,500	古天一	2019-12-03
清代 玉红沁勒子手串		345,000	古天一	2019-12-03
清代 玉红沁素勒子手串		46,000	古天一	2019-12-03
清代 玉勒子多宝串	7粒	55,200	古天一	2019-12-03
清代 玉勒子多宝串	5粒	51,750	古天一	2019-12-03
清代 玉勒子多宝串	6粒	48,300	古天一	2019-12-03
清代 玉翁仲 咬尾龙佩多宝串	高2.5cm；直径4cm	287,500	古天一	2019-12-03
清代 玉鸳鸯 玉鸡多宝串	长4.5cm	161,000	古天一	2019-12-03
清晚期 碧玺提珠		17,250	中古陶	2019-06-06
清–民国 旧玉雕绳纹环、白玉雕梅花坠、翡翠环形佩等各式多宝串（九件）	尺寸不一	20,700	北京保利	2019-12-04
白玉手链	重量总重25g	19,040	上海联合	2019-12-01
朝珠（四串）	尺寸不一	13,800	中国嘉德	2019-03-24
官帽、朝珠各一件	长79cm；直径30cm	23,000	中国嘉德	2019-06-25
九世纪 珍珠配金饰项链	总长约448mm	46,656	万昌斯	2019-05-27
九世纪 珍珠珊瑚配金饰项链	总长约588mm	39,398	万昌斯	2019-05-27
蜜蜡佛珠	重量109g	22,600	上海品得	2019-06-19
蜜蜡手串（两串）	长10cm；长9.5cm	20,700	中国嘉德	2019-03-24
千年至纯天珠多宝手串		63,250	中鸿信	2019-07-16
清 琥珀108子朝珠	珠径1.2cm；总重323.g	32,200	西泠印社	2019-04-14
王彬 猫眼碧玉手串	直径1.4cm；重量70g	12,320	上海联合	2019-12-01
新疆和田玉籽料原石手串	重55.5g	437,000	尚品润博	2019-05-12
清 琥珀朝珠	直径1.3cm	34,500	荣宝斋（南京）	2019-07-21
沉香木朝珠	长79cm	11,500	中国嘉德	2019-10-16
沉香木佛珠	长38cm	17,250	中国嘉德	2019-10-16
清 琥珀朝珠	长73cm	12,650	北京保利	2019-12-05
清代 多宝项链（两件）		27,600	古天一	2019-12-03
清代 玉勒项链一条	最大长4cm	80,500	古天一	2019-12-03

拍品名称	物品尺寸	成交价RMB	拍卖公司	拍卖日期
玉镯				
文化期 玉兽面纹镯	宽8.5cm	299,673	中国嘉德	2019-10-07
文化期 玉镯	直径6.3cm	321,078	中国嘉德	2019-10-07
西周 白玉束腰手镯	外直径7.3cm；内直径6.2cm	72,576	万昌斯	2019-05-27
或西汉 玉镯及青白玉螭龙纹璏	镯直径7.1cm，璏长5.8 cm	165,055	香港苏富比	2019-05-30
元/明早期 玉雕绳纹镯	外径7.4cm；内径5.7cm	92,000	北京诚轩	2019-11-16
明 白玉带灰皮“双龙夺珠”纹手镯（一对）	最大外直径7.6cm；内直径6.8cm	134,784	万昌斯	2019-05-27
明 白玉兽面琮式镯	直径8.2cm；直径7cm；高2.7cm	69,000	北京鸿盛祥	2019-06-04
明 勾连云纹半镯	长6.8cm	71,300	北京鸿盛祥	2019-12-04
明 红沁玉镯	直径7.7cm；高3.1cm	132,250	北京鸿盛祥	2019-12-04
明 黄玉带红沁“螭龙”纹方镯	外直径7.5cm；内直径6.6cm	31,104	万昌斯	2019-05-27
明 黄玉束腰镯	直径9.1cm；6.6cm；宽3.4cm	195,500	北京鸿盛祥	2019-12-04
明 旧玉勾云纹手镯	内直径6cm	32,200	北京翰海	2019-06-15
明 料仿白玉手镯	直径5.5cm	36,800	中贸圣佳	2019-08-16
明 玉雕双龙戏珠镯	外径7.8cm；内径6.3cm	36,800	北京诚轩	2019-06-03
明代 白玉灰沁手镯	直径8cm	78,200	古天一	2019-06-05
18世纪 白玉雕绞丝镯	直径8.3cm	151,740	邦瀚斯	2019-05-28
清早期 白玉沁色手镯	直径7.3cm；5.5cm	46,000	北京鸿盛祥	2019-12-04
清早期 黄玉饕餮纹手镯	直径7.5cm	103,500	古天一	2019-12-03
清中期 白玉藕节纹手镯（一对）	内直径5.7cm	86,250	浙江佳宝	2019-06-23
19世纪 竹节白玉镯（一对）	直径8.3cm	58,739	纽约佳士得	2019-03-22
清 白玉“藕节”纹手镯（一对）	最大外直径8.3cm；内直径6.6cm	67,392	万昌斯	2019-05-27
清 白玉带沁手镯（一对）	直径5.6cm	23,000	中古陶	2019-06-06
清 白玉雕绳纹贵妃镯	长径8.1cm	69,000	西泠印社	2019-07-06
清 白玉雕双龙戏珠镯	外径7.8cm；内径6.0cm	74,750	西泠印社	2019-07-06
清 白玉贵妃镯（一对）	最大外直径7.6cm；内直径5.8cm	31,104	万昌斯	2019-05-27
清 白玉红沁手镯	内直径5.6cm	23,000	浙江佳宝	2019-06-23
清 白玉红沁素镯	直径7.8cm	23,000	古天一	2019-06-05
清 白玉绞丝镯	5.9cm；外径7.5cm	40,250	中国嘉德	2019-11-17
清 白玉龙纹手镯	内直径5.9cm	25,300	浙江佳宝	2019-06-23
清 白玉绳纹手镯（一对）	外径:7.5cm；内径:5.7cm	89,700	中贸圣佳	2019-08-16
清 白玉手镯	内直径6cm	20,700	北京翰海	2019-06-15
清 白玉手镯	内直径5.4cm	17,250	北京翰海	2019-06-15
清 白玉手镯	内直径6cm	17,250	北京翰海	2019-06-15
清 白玉手镯	直径5.8cm	23,000	北京荣宝	2019-04-28
清 白玉手镯	外径7.8cm；内径5.2cm	13,800	西泠印社	2019-09-22
清 白玉手镯	外径8cm；内径5.8cm	11,500	西泠印社	2019-04-14
清 白玉手镯	内直径5.8cm	17,250	浙江佳宝	2019-06-23
清 白玉手镯	内直径5.75cm	13,800	浙江佳宝	2019-06-23
清 白玉手镯（两件）	内直径5.8cm	28,750	北京翰海	2019-06-15
清 白玉手镯（两件）	内直径6cm	25,300	北京翰海	2019-06-15
清 白玉手镯（两件）	内直径5.8cm	23,000	北京翰海	2019-06-15

拍品名称	物品尺寸	成交价RMB	拍卖公司	拍卖日期
清 白玉手镯（一对）	外径8cm；内径5.8cm	12,650	西泠印社	2019-09-22
清 白玉手镯（一对）	内直径5.6cm	28,750	浙江佳宝	2019-06-23
清 白玉手镯（一对）	宽7.4cm	55,490	中国嘉德	2019-03-31
清 白玉双龙手镯（一对）	直径5.8cm	48,300	中贸圣佳	2019-12-01
清 白玉双龙首镯（一对）	内径5.9cm	86,250	中国嘉德	2019-06-02
清 白玉双龙首镯（一对）	7.8cm；5.9cm	34,500	中国嘉德	2019-11-17
清 白玉双龙戏珠手镯	7.5cm×6.8cm	55,200	古天一	2019-06-05
清 白玉双龙戏珠手镯	外径7.8cm；内径6cm	12,650	西泠印社	2019-09-22
清 白玉双龙戏珠镯	7.9cm；6cm	20,700	中国嘉德	2019-11-17
清 白玉双龙镯	直径7.5cm	57,500	北京保利	2019-06-23
清 白玉双龙镯	直径8.5cm	23,000	北京保利	2019-06-23
清 白玉镶K金“纽丝”纹手镯	外直径8cm；内直径6.3cm	43,546	万昌斯	2019-05-27
清 白玉竹节纹手镯（一对）	直径5.7cm	14,950	中古陶	2019-06-06
清 白玉镯	直径8.5cm	17,250	北京保利	2019-06-23
清 白玉镯	直径7cm	55,200	北京翰海	2019-10-12
清 白玉镯	内径6cm	25,300	中国嘉德	2019-06-02
清 二龙戏珠镯	内径6cm	10,350	中国嘉德	2019-10-16
清 翡翠灵芝纹手镯（一对）	直径7.7cm；直径5.7cm	299,000	中国嘉德	2019-11-17
清 黄玉手镯	内直径5.8cm	34,500	北京翰海	2019-06-15
清 黄玉手镯	内径5.6cm；外径7.6cm	22,400	上海联合	2019-06-16
清 黄玉手镯	外径7.8cm	51,750	西泠印社	2019-07-06
清 黄玉手镯	直径5.7cm	18,160	中古陶	2019-06-06
清 龙纹玉镯	外径7.8cm	57,500	中贸圣佳	2019-06-07
清 青白玉龙珠贵妃镯	内径5.3cm	36,800	中国嘉德	2019-06-25
清 青白玉镯	内径6cm	10,350	中国嘉德	2019-03-24
清 提油狮纹手镯	外径8.1cm；内径6cm	20,700	中贸圣佳	2019-08-16
清 玉雕龙首贵妃镯	长7.5cm	13,800	北京翰海	2019-03-29
清 玉二龙戏珠手镯	直径8cm	23,000	北京翰海	2019-10-12
清 玉二龙戏珠手镯	直径7.5cm	17,250	北京翰海	2019-03-29
清 玉绞丝手镯	直径8cm	20,700	北京翰海	2019-10-12
清 玉连珠手镯	直径7.5cm	82,800	北京翰海	2019-03-29
清 玉留皮镯	内径5.3cm	23,000	中国嘉德	2019-06-02
清 玉手镯	直径7.8cm	57,500	古天一	2019-06-05
清 玉手镯（一对）	直径8cm	11,500	古天一	2019-06-05
清 玉寿字纹手镯	直径7cm	14,950	北京翰海	2019-10-12
清 玉双龙戏珠镯及白玉龙纹佩	镯直径7.5cm，佩长3.4cm	104,535	香港苏富比	2019-05-30
清代 白玉绳索纹手镯（一件）	内径6cm；重量40.1g	112,000	上海联合	2019-12-01
清代 白玉双龙抱珠手镯	直径7.6cm	34,500	古天一	2019-12-03
清代 黄玉手镯	直径7.5cm	70,150	古天一	2019-12-03
清代 玉束腰手镯	高3.5cm；直径8cm	207,000	古天一	2019-12-03
民国 白玉手镯（一对）	圈口57cm	40,250	广东崇正	2019-03-03
民国 黄玉手镯	直径6cm	13,800	北京荣宝	2019-06-13
民国 玉手镯	直径8cm	10,350	北京翰海	2019-10-12
白玉、碧玉镯各一只	内径5.7cm；内径5.2cm	23,000	中国嘉德	2019-06-25
白玉贵妃镯	内径5.4cm	20,700	中国嘉德	2019-06-25
白玉绞丝镯、黄玉云纹镯各一只	内径5.9cm；内径5.8cm	20,700	中国嘉德	2019-03-24
白玉手镯	宽1.7cm；内径5.8cm	112,000	上海联合	2019-12-01
白玉手镯	内径5.8cm；宽0.9cm；重量39g	20,160	上海联合	2019-12-01

2019玉器拍卖成交汇总

(成交价RMB：1万元以上)

拍品名称	物品尺寸	成交价RMB	拍卖公司	拍卖日期
白玉手镯	外径7.7cm；内径6cm	11,500	西泠印社	2019-04-14
白玉竹节纹手镯（一对）	内径58mm	17,250	广东崇正	2019-05-23
白玉镯	内径5.7cm	13,800	中国嘉德	2019-10-16
青白玉绞丝镯（一对）	内径5.6cm	17,250	中国嘉德	2019-03-24
鸭蛋青碧玉手镯	圈口57.5cm；重量66.9g	33,600	上海联合	2019-12-01
烟青手镯	宽1.8cm；重量61.2g	17,696	上海联合	2019-06-16
烟青手镯	宽1cm；重量38.5g	14,560	上海联合	2019-06-16
玉镯（十只）	尺寸不一	17,250	中国嘉德	2019-06-25
玉发器				
仰韶文化 墨白玉笄	长17.4cm	55,938	佳士得	2019-11-27
汉代 玉笄	长14.9cm	17,250	广东崇正	2019-11-27
明 白玉凤首簪、蘑菇头簪（一组两件）	长16.6cm；长15.5cm	32,200	浙江佳宝	2019-06-23
明 白玉凤首簪子（三件）	尺寸不一	63,250	中国嘉德	2019-06-02
明 白玉红沁岁寒三友簪	长9.9cm	32,200	北京鸿盛祥	2019-06-04
明 白玉迎春花纹发簪	长19.5cm	11,350	中古陶	2019-06-05
明代 白玉雕红沁梅花诗文发簪	长15.6cm	149,500	古天一	2019-06-05
明代 白玉雕子冈款螭龙发簪	长9.5cm	138,000	古天一	2019-06-05
清 白玉雕螭纹如意纹簪子（两件）	长14.5cm；长14cm	40,250	中国嘉德	2019-06-02
石家河文化 青玉鸟纹笄	长9.1cm	2,237,500	佳士得	2019-11-27
宋 白玉发簪（一对）	长9.3cm；长9.4cm	25,300	西泠印社	2019-07-06
清 白玉发簪	长10.2cm	149,500	北京荣宝	2019-12-01
唐-清 白玉钗（一组四件）	尺寸不一	32,200	浙江佳宝	2019-06-23
唐 白玉"花卉"纹梳背	长11cm；厚0.5cm	67,392	万昌斯	2019-05-27
商 黄玉弦纹箍	直径3.9cm	64,216	中国嘉德	2019-10-07
宋 黄玉弦纹发箍	外径5.7cm；内径4.7cm；高6.3cm	23,000	西泠印社	2019-07-06
明 白玉留皮束腰发箍	直径4.2cm；厚1.5cm	17,626	万昌斯	2019-05-27
清 沁色玉雕云纹箍形器	直径4.4cm	172,500	西泠印社	2019-07-06
红山文化 玉箍形器	高7.8cm	100,688	佳士得	2019-11-27
元 白玉雕如意纹发冠	长5.6cm	92,000	西泠印社	2019-07-06
清 白玉透雕福寿延绵扁方	长29.7cm	34,500	北京保利	2019-06-06
明 白玉扁方管形坠	长4.6cm	109,250	北京保利	2019-12-05
玉鸡心佩				
战国 绿松石螭龙纹鸡心佩	长6.4cm	16,100	西泠印社	2019-04-14
西汉 白玉卷草纹鸡心佩	7.1×4×0.5cm	855,000	香港苏富比	2019-04-03
汉 白玉带灰皮"韘"形佩	长8cm；厚0.5cm	134,784	万昌斯	2019-05-27
明 白玉凤鸟纹韘形佩	长4cm	103,500	北京鸿盛祥	2019-06-04
明 白玉红沁双螭纹鸡心佩	长6.3cm；宽4.1cm	34,500	浙江佳宝	2019-06-23
明 白玉龙凤纹鸡心佩	长5.8cm	345,000	中贸圣佳	2019-12-01
明 出廓龙凤纹韘形佩	长4.2cm	287,500	北京鸿盛祥	2019-12-04
明 黄玉饕餮纹韘	直径3.3cm；2.6cm；高2.7cm	195,500	北京鸿盛祥	2019-12-04
明 青白玉沁色螭龙韘	长3.3cm	11,500	中国嘉德	2019-03-24
明-清 黄玉雕螭龙纹鸡心佩	长7.2cm	10,350	西泠印社	2019-09-22
清早期 白玉雕龙凤纹鸡心佩	高10cm	57,500	中鸿信	2019-07-17
清乾隆 白玉留皮龙凤纹韘	宽3.8cm	253,000	北京保利	2019-12-05
清中期 白玉龙纹鸡心佩	长6.1cm；宽3.62cm	101,200	浙江佳宝	2019-06-23

拍品名称	物品尺寸	成交价RMB	拍卖公司	拍卖日期
清 白玉雕螭龙鸡心佩	长5cm；高5.4cm	46,000	中贸圣佳	2019-08-16
清 白玉红沁鸡心佩	长5cm	126,500	古天一	2019-06-05
清 白玉红沁韘形佩	长3.8cm	126,500	古天一	2019-06-05
清 玉雕韘形佩	高4.5cm	55,200	古天一	2019-06-05
清 玉鸡心佩	长7.5cm	34,500	北京翰海	2019-10-12
清代 白玉勾云纹韘形佩	高5cm	82,800	古天一	2019-12-03
清代 红沁玉韘形佩	长5.8cm	86,250	古天一	2019-12-03
清代 青白玉韘形佩	高4cm	115,000	古天一	2019-12-03
白玉受沁螭龙纹鸡心佩	长6.9cm；宽5.9cm	20,700	浙江佳宝	2019-06-23
玉司南佩				
白玉受沁司南佩	高2.2cm	23,000	浙江佳宝	2019-06-23
玉牌				
唐或以后 白玉雕乐人图牌		923,038	纽约苏富比	2019-03-19
元 白玉镂雕连年有余牌	长7.6cm；宽6.4cm	23,000	西泠印社	2019-07-06
元 白玉镂雕龙纹牌	宽7.5cm	34,916	伦敦佳士得	2019-02-14
元/明 明 青玉镂雕摩竭鱼纹牌 青白玉鹅	长7cm	480,881	伦敦佳士得	2019-08-29
明末 青玉透雕寿字纹牌		92,304	纽约苏富比	2019-03-23
明 白玉"诗仙""子冈"牌	长3.5cm；厚0.5cm	29,030	万昌斯	2019-05-27
明 白玉透雕仕女图牌饰及瑞鹤图牌饰	长4.8cm，长7.5cm	104,535	香港苏富比	2019-05-30
明 沁色玉雕运财童子牌	高8.2cm	1,150,000	西泠印社	2019-07-06
明 青白玉西王母图牌	6cm×8cm	66,158	伦敦佳士得	2019-05-14
明 玉福禄寿牌	5.7cm×3.1cm	46,000	中国嘉德	2019-06-02
明、清 白玉牌（一组两件）	高4.0cm；高5.7cm	48,300	西泠印社	2019-07-06
明代 白玉子冈牌	4cm×6cm	747,500	古天一	2019-12-03
清早期 白玉红沁松竹梅玉牌	长4.8cm；宽3.5cm	155,250	北京鸿盛祥	2019-06-04
清早期 白玉松屋"溪山高隐"牌	5.8cm×4cm	80,500	中国嘉德	2019-11-17
清早期 白玉岁寒三友牌	长6cm；宽4.2cm	97,750	北京鸿盛祥	2019-06-04
清早期 文伯仁款白玉山水人物诗文牌	长3.5cm	51,750	中国嘉德	2019-06-25
18世纪 白玉"三阳开泰"牌	长5.5cm	154,368	伦敦佳士得	2019-05-14
18世纪 白玉灵芝纹"天保九如"牌	长6.1cm	121,289	伦敦佳士得	2019-05-14
18世纪 青白玉龙形牌	宽53.5cm	34,196	伦敦佳士得	2019-08-29
清乾隆 白玉雕华封三祝牌	长5cm	86,250	保利厦门	2019-01-06
清乾隆 白玉浮雕指日高升图牌	直径7cm	10,350	北京保利	2019-08-25
清乾隆 白玉刻诗文"大吉"牌	长5.6cm	184,000	北京保利	2019-12-05
清乾隆 白玉灵猴献寿纹牌	高7.5cm	46,000	广东崇正	2019-05-23
清乾隆 白玉镂雕长宜子孙牌	长12.7cm	1,342,500	佳士得	2019-11-27
清乾隆 白玉如意形太平有象牌	宽12.5cm	12,002	伦敦佳士得	2019-02-14
清乾隆 白玉升腾宵汉龙纹牌	长5.9cm；宽3.6cm	57,500	北京鸿盛祥	2019-06-04
清乾隆 白玉生肖牛图牌	长5.8cm	330,788	伦敦佳士得	2019-05-14
清乾隆 白玉四喜大吉葫芦牌	长8cm；宽5cm	138,000	北京鸿盛祥	2019-12-04
清乾隆 白玉喜鹊登梅镂空圆牌	直径5.5cm	207,000	北京鸿盛祥	2019-12-04
清乾隆 黄玉拐子龙纹"与物皆春"仕女图牌	长5cm	195,500	北京保利	2019-12-05
清乾隆 御制白玉雕螭龙纹变形蝠纹牌	高8cm；宽5.5cm	345,000	中鸿信	2019-07-16
清中期 白玉"吉庆云和"牌	高5.5cm	97,750	北京荣宝	2019-12-01
清中期 白玉大吉福禄插牌	高18.5cm	34,500	北京翰海	2019-06-15
清中期 白玉雕"如松"螭龙牌	长5.6cm	13,800	北京保利	2019-01-20

拍品名称	物品尺寸	成交价RMB	拍卖公司	拍卖日期
清中期 白玉雕“旭日东升”图圆形牌	高6.5cm	23,000	中鸿信	2019-07-17
清中期 白玉雕刘海戏金蟾牌	高5.5cm	55,200	北京荣宝	2019-12-01
清中期 白玉雕人物高士图子冈诗文牌	高6.1cm	23,000	中鸿信	2019-07-17
清中期 白玉吉祥如意纹牌	高6.8cm	20,700	广东崇正	2019-05-23
清中期 白玉浅刻梅花诗文牌	长6.8cm	184,000	北京保利	2019-12-05
清中期 白玉人物纹牌	高6.3cm	60,534	中国嘉德	2019-03-31
清中期 白玉太狮少狮纹牌	高5.2cm	11,500	广东崇正	2019-11-28
清中期 白玉童子诗文牌	高6cm	20,700	华艺国际	2019-08-11
清中期 白玉童子纹吉祥牌	长5.6cm；宽4cm	101,200	浙江佳宝	2019-06-23
清中期 玛瑙巧作钟馗迎福牌	5cm×3.8cm	69,000	古天一	2019-06-05
清中期 青白玉雕荔枝斋戒牌	4.4×5.8×1.1cm	28,750	北京诚轩	2019-11-16
清中期 喜报三元玉牌	长5.4cm；宽4.7cm	46,000	中贸圣佳	2019-06-07
清中期 玉雕暗香图牌	3×6.2×0.8cm	40,250	北京诚轩	2019-11-16
18世纪/19世纪 白玉仕女图诗文圆牌	长4.7cm	110,253	伦敦佳士得	2019-05-14
18世纪/19世纪 黄玉松下博弈图牌	长6cm	32,059	伦敦佳士得	2019-08-29
18世纪/19世纪 青玉镂雕螭龙纹牌		62,934	纽约苏富比	2019-03-23
19世纪/20世纪 玉雕龙鱼圆牌		83,913	纽约苏富比	2019-03-23
清 白玉“吉庆有余”牌	高5.7cm	29,900	北京荣宝	2019-12-01
清 白玉“酒中仙”“子冈”牌	长6cm；厚0.7cm	31,104	万昌斯	2019-05-27
清 白玉“镂空”“龙凤”纹“双字体”诗文牌	长7.6cm；厚0.8cm	228,096	万昌斯	2019-05-27
清 白玉带皮虎纹牌	长8cm	11,500	广东崇正	2019-03-03
清 白玉带皮双兔纹牌	长9cm	11,500	广东崇正	2019-03-03
清 白玉雕吹箫引凤图牌	高4.2cm	207,000	西泠印社	2019-07-06
清 白玉雕风云际会牌	长5.8cm；宽3.7cm	32,200	西泠印社	2019-07-06
清 白玉雕福寿如意纹牌	高5.0cm	86,250	西泠印社	2019-07-06
清 白玉雕富贵多子牌	高6.0cm	103,500	西泠印社	2019-07-06
清 白玉雕欢天喜地牌	高7.5Cm	126,500	西泠印社	2019-07-06
清 白玉雕加官进爵牌	长6cm；宽4cm	27,600	西泠印社	2019-04-14
清 白玉雕老少背图子冈牌	高6.0cm	195,500	西泠印社	2019-07-06
清 白玉雕镂雕童子牌	长7cm；宽4.5cm	57,500	西泠印社	2019-07-06
清 白玉雕梅寿万长牌	长6cm	108,000	佳士得	2019-05-29
清 白玉雕樵云木屈伍图牌	长6.5cm；宽4.4cm	46,000	西泠印社	2019-07-06
清 白玉雕人物诗文牌	长6cm	23,000	中鸿信	2019-07-16
清 白玉雕山水楼阁诗文牌	长5.3cm	23,000	中鸿信	2019-07-16
清 白玉雕太平如意牌	高6.7cm	517,500	西泠印社	2019-07-06
清 白玉雕婴戏牌	长6cm	46,000	北京保利	2019-03-26
清 白玉雕有凤来仪子冈牌	高5.5cm	115,000	西泠印社	2019-07-06
清 白玉雕鱼化龙牌	高5.8cm	230,000	西泠印社	2019-07-06
清 白玉雕渔樵耕读图牌	3.8cm×5cm	80,500	北京诚轩	2019-06-03
清 白玉雕云中龙纹牌	高6.0cm	230,000	西泠印社	2019-07-06
清 白玉雕斋戒牌、“寿而百禄”牌	高4.2cm	11,500	广东崇正	2019-05-23
清 白玉雕子冈款对弈图牌	高6.0cm	207,000	西泠印社	2019-07-06
清 白玉雕子冈款梅花纹牌	高6.1cm	287,500	西泠印社	2019-07-06
清 白玉雕子冈款仕女图牌	高6.2cm	97,750	西泠印社	2019-07-06
清 白玉雕子冈款陶公牌	高3.7cm	402,500	西泠印社	2019-07-06
清 白玉雕子冈款折梅图牌	高5.6cm	138,000	西泠印社	2019-07-06
清 白玉访友图玉牌	长6.9cm；宽4.9cm	230,000	北京鸿盛祥	2019-06-04
清 白玉高士采药图诗文牌	长5.5cm	220,525	伦敦佳士得	2019-05-14

拍品名称	物品尺寸	成交价RMB	拍卖公司	拍卖日期
清 白玉高士诗文牌	长5.9cm	11,500	中国嘉德	2019-03-24
清 白玉欢天喜地圆形玉牌（含老座）	高14.5cm	34,248	中国嘉德	2019-10-07
清 白玉加官进爵玉牌	长5.7cm；宽4.5cm	103,500	北京鸿盛祥	2019-06-04
清 白玉教子图牌	3.9×5.9×0.8cm	40,250	北京诚轩	2019-11-16
清 白玉夔龙纹牌	长7.8cm	58,864	保利香港	2019-10-07
清 白玉兰花诗文牌	长5.9cm	23,000	北京保利	2019-04-30
清 白玉榴开百子图牌	长5.5cm	34,500	北京保利	2019-08-25
清 白玉榴留百子双龙纹子冈牌	7.8×5.6×0.6cm	149,500	中古陶	2019-06-05
清 白玉镂雕花牌（一组四件）	尺寸不一	10,350	广东崇正	2019-05-23
清 白玉麻姑献寿牌	7cm×5.2cm	69,000	中国嘉德	2019-11-17
清 白玉梅兰纹葫芦牌	长6.1cm；宽3.7cm	32,200	浙江佳宝	2019-06-23
清 白玉米芾拜石牌	长5.6cm；宽4.5cm	230,000	北京鸿盛祥	2019-12-04
清 白玉牌等（一组四件）	尺寸不一	11,500	浙江佳宝	2019-06-23
清 白玉巧雕如意平安牌	3.3×4.8×0.5cm	103,500	北京诚轩	2019-06-03
清 白玉沁色花开富贵玉牌	长6.6cm；宽4.4cm	115,000	北京鸿盛祥	2019-06-04
清 白玉清华仙露牌	长7.8cm；宽5.7cm	115,000	北京鸿盛祥	2019-06-04
清 白玉山水纹牌	长5.3cm	10,350	中国嘉德	2019-03-24
清 白玉诗文牌	长4cm	23,750	北京保利	2019-03-26
清 白玉诗文人物牌	长5.3cm	34,500	北京保利	2019-08-25
清 白玉诗文玉牌	长4.6cm；宽2.6cm	120,750	北京鸿盛祥	2019-06-04
清 白玉仕女诗文牌	长5.7cm	23,000	北京保利	2019-12-05
清 白玉事事如意牌	高6cm	184,000	中国嘉德	2019-11-17
清 白玉双龙首斋戒牌	长6.5cm；宽4.6cm；高0.6cm	17,250	浙江佳宝	2019-06-23
清 白玉松下高士诗文牌	长5.7cm	23,000	北京保利	2019-06-23
清 白玉题诗枇杷蝴蝶图佩《子冈》款	长5.6cm	52,818	香港苏富比	2019-05-30
清 白玉天禄灵芝小牌（两件）	4.2cm×2.7cm；4cm×2cm	59,800	中国嘉德	2019-06-02
清 白玉童子及“子冈”牌	最大长4.8cm	49,766	万昌斯	2019-05-27
清 白玉童子吉祥牌	长6.5cm	27,600	北京保利	2019-08-25
清 白玉文鸳并宿牌	长6.4cm；宽4.1cm	517,500	中贸圣佳	2019-08-16
清 白玉武将诗文牌	长4.2cm	115,000	北京保利	2019-08-25
清 白玉喜得连科牌	高7.3cm	69,000	中国嘉德	2019-06-02
清 白玉喜字牌	高6.7cm	46,000	中国嘉德	2019-06-02
清 白玉一路连科牌	长6.2cm	23,000	北京保利	2019-04-30
清 白玉一路太平牌	长8.3cm；宽6.7cm；高3.8cm	32,200	浙江佳宝	2019-06-23
清 白玉云龙纹牌	6.6cm×4.4cm	92,000	古天一	2019-06-05
清 黑白玛瑙俏色山水人物纹牌	长4.7cm；宽3.2cm	25,300	浙江佳宝	2019-06-23
清 黑白玉巧雕隐士观瀑诗文牌	长6.3cm；宽3cm	74,750	北京鸿盛祥	2019-12-04
清 黄玉雕“芭蕉叶”子冈牌、白玉雕蝉、蝴蝶佩等（共五件）	尺寸不一	48,300	北京保利	2019-12-04
清 黄玉雕猫趣图牌	长4.7cm；宽3.3cm	11,500	西泠印社	2019-09-22
清 黄玉高浮雕梅纹寿字牌	长6cm；宽4.16cm	17,250	浙江佳宝	2019-06-23
清 黄玉鹿衔灵芝福寿牌	直径5.4cm	46,000	北京鸿盛祥	2019-12-04
清 黄玉双凤牌	长6.5cm	17,250	中国嘉德	2019-03-24

2019玉器拍卖成交汇总

(成交价RMB：1万元以上)

拍品名称	物品尺寸	成交价RMB	拍卖公司	拍卖日期
清 刘海戏金蟾白玉牌	长5.8cm；宽4cm	69,000	中贸圣佳	2019-06-07
清 玛瑙巧雕降龙罗汉牌	长5.8cm；宽4.4cm	33,350	西泠印社	2019-07-06
清 麒麟送子白玉牌	高14.8cm	55,654	中国嘉德	2019-10-07
清 青白玉雕“合和”佩、螭龙捧寿、福寿纹牌、君子佩（共四件）	尺寸不一	21,850	北京保利	2019-06-05
清 珊瑚 合香牌（一组两件）	尺寸不一	12,650	广东崇正	2019-05-23
清 苏作玛瑙婴戏图牌	长5.8cm；宽4.9cm	66,700	北京鸿盛祥	2019-12-04
清 羲之爱鹅子冈牌	长5.7cm；宽4cm	172,500	中贸圣佳	2019-12-01
清 玉雕“君子比德”牌	7.8cm × 3.3cm	43,700	中国嘉德	2019-11-17
清 玉雕麻姑喜字小插牌	高6cm	120,750	中国嘉德	2019-06-02
清 玉雕松下高士诗文牌	5.5cm × 4.3cm	36,800	中国嘉德	2019-11-17
清 玉雕童子“眉寿”牌	长5.8cm	11,500	中国嘉德	2019-10-16
清 玉牌	重量75.6g；高7cm	22,600	上海品得	2019-06-19
清 芝亭款白玉松鹤纹龙首诗文牌	长5.9cm；宽3.4cm	20,700	浙江佳宝	2019-06-23
清 子冈款白玉山水人物诗文牌	长5.6cm；宽3.4cm；高0.8cm	23,000	浙江佳宝	2019-06-23
清代 玉雕兽面牌	高4.5cm	322,000	古天一	2019-12-03
十八至十九世纪 水晶英雄双联瓶式盖盒	长9.8cm	52,818	香港苏富比	2019-05-30
清末至民国 白玉人物图佩	长5.9cm	176,059	香港苏富比	2019-05-30
当代 白玉雕文殊菩萨蝠纹牌	高7.3cm	28,750	中鸿信	2019-07-17
当代 白玉雕饮马图蝠纹人物牌	高7.6cm	26,450	中鸿信	2019-07-17
白玉、青白玉牌（八件）	尺寸不一	25,300	中国嘉德	2019-06-25
白玉、青白玉牌（六件）	尺寸不一	34,500	中国嘉德	2019-06-25
白玉、青白玉牌（六件）	尺寸不一	34,500	中国嘉德	2019-06-25
白玉、青白玉牌（六件）	尺寸不一	17,250	中国嘉德	2019-06-25
白玉、青白玉牌（十件）	尺寸不一	28,750	中国嘉德	2019-06-25
白玉、青白玉牌、佩（六件）	尺寸不一	17,250	中国嘉德	2019-06-25
白玉宝瓶观音牌	5.8 × 3.6 × 1.6cm；重量52.8g	31,360	上海联合	2019-12-01
白玉欢天喜地牌	长5.8cm	13,800	中国嘉德	2019-03-24
白玉牌（一组）	尺寸不一	14,950	北京保利	2019-11-22
白玉平安牌	5.3 × 3.4 × 0.8cm；重量36.6g	14,560	上海联合	2019-12-01
白玉平安牌	5 × 3 × 0.8；重量28g	12,320	上海联合	2019-12-01
白玉生肖牌	长4.7cm	14,950	北京保利	2019-08-25
白玉悠然见南山挂牌	6.6 × 4 × 1.1cm；重量79.2g	134,400	上海联合	2019-12-01
葛洪 慈怀若水 白玉牌	重32.6g	46,000	西泠印社	2019-07-07
葛洪 荷塘小趣 白玉牌	重27.6g	46,000	西泠印社	2019-07-07
葛洪 喜悦 白玉牌	重40.4g	46,000	西泠印社	2019-07-07
顾铭 和田玉籽料“观音”牌	重量45.84g	97,750	华艺国际	2019-08-10
顾铭 和田玉籽料“祝寿”牌	重量27.82g	103,500	华艺国际	2019-08-10
顾永骏 柏子图 碧玉插牌	31cm × 20.5cm	504,000	上海联合	2019-06-16
郭万龙 独占鳌头 白玉牌	重60.0g	195,500	西泠印社	2019-07-07
郭万龙 喜事至 白玉牌	重48.5g	195,500	西泠印社	2019-07-07
侯晓锋 福从天降 碧玉牌	重75.2g	36,800	西泠印社	2019-07-07
侯晓锋 喜乐有福 白玉牌	重103.50g	287,500	西泠印社	2019-07-07
黄玉、白玉山水人物牌	高5.9cm；高4.9cm	11,500	北京保利	2019-01-20

拍品名称	物品尺寸	成交价RMB	拍卖公司	拍卖日期
姜丙雷 白玉三希堂三帖套牌	19.7cm × 14.8cm；27.17cm × 25.07cm；39.14cm × 34.6cm	1,725,000	中贸圣佳	2019-12-01
近代 白玉平安牌（一组两件）	长6.2cm；宽2.7cm	13,800	浙江佳宝	2019-06-23
李剑 顶刮刮 碧玉牌	重32.2g	43,700	西泠印社	2019-07-07
林金波 九思九容 白玉牌	重74.7g	172,500	西泠印社	2019-07-07
林金波 妙笔生花 白玉牌	重53.2g	46,000	西泠印社	2019-07-07
林金波 亭亭玉立 白玉牌	重49.7g	46,000	西泠印社	2019-07-07
卢开飞 独占鳌头 白玉牌	重115.8g	218,500	西泠印社	2019-07-07
庞然 比兰修身 白玉牌	重24.3g	57,500	西泠印社	2019-07-07
庞然 大自在 白玉心经牌	重95.4g	345,000	西泠印社	2019-07-07
庞然 容膝斋图 白玉牌	重91.6g	402,500	西泠印社	2019-07-07
青白玉山水人物诗文牌	长6cm	11,500	中国嘉德	2019-03-24
青白玉鱼跃龙门牌、黄玉平安无事牌各一件	长6cm；长5.2cm	13,800	中国嘉德	2019-06-25
青白玉渔乐诗文牌	长6cm	11,500	中国嘉德	2019-03-24
瞿利军 携琴访友 白玉插牌	重696.6g	2,012,500	西泠印社	2019-07-07
瞿利军 一生相随 白玉对牌	重36.1g；36.2g	74,750	西泠印社	2019-07-07
孙有庚 白玉千手观音挂牌	8.8 × 4.6 × 1.3cm；重量131.3g	221,760	上海联合	2019-12-01
天然白玉“无事牌”吊坠		51,552	天成国际	2019-11-27
王贺 白玉观音挂牌	6.2 × 3.6 × 1cm；重量52.1g	67,200	上海联合	2019-12-01
王金忠 花好月圆 白玉挂牌	7.2 × 4.1 × 1cm；重量66.8g	61,600	上海联合	2019-06-16
王金忠 花开富贵 白玉挂牌	8.7 × 5.3 × 1.7cm；重量165.4g	106,400	上海联合	2019-06-16
王一卜 静观自在 白玉牌	重52.2g	218,500	西泠印社	2019-07-07
吴灶发 白玉春夏秋冬套牌	高8.5cm × 4；重量152.8g；重量154.8g；重量152.5g；重量151.4g	2,184,000	上海联合	2019-12-01
吴灶发 如意观音 白玉牌	重57.9g	172,500	西泠印社	2019-07-07
吴灶发 松鹤延年 白玉牌	重50.4g	172,500	西泠印社	2019-07-07
颜桂明 白玉无量之厚椭圆牌	5.6 × 4 × 1.7cm；重量61.6g	143,360	上海联合	2019-12-01
杨建发 碧玉绿度母挂牌	6.4 × 4.3 × 1.6cm；重量64.8g	89,600	上海联合	2019-12-01
杨曦 福猪 白玉牌	重21.5g	57,500	西泠印社	2019-07-07
杨曦 慧愿宏深 白玉牌	重46.0g	172,500	西泠印社	2019-07-07
杨曦 蕙质兰心 白玉牌	重27.5g	92,000	西泠印社	2019-07-07
杨曦 龙凤呈祥 白玉对牌	重20.1g；26.3g	172,500	西泠印社	2019-07-07
杨曦 祝寿 白玉牌	重41.4g	195,500	西泠印社	2019-07-07
姚圣国 白玉荷花挂牌	5.4 × 3.6 × 1cm；重量40.8g	51,520	上海联合	2019-12-01
姚圣云 净瓶观音 白玉牌	5.7 × 3.6 × 1.2cm；重量56g	100,800	上海联合	2019-06-16
佚名 牧牛图 黄玉牌	重54.5g	23,000	西泠印社	2019-07-07
易少勇 暗香送暖	长7.7cm；宽4cm	5,520,000	上海明轩	2019-04-28
殷小金 福如东海 黄玉牌	重47.4g	13,800	西泠印社	2019-07-07
元中堂 王天翔 白玉度母挂牌	6.4 × 3.2 × 1.2cm；重量62g	212,800	上海联合	2019-12-01
元中堂 王天翔 访友图 白玉挂牌	7.9 × 5 × 0.9cm；重量92g	134,400	上海联合	2019-06-16
元中堂 王天翔 湖光山色 白玉挂牌	6.6 × 3.9 × 1cm；重量71g	156,800	上海联合	2019-06-16

拍品名称	物品尺寸	成交价RMB	拍卖公司	拍卖日期
元中堂 王天翔 南海观音 白玉挂牌	7.8×3.9×1.2cm；重量84g	358,400	上海联合	2019-06-16
元中堂 王天翔 凭栏听涛 白玉挂牌	8.2×3.9×1.1cm；重量96.5g	179,200	上海联合	2019-06-16
元中堂 王天翔 文武星君 白玉插牌	13.5×5×1.4×2cm	3,696,000	上海联合	2019-06-16
元中堂 王天翔 孝公变法 白玉挂牌	8.5×5×1.1cm；重量106.9g	392,000	上海联合	2019-06-16
元中堂 王天翔 渔翁得利 白玉挂牌	8.5×3×1.2cm；重量76g	201,600	上海联合	2019-06-16
张成西 白玉千手观音挂牌	6.3×3.6×1.1cm；重量76g	97,440	上海联合	2019-12-01
张焕庆 松鹤延年 白玉插牌	15.2×8.5×1.4cm；重量393g	616,000	上海联合	2019-06-16
张良 白玉清供挂牌	4.8×2.6×1cm；重量28.3g	22,400	上海联合	2019-12-01
张永来 虚空藏菩萨 白玉牌	重52.0g	80,500	西泠印社	2019-07-07
赵琦 甘霖普度 白玉牌	重63.4g	92,000	西泠印社	2019-07-07
赵琦 荷塘清趣 碧玉对牌	重35.1g；33.4g	23,000	西泠印社	2019-07-07
赵琦 如来弘法 白玉牌	重95.4g	103,500	西泠印社	2019-07-07
赵琦 忠义千秋 白玉牌	重75.1g	97,750	西泠印社	2019-07-07
佩挂件				
新石器时代 红山文化 黄玉猪龙	长9cm；厚2.6cm	196,992	万昌斯	2019-05-27
新石器时代 红山文化 黄玉猪龙	长5.1cm；厚1.7cm	31,104	万昌斯	2019-05-27
新石器时代 红山文化 玉勾云佩及黄玉鸮	最大长7.1cm；厚0.3cm	228,096	万昌斯	2019-05-27
新石器时代 红山文化 玉佩（一组五件）	最大长7.4cm；厚0.4cm	114,048	万昌斯	2019-05-27
新石器时代 红山文化 玉鸮形佩		218,173	纽约苏富比	2019-03-19
红山文化 玛瑙猪龙	高7.2cm	391,563	佳士得	2019-11-27
红山文化 青玉勾云形佩	长18.4cm	895,000	佳士得	2019-11-27
红山文化 青玉勾云形佩	长12.3cm	156,625	佳士得	2019-11-27
红山文化 玉鸟形佩	长4.6cm	1,006,875	佳士得	2019-11-27
红山文化 玉猪龙	高11.8cm	5,481,875	佳士得	2019-11-27
文化期 白玉人形佩	高11cm	299,573	中国嘉德	2019-10-07
文化期 横条棱线纹玉佩	宽13.6cm	139,134	中国嘉德	2019-10-07
文化期 黄玉凤纹卷尾佩	宽2.8cm	770,587	中国嘉德	2019-10-07
文化期 黄玉鸮、猪龙、坠（三件）	宽3.8cm	95,846	中国嘉德	2019-03-31
文化期 玉蚕	长4.8cm	128,431	中国嘉德	2019-10-07
文化期 玉雕C龙	高15.5cm	428,104	中国嘉德	2019-10-07
文化期 玉雕双连人面	宽5cm	37,459	中国嘉德	2019-10-07
文化期 玉勾云佩	宽10.9cm	374,591	中国嘉德	2019-10-07
文化期 玉人	高5.6cm	32,108	中国嘉德	2019-10-07
文化期 玉兽面纹佩	高6.3cm	64,216	中国嘉德	2019-10-07
文化期 玉鸮	宽2.7cm	21,405	中国嘉德	2019-10-07
文化期 玉坠（一对）	高2.4cm	21,405	中国嘉德	2019-10-07
商 青白玉鸮	高3.5cm	299,250	香港苏富比	2019-04-03
商 青玉鸟佩	高4.7cm	64,125	香港苏富比	2019-04-03
商或更晚 鱼形佩	长15cm	238,140	邦瀚斯	2019-05-28
商晚期 青褐玉鸟形佩	长5.9cm	444,563	纽约佳士得	2019-09-13
商末至西周初 玉龙佩	高7cm	320,625	香港苏富比	2019-04-03
商晚期/西周 青黄玉龙首蚕身形佩	长4.6cm	533,475	纽约佳士得	2019-09-13
商晚期/西周 玉鱼形佩（三件）	长4.7cm；长3.1cm；长5.3cm	62,239	纽约佳士得	2019-09-13
商晚期/西周早期 白玉褐沁鱼形佩	长7.5cm	355,650	纽约佳士得	2019-09-13
商晚期/西周早期 白玉鸮形佩	长4.1cm	978,038	纽约佳士得	2019-09-13
商晚期/西周早期 褐玉鱼形佩	长5.7cm	40,011	纽约佳士得	2019-09-13
商晚期/西周早期 青黄玉兔形佩	长4.5cm	284,520	纽约佳士得	2019-09-13
商晚期/西周早期 青玉兔形佩	长4.2cm	373,433	纽约佳士得	2019-09-13
商晚期/西周早期 青玉兔形佩	长4cm	71,130	纽约佳士得	2019-09-13
商晚期/西周早期 青玉鱼形佩	长4cm	66,684	纽约佳士得	2019-09-13
商晚期/西周早期 兽面纹玉口	高3.2cm	410,940	邦瀚斯	2019-05-28
商晚期/西周早期 玉鱼形佩（两件）	长5.6cm；长7.5cm	88,913	纽约佳士得	2019-09-13
商晚期至西周 玉鹄、玉壁虎	长5.2cm；长5cm	97,750	广东崇正	2019-11-27
商-西周 玉雕满红沁鱼	长9.2cm	128,431	中国嘉德	2019-10-07
西周 黄玉蛙	宽2.9cm	34,248	中国嘉德	2019-10-07
西周 绿松石佩饰（一组八件）	最长3.7cm	192,375	香港苏富比	2019-04-03
西周 青褐玉鱼形佩	长7.6cm	177,825	纽约佳士得	2019-09-13
西周 青黄玉鱼形佩	长6.4cm	177,825	纽约佳士得	2019-09-13
西周 青灰玉鱼形佩	长12cm	38,913	纽约佳士得	2019-09-13
西周 玉雕人形佩	高6.3cm	53,513	中国嘉德	2019-10-07
西周 玉人龙纹佩	高7cm	642,156	中国嘉德	2019-10-07
西周 玉鱼形佩（两件）	长7.5cm；长7.8cm	77,825	纽约佳士得	2019-09-13
西周·玉兔	长3cm；宽2cm	23,000	西泠印社	2019-07-06
春秋 青玉龙纹佩	长7.7cm	32,108	中国嘉德	2019-10-07
春秋 玉镂雕龙凤纹佩	高3.6cm	642,156	中国嘉德	2019-10-07
春秋 玉卧蚕纹佩	宽2.2cm	42,810	中国嘉德	2019-10-07
春秋中期 玉镂空螭龙人面羽身纹佩	长6.3cm	195,500	广东崇正	2019-11-27
战国 青白玉带灰皮"龙"形佩	长13cm；厚0.7cm	176,256	万昌斯	2019-05-27
战国 玉连勾云纹佩	长11cm	11,500	广东崇正	2019-11-27
战国 玉舞人佩	高4.2cm	85,621	中国嘉德	2019-10-07
战国·青白玉雕楚式龙	长7.2cm	161,000	西泠印社	2019-07-06
西汉 灰玉人形佩	高3.6cm	84,467	纽约佳士得	2019-09-13
汉 白玉舞女佩	高6cm	107,026	中国嘉德	2019-10-07
汉 黄玉镂雕龙纹佩	宽7.8cm	620,751	中国嘉德	2019-10-07
汉 青白玉雕蝉形挂件	高3cm；长6.5cm	13,800	西泠印社	2019-04-14
汉代 玉龟形佩	直径9cm	80,500	广东崇正	2019-11-27
六朝或以前 玉雕鹅形佩		167,825	纽约苏富比	2019-03-19
唐 白玉雕瑞兔佩		385,998	纽约苏富比	2019-03-19
宋 白玉"交颈鸳鸯"佩	长5.3cm；厚0.7cm	290,304	万昌斯	2019-05-27
宋 白玉"龙"佩	直径3.9cm；厚0.7cm	145,152	万昌斯	2019-05-27
宋 青灰玉褐沁雕跨凤仙人佩	高6.7cm	59,940	邦瀚斯	2019-05-28
宋 玉"神农"及"双鱼"佩	最大长6.4cm；厚0.9cm	41,472	万昌斯	2019-05-27
宋/元 原皮太狮少狮佩	宽3.6cm	30,267	中国嘉德	2019-03-31
宋或以后 浅褐玉海螺形佩	长2.5cm	28,452	纽约佳士得	2019-09-13
宋至明 青白玉卧马、瑞兽及宝鸭	3.8至4.4 cm	55,018	香港苏富比	2019-05-30
辽 比翼双飞玉佩	长4.7cm	68,328	罗芙奥	2019-05-01
辽金 黄玉雕鹿衔莲花挂件	长5cm；宽5.3cm	23,000	西泠印社	2019-07-06
辽金 绿松石雕虎形挂件	高2.8cm；长6.8cm	13,800	西泠印社	2019-07-06
金 玉童子佩	高5cm	100,890	中国嘉德	2019-03-31
金代 白玉雕卧熊坠	长3.8cm	20,700	古天一	2019-06-05
金代 白玉透雕云龙纹佩	高4.5cm	63,250	古天一	2019-12-03
金元 白玉留红皮蜀葵形佩	长3.9cm；宽3.5cm	59,300	浙江佳宝	2019-06-23

2019玉器拍卖成交汇总

(成交价RMB：1万元以上)

拍品名称	物品尺寸	成交价RMB	拍卖公司	拍卖日期
元 白玉“龙”形佩	长4.6cm；厚0.8cm	31,104	万昌斯	2019-05-27
元 白玉雕花鸟纹佩	长5.6cm	20,700	西泠印社	2019-07-06
元 白玉飞天佩	长7.7cm	1,150,000	北京保利	2019-12-05
元 白玉荷塘宝鸭钮	高5cm	14,961	伦敦佳士得	2019-08-29
元 白玉镂雕海东青啄天鹅佩	长6.5cm	69,000	北京保利	2019-06-06
元 白玉受沁花形佩	长8.1cm；宽5.55cm	20,700	浙江佳宝	2019-06-23
元 伽罗鸟型佩	长4.3cm	69,000	荣宝斋（南京）	2019-07-21
元 黄玉红沁兽形佩	长6.15cm；高4.8cm	40,250	浙江佳宝	2019-06-23
元 玉雕胡人托塔坠	2cm×7.3cm×1.7cm	74,750	北京诚轩	2019-06-03
元代 白玉雕“双寿”荷叶佩	长6.6cm	17,250	古天一	2019-06-05
元代 白玉镂雕穿花云龙纹佩	5.8cm×6cm	92,000	古天一	2019-06-05
元代 白玉透雕双龙佩	高8cm	103,500	古天一	2019-12-03
元代 白玉鱼纹佩	长6.6cm	78,200	古天一	2019-12-03
元-清 各式玉挂件（一组五件）	尺寸不一	32,200	西泠印社	2019-07-06
明早期 玉雕荷禽童子坠	4.5×6×2.5cm	97,750	北京诚轩	2019-06-03
明 白玉蝉	长3.5cm	132,250	北京鸿盛祥	2019-12-04
明 白玉蝉	长6.1cm	48,300	北京鸿盛祥	2019-12-04
明 白玉春水佩	长8.2cm	34,500	中古陶	2019-06-05
明 白玉带皮雕瑞兽佩	长7cm	34,249	香港苏富比	2019-04-03
明 白玉带皮巧色雕狮纹佩	长8cm；宽6cm	20,700	西泠印社	2019-07-06
明 白玉带沁“马上封侯”及“蝠”形佩	最大长5cm；厚1cm	25,920	万昌斯	2019-05-27
明 白玉带沁双欢	长4.7cm	88,128	万昌斯	2019-05-27
明 白玉雕螭龙纹佩	长8cm；宽4.5cm	36,800	西泠印社	2019-07-06
明 白玉雕夔面纹佩	长7.5cm	20,700	北京翰海	2019-10-12
明 白玉雕莲年有余挂件	长7.5cm	10,350	中古陶	2019-06-06
明 白玉雕龙纹挂坠	长3.5cm	11,500	北京荣宝	2019-06-13
明 白玉雕卧虎挂件	高3cm；长7cm	11,500	西泠印社	2019-07-06
明 白玉鹅形坠	长4.5cm	46,000	北京保利	2019-08-25
明 白玉海东青击鹄佩	长6.2cm	55,200	北京鸿盛祥	2019-12-04
明 白玉红沁龙凤佩	长6.8cm	322,000	北京鸿盛祥	2019-12-04
明 白玉红沁纽丝纹龙	长6.6cm	55,200	北京鸿盛祥	2019-06-04
明 白玉红沁瑞兽挂件	高4.2cm	23,000	西泠印社	2019-07-06
明 白玉红沁鱼化龙	直径8.1cm	103,500	北京鸿盛祥	2019-06-04
明 白玉金乌挂件	高4.4cm	57,500	中贸圣佳	2019-06-07
明 白玉连年有余佩	长6.5cm	55,200	浙江佳宝	2019-06-23
明 白玉龙凤纹佩	长9cm；宽5.7cm	207,000	北京鸿盛祥	2019-12-04
明 白玉龙凤纹佩	长10.3cm	97,750	北京鸿盛祥	2019-12-04
明 白玉龙佩（一对）	长7.3cm	115,000	北京鸿盛祥	2019-12-04
明 白玉龙纹佩	长5.7cm；宽5cm	115,000	北京鸿盛祥	2019-12-04
明 白玉嵌宝石镂雕玉兔捣药佩	长5.4cm	115,000	北京保利	2019-12-05
明 白玉俏色双鱼衔莲佩	长6cm；宽4.5cm	13,800	浙江佳宝	2019-06-23
明 白玉瑞鹅衔莲及白玉巧作双鱼	长3.2cm，长4.0cm	176,059	香港苏富比	2019-05-30
明 白玉双凤首纹玉佩	长4.8cm	97,750	北京鸿盛祥	2019-06-04
明 白玉水银沁双龙佩	长6.5cm；宽4.5cm	552,000	北京鸿盛祥	2019-12-04
明 白玉饕餮兽面	长4.5cm	55,200	北京鸿盛祥	2019-06-04
明 白玉弦纹佩	直径5.4cm	17,250	中古陶	2019-06-05
明 白玉鱼化龙佩	直径6.8cm	46,000	北京鸿盛祥	2019-06-04
明 白玉云龙纹佩	长4.2cm	115,000	北京鸿盛祥	2019-06-04
明 白玉中穿孔天禄	长5.1cm	55,200	北京鸿盛祥	2019-06-04
明 白玉中穿孔熊	长5cm	161,000	北京鸿盛祥	2019-06-04
明 白玉子辰佩	直径6.2cm	86,250	北京鸿盛祥	2019-06-04
明 白玉坐龙	高5.6cm	77,760	万昌斯	2019-05-27
明 红沁金玉满堂挂件	长4.2cm	80,500	中贸圣佳	2019-06-07
明 红沁双龙佩	长6.3cm	218,500	北京鸿盛祥	2019-06-04
明 红沁中穿孔玉龟背	长5.2cm	82,800	北京鸿盛祥	2019-06-04
明 黄玉“府上有龙”佩	长11.5cm；厚1cm	33,178	万昌斯	2019-05-27
明 黄玉豹首	长2.5cm	86,250	北京鸿盛祥	2019-06-04
明 黄玉蚕	长4.1cm	184,000	北京鸿盛祥	2019-06-04
明 黄玉雕鹅坠	2.6cm×3.2cm	51,750	北京诚轩	2019-11-16
明 黄玉勾云形佩	长9.4cm	253,000	北京鸿盛祥	2019-06-04
明 黄玉红沁望子成龙佩	长6cm；宽2.7cm	97,750	西泠印社	2019-07-06
明 黄玉鸠鸟佩	长5.5cm	74,750	中国嘉德	2019-06-02
明 黄玉留皮子辰佩	直径6.1cm	132,250	北京鸿盛祥	2019-12-04
明 黄玉龙	长4.8cm	34,500	北京鸿盛祥	2019-06-04
明 黄玉人龙纹佩	长5.1cm	112,700	北京鸿盛祥	2019-12-04
明 黄玉受沁兽形佩	长7cm；宽4.2cm	23,000	浙江佳宝	2019-06-23
明 黄玉兽面	长2.8cm	82,800	北京鸿盛祥	2019-06-04
明 黄玉兽面	长2cm	28,750	北京鸿盛祥	2019-06-04
明 旧玉饕餮纹坠	长3.5cm	632,500	北京保利	2019-12-05
明 旧玉鱼坠、锥形坠（一组两件）	长5.2cm；长4cm	17,250	中国嘉德	2019-06-02
明 老提油玉雕舞人佩	高9.1cm	25,300	西泠印社	2019-07-06
明 巧色玉雕螭龙纹佩	长5.1cm	26,187	伦敦佳士得	2019-02-14
明 沁色玉蝉	长6.5cm	46,000	北京鸿盛祥	2019-12-04
明 青白玉雕海马坠	5.8×3.8×1.5cm	23,000	北京诚轩	2019-11-16
明 青白玉雕坐兽	高5.2cm	80,500	西泠印社	2019-07-06
明 青白玉童子三件	6.1至7.1 cm	121,040	香港苏富比	2019-05-30
明 青白玉子辰佩	长5.7cm	34,500	中古陶	2019-06-05
明 青黄玉伏虎佩	4.6cm×2.6cm×1.6cm	23,000	北京诚轩	2019-11-16
明 青玉凤鸟佩	3.2cm×2.4cm×0.5cm	34,500	中古陶	2019-06-05
明 青玉镂空螭龙佩	宽8cm	27,540	邦瀚斯	2019-05-28
明 玉沁色禽鸟佩	长5.3cm	368,000	中国嘉德	2019-11-17
明 玉神人佩	长4.1cm	74,750	北京鸿盛祥	2019-12-04
明 玉童子挂件	长3cm	13,800	中贸圣佳	2019-12-01
明代 玉雕灵芝佩	4.8cm×5.6cm	57,500	古天一	2019-12-03
明代 玉雕双雁荷叶佩	长9cm	178,250	古天一	2019-06-05
明或更早 白玉童子佩 及 褐斑白玉刘海佩	长3.6cm，长3.2cm	77,026	香港苏富比	2019-05-30
明或更早 青玉猪龙 及 青玉琮		33,011	香港苏富比	2019-05-30
明或以前 白玉蝉	长6cm	40,250	广东崇正	2019-11-28
明末至清初 白玉持荷童子 及 玉雕瑞兽	长5.0cm，长5.4cm	104,535	香港苏富比	2019-05-30
明末至清初 白玉卧马两件	长4.5cm，长5.1cm	110,037	香港苏富比	2019-05-30
明末至清初 青白玉童子卧鼓 及 青白玉卧猫	长6.2cm，长5.6cm	121,040	香港苏富比	2019-05-30
明晚期 玉雕鸡形坠	8.1×4.5×2.5cm	75,900	北京诚轩	2019-06-03
明末清初 巧色玉透雕龙纹佩	宽6cm	12,824	伦敦佳士得	2019-08-29
明末清初 玉雕文光射斗牛佩	2.3×6.7×1.5cm	11,500	北京诚轩	2019-06-03
18世纪 白玉雕螭龙纹佩		79,717	纽约苏富比	2019-03-20
18世纪 白玉雕金蟾鲤鱼坠	长4.2cm	130,140	邦瀚斯	2019-05-28

拍品名称	物品尺寸	成交价RMB	拍卖公司	拍卖日期
18世纪 白玉巧作菱角蝴蝶	长5.7cm	96,188	香港苏富比	2019-04-03
18世纪 痕都斯坦嵌金镶宝石玉佩	5cm×4.2cm	46,000	中古陶	2019-06-05
十七世纪 白玉持荷童子 及 青白玉刘海戏金蟾	长4.3cm，长5.1cm	35,212	香港苏富比	2019-05-30
清早期 白玉龙船佩	长7.6cm	17,250	北京保利	2019-08-25
清早期 白玉珑	5.6cm×0.6cm	11,500	北京诚轩	2019-11-16
清早期 白玉沁色辈辈封侯	长4.2cm；高2.3cm	57,500	北京鸿盛祥	2019-06-04
清早期 白玉渔家乐小赏件	长7.4cm	66,700	北京鸿盛祥	2019-06-04
清早期 玉雕福寿吉庆大有余佩	7.7×4.9×1.1cm	23,000	北京诚轩	2019-11-16
18世纪 白玉茄子坠	长4.5cm	42,745	伦敦佳士得	2019-08-29
18世纪或更晚 玉及玛瑙佩（一组七件）	长6cm	13,094	伦敦佳士得	2019-02-14
清乾隆 白玉螭龙纹挂坠	高3.4cm	34,500	北京荣宝	2019-12-01
清乾隆 白玉雕鹅佩	长5.5cm	103,140	邦瀚斯	2019-05-28
清乾隆 白玉雕三羊开泰佩	长5.5cm	43,700	北京荣宝	2019-06-13
清乾隆 白玉浮雕太师少师图佩	5.9cm×1.3cm	57,500	北京诚轩	2019-11-16
清乾隆 白玉福禄万代挂件	长5cm	287,500	上海明轩	2019-04-28
清乾隆 白玉留皮鹅戏莲	长4.6cm	86,250	北京鸿盛祥	2019-06-04
清乾隆 白玉龙凤合符佩	高8cm	483,000	北京鸿盛祥	2019-06-04
清乾隆 白玉子冈款岁岁双安佩	长5.5cm	270,540	邦瀚斯	2019-05-28
清乾隆 碧玺寿桃佩	长4.6cm	80,500	北京鸿盛祥	2019-12-04
清乾隆 仿古纹佩	高18.9cm	588,643	中国嘉德	2019-10-07
清乾隆 青白玉带皮荔枝	长5.5cm	58,865	香港苏富比	2019-04-03
清乾隆 青白玉雕百事如意坠	5.4×4.5×2.2cm	115,000	北京诚轩	2019-06-03
清乾隆 御制诗文佩	高6.2cm	46,000	中鸿信	2019-07-17
清乾隆·白玉浮雕双螭龙穿云纹佩	长7cm；宽4cm	437,000	西泠印社	2019-07-06
清乾隆·玛瑙巧雕福寿多子挂件	长5cm；宽3.5cm	11,500	西泠印社	2019-07-06
清中期 白玉“花甲再来”佩	直径5.6cm；厚0.9cm	88,128	万昌斯	2019-05-27
清中期 白玉百事如意佩	高6.2cm	23,000	北京翰海	2019-06-15
清中期 白玉比翼同心佩	高7.8cm	36,800	北京翰海	2019-06-15
清中期 白玉蝉	长6.5cm	115,000	北京保利	2019-12-05
清中期 白玉雕寿桃鹦鹉佩	3.1×4.8×2.3cm	189,750	北京诚轩	2019-06-03
清中期 白玉凤纹佩	高6cm	11,500	北京翰海	2019-06-15
清中期 白玉福禄永昌佩	高6cm	34,500	北京翰海	2019-06-15
清中期 白玉福山寿海佩	高6cm	23,000	北京翰海	2019-06-15
清中期 白玉和合如意佩	高7.5cm	20,700	北京翰海	2019-06-15
清中期 白玉红沁福禄万代佩	高4.9cm	38,338	中国嘉德	2019-03-31
清中期 白玉留皮葫芦坠	长7.2cm；宽4.1cm	34,500	浙江佳宝	2019-06-23
清中期 白玉留皮松鼠瓜果佩（一对）	宽7.1cm	100 890	中国嘉德	2019-03-31
清中期 白玉龙凤纹万寿无疆佩	高6.8cm	36,300	北京翰海	2019-06-15
清中期 白玉龙纹释迦牟尼佩	高6.3cm	69,000	北京翰海	2019-06-15
清中期 白玉龙祥凤瑞佩	高8cm	13,800	北京翰海	2019-06-15
清中期 白玉龙形佩	高8.8cm	10,350	北京翰海	2019-06-15
清中期 白玉梅兰竹菊佩	高6.5cm	23,000	北京翰海	2019-06-15
清中期 白玉平安丰乐佩	高6cm	20,700	北京翰海	2019-06-15
清中期 白玉平安佩	高7.5cm	13,800	北京翰海	2019-06-15
清中期 白玉浅浮雕山水诗文佩	长4.2cm	287,500	北京保利	2019-06-06
清中期 白玉巧雕瓜瓞绵绵佩	3.5×5.3×2.3cm	57 500	北京诚轩	2019-11-16
清中期 白玉洒金螭龙纹坠	高4.8cm	34 500	北京翰海	2019-06-15
清中期 白玉洒金福禄万代	高8cm	69 000	北京翰海	2019-06-15
清中期 白玉洒金云龙纹神品佩	高6.3cm	322,000	北京翰海	2019-06-15
清中期 白玉蛇	长5.3cm	11,500	北京翰海	2019-06-15
清中期 白玉双寿坠	长4.5cm	37,950	北京保利	2019-03-26
清中期 白玉四君子佩（一对）	高6.7cm	92,000	浙江佳宝	2019-06-23
清中期 白玉松下人物诗文佩	高6cm	17,250	北京翰海	2019-06-15
清中期 白玉童子福寿吉庆纹佩	直径7.7cm	23,000	浙江佳宝	2019-06-23
清中期 白玉透雕凤竹佩	长7.5cm	13,800	北京保利	2019-01-20
清中期 白玉羲之爱鹅文字佩	高5cm	17,250	北京翰海	2019-06-15
清中期 白玉仙人抚琴诗文佩	高6cm	25,300	北京翰海	2019-06-15
清中期 白玉增华吉庆佩	直径4.1cm；高0.66cm	25,300	浙江佳宝	2019-06-23
清中期 白玉子辰佩	高6.3cm	13,800	北京翰海	2019-06-15
清中期 白玉子辰佩	直径6.2cm	17,250	北京荣宝	2019-06-13
清中期 玛瑙雕“福禄如意”挂件	长5cm	13,800	荣宝斋（南京）	2019-07-21
清中期 玛瑙雕“如意封侯”挂件	长6cm	17,250	荣宝斋（南京）	2019-07-21
清中期 玛瑙巧色吉庆有余佩	长5cm	20,700	保利厦门	2019-01-06
清中期 苏作玛瑙件坠（一组三件）	尺寸不一	43,300	中鸿信	2019-07-16
18世纪/19世纪 白玉雕螭龙纹佩		35,243	纽约苏富比	2019-03-19
18世纪/19世纪 白玉雕灵鹿衔芝佩	长6.1cm	108,540	邦瀚斯	2019-05-28
18世纪/19世纪 白玉褐斑仿古龙凤纹佩	长9cm	34,195	伦敦佳士得	2019-08-29
18世纪/19世纪 琥珀富贵凤凰小盖瓶及“松风韵”佩	高7.3cm	44,882	伦敦佳士得	2019-08-29
18世纪/19世纪 青白玉仙人佩	长4.5cm	17,098	伦敦佳士得	2019-08-29
19世纪 白玉雕喜瑞如意佩		37,761	纽约苏富比	2019-03-23
19世纪 白玉葫芦型“和合如意”佩	高6cm	41,956	纽约佳士得	2019-03-22
清 白玉“福寿如意”佩	直径7.9cm；厚0.7cm	25,920	万昌斯	2019-05-27
清 白玉“麒麟送子”佩	玉长7.2cm；厚0.9cm	20,736	万昌斯	2019-05-27
清 白玉布袋和尚佩 及 白玉法轮纹带扣	3.2及5.5 cm	16,505	香港苏富比	2019-05-30
清 白玉螭龙佩	长6.3cm	13,800	中国嘉德	2019-03-24
清 白玉持荷童子	长4.7cm	77,026	香港苏富比	2019-05-30
清 白玉大吉葫芦佩	长6.5cm	20,500	中贸圣佳	2019-06-07
清 白玉带皮双菱挂件	高3cm	46,000	中贸圣佳	2019-06-07
清 白玉带沁“欢心守业”扇坠	长5.5cm；厚1.1cm	18,652	万昌斯	2019-05-27
清 白玉带洒金皮“福寿”坠	长4.7cm	103,680	万昌斯	2019-05-27
清 白玉雕“比翼同心”佩	高6.8cm	36,800	中古陶	2019-06-06
清 白玉雕螭虎佩	长5cm	36,800	北京翰海	2019-10-12
清 白玉雕动物挂件	长6.5cm	55,200	荣宝斋（南京）	2019-07-21
清 白玉雕福禄万代挂件	高6.7cm	109,250	中贸圣佳	2019-08-16
清 白玉雕府上有龙佩	高11.6cm	11,500	中古陶	2019-06-06
清 白玉雕富贵豆挂件	高5.5cm	23,000	中古陶	2019-06-06
清 白玉雕高士问道图佩	长6.3cm；宽4.2cm	43,700	西泠印社	2019-04-14
清 白玉雕花卉纹竹节佩	高6.0cm	40,250	西泠印社	2019-07-06
清 白玉雕击鼓童子挂件	长4.8cm	63,250	西泠印社	2019-07-06
清 白玉雕老鼠挂件	长6.5cm	74,750	荣宝斋（南京）	2019-07-21
清 白玉雕留皮松鼠葡萄纹佩	高6.0cm	40,250	西泠印社	2019-07-06
清 白玉雕梅花佩	长6cm；宽4cm	25,300	西泠印社	2019-07-06
清 白玉雕年年有余挂件	长4.8cm	23,000	中贸圣佳	2019-08-16

2019玉器拍卖成交汇总

(成交价RMB：1万元以上)

拍品名称	物品尺寸	成交价RMB	拍卖公司	拍卖日期
清 白玉雕平安吉庆佩	长6.9cm；高7.6cm	82,800	中贸圣佳	2019-08-16
清 白玉雕麒麟佩	长5.3cm	115,000	西泠印社	2019-07-06
清 白玉雕雀梅挂件	长5cm；宽4cm	34,500	荣宝斋（南京）	2019-07-21
清 白玉雕狮子戏球图佩	长5cm；宽3.6cm	16,100	西泠印社	2019-04-14
清 白玉雕松鼠南瓜纹佩	高4.4cm	48,300	西泠印社	2019-07-06
清 白玉雕松鼠葡萄纹佩	长5.2cm	34,500	西泠印社	2019-07-06
清 白玉雕云龙佩	长4.6cm；高6.1cm	115,000	中贸圣佳	2019-08-16
清 白玉雕竹石芭蕉佩	长6cm	25,300	北京翰海	2019-03-29
清 白玉蝶衔灵芝佩	长7.1cm；宽5.9cm	44,850	中贸圣佳	2019-08-16
清 白玉飞天佩	长7.5cm	85,757	保利香港	2019-04-02
清 白玉风云际会佩	长7.5cm	126,500	北京鸿盛祥	2019-12-04
清 白玉浮雕诗文松下高士图佩	长6.5cm；宽4.4cm	43,700	西泠印社	2019-04-14
清 白玉福禄寿纹磬型佩	长9.5cm	86,250	中古陶	2019-06-05
清 白玉福禄万代坠	长6.5cm	11,500	中国嘉德	2019-10-16
清 白玉福山寿海佩	高5.5cm	17,250	北京翰海	2019-06-15
清 白玉福寿宝瓶佩	长4.7cm	17,250	中国嘉德	2019-10-16
清 白玉福寿佩	长8.7cm	23,000	北京保利	2019-04-30
清 白玉福寿坠	长5.9cm	17,250	北京保利	2019-03-26
清 白玉府上有龙佩	长6.3cm；宽4.1cm	138,000	北京鸿盛祥	2019-12-04
清 白玉府上有龙佩（一件）	6.7×4.8×0.7cm；重量45.4g	14,560	上海联合	2019-12-01
清 白玉富甲天下坠	长3.7cm；宽3.2cm	20,700	浙江佳宝	2019-06-23
清 白玉瓜瓞延绵坠	长4.4cm；宽4.9cm	13,800	浙江佳宝	2019-06-23
清 白玉合和二仙挂件	高5cm	57,500	北京荣宝	2019-12-01
清 白玉和合二仙佩	长5.9cm	17,250	中国嘉德	2019-03-24
清 白玉红皮瓜瓞绵绵坠	高6cm	92,000	古天一	2019-06-05
清 白玉红沁虎形佩	长8cm；宽3.5cm	43,700	西泠印社	2019-07-06
清 白玉葫芦形挂件	高7.8cm	23,546	中国嘉德	2019-10-07
清 白玉蝴蝶佩	10cm×6cm	51,750	中古陶	2019-06-05
清 白玉花卉诗文佩	直径5.5cm	34,500	北京翰海	2019-06-15
清 白玉吉庆灵猴善字佩	长5.7cm	80,500	北京鸿盛祥	2019-06-04
清 白玉吉庆有鱼佩	8.3×5.2×0.7cm	20,700	中古陶	2019-06-05
清 白玉吉祥如意佩	长6cm	115,000	北京保利	2019-08-25
清 白玉教子升天佩	高7.5cm	13,800	北京翰海	2019-06-15
清 白玉君子佩	4.7×3.5×2.2cm	32,200	中古陶	2019-06-05
清 白玉夔龙纹佩	长6cm	34,500	中古陶	2019-06-05
清 白玉连年有余佩	长10.5cm	13,800	中国嘉德	2019-06-02
清 白玉灵芝佩	长6cm	17,250	北京保利	2019-04-30
清 白玉刘海戏蟾坠	高4.3cm	40,250	古天一	2019-06-05
清 白玉刘海戏金蟾佩	高7cm	20,700	北京翰海	2019-06-15
清 白玉留皮“福寿”坠	长5.5cm	176,256	万昌斯	2019-05-27
清 白玉留皮“福寿”坠	长5.1cm	72,576	万昌斯	2019-05-27
清 白玉留皮葫芦万代挂件	高4.9cm	63,250	中贸圣佳	2019-08-16
清 白玉留皮龙纹坠	长4.9cm；宽2.7cm	46,000	北京鸿盛祥	2019-06-04
清 白玉留皮俏色子辰佩	长4.3cm	36,800	北京鸿盛祥	2019-06-04
清 白玉留皮沁色松鼠葡萄佩	宽4.6cm	107,026	中国嘉德	2019-10-07
清 白玉留皮松鼠坠	长4.5cm	28,750	北京保利	2019-08-25
清 白玉龙凤纹合符佩	长7.25cm；宽6.5cm	55,200	浙江佳宝	2019-06-23
清 白玉龙凤纹佩	高6.5cm	11,500	北京翰海	2019-06-15

拍品名称	物品尺寸	成交价RMB	拍卖公司	拍卖日期
清 白玉龙凤纹佩	高6cm	10,350	北京翰海	2019-06-15
清 白玉龙纹佩	长5.4cm	23,000	中贸圣佳	2019-08-16
清 白玉龙舟佩	10.5cm×6.2cm	63,250	中古陶	2019-06-05
清 白玉镂雕福纹宝瓶转心佩	长5.2cm；宽4.2cm	16,100	西泠印社	2019-09-22
清 白玉镂雕双喜纹佩	高5.2cm	36,800	西泠印社	2019-07-06
清 白玉镂雕卧羊纹佩	长5.1cm；宽4.5cm	71,300	中贸圣佳	2019-12-01
清 白玉镂雕竹节鹦鹉佩	直径5.7cm	230,000	西泠印社	2019-07-06
清 白玉马图佩 及 白玉松荫高仕图佩	长5.5cm，长5.8cm	19,807	香港苏富比	2019-05-30
清 白玉卯合佩	长7.1cm	17,250	中国嘉德	2019-03-24
清 白玉扭转乾坤佩	直径5cm；高2cm	23,000	浙江佳宝	2019-06-23
清 白玉巧雕螭龙坠	高4.5cm	25,300	中国嘉德	2019-06-02
清 白玉沁色梅花佩	长4.1cm	20,700	北京鸿盛祥	2019-12-04
清 白玉洒金瓜果坠	高6cm	32,200	北京翰海	2019-06-15
清 白玉三羊开泰佩	长5.5cm；宽5.4cm	36,800	浙江佳宝	2019-06-23
清 白玉十二生肖图佩	长6.7cm	264,088	香港苏富比	2019-05-30
清 白玉寿天百禄佩	高6.3cm	13,800	北京翰海	2019-06-15
清 白玉绶带牡丹佩	5cm×3.8cm×0.5cm	11,500	中古陶	2019-06-05
清 白玉双欢坠	长5cm	17,250	中国嘉德	2019-03-24
清 白玉双莲蓬挂件	长5.5cm；宽2.4cm	32,200	浙江佳宝	2019-06-23
清 白玉双龙佩	长7cm	13,800	北京翰海	2019-06-15
清 白玉双寿挂件	宽3.5cm；高4cm	17,250	荣宝斋（南京）	2019-07-21
清 白玉双鱼佩	高8cm	17,250	北京翰海	2019-06-15
清 白玉四方交结勾云纹花型佩	直径5.6cm	19,295	中古陶	2019-06-05
清 白玉四龙交结佩	长5.6cm	161,000	北京鸿盛祥	2019-06-04
清 白玉松鼠葡萄坠	长5.5cm；宽3.1cm	20,700	北京鸿盛祥	2019-12-04
清 白玉童子两件	长5.7cm，长6.8cm	110,037	香港苏富比	2019-05-30
清 白玉童子佩	直径6.5cm	10,350	中国嘉德	2019-03-24
清 白玉兔	长6.1cm	138,000	西泠印社	2019-07-06
清 白玉喜登连科挂坠	长4.8cm	40,250	北京鸿盛祥	2019-06-04
清 白玉仙姑乘槎挂件	高6cm	11,500	中贸圣佳	2019-08-16
清 白玉衔芝卧羊 及 青白玉瑞兽	4及4.1 cm	49,516	香港苏富比	2019-05-30
清 白玉鱼化龙佩	长8.1cm；宽4.2cm	184,000	北京鸿盛祥	2019-12-04
清 白玉鸳鸯莲池纹佩	长5.2cm	161,000	中贸圣佳	2019-12-01
清 白玉竹节佩	长5.8cm；宽3.1cm	17,250	浙江佳宝	2019-06-23
清 白玉竹节佩	高6cm	36,800	中国嘉德	2019-06-02
清 白玉竹节佩	长8cm	20,700	中国嘉德	2019-06-02
清 白玉竹兰君子佩	长7.7cm	34,500	北京鸿盛祥	2019-06-04
清 白玉籽料留皮巧雕荷花坠	高5.5cm	172,500	古天一	2019-06-05
清 碧玺巧雕金玉满堂坠	3.2cm×4.3cm×2.1cm	20,700	北京诚轩	2019-11-16
清 碧玉龙纹佩	5.9cm×4.7cm	94,300	中国嘉德	2019-06-02
清 仿宋白玉和合二仙	长6.1cm	60,520	香港苏富比	2019-05-30
清 粉碧玺福寿坠	高3cm	23,000	北京翰海	2019-06-15
清 各式玉、翡翠挂坠（三件）	尺寸不一	14,950	北京保利	2019-01-20
清 和田玉雕太平有象坠	长8cm	34,500	中古陶	2019-06-05
清 褐白玉巧雕加官进禄/獾鹿	长3.8cm	22,007	香港苏富比	2019-05-30
清 黑白玉镂空雕蟹形佩	长4.3cm	32,200	中国嘉德	2019-06-02
清 黑白玉巧雕做龙纹挂坠	高7cm	23,000	北京荣宝	2019-06-13
清 黑白玉俏色巧雕螭龙佩	长4.4cm	57,500	北京鸿盛祥	2019-12-04
清 黑白玉俏色三阳开泰	长4.3cm	103,500	北京鸿盛祥	2019-06-04

拍品名称	物品尺寸	成交价RMB	拍卖公司	拍卖日期
清 黑白玉童子骑马佩、青白玉刘海戏金蟾坠（共两件）	高6.8cm；高5.4cm	460,000	北京保利	2019-06-06
清 琥珀"福寿双全"坠	长5.2cm；重13g	49,766	万昌斯	2019-05-27
清 花篮耳环 双凤佩	A：3.3cm；B：5.5cm；C：3.5cm	57,500	中古陶	2019-06-05
清 黄玉留皮俏色双猴献寿	高5.3cm	57,500	北京鸿盛祥	2019-06-04
清 黄玉鹿	长8.5cm	34,500	北京翰海	2019-10-12
清 黄玉五蝠坠	长7cm	34,500	北京保利	2019-08-25
清 黄玉子辰佩	高7.6cm	287,500	中鸿信	2019-07-17
清 金镶白玉螭龙佩	8.2×3.6×1.1cm	17,025	中古陶	2019-06-05
清 玛瑙福禄寿坠	高4cm	28,750	北京翰海	2019-06-15
清 玛瑙巧雕福寿三多挂件	长4.5cm；宽3.7cm	13,800	西泠印社	2019-04-14
清 玛瑙巧雕童子挂件	高4.4cm；长3.7cm	16,100	西泠印社	2019-04-14
清 玛瑙巧雕喜鹊灵芝佩	长5cm；宽3.5cm	18,400	西泠印社	2019-04-14
清 玛瑙巧作灵猴献寿灵芝纹佩	高5.2cm	55,200	中古陶	2019-06-06
清 玛瑙巧作人物佩	长6cm	11,500	北京翰海	2019-10-12
清 玛瑙巧做苏式米芾拜石佩	高5.5cm	138,000	北京翰海	2019-03-29
清 青白玉缠缠绵绵佩	5.8×3.6×1.7cm	13,800	中古陶	2019-06-05
清 青白玉雕瓜瓞连绵玉坠、青白玉镂雕竹节挂件	高6cm	78,694	中国嘉德	2019-03-31
清 青白玉留皮瓜蝶绵绵挂件	高5.7cm	13,800	中贸圣佳	2019-08-16
清 青白玉茅山玉佩	6.3cm×5.3cm	17,250	中古陶	2019-06-05
清 青白玉人物山水图题字卵石佩		55,018	香港苏富比	2019-05-30
清 青白玉童子坠	长6cm	17,250	中国嘉德	2019-03-24
清 青玉蝴蝶佩	7.9×9.3×0.4cm	17,250	中古陶	2019-06-05
清 洒金白玉雕瓜坠	长4.5cm	21,850	北京翰海	2019-03-29
清 双虎首玉珩（一对）	长8.8cm	483,000	古天一	2019-06-05
清 糖白玉巧做龙凤纹山水清音佩	8.2×5×0.5cm	32,200	中古陶	2019-06-05
清 提油太狮少狮挂件	长4.6cm	23,000	中贸圣佳	2019-08-16
清 玉螭龙佩	长6cm	20,700	北京翰海	2019-10-12
清 玉雕螭虎佩	高4.5cm	16,100	北京翰海	2019-03-29
清 玉雕龙纹佩	长6cm	32,200	北京翰海	2019-03-29
清 玉雕龙坠	长5cm	10,350	北京翰海	2019-03-29
清 玉雕梅花琴式坠	长8.5cm	10,350	北京翰海	2019-03-29
清 玉雕蜻蜓坠	长5.5cm	18,400	北京翰海	2019-10-12
清 玉雕人物佩	高6.5cm	34,500	北京翰海	2019-10-12
清 玉雕人物佩	长8cm	13,800	北京翰海	2019-10-12
清 玉雕人物转心佩	直径6cm	78,200	北京翰海	2019-10-12
清 玉雕诗文梅花佩	高5.2cm	46,000	中国嘉德	2019-06-02
清 玉雕双欢坠	长5.5cm	14,950	北京翰海	2019-10-12
清 玉雕双欢坠	长5.5cm	10,350	北京翰海	2019-10-12
清 玉雕松鼠葡萄坠	长5cm	13,800	北京翰海	2019-10-12
清 玉雕太子玩莲 菱角等（3件）		18,400	北京翰海	2019-03-29
清 玉雕太子玩莲坠		34,500	北京翰海	2019-03-29
清 玉雕万事如意佩	长6cm	71,300	北京翰海	2019-10-12
清 玉雕鱼鹰佩	长5.5cm	13,800	中国嘉德	2019-10-16
清 玉鹅	长3cm	10,350	北京翰海	2019-10-12
清 玉凤	高6.5cm	28,750	北京翰海	2019-10-12
清 玉凤佩	长8cm	13,800	北京翰海	2019-03-29
清 玉福字佩	高6cm	10,925	北京翰海	2019-03-29
清 玉府上有龙佩	高6.3cm	17,250	北京翰海	2019-03-29
清 玉府上有龙佩	长5.5cm	16,100	北京翰海	2019-10-12
清 玉狗	长3cm	18,400	北京翰海	2019-10-12
清 玉瓜蜻蜓坠	长6cm	20,700	北京翰海	2019-10-12
清 玉瓜坠	长6cm	14,950	北京翰海	2019-10-12
清 玉瓜坠	长6cm	12,650	北京翰海	2019-10-12
清 玉瓜坠	高5cm	10,350	北京翰海	2019-03-29
清 玉荷花坠	长3cm	12,650	北京翰海	2019-10-12
清 玉鹤	长7cm	23,000	北京翰海	2019-10-12
清 玉猴	长6cm	17,250	北京翰海	2019-03-29
清 玉葫芦	长4.5cm	60,950	北京翰海	2019-10-12
清 玉蝴蝶	长7cm	13,800	北京翰海	2019-10-12
清 玉蝴蝶坠	长7cm	13,800	北京翰海	2019-10-12
清 玉蓝花坠	长6cm	34,500	北京翰海	2019-10-12
清 玉莲蓬坠	长7.5cm	34,500	北京翰海	2019-10-12
清 玉灵芝竹笋形佩	长5.5cm	11,500	北京翰海	2019-10-12
清 玉留皮瓜蝶坠	高4.8cm	43,700	中国嘉德	2019-06-02
清 玉龙纹佩	长5.5cm	11,500	北京翰海	2019-10-12
清 玉龙形佩	长5cm	32,200	北京翰海	2019-03-29
清 玉龙形佩	长12.5cm	828,000	古天一	2019-06-05
清 玉镂雕双龙佩	高5.8cm	43,700	中国嘉德	2019-11-17
清 玉人	高5.5cm	23,000	北京翰海	2019-10-12
清 玉人	高6cm	11,500	北京翰海	2019-10-12
清 玉寿字佩	高6cm	17,250	北京翰海	2019-10-12
清 玉双鹅	长5.5cm	55,200	北京翰海	2019-10-12
清 玉双鹅	长4.5cm	11,500	北京翰海	2019-10-12
清 玉双凤佩	高5.3cm	49,450	北京翰海	2019-03-29
清 玉双欢坠	长5cm	42,550	北京翰海	2019-10-12
清 玉双龙佩	高5cm	17,250	北京翰海	2019-03-29
清 玉太子玩莲	长5.5cm	18,400	北京翰海	2019-03-29
清 玉桃	长3.5cm	28,750	北京翰海	2019-10-12
清 玉桃坠	长6cm	10,350	北京翰海	2019-10-12
清 玉鸳鸯坠	长5cm	10,350	北京翰海	2019-10-12
清 紫水晶雕螭龙纹福瓜佩	长3.8cm；宽2.7cm	13,800	西泠印社	2019-04-14
清初 白玉摔跤童子 及 白玉凤阳婆戏猴	长2.8cm，长4.7cm	209,070	香港苏富比	2019-05-30
清代 白玉出廓双龙兽面佩	长3.8cm	391,000	古天一	2019-12-03
清代 白玉出廓双兽佩	长4.8cm	207,000	古天一	2019-12-03
清代 白玉带皮巧雕福寿佩	长4.5cm	86,250	古天一	2019-12-03
清代 白玉雕行书诗文叶形坠	长6.5cm	66,700	古天一	2019-12-03
清代 白玉雕老少乐挂坠（一件）	4.8×2.7×2.1cm；重量29.6g	24,640	上海联合	2019-12-01
清代 白玉雕寿桃佩（一件）	4.6×4.3×2cm；重量55.2g	168,000	上海联合	2019-12-01
清代 白玉福禄万代佩 白玉灵霄花佩（二件）	高5cm；高5.8cm	48,300	古天一	2019-12-03
清代 白玉虎形佩	长5.8cm	112,700	古天一	2019-12-03
清代 白玉灵芝竹节佩	高5.5cm	85,250	古天一	2019-12-03
清代 白玉龙胎	直径2.2cm	230,000	古天一	2019-12-03
清代 白玉龙纹佩	4.5cm×6cm	48,300	古天一	2019-12-03
清代 白玉兽面佩	高3.3cm；长4cm	322,000	古天一	2019-12-03
清代 白玉双欢佩	长6.2cm	11,500	古天一	2019-12-03
清代 白玉双龙首勾云纹佩	高4.2cm	253,000	古天一	2019-12-03
清代 白玉透雕螭龙佩	长6cm	57,500	古天一	2019-12-03
清代 青黄玉人形佩	高6.3cm	828,000	古天一	2019-12-03
清代 玉雕人龙纹佩（一对）	高4cm	161,000	古天一	2019-12-03
清或更早 灰白玉摔跤童子	长4.2cm	82,527	香港苏富比	2019-05-30
清或以后 青玉圆孔方坠	长7.6cm	109,086	纽约佳士得	2019-03-21
清末 白玉雕瑞兽佩		71,326	纽约苏富比	2019-03-19
18世纪 白玉童子	长6.3cm	60,520	香港苏富比	2019-05-30
18世纪 青白玉莲蓬形把件	长6.8cm	44,078	香港苏富比	2019-05-17

2019玉器拍卖成交汇总

(成交价RMB：1万元以上)

拍品名称	物品尺寸	成交价RMB	拍卖公司	拍卖日期
十八至十九世纪 白玉刘海戏金蟾 及 白玉年年有余佩	3.2及5.1 cm	71,524	香港苏富比	2019-05-30
十八至十九世纪 白玉年年有余佩	长5.5cm	20,907	香港苏富比	2019-05-30
19世纪 白玉豆荚	长10.0cm	143,254	香港苏富比	2019-05-17
19世纪 玛瑙芝仙祝寿佩	长4.6cm	30,855	香港苏富比	2019-05-17
白玉禅音挂件	4.1×2.1×1cm；重量13.9g	30,240	上海联合	2019-12-01
白玉顶呱呱挂件	2.8×2.5×2.5cm；重量21.4g	76,160	上海联合	2019-12-01
白玉福如意挂件	4.3×1.7×1.1cm；重量10g	11,200	上海联合	2019-12-01
白玉莲生贵子挂件	高6.6cm	40,250	中贸圣佳	2019-12-01
白玉龙头挂件	4.7×2.9×1.2cm；重量21.9g	33,600	上海联合	2019-12-01
白玉年年有余挂件	4.4×1.7×1.3cm；重量14.3g	16,576	上海联合	2019-12-01
白玉铺首元宝挂件	2.2×3.6×1.6cm；重量18.2g	33,600	上海联合	2019-12-01
白玉瑞兽挂件	3.1×2.7×1.4cm；重量16.9g	17,920	上海联合	2019-12-01
白玉山高水长挂件	6.3×2.4×1.7cm；重量38.4g	201,600	上海联合	2019-12-01
白玉羊形坠	长3.2cm；宽1.2cm；高1.8cm	34,500	浙江佳宝	2019-06-23
白玉云龙纹佩	长11.9cm；宽4.9cm	287,500	浙江佳宝	2019-06-23
财神 白玉挂件	5.1×2.7×1.9cm；重量35.4g	78,400	上海联合	2019-06-16
曹之璟 白玉"龙行天下"挂件	5.3×5.3.4×1.9cm；重量103g	345,000	华艺国际	2019-08-10
陈健 静观 白玉挂件	重82.8g	368,000	西泠印社	2019-07-07
房军建 白玉财帛星君挂件	3.9×3.7×2.2cm；重量40g	179,200	上海联合	2019-12-01
龚克勤 白玉福豆挂件	4.4×2.4×1.4cm；重量21.7g	42,560	上海联合	2019-12-01
龚克勤 白玉花开富贵挂件	直径5.2cm；厚1.2cm；重量57.2g	89,600	上海联合	2019-12-01
龚克勤 白玉如意挂件	3.8×2.3×1.3cm；重量18.1g	29,120	上海联合	2019-12-01
龚克勤 多子多福 白玉挂件	4.7×2.2×1.6cm；重量20.8g	33,600	上海联合	2019-06-16
龚克勤 前途似锦 白玉挂件	4.8×2.6×0.95cm；重量18.2g	33,600	上海联合	2019-06-16
龚克勤 如意 白玉挂件	4×2.4×1.2cm；重量17g	17,920	上海联合	2019-06-16
龚克勤 喜上梅梢 白玉挂件	3.3×3×1.3cm；重量18.2g	20,160	上海联合	2019-06-16
龚克勤 笑口常开 白玉挂件	2.7×3×1.6cm；重量19.3g	33,600	上海联合	2019-06-16
顾忠华 白玉一甲一名挂件	5.1×3.8×2.1；重量54.1g	313,600	上海联合	2019-12-01
郭万龙 大吉 白玉挂件	重37.0g	28,750	西泠印社	2019-07-07
郭万龙 喜相逢 白玉挂件	重24.7g	115,000	西泠印社	2019-07-07
何小波 白玉娇韵挂件	5.3×2.2×1.6cm；重量18.6g	33,600	上海联合	2019-12-01
和田玉瑞兽	重量203g；高8cm	180,800	上海品得	2019-06-19

拍品名称	物品尺寸	成交价RMB	拍卖公司	拍卖日期
侯晓锋 财神到 白玉挂件	重23.1g	25,300	西泠印社	2019-07-07
侯晓锋 欢喜财神 南红挂件	重32.2g	86,250	西泠印社	2019-07-07
侯晓锋 乐逍遥 白玉挂件	重64.8g	57,500	西泠印社	2019-07-07
花开富贵 白玉挂件	4.5×2.4×1.5cm；重量28.2g	16,800	上海联合	2019-06-16
黄杨洪 白玉观音挂件	4.3×2.3×1.2cm；重量18.8g	24,640	上海联合	2019-12-01
黄杨洪 蝶恋花 白玉挂件	重30.4g	103,500	西泠印社	2019-07-07
黄杨洪 福寿双全 白玉挂件	重44.0g	36,800	西泠印社	2019-07-07
黄杨洪 连年有余 白玉挂件	3.6×2.4×2.9cm；重量36g	246,400	上海联合	2019-06-16
黄杨洪 喜事连连 白玉挂件	2.1×2.1×1.3cm；重量7.4g	24,640	上海联合	2019-06-16
黄杨洪 一路如意 白玉挂件	4.2×2.2×1.4cm；重量20g	123,200	上海联合	2019-06-16
黄玉红沁夔龙纹佩	长8.6cm；宽2.6cm	78,200	浙江佳宝	2019-06-23
黄玉红沁猪龙形玦	长5.5cm；宽4.3cm	20,700	浙江佳宝	2019-06-23
黄玉人龙纹佩	长7.5cm；宽2.65cm	28,750	浙江佳宝	2019-06-23
黄玉受沁兽首虫身器	长11.9cm；宽4.9cm	368,000	浙江佳宝	2019-06-23
金包玉勾连云纹嵌红宝佩	长4.2cm；宽3.66cm	20,700	浙江佳宝	2019-06-23
李剑 大圣 白玉挂件	重32.6g	138,000	西泠印社	2019-07-07
李剑 万福 白玉挂件	重39.4g	80,500	西泠印社	2019-07-07
罗敏 观音	长6cm；宽4.5cm	11,500	上海嘉禾	2019-09-07
绿松石地藏王菩萨吊坠		11,500	保利厦门	2019-08-04
绿松石宫殿吊坠		34,500	保利厦门	2019-08-04
绿松石观音挂件	3.5×2.7×1.5cm；重量16.3g	12,096	上海联合	2019-12-01
玛瑙巧雕瓜蝶坠	长4.4cm	11,500	北京保利	2019-03-26
玛瑙巧雕人物、喜珠坠（三件）	尺寸不一	13,800	北京保利	2019-03-26
民国 玉子辰佩	长5.2cm	21,850	北京翰海	2019-03-29
明-清 白玉螭龙纹佩	长5.4cm；宽4.2cm	32,200	西泠印社	2019-04-14
倪建峰 双娇 白玉挂件	4.4×3×2.3cm；重量30.9g；4.2×2.9×2.1cm；重量30.7g	26,880	上海联合	2019-06-16
牛首 白玉挂件	4.3cm×4.8m×1cm；重量27g	24,640	上海联合	2019-06-16
庞然 白财神 白玉挂件	重36.6g	74,750	西泠印社	2019-07-07
貔貅 白玉挂件	5.2×3.2×2.8cm；重量76g	67,200	上海联合	2019-06-16
青玉卷云纹S形龙	长11.8cm；宽2.1cm	20,700	浙江佳宝	2019-06-23
青玉猪龙	高13cm	15,406,335	纽约佳士得	2019-03-21
石家河文化 黄玉人头	高3cm	5,267,075	佳士得	2019-11-27
王彬 白玉福禄挂件	4.2×2.6×1.6cm；重量26g	14,560	上海联合	2019-12-01
王彬 白玉花开见佛挂件	5.4×3.4×1.9cm；重量48.5g	89,600	上海联合	2019-12-01
王彬 碧玉成龙挂件	5.5×5.3×1.7cm；重量48.5g	42,560	上海联合	2019-12-01
王金忠 白玉鹅如意挂件	5.3×3.5×3.4cm；重量76.5g	95,200	上海联合	2019-12-01

拍品名称	物品尺寸	成交价RMB	拍卖公司	拍卖日期
王金志 白玉龙腾四海挂件	5.5×3.6×1.7cm；重量57g	257,600	上海联合	2019-12-01
王金志 丹凤朝阳 白玉挂件	5.8×3.6×1.4cm；重量52.1g	78,400	上海联合	2019-06-16
王金志 荣归 白玉挂件	高5.7cm；重量46.8g	212,800	上海联合	2019-06-16
王金志 天官赐福 白玉挂件	3.7×3.2×1.6cm；重量31.5g	179,200	上海联合	2019-06-16
王永芳 白玉龙龟挂件	3.8×2.6×1.5cm；重量19.2g	35,840	上海联合	2019-12-01
卧马 白玉挂件	6.7×2×1.6cm；重量25.8g	22,400	上海联合	2019-06-16
吴金星 鸿运当头 白玉挂件	4.9×3.2×1cm；重量25.7g	112,000	上海联合	2019-06-16
吴灶发 多子多福 白玉挂件	3.4×3.5×1.5cm；重量11.9g	61,600	上海联合	2019-06-16
吴灶发 鹅如玉 白玉挂件	4.2×5.4×2cm；重量59g	184,800	上海联合	2019-06-16
吴灶发 喜上眉梢 白玉挂件	4.2×3.1×2cm；重量33.3g	123,200	上海联合	2019-06-16
吴灶发 玉兔 白玉挂件	重36.7g	97,750	西泠印社	2019-07-07
笑口常开 白玉挂件	3.7×4.6×2.8cm；重量74.4g	40,320	上海联合	2019-06-16
徐志浩 慈怀无量 白玉挂件	重20.0g	57,500	西泠印社	2019-07-07
许永刚 白玉“貔貅”挂件	70.5×23.5×26.5mm 重量66g	103,500	华艺国际	2019-08-10
羊首 白玉挂件	4.1×2.6×1.6cm；重量15g	39,200	上海联合	2019-06-16
羊头 18k金镶白玉挂件	2.8×1.5×1.8cm；总重10g	10,752	上海联合	2019-06-16
羊头 白玉挂件	3.4×2.7×1.5cm；重量12.7g	11,200	上海联合	2019-06-16
杨建发 白玉福寿挂件	4.5×3×0.9cm；重量17.3g	25,760	上海联合	2019-12-01
杨建发 白玉貔貅挂件	3.3×2.6×1.7cm；重量20.8g	18,816	上海联合	2019-12-01
杨建发 白玉瑞兽挂件	4.6×2×2.5cm；重量30g	50,400	上海联合	2019-12-01
杨建发 白玉寿上加寿挂件	5×2.2×1.5cm；重量22g	56,000	上海联合	2019-12-01
杨建发 福禄 白玉挂件	3.7×2.3×1.3cm；重量14.8g	20,160	上海联合	2019-06-16
杨建发 黄沁观音挂件	4.8×3.3×1.7cm；重量76.8g	313,600	上海联合	2019-12-01
杨建发 貔貅 白玉挂件	4.6×2.6×2.1cm；重量30.8g	50,400	上海联合	2019-06-16
杨建发 一马当先 白玉挂件	5.3×3.9×2.4；重量65.8g	470,400	上海联合	2019-06-16
杨建发 永生 白玉挂件	4.7×1.5×1.4cm；重量15.2g	75,040	上海联合	2019-06-16
杨建发 有禄 白玉挂件	4.8×3.3×1cm；重量23.7g	50,400	上海联合	2019-06-16
杨棐青 残荷·佛说 白玉挂件	7.5×2.7×2.1cm；重量70g	50,400	上海联合	2019-06-16
杨棐青 千手观音 白玉挂件	5.1×4.2×2.5cm；重量72g	78,400	上海联合	2019-06-16
杨曦 辈辈封侯 白玉挂件	重28.7g	109,250	西泠印社	2019-07-07
杨曦 花开富贵 白玉挂件	重22.5g	74,750	西泠印社	2019-07-07
杨曦 笑口常开 白玉挂件	重23.8g	69,000	西泠印社	2019-07-07
杨曦 杏舞嫣然 白玉挂件	重12.6g	63,250	西泠印社	2019-07-07
姚战伟 貔貅白玉挂件	5.6×2.6×2cm；重量26.2g	43,456	上海联合	2019-06-16
姚战伟 五福临门 碧玉佩	5.4×5.4×1.8cm；重量81.7g	38,080	上海联合	2019-06-16
叶清 白玉“年年有余”挂件	56×30×16.5mm；重量42g	115,000	华艺国际	2019-08-10
叶清 白玉“如意猴”挂件	52.5×25.8×20.8mm 重量32.8g	80,500	华艺国际	2019-08-10
殷小金 福到 黄玉挂件	重21.7g	11,500	西泠印社	2019-07-07
殷小金 喜三元 玉挂件（一组）	重33.5g；26.6g；34.6g	103,500	西泠印社	2019-07-07
殷小金 旭日东升 黄玉挂件	重27.0g	17,250	西泠印社	2019-07-07
俞巍巍 龙龟 白玉挂件	4×3.2×1.7cm；重量29.3g	24,640	上海联合	2019-06-16
玉钟式佩	高6.5cm	40,250	北京翰海	2019-10-12
玉猪龙	长3.5cm	13,800	西泠印社	2019-09-22
元中堂 王天翔 白玉财神挂件	3.3×2×1.5cm；重量13g	21,280	上海联合	2019-12-01
元中堂 王天翔 白玉领头羊挂件	4.2×2.5×2.4cm；重量33.3g	96,880	上海联合	2019-12-01
元中堂 王天翔 白玉一路发挂件	4.8×2.2×2cm；重量24.3g	48,160	上海联合	2019-12-01
张成西 白玉福满人间挂件	4.9×2.6×1.3cm；重量26.5g	61,600	上海联合	2019-12-01
张焕庆 吉祥如意 白玉挂件	3.7×3.1×2.2cm；重量35.8g	39,200	上海联合	2019-06-16
张焕庆 马上封侯 白玉挂件	4.7×2.5×1.9cm；重量26.1g	39,200	上海联合	2019-06-16
张永来 大鹏金翅鸟 白玉挂件	重46.6g	48,300	西泠印社	2019-07-07
张永来 黄文殊菩萨 白玉挂件	重43.7g	69,000	西泠印社	2019-07-07
招财貔貅 白玉挂件	4.2×2.5×1.8cm；重量25.1g	33,600	上海联合	2019-06-16
赵琦 红财神 南红挂件	重39.3g	11,500	西泠印社	2019-07-07
赵显志 白玉灵猴献寿挂件	4.3×3.2×1.4cm；重量23.6g	97,440	上海联合	2019-12-01
赵显志 辈辈封侯 白玉挂件	4.7×2.7×2.1cm；重量34.4g	123,200	上海联合	2019-06-16
赵显志 鸿运当头 白玉挂件	3.2×1.9×1.2cm；重量8.7g	61,600	上海联合	2019-06-16
朱跃真 玉兔 青花挂件（一对）	5.3×2.8×2.3cm；重量48.5g；4.4×3×2.2cm；重量37.6g	31,360	上海联合	2019-06-16
自在佛 白玉挂件	5.7×2.6×0.8cm；总重33.7g	21,056	上海联合	2019-06-16
自在弥勒 白玉挂牌	4.6×3.5×1.6cm；重量40g	40,320	上海联合	2019-06-16
把玩件				
西周·玉雕蚱蜢把件	长7.5cm	103,500	西泠印社	2019-07-06
汉 黄玉红沁雕瑞兽把件	高4.2cm 长7.5cm	57,500	西泠印社	2019-07-06
汉 青白玉雕天禄把件	长7.0cm	483,000	西泠印社	2019-07-06
汉 玉猪把件	长7.2cm；宽2cm	34,500	西泠印社	2019-07-06
唐、宋 蜜蜡鼠来宝把件	长5.5cm；重17.6g	74,750	广东崇正	2019-05-23
宋 白玉红沁鹌鹑把件	高3.5cm；长5.5cm	34,500	西泠印社	2019-07-06

2019玉器拍卖成交汇总

(成交价RMB：1万元以上)

拍品名称	物品尺寸	成交价RMB	拍卖公司	拍卖日期
宋 白玉相扑童子	高5.3cm	256,500	香港苏富比	2019-04-03
宋 玉雕红沁卧犬把件	高3.4cm；长9.5cm	49,450	西泠印社	2019-07-06
宋至元 白玉雕乐人把件		251,738	纽约苏富比	2019-03-19
辽 青白玉神兽射箭把件	长3.5cm	128,250	香港苏富比	2019-04-03
辽 水晶雕海东青啄雁把件		29,369	纽约苏富比	2019-03-19
金代 白玉巧雕骑兽童子	高4.5cm	138,000	古天一	2019-06-05
元 青白玉卧虎把件	宽4.7cm	108,000	佳士得	2019-05-29
元/明 黄玉雕麒麟把件		100,695	纽约苏富比	2019-03-19
元至明 白玉雕盘龙把件		335,650	纽约苏富比	2019-03-19
元至明 黄玉雕辟邪把件		184,608	纽约苏富比	2019-03-19
宋至明初 白玉雕瑞兽把件		35,243	纽约苏富比	2019-03-19
明 白玉雕欢天喜地把件	高7.8cm	92,000	西泠印社	2019-07-06
明 白玉雕瑞兽把件	高5.3cm；长10.4cm	23,000	西泠印社	2019-07-06
明 白玉雕瑞兽把件	高5.3cm；长10.4cm	13,800	西泠印社	2019-09-22
明 白玉雕瑞兽把件	长6.8cm	92,000	中贸圣佳	2019-08-16
明 黄玉雕龟甲把件		159,434	纽约苏富比	2019-03-19
明 黄玉雕鹿乳奉亲把件		1,006,950	纽约苏富比	2019-03-19
明 青白玉雕鳜鱼把件	长10.5cm	63,250	西泠印社	2019-07-06
明 青白玉雕莲蓬把件	长6.2cm	48,300	西泠印社	2019-07-06
明 青白玉雕瑞兽把件		100,695	纽约苏富比	2019-03-19
明 青玉褐斑瑞兽献芝把件	长9.5cm	432,000	佳士得	2019-05-29
明 玉雕带沁欢喜把件	高1.5cm；长3cm	28,750	西泠印社	2019-09-22
明 玉雕瑞兽把件		23,496	纽约苏富比	2019-03-19
明 玉雕瑞兽把件		18,461	纽约苏富比	2019-03-19
明 玉雕天马把件		100,695	纽约苏富比	2019-03-19
明 玉雕卧牛把件		33,565	纽约苏富比	2019-03-19
明-清 白玉红沁卧马把件	高3.5cm；长9cm	13,800	西泠印社	2019-09-22
明-清 玉雕红沁灵芝纹把件	长6.5cm；宽4cm	11,500	西泠印社	2019-09-22
17世纪/18世纪 白玉雕童子骑兽把件		92,304	纽约苏富比	2019-03-23
17世纪/18世纪 黄玉雕欢喜童子把件		839,125	纽约苏富比	2019-03-19
17世纪/18世纪 青白玉雕瑞兽把件		75,521	纽约苏富比	2019-03-19
17世纪至18世纪 青玉雕瑞鸟把件		125,869	纽约苏富比	2019-03-19
18世纪 白玉雕吉象把件		40,278	纽约苏富比	2019-03-19
18世纪 白玉雕双欢把件		109,086	纽约苏富比	2019-03-19
18世纪 白玉琴形把件	长10.6cm	70,200	佳士得	2019-05-29
18世纪 黑白玉雕灵猴献寿把件		37,761	纽约苏富比	2019-03-19
18世纪 青白玉雕灵猴献寿把件		67,130	纽约苏富比	2019-03-19
18世纪 青白玉雕马上封侯把件		184,608	纽约苏富比	2019-03-19
清初 青白玉雕瑞鸡把件		75,521	纽约苏富比	2019-03-19
18世纪 白玉带皮金玉满堂把件	宽5.5cm	51,294	伦敦佳士得	2019-08-29
18世纪 白玉凤衔寿桃把件	长15.5cm	453,500	香港苏富比	2019-10-08
18世纪 白玉福寿纹把件	长6.4cm	10,686	伦敦佳士得	2019-08-29
18世纪 白玉灵猴献桃把件	高5cm	34,196	伦敦佳士得	2019-08-29
18世纪 灰黑玉持牡丹童子把件	高9cm	21,373	伦敦佳士得	2019-08-29
18世纪 巧色玉雕童子戏猫把件	宽5cm	64,118	伦敦佳士得	2019-08-29
18世纪 青白玉童子骑木马把件	高8.3cm	48,088	伦敦佳士得	2019-08-29
18世纪 青玉带皮鸟衔寿桃把件	长5.3cm	85,490	伦敦佳士得	2019-08-29
18世纪 青玉褐斑葫芦把件	长6.5cm	23,510	伦敦佳士得	2019-08-29
18世纪、20世纪 青白玉莲生贵子把件 褐玉童子骑象把件 白玉双獾把件（一组三件）	宽6.5cm	17,458	伦敦佳士得	2019-02-14

拍品名称	物品尺寸	成交价RMB	拍卖公司	拍卖日期
清乾隆 白玉寿老把件	高9.3cm	37,402	伦敦佳士得	2019-08-29
清中期 白玉雕太师少师把件	长6.6cm	322,000	西泠印社	2019-07-06
清中期 白玉红沁富贵耄耋把件	高3.3cm；长4.7cm	21,850	西泠印社	2019-07-06
清中期 白玉马上封侯把件	长4.55cm	55,200	浙江佳宝	2019-06-23
清中期 白玉洒金红皮福禄把件	长5.6cm；宽2.2cm；高5.22cm	138,000	浙江佳宝	2019-06-23
清中期 青玉雕耄耋把件及卧猫把件 一组两件	耄耋宽4.9cm；卧猫宽4cm	49,140	邦瀚斯	2019-05-28
18世纪/19世纪 白玉把件（一组三件）	宽7.3cm	76,353	伦敦佳士得	2019-11-05
18世纪/19世纪 白玉雕灵猴献寿把件		46,152	纽约苏富比	2019-03-19
18世纪/19世纪 白玉佛手佩 白玉葫芦佩及白玉籁瓜把件（一组三件）	长7cm	18,549	伦敦佳士得	2019-02-14
18世纪/19世纪 白玉褐斑童子骑牛把件	长7cm	51,294	伦敦佳士得	2019-08-29
18世纪/19世纪 白玉灵猴戏桃把件	高4cm	32,059	伦敦佳士得	2019-08-29
18世纪/19世纪 白玉瑞兽把件	长7.5cm	106,863	伦敦佳士得	2019-08-29
18世纪/19世纪 白玉童子把件及青白玉刘海戏金蟾把件	最长6.4cm	11,755	伦敦佳士得	2019-08-29
18世纪/19世纪 白玉童子持荷叶把件	高5.4cm	25,647	伦敦佳士得	2019-08-29
18世纪/19世纪 巧色玉雕双獾把件	宽6.5cm	10,686	伦敦佳士得	2019-08-29
18世纪/19世纪 青白玉雕卧牛把件		29,369	纽约苏富比	2019-03-19
18世纪/19世纪 青白玉童子牧牛把件	长7.8cm	74,813	香港苏富比	2019-04-03
18世纪/19世纪 青玉双瑞狮把件	长8.5cm	10,686	伦敦佳士得	2019-08-29
19世纪 灰青玉雕瑞鸟衔叶把件	长13.3cm	46,152	纽约佳士得	2019-03-21
19世纪 墨玉雕卧羊把件		83,913	纽约苏富比	2019-03-19
19世纪 青白玉交龙钮“谦受益堂”方印 岁岁平安把件及凤凰竹节把件（一组三件）	长6.7cm	92,746	伦敦佳士得	2019-02-14
19世纪 青玉雕瑞兽把件		46,152	纽约苏富比	2019-03-23
19世纪 青玉雕鹦鹉石榴把件		58,739	纽约苏富比	2019-03-23
清18及18/19世纪 玉随玛瑙人物把件（一组两件）	最高7cm	58,774	伦敦佳士得	2019-08-29
清19世纪 巧色玉雕双獾把件	长4.7cm	21,373	伦敦佳士得	2019-08-29
清19世纪 清19/20世纪早期 白玉双童子把件 巧色玉雕刘海戏金蟾把件	最长5.7cm	74,804	伦敦佳士得	2019-08-29
清19世纪 玉随玛瑙水牛麒麟把件	长7.6cm	21,373	伦敦佳士得	2019-08-29
清 白玉、玛瑙把件（一组六件）	尺寸不一	11,500	广东崇正	2019-11-28
清 白玉持莲童子	高5.8cm	69,000	北京鸿盛祥	2019-06-04
清 白玉持芝童子把件（两件）	宽4cm	145,438	佳士得	2019-11-27
清 白玉带沁子母鸭把件	高3.5cm；长7.2cm	46,000	西泠印社	2019-07-06
清 白玉雕宝鸭衔莲把件	长10.7cm	172,500	西泠印社	2019-07-06
清 白玉雕吹箫引凤把件	高9.4cm	402,500	西泠印社	2019-07-06
清 白玉雕佛手把件	高9.6cm	109,250	西泠印社	2019-07-06
清 白玉雕福禄寿把件	高8.0cm	172,500	西泠印社	2019-07-06
清 白玉雕葫芦把件	长7.5cm	28,750	北京翰海	2019-10-12
清 白玉雕龙马负图把件	长6.0cm	184,000	西泠印社	2019-07-06
清 白玉雕耄耋守业把件	长4.7cm	86,250	西泠印社	2019-07-06

拍品名称	物品尺寸	成交价RMB	拍卖公司	拍卖日期
清 白玉雕俏色母子献寿把件	高4.9cm	46,000	西泠印社	2019-07-06
清 白玉雕瑞兽把件	高3.6cm；长6cm	17,250	西泠印社	2019-07-06
清 白玉雕双欢把件	长5.5cm	51,750	西泠印社	2019-07-06
清 白玉雕双欢把件	长6.5cm；高3cm	126,500	中贸圣佳	2019-08-16
清 白玉雕童子持灵芝把件	高5cm	57,500	西泠印社	2019-07-06
清 白玉雕卧狮把件	高3cm；长12.5cm	10,350	西泠印社	2019-09-22
清 白玉雕鱼化龙把件	长6.4cm；宽5.4cm	20,700	浙江佳宝	2019-06-23
清 白玉雕鸳鸯衔莲把件	长6.1cm	241,500	西泠印社	2019-07-06
清 白玉福寿双全把件	高6.4cm	57,500	西泠印社	2019-07-06
清 白玉红沁雕兽衔灵芝把件	高2cm；长5.7cm	23,000	西泠印社	2019-07-06
清 白玉刻童子骑象把件	长7.3cm	54,000	佳士得	2019-05-29
清 白玉莲蓬把件	长4.5cm	23,000	中国嘉德	2019-06-02
清 白玉留皮瓜瓞绵绵手把件	高7cm	11,500	中古陶	2019-06-06
清 白玉瑞兽把件	长6.5cm	11,500	北京荣宝	2019-06-13
清 白玉瑞兽把件	带座高8cm；高5.6cm	46,000	西泠印社	2019-09-22
清 白玉瑞兽衔莲把件	长7.6cm	216,000	佳士得	2019-05-29
清 白玉守业童子	长4.3cm	28,750	北京鸿盛祥	2019-06-04
清 白玉童子击鼓把件	宽5cm	223,750	佳士得	2019-11-27
清 白玉洋洋得意把件	5.1×4.5×2.2cm	10,350	中古陶	2019-06-05
清 黄玉雕红沁子母兽把件	高4.5cm；长6.6cm	16,100	西泠印社	2019-09-22
清 黄玉雕瑞兽把件		402,730	纽约苏富比	2019-03-23
清 黄玉雕子母瑞兽把件	高4.5cm；长6.6cm	20,700	西泠印社	2019-07-06
清 黄玉鱼把件	长12.2cm	23,000	中鸿信	2019-07-17
清 玛瑙巧雕童子把件（一组两件）	1.高4.4cm；2.高4.2cm	34,500	西泠印社	2019-07-06
清 巧色玉雕灵猴把件	高6cm	44,105	伦敦佳士得	2019-05-14
清 青白玉雕安居乐业把件	高4.2cm；长8.5cm	13,800	西泠印社	2019-09-22
清 青白玉雕事事如意把件		134,260	纽约苏富比	2019-03-23
清 青玉雕瑞兽把件两件		40,278	纽约苏富比	2019-03-23
清 青玉雕喜庆耄耋把件		23,496	纽约苏富比	2019-03-19
清 青玉瑞兽把件	长6.2cm	43,700	西泠印社	2019-07-06
清 水晶雕瑞兽伏书把件	高5.6cm；长7.5cm	34,500	西泠印社	2019-07-06
清 玉雕巧色太狮少狮把件	高2.5cm	11,500	西泠印社	2019-09-22
清 玉雕卧猪	长5cm	55,200	古天一	2019-06-05
十八至十九世纪 青白玉桃树桩把件 及 青白玉葫芦	长7.4cm、长5.5cm	20,907	香港苏富比	2019-05-30
20世纪 白玉及青玉卧牛把件（一组两件）	最长7.8cm	29,922	伦敦佳士得	2019-08-29
清18至20世纪 白玉双獾把件、白玉灵猴献桃把件及巧色玉雕马上封侯摆件（一组三件）	最长9.5cm	40,608	伦敦佳士得	2019-08-29
清19/20世纪 白玉麒麟把件	长8.3cm	29,922	伦敦佳士得	2019-08-29
晚清 20世纪 白玉瑞狮戏球把件 白玉水牛麒麟把件	最长5.5cm	17,098	伦敦佳士得	2019-08-29
白玉把件（三件）	长11cm；长10cm；长9.3cm	10,350	中国嘉德	2019-06-25
白玉雕留皮松鼠葡萄把件	高6.1cm	28,750	西泠印社	2019-09-22
白玉留皮把件	长7.7cm	23,000	北京保利	2019-08-25
白玉留皮把件	长7cm	23,000	北京保利	2019-08-25

拍品名称	物品尺寸	成交价RMB	拍卖公司	拍卖日期
蔡明文 老挝石灵猴献寿把件	7.1×5.2×3.8cm；重量150.5g	16,800	上海联合	2019-06-16
陈冠军 松江寄闲 墨玉把件	重90.4g	46,000	西泠印社	2019-07-07
福禄寿 白玉把件	5×3.4×3.5cm；重量75g	42,560	上海联合	2019-06-16
顾铭 和田玉籽料“貔貅”把件	82.6×37.1×32mm 重量125.8g	138,000	华艺国际	2019-08-10
郭万龙 貔貅 白玉把件	重57.9g	172,500	西泠印社	2019-07-07
侯晓锋 慈航普度 南红把件	重63.2g	149,500	西泠印社	2019-07-07
胡锡涛 秋亭嘉树 白玉把件	重60.1g	57,500	西泠印社	2019-07-07
黄杨洪 多子多福 白玉把件	重93.1g	134,000	西泠印社	2019-07-07
黄杨洪 辟邪 白玉把件	长6.4cm；重量122g	212,800	上海联合	2019-06-16
巧色玉雕卧狮把件	宽13cm	43,630	伦敦佳士得	2019-11-05
清 白玉雕瑞兽把件	高2.8cm；长5.5cm	28,750	西泠印社	2019-04-14
清 白玉雕双马把件	高3cm；长5cm	11,500	西泠印社	2019-04-14
清 玛瑙雕童子把件	高3cm	10,350	西泠印社	2019-04-14
清 玛瑙巧雕童子把件	高3cm；长3.7cm	11,500	西泠印社	2019-04-14
渠敬鹏 碧玉犹抱琵琶半遮面把件	8.9×3.8×2.4cm；重量96.2g	72,800	上海联合	2019-12-01
瞿利军 高瞻远瞩 白玉把件	重107.0g	345,000	西泠印社	2019-07-07
瞿利军 马上封侯 白玉把件	重93.2g	230,000	西泠印社	2019-07-07
瞿利军 秋山仙隐 白玉把件	重168.4g	125,500	西泠印社	2019-07-07
沈水富 旺财 白玉把件	5.1×4.3×2.7cm；重量75.2g	123,200	上海联合	2019-06-16
王金忠 如意有财 白玉把件	重量172g	1,545,600	上海联合	2019-06-16
王永芳 白玉代代封候把件	6.4×4.8×3.1cm；重量136.5g	72,800	上海联合	2019-12-01
吴金星 洪福瑞兽 白玉把件	重33.3g	172,500	西泠印社	2019-07-07
吴金星 吉祥瑞兽 白玉把件	重55.2g	253,000	西泠印社	2019-07-07
吴金星 招财金蟾 白玉把件	5.1×4.1×3cm；重量75.4g	392,000	上海联合	2019-06-16
吴灶发 白玉和和美美把件	6.7×5×4.4cm；重量160g	481,600	上海联合	2019-12-01
颜桂明 白玉鹅戏莲间把件	5.6×4.7×2.3cm；重量87.8g	235,200	上海联合	2019-12-01
颜桂明 吉祥如意 白玉把件	7.2×4.5×3.9cm；重量192.8g	548,800	上海联合	2019-06-16
颜桂明 貔貅 白玉把件	5.6×4×3.6cm；重量88.9g	106,400	上海联合	2019-06-16
颜桂明 清莲 白玉把件	5.9×4.6×2.4cm；重量91.2g	109,760	上海联合	2019-06-16
颜桂明 一路连科 白玉把件	8.9×6.5×2.5cm；重量199g	548,800	上海联合	2019-06-16
颜桂明 一鸣惊人 白玉把件	6.1×3.4×2.7cm；重量66g	134,400	上海联合	2019-06-16
杨建发 白玉蛙趣把件	8.2×2.8×2.4cm；重量76.3g	109,360	上海联合	2019-12-01
杨建发 白玉玉兔把件	7.1×3.6×2.4cm；重量82.2g	224,000	上海联合	2019-12-01
杨建发 富甲一方 白玉手把件	8×3.8×3.1cm；重量137.1g	470,400	上海联合	2019-06-16
杨建发 瑞兽貔貅 白玉手把件	7×3.1×4cm；重量116.1g	324,800	上海联合	2019-06-16
杨中伟 白玉出水芙蓉把件	5.4×3.6×2.3cm；重量39.1g	156,800	上海联合	2019-12-01
杨中伟 白玉罗汉把件	5.5×3.8×2.2cm；重量58.5g	156,800	上海联合	2019-12-01

2019玉器拍卖成交汇总

(成交价RMB：1万元以上)

拍品名称	物品尺寸	成交价RMB	拍卖公司	拍卖日期
杨中伟 白玉长眉罗汉把件	6.6×4.2×2.1cm；重量76.7g	313,600	上海联合	2019-12-01
杨中伟 百年好合 白玉把件	8×4.4×3.2cm；重量93g	347,200	上海联合	2019-06-16
姚战伟 白玉虎啸山河把件	6.6×2.4×2.8cm；重量52.4g	106,400	上海联合	2019-12-01
姚战伟 白玉辟邪纳福把件	4.1×3.4×3.5cm；重量40g	106,400	上海联合	2019-12-01
姚战伟 大权在握 白玉把件	7.1×1.8×1.8cm；重量33.6g	24,640	上海联合	2019-06-16
于士荣 白玉“灵猴献瑞”手把件	45×33×28mm；重量55g	46,000	华艺国际	2019-08-10
元中堂 王天翔 白玉封侯拜相把件	5.9×3.8×3.3cm；重量94.8g	179,200	上海联合	2019-12-01
赵琦 天马行空 白玉把件	重88.8g	74,750	西泠印社	2019-07-07
赵显志 金玉满堂 白玉把件	重81.5g	149,500	西泠印社	2019-07-07
珠联璧合 白玉把件	4.8×3.6×2.7cm；重量62.8g	39,200	上海联合	2019-06-16
玉兵剑饰				
宋 青玉雕獣面纹剑格	长7.2cm；宽3.6cm	17,250	西泠印社	2019-07-06
宋 青玉雕獣面纹剑格	长7.2cm；宽3.6cm	13,800	西泠印社	2019-09-22
宋–明 兽面纹玉剑璏	长8.9cm；宽3.3cm；高1.38cm	13,800	浙江佳宝	2019-06-23
明 白玉浮雕螭龙纹剑珌	长5.2cm	207,000	北京鸿盛祥	2019-06-04
明 白玉红沁漩涡谷纹剑首	直径5.5cm	46,000	北京鸿盛祥	2019-06-04
明 白玉双螭纹剑璏	长9.2cm	103,500	北京鸿盛祥	2019-06-04
明 黄玉螭龙剑璏	长12.5cm；宽3.9cm	82,800	西泠印社	2019-07-06
明 旧玉仿古戈	长38.5cm	11,500	中鸿信	2019-07-17
明 旧玉仿古戈	长37.5cm	11,500	中鸿信	2019-07-17
明 沁色玉螭龙纹剑璏	长6.6cm	115,000	西泠印社	2019-07-06
明 沁色玉雕螭龙剑璏	长12.0cm	287,500	西泠印社	2019-07-06
明 徐世章旧藏旧斧（两件）		11,500	中鸿信	2019-07-16
明 玉钺	15.6cm×6.9cm	86,250	中古陶	2019-06-05
明或以前 白玉勾云纹剑柄	长9.4cm	49,450	广东崇正	2019-11-27
明或以前 白玉镂空勾云纹柄首	长9.5cm	109,250	广东崇正	2019-11-27
清乾隆 “干清宫”夔纹玉斧	长15cm	25,300	中鸿信	2019-07-16
清乾隆 白玉雕龙首斧	长15.5cm	207,000	古天一	2019-06-05
清乾隆 白玉雕饕餮纹斧	长14.2cm	115,000	中鸿信	2019-07-17
清乾隆 白玉痕都斯坦西番莲纹纯金嵌宝短刀	尺寸不一	1,610,000	中古陶	2019-06-06
清乾隆 白玉留皮福寿斧形佩	高5.8cm	184,000	中国嘉德	2019-06-02
清乾隆 御题诗斧 傲视群雄紫檀原托挂	通高25cm	28,750	中鸿信	2019-07-16
清中期 旧玉御题诗文斧	高13.7cm	69,000	北京翰海	2019-06-15
19世纪 青玉雕螭龙纹璏		23,496	纽约苏富比	2019-03-19
清 白玉高浮雕双螭龙剑璏	长10cm	575,000	古天一	2019-06-05
清 白玉羊首刀柄	长12cm	36,800	中鸿信	2019-07-17
清 黄玉雕剑饰、环，红翡巧雕“一路莲科”、旧玉雕鳌龙、刘海（共五件）	尺寸不一	161,000	北京保利	2019-06-05
清 青白玉螭龙剑璏	长13cm	40,250	中国嘉德	2019-03-23
清 青黄玉斧形器	长13cm	36,800	古天一	2019-06-05
清 青玉雕戚	7.6cm×6cm	63,250	古天一	2019-06-05
清 玉带钩、玉带扣和玉螭龙剑璏（各一件）	长10.5cm	40,670	中国嘉德	2019-10-07
清 玉雕螭龙斧	长6.5cm	10,350	北京翰海	2019-03-29
清 玉斧（两件）	长16.8cm；22cm	138,000	古天一	2019-06-05
清 玉戈	高21.5cm	287,500	古天一	2019-06-05
清 玉剑格 玉剑璏（两件）	长9cm；长5.5cm	207,000	古天一	2019-06-05
清 玉剑饰（一套三件）	直径4cm；长8.2cm；长5.8cm	138,000	古天一	2019-06-05
清 玉剑饰（一套四件）	直径4cm；长5.6cm；长8.3cm；长5.6cm	212,750	古天一	2019-06-05
清 玉双螭斧形佩	长6.5cm	25,300	北京翰海	2019-10-12
白玉螭龙纹剑璏	长8.45cm	82,800	浙江佳宝	2019-06-23
白玉勾连云纹剑珌	长6.1cm；宽2.5cm	17,250	浙江佳宝	2019-06-23
白玉红沁螭龙纹剑璏	长11.5cm；宽2.8cm；高2.2cm	46,000	浙江佳宝	2019-06-23
白玉受沁透雕螭龙纹剑珌	宽59.6cm；高5.82cm	69,000	浙江佳宝	2019-06-23
黄玉受沁戈	长7.5cm；宽2.65cm	25,300	浙江佳宝	2019-06-23
旧玉铲	长31.5cm；宽8.5cm	34,500	西泠印社	2019-07-06
受沁玉剑璏（一组三件）	尺寸不一	28,750	浙江佳宝	2019-06-23
水晶螭虎纹剑璏	长7.1cm；宽2.6cm；高1.6cm	13,800	浙江佳宝	2019-06-23
明 白玉红沁法轮佩	直径5.6cm；高0.6cm	36,800	浙江佳宝	2019-06-23
清 白玉金刚杵	长7cm	13,800	中古陶	2019-06-05
清乾隆 白玉螭龙带穿	长3.5cm	63,250	北京荣宝	2019-12-01
其他佩饰件				
新石器时代 红山文化 黄玉鸮	长3.8cm；厚1cm	20,736	万昌斯	2019-05-27
新石器时代 后石家河文化 极品黄玉蝉	长6.2cm；厚0.9cm	1,658,880	万昌斯	2019-05-27
新石器时代 良渚文化 玉“柱”形器	直径4.5cm	114,048	万昌斯	2019-05-27
新石器时代 良渚文化–明 玉器（一组五件）	最大高3.6cm	17,626	万昌斯	2019-05-27
新石器时代 玉戚、玉饰件（一组两件）	长10.6cm；8.6cm	189,750	广东崇正	2019-11-27
新石器时代至汉代 玉配饰（一组十二件）	尺寸不一	57,500	广东崇正	2019-11-27
新石器时代至明代 玉配饰（一组十五件）	尺寸不一	43,700	广东崇正	2019-11-27
新石器时代至明代 玉配饰（一组十一件）	尺寸不一	23,000	广东崇正	2019-11-27
红山文化 青玉带齿动物面饰	宽12.6cm	727,188	佳士得	2019-11-27
红山文化 青玉人面饰	高4.9cm	839,063	佳士得	2019-11-27
良渚文化 神人兽面纹锥形玉饰	长11.5cm	223,750	佳士得	2019-11-27
良渚文化 玉锥形器（六件）	7.9cm	44,750	佳士得	2019-11-27
文化期 玉马蹄形器	高8.9cm	192,647	中国嘉德	2019-10-07
文化期 玉马蹄形器	高6.9cm	151,335	中国嘉德	2019-03-31
文化期 玉马蹄形器	宽7.9cm	50,445	中国嘉德	2019-03-31
文化期 玉兽面纹杖顶	宽3.8cm	196,736	中国嘉德	2019-03-31
商/西周 玉雕牛头纹饰件	高3.7cm	214,052	中国嘉德	2019-10-07
西周 青白玉凤纹饰件	长7cm	74,813	香港苏富比	2019-04-03
西周 松绿石鹰饰		34,249	香港苏富比	2019-04-03
西周 玉蚕（一组三件）	最长：3.1cm	106,875	香港苏富比	2019-04-03
东周 黄玉瑞兽玉佩饰	长22cm	22,721,625	香港苏富比	2019-04-03

拍品名称	物品尺寸	成交价RMB	拍卖公司	拍卖日期
春秋 白玉龙纹腕饰	长4.7cm	214,052	中国嘉德	2019-10-07
春秋·沁色玉雕兽面纹玉饰（一组两件）	高2.0cm×2	43,700	西泠印社	2019-07-06
春秋-宋 春秋玉勒配宋代金“虎”挂饰	长1.7cm	29,030	万昌斯	2019-05-27
春秋晚期 黄褐玉龙纹牌饰	宽5cm	444,563	纽约佳士得	2019-09-13
战国 玉饰件（一组两件）	长10cm；宽7cm	50,600	广东崇正	2019-11-27
宋 白玉“交结四方”吉祥结	长9.1cm；厚1cm	98,496	万昌斯	2019-05-27
宋 黄玉镂空龙纹饰	长9.3cm	149,625	香港苏富比	2019-04-03
宋 玉鸟仗首	长9cm	58,781	香港苏富比	2019-04-03
辽 青白玉鸟人仗首	长4.2cm	64,125	香港苏富比	2019-04-03
辽-金 白玉“春水”提携	长8cm；厚0.7cm	82,944	万昌斯	2019-05-27
辽金 旧玉、水晶珠饰（一组十件）	尺寸不一	13,800	浙江佳宝	2019-06-23
金-元 白玉“绶带鸟”带穿	长7cm；厚1.5cm	67,392	万昌斯	2019-05-27
元 白玉巧色雕石竹瑞兽纹饰	长3.8cm	92,000	北京保利	2019-06-06
元 黑白玉胡人戏狮桃形饰件（两件）	高6cm	126,500	北京翰海	2019-06-15
元至明 青白玉莲塘鸳鸯纹牌饰三件	3.9至9.1cm	38,513	香港苏富比	2019-05-30
或明 仿古玉雕三件		77,026	香港苏富比	2019-05-30
明 白玉“福禄寿”嵌饰	直径7.7cm；厚1.8cm	57,024	万昌斯	2019-05-27
明 白玉“龙”纹“三镶如意”嵌饰（一套）	最大玉长11cm；总长12.4cm	82,944	万昌斯	2019-05-27
明 白玉蝉	长6cm	86,250	北京鸿盛祥	2019-06-04
明 白玉蝉	长4.3cm	73,600	北京鸿盛祥	2019-06-04
明 白玉春水饰瓦子	长8.3cm	34,500	中贸圣佳	2019-12-01
明 白玉带皮衔荷鸳鸯饰件	长4.8cm	162,540	邦瀚斯	2019-05-28
明 白玉龟鹤延年带穿	长6.4cm	66,700	北京鸿盛祥	2019-06-04
明 白玉红沁回首龙纹觿	长8.7cm	161,000	北京鸿盛祥	2019-12-04
明 白玉花片（四件）	尺寸不一	17,250	北京保利	2019-03-26
明 白玉龙凤纹觿	长9.5cm	1,380,000	北京鸿盛祥	2019-12-04
明 白玉龙纹柱形玉饰	直径1.9cm；高1.7cm	74,750	北京鸿盛祥	2019-06-04
明 白玉镂雕凤纹觿	长6.9cm	69,000	北京鸿盛祥	2019-12-04
明 白玉鸟首权杖首	长11cm；高7.3cm	20,700	广东崇正	2019-05-23
明 白玉受沁螭龙纹牌饰	长4cm；宽3.9cm	36,800	浙江佳宝	2019-06-23
明 白玉双钩鸟纹嵌饰	长3.8cm	184,000	北京保利	2019-12-05
明 白玉双龙首项饰	长6.5cm	287,500	北京鸿盛祥	2019-06-04
明 白玉双兽面项饰	长4.4cm；宽3cm	55,200	北京鸿盛祥	2019-06-04
明 红沁玉胡旋舞人项饰	长4.8cm	230,000	北京鸿盛祥	2019-12-04
明 黄玉盾形饰手钏	尺寸不一	138,000	北京鸿盛祥	2019-06-04
明 黄玉红沁锥形器	长11.1cm	80,500	北京鸿盛祥	2019-12-04
明 黄玉红沁锥型器	长10.9cm	368,000	北京鸿盛祥	2019-12-04
明 黄玉简化兽面纹锥型器	长7.2cm	189,750	北京鸿盛祥	2019-12-04
明 黄玉勒项饰	尺寸不一	55,200	北京鸿盛祥	2019-12-04
明 黄玉龙纹觿	长6.2cm	20,700	北京鸿盛祥	2019-12-04
明 白玉佩饰	长10.8cm	51,750	中国嘉德	2019-06-02
明 白玉饰（三件）	尺寸不一	13,800	北京保利	2019-06-06
明 衣宝石白玉龙纹瓦子鎏金镜	直径12.7cm	115,000	北京鸿盛祥	2019-06-04
明 青玉雷纹玉勒项饰	尺寸不一	149,500	北京鸿盛祥	2019-06-04
明 玉蝉（一对）	长5.8cm×2	43,700	中古陶	2019-06-05
明 玉璜项饰	长8.2cm	89,700	北京鸿盛祥	2019-12-04
明 玉勒项饰	尺寸不一	69,000	北京鸿盛祥	2019-12-04
明 玉项饰	尺寸不一	138,000	北京鸿盛祥	2019-06-04
明 玉珠勒项饰	尺寸不一	51,750	北京鸿盛祥	2019-12-04
明 玉坠项饰	尺寸不一	55,200	北京鸿盛祥	2019-12-04
明清 老玉件（一组四件）	尺寸不一	10,350	上海嘉禾	2019-09-07
18世纪 白玉雕螭龙灵芝饰件及螭龙钺饰件 一组两件	灵芝长;5.1cm；钺饰长5cm	86,940	邦瀚斯	2019-05-28
18世纪 白玉雕人物乘槎饰件	长6.6cm	38,340	邦瀚斯	2019-05-28
18世纪或更晚 玉板指（一组六件）	直径3.3cm	26,187	伦敦佳士得	2019-02-14
清乾隆 白玉带皮雕双桃饰件	高4.7cm	43,740	邦瀚斯	2019-05-28
清乾隆 青玉带皮镂空雕松鼠葡萄饰件	长6.1cm	54,540	邦瀚斯	2019-05-28
清乾隆/嘉庆 碧玉别子（一对）	长6.6cm	37,800	佳士得	2019-05-29
清嘉庆 旧玉龙首羹匙	长20cm	36,800	中鸿信	2019-07-17
18世纪/19世纪 白玉带皮雕寿老饰件	高8.3cm	49,140	邦瀚斯	2019-05-28
18世纪/19世纪 白玉及青玉痕都斯坦匙	长16.8cm	25,647	伦敦佳士得	2019-08-29
19世纪 琥珀、蜜蜡小件（三十六件）	尺寸不一	28,750	中国嘉德	2019-06-25
清 白玉蝉	长5.8cm	80,500	北京鸿盛祥	2019-06-04
清 白玉蝉	高6.6cm	34,500	古天一	2019-06-05
清 白玉蝉	长6.55cm；宽3.6cm；高1.85cm	23,000	浙江佳宝	2019-06-23
清 白玉蝉（两件）	最大6cm；厚1.4cm	49,766	万昌斯	2019-05-27
清 白玉螭龙纹倭角扣形饰	长4.8cm；宽4.4cm	20,700	浙江佳宝	2019-06-23
清 白玉雕生肖（四件）	尺寸不一	11,500	中古陶	2019-06-05
清 白玉幻方	长5.3cm；厚0.3cm	22,810	万昌斯	2019-05-27
清 白玉灵芝纹三镶如意瓦子（一套三件）	尺寸不一	57,500	中古陶	2019-06-05
清 白玉留皮“欢天喜地”	长5cm	77,760	万昌斯	2019-05-27
清 白玉镂雕仿古纹牌饰	长8.0cm	33,01[illegible]	香港苏富比	2019-05-30
清 白玉小饰件（一组十件）	尺寸不一	10,350	广东崇正	2019-05-23
清 白玉籽料留皮巧雕莲蓬暖手	长6cm	34,500	古天一	2019-06-05
清 青白玉、玛瑙等花板（四件）	尺寸不一	20,700	北京保利	2019-06-05
清 青白玉雕游龙饰		251,738	纽约苏富比	2019-03-23
清 青白玉灵寿纹瓦子	长10.6cm	23,000	中国嘉德	2019-03-24
清 青白玉双鱼法轮莲纹佩	直径7.5cm	17,250	中古陶	2019-06-05
清 青白玉太狮少狮摆件	长10cm	28,750	北京荣宝	2019-12-01
清 青玉蝉	高6cm	34,500	古天一	2019-06-05
清 青玉御题诗文板	长21.8cm	17,250	中国嘉德	2019-03-24
清 双龙形玉珩	长8cm	425,500	古天一	2019-06-05
清 文玩百什件（一组六件）	尺寸不一	92,000	中鸿信	2019-07-16
清 玉蝉	高4.8cm	20,700	古天一	2019-06-05
清 玉雕龙纹佩饰	长5cm	172,500	古天一	2019-06-05
清 玉雕天鹅瓦子	长10cm	10,350	北京翰海	2019-03-29
清 玉冠状器	5.6cm×3.6cm	115,000	古天一	2019-06-05
清 玉人面纹配饰	直径3.8cm	48,300	古天一	2019-06-05
清 玉饰（一组）	尺寸不一	21,850	北京保利	2019-03-26
清 玉杂件		40,250	北京翰海	2019-10-12
清 玉杂件（5件）		51,750	北京翰海	2019-03-29
清 玉杂件（5件）		48,300	北京翰海	2019-03-29
清 玉杂件（5件）		23,000	北京翰海	2019-03-29
清 玉杂件（5件）		14,950	北京翰海	2019-03-29
清 玉杂件（5件）		12,650	北京翰海	2019-03-29
清 玉杂件（5件）		10,350	北京翰海	2019-03-29
清代 红沁玉贝串饰		184,000	古天一	2019-12-03

2019玉器拍卖成交汇总

(成交价RMB：1万元以上)

拍品名称	物品尺寸	成交价RMB	拍卖公司	拍卖日期
清代 红沁玉锥形器（一组七件）	最长10cm	92,000	古天一	2019-12-03
清代 青黄玉竹节手握	长7.7cm	115,000	古天一	2019-12-03
19世纪 珊瑚莲纹牌饰	长13.0cm	28,651	香港苏富比	2019-05-17
清末至民国 玉佩饰四件	4.3至9.8cm	308,103	香港苏富比	2019-05-30
白玉、青白玉小件（八件）	尺寸不一	10,350	中国嘉德	2019-06-25
白玉八刀蝉	长7.1cm；宽3cm	43,700	浙江佳宝	2019-06-23
白玉对戒	大内径1.8cm；重量5.2g；小内径1.6cm；重量3.8g	20,160	上海联合	2019-12-01
白玉红沁三灵纹饰板	长16.5cm；宽2.8cm	32,200	浙江佳宝	2019-06-23
大汶口文化 玉饰（七件）	宽3.4cm	335,625	佳士得	2019-11-27
鸡骨白玉虎头饰	长2.9cm；宽2.8cm；高202cm	11,500	浙江佳宝	2019-06-23
旧玉（三件）	长4.7cm；长4.1cm；长3.4cm	13,800	中国嘉德	2019-03-24
旧玉（十两件）	尺寸不一	36,800	中国嘉德	2019-03-24
老玉杂件（一组六件）	尺寸不一	28,750	上海嘉禾	2019-09-07
清 珊瑚辑米珠包珍珠十八子持珠	珠径1.3cm	17,250	西泠印社	2019-04-14
清 玉诗文盘扣	长9cm	78,200	北京翰海	2019-03-29
受沁玉鸠杖首	长6.1cm；宽1.9cm；高3.5cm	11,500	浙江佳宝	2019-06-23
兴隆洼文化 玉耳饰玦（两件）	宽3.8cm	201,375	佳士得	2019-11-27
兴隆洼文化 玉耳饰玦（两件）	直径3.9cm	83,906	佳士得	2019-11-27
徐竹青旧藏翡翠首饰、斗篷扣饰、银饰等一组	尺寸不一	23,000	北京银座	2019-06-05
薛家岗文化 异形玉佩饰（共十件）	长10.2cm	358,000	佳士得	2019-11-27
玉雕螭龙纹饰（一组三件）	尺寸不一	46,000	西泠印社	2019-07-06
玉雕锥形器	长5.4cm	10,350	西泠印社	2019-09-22
玉饰（一组）	尺寸不一	19,550	北京保利	2019-11-22
玉饰（一组五件）	尺寸不一	20,700	浙江佳宝	2019-06-23
清中期 白玉透雕荔枝纹瓦子	高20.5cm	28,750	北京荣宝	2019-12-01
明 黄玉夔凤杖首	长8.8cm	943,000	北京鸿盛祥	2019-12-04
清 白玉瓦子（一组三件）	尺寸不一	43,700	广东崇正	2019-11-28
清中期 白玉花片	长8cm；宽9.5cm	34,500	荣宝斋（南京）	2019-07-21
元 玉雕小鹅坠、镂雕玉绶带鸟花片（二件）	长3.2cm；长4.2cm	17,250	中国嘉德	2019-11-17
元代 白玉镂雕穿花龙纹大帽顶	高6.2cm	287,500	古天一	2019-12-03
黄杨洪 白玉博古纹戒指	3.3×3×1.3cm；重量18.4g	35,840	上海联合	2019-12-01
元代 黄玉鹌鹑暖手	高4.5cm；长7.8cm	172,500	古天一	2019-12-03

陈设和生活用品

玉屏

拍品名称	物品尺寸	成交价RMB	拍卖公司	拍卖日期
西汉 白玉镂雕四灵纹座屏	宽27.6cm	3,317,806	中国嘉德	2019-10-07
明 白玉龙纹插屏	高11.2cm	23,000	北京保利	2019-03-26
18世纪 白玉贺寿图圆屏	直径22cm	1,188,000	佳士得	2019-05-29
18世纪 白玉高士访友图插屏	高19cm	1,174,775	纽约佳士得	2019-03-21
18世纪 青玉描金山水楼阁图插屏	23×13×25cm	287,500	保利厦门	2019-01-06
清乾隆“西厢记”白玉插屏 紫檀底座	通高28cm	63,250	中鸿信	2019-07-16
清乾隆 白玉雕山水人物插屏	高32.6cm	74,750	中鸿信	2019-07-17
清乾隆 白玉荷塘诗文插屏	高17.2cm	34,500	广东崇正	2019-05-23
清乾隆 碧玉“老子出关图”插屏	高23.7cm	458,115	伦敦佳士得	2019-11-05
清乾隆 碧玉雕御制诗夜游赤壁图插屏	高29cm；屏心19.8cm×15cm	437,000	华艺国际	2019-08-10
清乾隆 碧玉山水图圆插屏及掐丝珐琅座		3,484,047	纽约佳士得	2019-03-20
清乾隆 火烧玉耕织图插屏（一对）	直径17cm	1,267,320	华艺国际	2019-11-24
清乾隆 青白玉描金御题诗竹林山泉图插屏	宽15.7cm×10.8cm	864,000	佳士得	2019-05-29
清乾隆 青金石描金题诗层峦迭翠图插屏载《清高宗御制诗文全集（五）》御制诗三集卷一	高22.3cm	436,300	伦敦佳士得	2019-11-05
清乾隆 青金石嵌百宝蝙蝠“大吉”葫芦屏连紫檀座（一对）	高48.2cm	6,485,600	伦敦佳士得	2019-11-05
清乾隆 御制白玉雕十六罗汉插屏	高30.5cm	218,500	中鸿信	2019-07-16
清乾隆 御制白玉山水人物插屏	通高31.3cm	149,500	中鸿信	2019-07-16
清中期 白玉高士访友图插屏成对	高27.5cm	92,000	中鸿信	2019-07-16
清中期 白玉高仕图插屏	高32cm	92,000	北京荣宝	2019-04-28
清中期 碧玉花鸟纹插屏（一对）	长27.7cm	66,700	中国嘉德	2019-10-15
清中期 碧玉描金鹿鹤同春插屏（一对）	高31cm×2	1,035,000	荣宝斋（南京）	2019-07-21
清中期 青白玉雕万国来朝图插屏	34.5cm×21.5cm；屏心24cm×17.8cm	126,500	华艺国际	2019-08-10
清中期 御制白玉雕“踏雪寻梅”图吉天福禄插屏	高36.5cm	161,000	中鸿信	2019-07-16
18世纪/19世纪 端石蓬莱仙境图插屏	27.5cm×38cm	38,189	伦敦佳士得	2019-02-14
19世纪 青白玉携琴访友圆插屏	直径26cm	165,394	伦敦佳士得	2019-05-14
清 白玉“携琴访友”图插屏	玉长9.4cm；厚0.9cm	36,288	万昌斯	2019-05-27
清 白玉雕童子洗象插屏（一对）	1.带座高19.3cm；2.带座高19.3cm	195,500	西泠印社	2019-07-06
清 白玉人物故事插屏	直径20.5cm	92,000	北京荣宝	2019-12-01
清 白玉人物故事插屏（一对）	高39cm×2	368,000	北京荣宝	2019-06-13
清 碧玉双面描金神仙祝寿纹插屏（带原配红木屏座）（一对）	高39.5cm×2	184,000	广东崇正	2019-11-28
清 补阳石观音座屏	高57.5cm	31,050	北京保利	2019-03-26
清 杜牧《山行》诗意御题诗文插屏	长11.5cm	82,800	中鸿信	2019-07-16
清 黄玉高士插屏成对	直径22.5cm×2	1,265,000	中鸿信	2019-07-17
清 石画人物挂屏	长36.5cm	16,100	北京保利	2019-03-26
清 玉雕“福禄寿”插屏	高26.5cm	51,750	中鸿信	2019-07-16
清 玉雕福禄寿插屏	高26.5cm	46,000	中古陶	2019-06-06
清 紫檀嵌白玉雕溪山行旅插屏（一对）	高35cm	40,250	中古陶	2019-06-06
民国 碧玉雕山水人物插屏（两件）	直径21.5cm；直径19.5cm	23,000	北京保利	2019-08-25
白玉百寿图屏	长18.8cm	24,150	北京保利	2019-03-26
白玉嵌百宝山水人物诗文插屏	高30.2cm	10,350	北京保利	2019-01-20
白玉双面工松下高士插屏	长24cm	13,800	北京保利	2019-11-22
碧玉嵌百宝博古图插屏	高55.3cm	17,250	中国嘉德	2019-10-16

拍品名称	物品尺寸	成交价RMB	拍卖公司	拍卖日期
青白玉双面工 人物故事插屏	长20.5cm	17,250	北京保利	2019-11-22
青金石描金八骏图插屏	高32.5cm	32,200	中国嘉德	2019-10-16
青金石描金山水人物插屏	高42.3cm	10,350	北京保利	2019-01-20
青金石嵌百宝山水人物御题诗文插屏	高41.7cm	20,700	中国嘉德	2019-10-16
硬木嵌碧玉云龙御题诗文大插屏	高53.5cm	10,350	中国嘉德	2019-06-25
玉如意				
18世纪 青白玉雕福寿双清如意	长42cm	1,026,540	邦瀚斯	2019-05-28
清早期 白玉太平有象三镶如意	长52cm	59,800	华艺国际	2019-08-10
清早期 南红玛瑙九如如意	长30cm	316,400	华艺国际	2019-08-10
清早期 青玉如意	长31.2cm	51,750	北京诚轩	2019-11-16
18世纪 白玉八仙纹如意	长41.3cm	110,263	伦敦佳士得	2019-05-14
18世纪 白玉福寿如意莲花足双福活环耳奁		1,360,500	香港苏富比	2019-10-08
18世纪 黄玉饕餮纹如意	长31.1cm	4,531,275	纽约佳士得	2019-03-20
18世纪 青白玉花口盏托、如意耳杯	盏宽14.8cm；杯宽10.2cm	172,500	北京保利	2019-12-05
清乾隆 白玉雕四合如意绳结纹小香筒	高8.2cm	138,000	中鸿信	2019-07-16
清乾隆 白玉万福庆寿如意	长40.5cm	2,587,500	中国嘉德	2019-06-02
清乾隆 白玉御制诗如意纹三清碗	直径12.6cm；高9cm	1,035,000	中贸圣佳	2019-11-30
清乾隆 黄玉如意足炉	直径10.8cm	92,000	中鸿信	2019-07-17
清乾隆 青白玉福寿双全如意	长46cm	1,188,000	佳士得	2019-05-29
清乾隆 青白玉洒金皮璃龙灵芝如意	长24cm；宽7cm	115,000	上海嘉禾	2019-09-07
清乾隆 青白玉双喜登梅御题诗如意	长40cm；宽12cm	690,000	上海嘉禾	2019-09-07
清乾隆 御制白玉雕皮球花纹蝠纹如意游环盖皮	高11.3cm；宽16.2cm	287,500	中鸿信	2019-07-16
清乾隆 御制白玉雕正面龙纹福寿如意	长35.5cm	7,475,000	中鸿信	2019-07-16
清乾隆至嘉庆 白玉福寿长青如意	长41.8cm	1,927,375	香港苏富比	2019-10-08
清嘉庆·白玉雕飞龙穿云如意	长38.5cm	747,500	西泠印社	2019-07-06
清中期 白玉镂雕花卉如意	长38.5cm	57,500	中鸿信	2019-07-17
清中期 白玉太平有象福寿如意	长52cm	460,000	中鸿信	2019-07-17
清中期 碧玉灵芝如意	长36cm	61,600	上海联合	2019-06-16
清中期 红木三镶白玉福禄寿如意	长54cm	48,300	中国嘉德	2019-03-24
18世纪/19世纪 青白玉人物图如意	长37cm	264,630	伦敦佳士得	2019-05-14
18世纪/19世纪 青白玉如意（一对）	长45.8cm	1,174,775	纽约佳士得	2019-03-21
清 白玉百宝嵌福寿如意	长41.6cm	109,250	中鸿信	2019-07-17
清 白玉雕羊羊如意摆件	高7.4cm	805,000	西泠印社	2019-07-06
清 白玉雕云蝠龙纹如意	长35.8cm	86,250	中鸿信	2019-07-17
清 白玉佛手如意	长24cm	23,000	北京荣宝	2019-04-28
清 白玉浮雕八吉祥福寿如意	长42cm	80,500	中鸿信	2019-07-17
清 白玉浮雕吉庆有余灵芝如意	长46.2cm	230,000	中鸿信	2019-07-17
清 白玉灵芝如意	长43cm	103,500	北京荣宝	2019-12-01
清 白玉龙纹如意耳寿字纹炉	长14.5cm；高10.2cm	184,000	北京鸿盛祥	2019-12-04
清 白玉三镶如意	长28cm	34,500	北京翰海	2019-10-12
清 白玉三镶如意	长26cm	26,450	北京翰海	2019-10-12
清 白玉三镶如意	长49.9cm	172,500	中贸圣佳	2019-08-16
清 白玉圆雕"洋洋如意"摆件	长12cm	51,750	中鸿信	2019-07-17
清 白玉圆雕如意观音立像	高20.4cm	74,750	中鸿信	2019-07-17
清 碧玉镂雕人物三镶三多纹大如意	长53cm	149,500	中鸿信	2019-07-17
清 碧玉嵌白玉镶多宝博古纹如意	长46cm；宽10cm；高7cm	62,100	浙江佳宝	2019-06-23
清 碧玉如意（带座）	长36cm	57,500	广东崇正	2019-11-28
清 碧玉镶白玉雕福寿八宝山水如意	长58cm	575,000	中鸿信	2019-07-16
清 黑白玉灵兽呈瑞铭螭龙如意	长35cm	172,500	广东崇正	2019-05-23
清 红酸枝嵌白玉八宝纹如意	40cm×15cm×10cm	34,500	中古陶	2019-06-05
清 黄花梨三镶如意	长48cm	43,700	北京翰海	2019-10-12
清 黄玉浮雕龙纹如意摆件	长38.5cm	437,000	西泠印社	2019-07-06
清 黄玉福寿纹如意	长35cm	46,000	中古陶	2019-06-06
清 黄玉如意	长35cm	69,000	中鸿信	2019-07-16
清 黄玉小如意	长20.5cm	34,500	保利厦门	2019-01-06
清 鸡翅木嵌镂雕白玉荷塘鸳鸯纹如意	长47.5cm	11,500	广东崇正	2019-05-23
清 旧玉高士图大如意	长54cm	138,000	中鸿信	2019-07-16
清 玛瑙嵌金如意	长23cm	87,761	中国嘉德	2019-10-07
清 青白玉福寿纹大如意	长34cm	126,500	北京荣宝	2019-04-28
清 青白玉双鱼纹如意	长49.5cm	436,300	伦敦佳士得	2019-11-05
清 袖珍如意两件	长1:10.3cm；长2:8.6cm	18,400	中贸圣佳	2019-08-16
清 御制白玉雕灵芝如意	长42.2cm	172,500	中鸿信	2019-07-16
清 紫檀嵌玉雕龙凤纹三镶如意	长56cm	25,300	中古陶	2019-06-06
白玉寿字纹如意	长31cm	26,450	北京保利	2019-08-25
碧玉嵌白玉如意（九件）	尺寸不一	17,250	北京保利	2019-11-22
青白玉佛手 黑白玉福寿纹如意（各一件）	长32.5cm；高24.5cm（含座）	10,350	中国嘉德	2019-03-24
青白玉福寿如意	长39.5cm	10,350	北京保利	2019-06-23
青白玉嵌百宝福寿纹如意	长39.5cm	32,200	中国嘉德	2019-10-16
青白玉山水纹如意	长39.5cm	25,300	中国嘉德	2019-03-24
张寿宴 白玉称心如意摆件	27×7.6×0.6cm；重量375g	97,440	上海联合	2019-12-01
赵显志 白玉路路如意摆件	12.2×7.5×4.2cm；重量422.8g	974,400	上海联合	2019-12-01
玉佛手				
明 蜜蜡佛手	长9cm	17,250	广东崇正	2019-11-28
18世纪 青白玉雕佛手摆件	长13.6cm	119,340	邦瀚斯	2019-05-28
17世纪/18世纪 青白玉带皮雕佛手	高13.4cm	77,184	伦敦佳士得	2019-05-14
18世纪 青白玉佛手摆件	长17.8cm	293,694	纽约佳士得	2019-03-21
清 白玉雕佛手摆件	长16cm	21,850	北京翰海	2019-10-12
清 白玉雕佛手摆件	长6cm	57,500	荣宝斋（南京）	2019-07-21
清 白玉佛手	高5.8cm	30,500	古天一	2019-06-05
清 白玉佛手（带座）	长13cm	19,550	广东崇正	2019-05-23
清 白玉佛手摆件	长15cm	24,150	北京荣宝	2019-04-28
清 白玉佛手摆件	长10.2cm；宽4.8cm	25,300	浙江佳宝	2019-06-23
清 白玉佛手瓜	长12cm	36,800	广东崇正	2019-11-28
清 黄玉佛手	长6.6cm	96,992	万昌斯	2019-05-27
清 黄玉佛手摆件	高16.5cm	29,900	北京荣宝	2019-04-28
清 玛瑙佛手	高12.7cm	70,899	伦敦佳士得	2019-11-05
清 青玉佛手	宽7cm；高7.5cm	32,200	荣宝斋（南京）	2019-07-21
白玉佛手	高14.5cm	17,250	中国嘉德	2019-03-24
清 白玉雕佛手摆件	高14cm	27,600	西泠印社	2019-04-14
玉山子				
辽金 白玉雕秋山图山子摆件	高4.8cm；长10cm	23,000	西泠印社	2019-07-06
金 青褐玉刻螭龙洞石山子	高10.5cm	378,000	佳士得	2019-05-29
元 白玉花鸟山子	高8.8cm	23,000	北京翰海	2019-06-15
元 玉镂雕龙纹山子	高20.3cm	201,780	中国嘉德	2019-03-31

2019玉器拍卖成交汇总

（成交价RMB：1万元以上）

拍品名称	物品尺寸	成交价RMB	拍卖公司	拍卖日期
明 白玉留皮松下人物山子	高12cm	36,800	北京保利	2019-03-26
明 灰黑玉刻诗山子	长18cm	256,500	香港苏富比	2019-04-02
明 玛瑙随形山子摆件	高10cm	34,500	西泠印社	2019-07-06
明 卧兽形玉山子摆件	长18cm	11,500	保利厦门	2019-08-04
明代 和田带飘吹箫引凤山子摆件	宽12cm；高8.5cm	20,700	上海嘉禾	2019-09-07
明至清 灰白玉佛坐像		88,029	香港苏富比	2019-05-30
17世纪/18世纪 青白玉带皮雕“松鹤延年”图山子	长17.8cm	1,944,540	邦瀚斯	2019-05-28
17世纪/18世纪 青玉带皮雕猴戏图山子	高10cm	518,940	邦瀚斯	2019-05-28
18世纪 白玉“和合二仙”山子	高18.4cm	1,342,500	佳士得	2019-11-27
18世纪 白玉雕浴马图山子	高17.8cm	368,000	中鸿信	2019-07-16
18世纪 白玉山水人物图山子	长21cm；高14.5cm	920,000	保利厦门	2019-01-06
18世纪 青白玉高士图山子	高19.7cm	503,475	纽约佳士得	2019-03-21
清乾隆 白玉赤壁夜游山子（带座）	山子19.5cm×11cm；座20cm×7cm	97,750	广东崇正	2019-11-28
清乾隆 白玉雕迦理迦尊者山子	宽22cm	7,350,735	纽约佳士得	2019-03-20
清乾隆 白玉浮雕人物故事山子	长22cm	195,500	中鸿信	2019-07-17
清乾隆 白玉高士雅集图大山子	高29cm；宽31cm；重21.5kg	8,625,000	北京保利	2019-12-04
清乾隆 白玉留皮仙山琼阁山子	高12.2cm	460,000	北京鸿盛祥	2019-12-04
清乾隆 白玉巧雕和合二仙摆件、泛舟图御题诗文山子（一组两件）	尺寸不一	92,000	中鸿信	2019-07-16
清乾隆 白玉山子	高9cm	230,000	北京华辰	2019-07-14
清乾隆 白玉松鹤长春图山子	长9.5cm	287,500	北京保利	2019-12-05
清乾隆 白玉仙人贺寿山子	宽18.5cm	575,000	北京保利	2019-12-04
清乾隆 白玉携琴访友大山子	高24.5cm；重8.7kg	1,840,000	北京保利	2019-12-04
清乾隆 白玉籽料洒金皮人物故事纹大山子	高12.5cm	517,500	古天一	2019-06-05
清乾隆 碧玉雕仿灵璧石山子	高19.5cm	828,000	北京保利	2019-06-05
清乾隆 青白玉带皮雕人物图山子	高21cm	826,969	伦敦佳士得	2019-05-14
清乾隆 青白玉留皮山水人物大山子	高20.5cm	299,000	北京保利	2019-06-06
清乾隆 青白玉御题诗罗汉山子	高18cm	3,220,000	北京保利	2019-06-05
清乾隆 御题“黄山三十六峰”籽料山子（两件）	尺寸不一	20,700	中鸿信	2019-07-16
清乾隆 御制青玉雕“孤山放鹤图”山子	长16.7cm	540,540	邦瀚斯	2019-05-28
清中期 白玉雕人物故事图御题诗文山子	宽16.3cm	103,500	中鸿信	2019-07-17
清中期 白玉雕深山对弈图山子（一件）	11×7×4.5cm；重量271.4g	168,000	上海联合	2019-12-01
清中期 白玉罗汉山子	高8cm	69,000	古天一	2019-12-03
清中期 黑白玉巧雕和合二仙山子	长16cm	115,000	北京保利	2019-03-26
19世纪 灰青玉山雕山水亭台图大山子	高19.1cm	234,955	纽约佳士得	2019-03-21
19世纪 青白玉雕访友图大山子	宽24.1cm	251,738	纽约佳士得	2019-03-21
清19世纪 青玉罗汉修行山子	高12.8cm	40,608	伦敦佳士得	2019-08-29
清 “鸡骨白”玉雕“五子登科”“婴戏图”山子	长9.8cm	62,208	万昌斯	2019-05-27
清 白玉雕山水人物山子摆件	高8cm；长11.5cm	32,200	西泠印社	2019-07-06
清 白玉访友图山子	长35cm	161,000	中古陶	2019-06-06
清 白玉浮雕山水人物御题诗文山子	高19cm；宽18.5cm	57,500	中鸿信	2019-07-17
清 白玉留皮俏色诗文山子	长8.8cm；高6.6cm	115,000	北京鸿盛祥	2019-06-04
清 白玉梅花御题诗文山子	长12.5cm	17,250	中国嘉德	2019-03-24
清 白玉人物松鹿山子	高6.1cm	23,000	北京保利	2019-06-23
清 白玉松下高士图山子	高7cm；宽4cm	32,200	浙江佳宝	2019-06-23
清 白玉籽料丹凤朝阳山子	长8.8cm	230,000	北京鸿盛祥	2019-06-04
清 翠玉赤壁图山子	宽17.5cm	239,965	伦敦佳士得	2019-11-05
清 黑白玉巧雕罗汉山子	高17.3cm	34,500	北京保利	2019-04-30
清 黑白玉瑶池祝寿图山子	宽18cm；高19cm	253,000	浙江佳宝	2019-06-23
清 红皮籽料赤壁游山子	长13cm	43,130	北京大羿	2019-06-04
清 琥珀罗汉山子摆件	高10.5cm	20,700	北京保利	2019-03-26
清 琥珀山石楼阁形山子	长15.5cm	25,300	浙江佳宝	2019-06-23
清 孔雀石山子	高8.3cm	63,250	中贸圣佳	2019-12-01
清 孔雀石随形山子摆件	长9.6cm	74,750	西泠印社	2019-07-06
清 玛瑙雕仙人童子像 及 玛瑙雕寿老山子（一组两件）	宽12.5cm	33,079	伦敦佳士得	2019-05-14
清 蜜蜡雕人物故事山子	长10cm	80,500	中鸿信	2019-07-17
清 南红巧雕山水人物图山子摆件	高24cm	34,500	西泠印社	2019-07-06
清 青白玉山水人物山子	高12cm	184,000	北京保利	2019-06-06
清 青金石亭台楼阁人物故事山子	高33cm	103,500	中古陶	2019-06-06
清 玉雕山子	高16cm	92,000	北京荣宝	2019-12-01
18世纪/19世纪 青玉仙山楼阁山子	高30.0cm	275,488	香港苏富比	2019-05-17
民国 孔雀石雕鹿鹤同春御题诗山子	宽25cm	11,500	北京保利	2019-08-25
民国 南红玛瑙山子	长39cm	28,750	北京保利	2019-03-26
民国 青金石山子	长11cm	10,350	华艺国际	2019-08-11
19/20世纪 白玉褐斑小山子	长8.8cm	17,098	伦敦佳士得	2019-08-29
现代 和田玉三顾茅庐摆件	28.5cm×26cm	230,000	北京荣宝	2019-04-28
白玉人物山子	长26.5cm	16,100	北京保利	2019-01-20
白玉山水人物诗文山子	长15.5cm	11,500	北京保利	2019-01-20
白玉山水人物御题诗文山子	长18cm	13,800	中国嘉德	2019-10-16
碧玉山水楼阁对弈图山子	高47.5cm（含座）	25,300	中国嘉德	2019-03-24
碧玉山水楼阁高士山子	高39.5cm（含座）	25,300	中国嘉德	2019-03-24
碧玉山水楼阁人物大山子	高56.5cm（含座）	25,300	中国嘉德	2019-10-16
碧玉山水楼阁人物大山子	高71cm（含座）	23,000	中国嘉德	2019-10-16
碧玉山水人物大山子	高57.5cm（含座）	36,800	中国嘉德	2019-06-25
碧玉山水人物山子	长50cm	28,750	中国嘉德	2019-10-16
碧玉山水人物山子	高37.4cm（含座）	13,800	中国嘉德	2019-06-25
碧玉山水人物山子	高41.5cm（含座）	13,800	中国嘉德	2019-06-25
碧玉山水人物山子	高26cm	11,500	中国嘉德	2019-03-24
碧玉山水人物山子	长36cm	10,350	中国嘉德	2019-03-24
碧玉山子（三件）	长30cm；长27cm；长17.5cm	11,500	中国嘉德	2019-06-25
碧玉松下高士山子	高36cm（含座）	17,250	中国嘉德	2019-06-25
顾铭 秋江望月 青花山子	重511g	48,300	西泠印社	2019-07-07
巧色玉罗汉修行山子	高9.5cm	21,815	伦敦佳士得	2019-11-05
青白玉山水人物山子	长22.5cm	20,700	北京保利	2019-06-23
青白玉山水人物山子	长23cm	25,300	中国嘉德	2019-03-24
青白玉山水人物小山子	长11.5cm	11,500	中国嘉德	2019-03-24
青白玉深山访友山子	长13.5cm	28,750	中国嘉德	2019-06-25

拍品名称	物品尺寸	成交价RMB	拍卖公司	拍卖日期
青白玉深山访友山子	长19.8cm	11,500	中国嘉德	2019-03-24
青金石罗汉御题诗文山子	高25.3cm	13,800	中国嘉德	2019-03-24
青金石深山访友御题诗文山子	长24cm	17,250	中国嘉德	2019-06-25
清 玉山子	高9cm	26,450	北京翰海	2019-03-29
佚名 仕女图 白玉山子	重785.3g	34,500	西泠印社	2019-07-07
人物摆件				
新石器时代 碧玉龟	宽5.6cm	61,531	佳士得	2019-11-27
新石器时代 红山文化 黄玉人首	长4.6cm	228,096	万昌斯	2019-05-27
新石器时代 青玉鸟	长7.2cm	190,188	佳士得	2019-11-27
商 玉跪人	高4cm	855,000	香港苏富比	2019-04-03
商末至西周 黄玉神人坐像	高6.1cm	117,563	香港苏富比	2019-04-03
汉 玉雕跪人	高3.9cm	128,431	中国嘉德	2019-10-07
汉 玉翁仲	长4.5cm	437,000	西泠印社	2019-07-06
汉 玉翁仲	高4.2cm	20,178	中国嘉德	2019-03-31
北魏 石佛残像	像长34.4cm；总高60.5cm	18,662	万昌斯	2019-05-27
唐 白玉观音立像	长6cm	134,784	万昌斯	2019-05-27
唐–宋 白玉佛像配紫檀背光	玉长5.7cm；总长6.7cm	77,760	万昌斯	2019-05-27
唐–五代·白玉善财童子立像	高9cm	253,000	西泠印社	2019-07-06
宋 白玉带沁巧雕“药圣”“孙思邈”	长6.5cm；厚1.5cm	331,776	万昌斯	2019-05-27
宋 白玉雕持荷童子	高7.0cm	126,500	西泠印社	2019-07-06
宋 白玉飞天童子	长4.1cm	72,576	万昌斯	2019-05-27
宋 白玉迦楼罗	长5.5cm	103,680	万昌斯	2019-05-27
宋 白玉巧雕“童子持莲”	长6.7cm	103,680	万昌斯	2019-05-27
宋 白玉童子	长6cm；厚1.6cm	20,736	万昌斯	2019-05-27
宋或更早 白玉受沁胡旋舞人	宽2.3cm；高5.6cm	25,300	浙江佳宝	2019-06-23
宋或更早 黄玉人	高6.2cm	641,250	香港苏富比	2019-04-03
宋–元 白玉红沁童子戏象	长4.8cm	43,700	浙江佳宝	2019-06-23
辽·白玉飞天	长4.5cm	25,300	西泠印社	2019-07-06
元 白玉雕观音坐像	高4.8cm	86,250	西泠印社	2019-07-06
元 白玉雕迦楼罗像	高5cm	178,250	西泠印社	2019-07-06
元 白玉红沁观音	宽3.5cm；高3.7cm	48,300	浙江佳宝	2019-06-23
元 白玉受沁竹马童子	宽4.1cm；高5.5cm	17,250	浙江佳宝	2019-06-23
元 黄玉翁仲	长8cm	161,000	北京保利	2019-06-06
元 青玉持荷童子	5.2×6.3×2.1cm	48,300	北京诚轩	2019-11-16
元 玉雕和合童子（一组两件）	3.6×5.3×2cm	149,500	北京诚轩	2019-06-03
或明 青白玉刘海戏金蟾	长5.1cm	209,070	香港苏富比	2019-05-30
明 白玉“童子持莲”	长5.6cm	10,368	万昌斯	2019-05-27
明 白玉持鹊童子	高4.4cm	207,000	中贸圣佳	2019-06-07
明 白玉持莲童子	宽2.4cm；高5.8cm	20,700	浙江佳宝	2019-06-23
明 白玉带钉金沁“仙人乘槎”	长6.9cm	62,208	万昌斯	2019-05-27
明 白玉雕持荷童子	高8.4cm	109,250	西泠印社	2019-07-06
明 白玉飞天	长8cm	126,500	北京保利	2019-08-25
明 白玉飞天	长6.1cm	149,500	北京鸿盛祥	2019-12-04
明 白玉飞天	长5cm	109,250	北京鸿盛祥	2019-12-04
明 白玉飞天	长4cm	103,500	北京鸿盛祥	2019-06-04
明 白玉飞天童子	长6.5cm	69,000	北京鸿盛祥	2019-06-04
明 白玉红沁翁仲	长3.5cm	89,700	北京鸿盛祥	2019-12-04
明 白玉留皮持荷童子	高7.1cm	97,750	北京鸿盛祥	2019-12-04
明 白玉寿星	高18.5cm	23,000	北京保利	2019-08-25
明 白玉童子戏犬摆件	长4.1cm；高3.7cm	94,300	北京鸿盛祥	2019-06-04
明 白玉翁仲	高3.9cm	46,000	北京鸿盛祥	2019-06-04
明 白玉卧式击鼓童子	长6.3cm；高3.8cm	156,750	北京鸿盛祥	2019-12-04
明 白玉舞人	长5.8cm；宽3.2cm	657,000	北京鸿盛祥	2019-12-04
明 白玉腰鼓舞人	长3.7cm；高6.4cm	92,000	北京鸿盛祥	2019-12-04
明 白玉俑人	长3.8cm	237,500	北京鸿盛祥	2019-12-04
明 白玉捉迷藏童子	宽3.1cm；高6.1cm	28,750	浙江佳宝	2019-06-23
明 和田玉巧雕魁星点斗独占鳌头摆件	高10.5cm	92,000	中古陶	2019-06-05
明 和田玉圆雕寿星小摆件	高6.8cm；宽3cm	10,350	上海嘉禾	2019-09-07
明 黑白玉俏色胡人摆件	高3.5cm	920,000	北京大羿	2019-06-04
明 黄玉“李白醉酒”	长9cm	31,104	万昌斯	2019-05-27
明 黄玉带沁力士	高8cm	80,712	中国嘉德	2019-03-31
明 黄玉留皮童子牧牛	长11.5cm；高6cm	218,500	北京鸿盛祥	2019-12-04
明 金镶玉佛	高4.3cm	25,300	中国嘉德	2019-06-02
明 旧玉翁仲	高4.5cm	13,800	北京翰海	2019-06-15
明 南红玛瑙刘海戏金蟾摆件	高5cm	322,000	北京大羿	2019-06-04
明 青白玉雕胡人驯狮摆件	高5cm；长6.2cm	172,500	西泠印社	2019-07-06
明 青白玉雕童子戏狮摆件	高5.6cm	43,740	邦瀚斯	2019-05-28
明 青白玉骑马童子	5.3cm	53,438	香港苏富比	2019-04-03
明 青玉西王母立像	高17.8cm	101,200	北京鸿盛祥	2019-12-04
明 玉留皮雕舞人	高5.7cm	86,250	中国嘉德	2019-11-17
明 玉站佛	高3.4cm	36,800	中国嘉德	2019-06-02
明代 碧玉雪山大士	高12cm	69,000	广东崇正	2019-11-28
明末清初 白玉漆金观音站像	高19cm	1,150,000	保利厦门	2019-08-04
明末清初·蜜蜡雕汉钟离像	高8cm；重26.7g	80,500	西泠印社	2019-07-06
18世纪 白玛瑙雕吕洞宾像	高17cm	162,000	佳士得	2019-05-29
18世纪 青白玉雕胡人戏狮摆件		263,520	纽约苏富比	2019-03-20
18世纪 青白玉雕寿老童子立鼓摆件	高7cm	43,740	邦瀚斯	2019-05-28
18世纪 御制青玉雕罗汉立像	高16.5cm	373,540	邦瀚斯	2019-05-28
清早期 白玉圆雕伏虎罗汉	高5.5cm	46,000	中鸿信	2019-07-16
清早期 白玉圆雕太白醉酒像	长12cm	59,000	中鸿信	2019-07-17
清早期 青玉药师佛	高17cm	133,000	北京保利	2019-12-05
清早期 水晶雕渔翁得利摆件	带座高19.7cm；高15.8cm	32,200	西泠印社	2019-09-22
清早期·水晶雕渔翁得利摆件	高15.8cm	43,700	西泠印社	2019-07-06
清康熙 青白玉雕李白醉酒摆件		134,260	纽约苏富比	2019-03-19
清乾隆 白玉“五谷丰登”童子	高5.4cm	165,888	万昌斯	2019-05-27
清乾隆 白玉观音坐像连碧玉莲花座	高6.8cm；总高8.8cm	385,919	伦敦佳士得	2019-05-14
清乾隆 青白玉雕童子牧牛摆件	长13.7cm	1,728,540	邦瀚斯	2019-05-28
清乾隆 青白玉佛坐像	高15cm	1,566,250	佳士得	2019-11-27
清乾隆 羊脂白玉雕五子戏弥勒摆件	高8.6cm；宽10.8cm	517,500	中鸿信	2019-07-16
清中期 白玉雕刘海戏金蟾	高5.7cm	54,540	邦瀚斯	2019-05-28
清中期 白玉雕释迦牟尼	高12.5cm	36,250	荣宝斋（南京）	2019-07-21
清中期 白玉留红皮童子牧牛摆件	高4.2cm	56,700	浙江佳宝	2019-06-23
清中期 白玉留皮巧雕“洋人头像钱币”纹盖盒	直径5.6cm	49,766	万昌斯	2019-05-27
清中期 白玉仕女童子摆件	高14cm	115,000	北京保利	2019-03-26
清中期 白玉寿星像	高15cm	59,000	中国嘉德	2019-11-17
清中期 白玉童子牧牛摆件	长17.0cm	437,000	西泠印社	2019-07-06

2019玉器拍卖成交汇总

(成交价RMB：1万元以上)

拍品名称	物品尺寸	成交价RMB	拍卖公司	拍卖日期
清中期 黑白玉巧雕刘海戏金蟾	宽3.1cm；高5cm	51,750	浙江佳宝	2019-06-23
清中期 青白玉持莲童子	高7.3cm	23,000	北京保利	2019-12-05
清中期 青白玉雕观音像	高16cm	63,250	北京保利	2019-06-23
清中期 青白玉圆雕刘海戏金蟾像	高21cm	92,000	中鸿信	2019-07-17
清中期 玉雕仕女立件	高27.9cm	460,000	中贸圣佳	2019-06-07
18世纪/19世纪 白玉及青玉雕人物过桥摆件	长16.5cm	3,161,823	纽约佳士得	2019-03-21
18世纪/19世纪 琥珀雕人物像（两件）	高10.7cm	66,158	伦敦佳士得	2019-05-14
18世纪/19世纪 烟晶雕太白醉酒摆件	长14.3cm	142,260	纽约佳士得	2019-09-12
19世纪 白玉佛	高15cm	89,700	北京荣宝	2019-12-01
19世纪 青白玉童子骑象摆件	长16.5cm	335,650	纽约佳士得	2019-03-21
19世纪 青玉雕高士童子摆件		302,085	纽约苏富比	2019-03-20
十八至十九世纪 白玉观世音菩萨立像		1,700,625	香港苏富比	2019-10-08
清晚期 青玉仕女童子像	高30cm	10,350	中国嘉德	2019-06-25
清 白玉"平安"仕女	高4.6cm	31,104	万昌斯	2019-05-27
清 白玉雕持莲童子	高4.8cm	86,250	西泠印社	2019-07-06
清 白玉雕地藏王菩萨像	高6cm	52,900	西泠印社	2019-07-06
清 白玉雕地藏王菩萨小像	高2.5cm	55,200	西泠印社	2019-07-06
清 白玉雕观音坐像	高5.4cm	437,000	西泠印社	2019-07-06
清 白玉雕胡人献宝摆件	高6cm；长8cm	97,750	西泠印社	2019-07-06
清 白玉雕欢喜童子	长4cm	20,700	荣宝斋（南京）	2019-07-21
清 白玉雕麻姑献寿摆件	高10cm	17,250	西泠印社	2019-04-14
清 白玉雕童子摆件	高7cm	40,250	北京荣宝	2019-12-01
清 白玉雕童子戏鹅摆件	高7cm	36,800	西泠印社	2019-04-14
清 白玉雕童子戏球	长5cm	11,500	荣宝斋（南京）	2019-07-21
清 白玉雕渔翁得利摆件	高11cm	34,500	西泠印社	2019-09-22
清 白玉观音立像	宽3.3cm；高7.8cm	13,800	浙江佳宝	2019-06-23
清 白玉和合童子	长4.8cm	71,300	中国嘉德	2019-06-02
清 白玉黄沁文官像	高6.1cm	120,750	北京鸿盛祥	2019-12-04
清 白玉吉庆如意童子	长5.1cm	161,000	北京鸿盛祥	2019-06-04
清 白玉刘海戏金蟾摆件	宽5.5cm；高4.5cm	24,150	浙江佳宝	2019-06-23
清 白玉留皮"胡人献宝"	高7.1cm	103,680	万昌斯	2019-05-27
清 白玉留皮刘海戏金蟾	长4.4cm；高4.3cm	34,500	北京鸿盛祥	2019-06-04
清 白玉鹿乳奉亲摆件	带座高11cm	48,300	西泠印社	2019-09-22
清 白玉罗汉摆件	高15.5cm	57,500	北京保利	2019-11-22
清 白玉罗汉立像	高10.5cm	36,800	北京保利	2019-08-25
清 白玉罗汉像	高10.5cm	40,250	中国嘉德	2019-03-24
清 白玉嵌宝石如意观音像	高9.6cm	713,000	北京鸿盛祥	2019-06-04
清 白玉巧雕"刘海戏蟾"	长4.5cm	98,496	万昌斯	2019-05-27
清 白玉巧雕童子拜观音摆件	高18.3cm	34,500	中古陶	2019-06-06
清 白玉巧色执荷童子	高4.2cm	13,800	中贸圣佳	2019-08-16
清 白玉人上人福禄童子	高4.9cm	82,800	北京鸿盛祥	2019-12-04
清 白玉仕女	高22cm	138,000	保利厦门	2019-01-06
清 白玉仕女	高16cm	34,500	北京保利	2019-08-25
清 白玉仕女	高27.5cm	575,000	北京翰海	2019-03-29
清 白玉仕女立像	高15cm	88,210	伦敦佳士得	2019-05-14
清 白玉仕女小像	高5.5cm	17,250	中国嘉德	2019-10-16
清 白玉仕女休憩图摆件	长10.8cm；高9.4cm	218,500	北京鸿盛祥	2019-12-04

拍品名称	物品尺寸	成交价RMB	拍卖公司	拍卖日期
清 白玉释迦牟尼佛坐像	长18.2cm；高28.5cm	149,500	北京鸿盛祥	2019-12-04
清 白玉释迦牟尼坐像	高11.9cm	48,300	北京鸿盛祥	2019-06-04
清 白玉寿上添寿	宽8cm	220,525	伦敦佳士得	2019-05-14
清 白玉寿星赐福摆件	高13.3cm	195,500	北京鸿盛祥	2019-06-04
清 白玉四喜童子	长4cm；厚1.6cm	29,030	万昌斯	2019-05-27
清 白玉童子	高8.2cm	16,100	北京保利	2019-03-26
清 白玉童子	宽2cm；高3.93cm	13,800	浙江佳宝	2019-06-23
清 白玉童子乘槎摆件	长7.2cm	63,250	北京鸿盛祥	2019-06-04
清 白玉无量寿佛坐像、碧玉莲花座及鎏金铜须弥座连背光		121,040	香港苏富比	2019-05-30
清 白玉圆雕"洒金皮"童子牧牛	长11.5cm	92,000	中鸿信	2019-07-17
清 白玉圆雕仕女摆件	高10.7cm	57,500	北京鸿盛祥	2019-12-04
清 白玉圆雕无量寿佛坐像	高23.8cm	109,250	中鸿信	2019-07-17
清 碧玉雕佛立像		41,956	纽约苏富比	2019-03-23
清 碧玉释迦牟尼像	高13.9cm	57,500	北京鸿盛祥	2019-06-04
清 翡翠童子牵马摆件	长20.4cm；高11cm	782,000	北京鸿盛祥	2019-12-04
清 粉晶神仙人物山石摆件（带座）	高8.5cm	11,500	广东崇正	2019-05-23
清 和田白玉、碧玉雕降龙罗汉三件套	高18cm	632,500	江苏汇中	2019-05-11
清 黄玉雕胡人骑象摆件	高4.5cm	97,750	古天一	2019-06-05
清 黄玉佛	高9.5cm	57,500	北京保利	2019-04-30
清 南红玛瑙雕山水人物摆件	高9cm	34,500	荣宝斋（南京）	2019-07-21
清 青白玉三星人	宽6cm	28,750	广东省拍	2019-06-09
清 青白玉寿星像	高23.7cm	32,200	中国嘉德	2019-03-24
清 青白玉童子小像	高5.5cm	10,350	中国嘉德	2019-10-16
清 青玉雕刘海戏金蟾	宽4cm；高7cm	17,250	荣宝斋（南京）	2019-07-21
清 水晶白玉随身佛	高4cm	138,000	中贸圣佳	2019-08-16
清 水晶观音座像	高22cm	23,000	广东崇正	2019-11-28
清 玉带沁人物像（两件）	高7.1cm	80,270	中国嘉德	2019-10-07
清 玉雕"捧莲童子"摆件	长7cm	13,800	北京荣宝	2019-12-01
清 玉雕和合二仙	高8.8cm	97,750	中国嘉德	2019-11-17
清 玉雕童子（两件）	长4.5cm	246,125	佳士得	2019-11-27
清 玉雕童子牧牛	长8cm	18,400	北京保利	2019-03-26
清 玉人	长5.5cm	10,350	北京翰海	2019-03-29
清 玉人（3件）		14,950	北京翰海	2019-03-29
清 玉人物	高7cm	18,400	北京翰海	2019-03-29
清 玉人物	高5.2cm	17,250	北京翰海	2019-03-29
清 玉人物	长5cm	13,800	北京翰海	2019-03-29
清代 玉雕合和二仙摆件	高4cm；长5.5cm	218,500	古天一	2019-12-03
晚清 水晶观音坐像	高25.4cm	37,761	纽约佳士得	2019-03-22
19世纪 青白玉寿老仙鹿	高11.8cm	60,520	香港苏富比	2019-05-30
民国 青金石济公 金星料观音（两件）	长19cm；高13cm	11,500	北京保利	2019-03-26
民国 青玉人物乘槎摆件	长16cm	12,650	北京保利	2019-03-26
民国 青玉戏曲人物摆件	高18.7cm	19,550	北京保利	2019-03-26
1995年 周定芳制像生蔬果十五件及竹盘	21.6cm	21,817	纽约佳士得	2019-03-19
50年代 青玉观音	长32cm	63,250	北京保利	2019-03-26
白玉女娲补天摆件	高23cm	34,500	北京保利	2019-03-26
白玉菩萨	高16.3cm	32,108	中国嘉德	2019-10-07
白玉人形器残件	长4.5cm；宽1.4cm	23,000	浙江佳宝	2019-06-23

拍品名称	物品尺寸	成交价RMB	拍卖公司	拍卖日期
白玉释迦像	高12cm	10,350	中国嘉德	2019-10-16
白玉醉美人摆件	高22cm	25,300	北京保利	2019-03-26
碧玉关公像	高46.5cm	34,500	中国嘉德	2019-10-16
当代 白玉关公	高22.3cm	805,000	北京翰海	2019-03-29
当代 白玉十臂观音	高19cm	690,000	北京翰海	2019-03-29
当代 白玉韦陀像	高22.6cm	920,000	北京翰海	2019-03-29
当代 白玉卓玛噶尔姆	高25cm	920,000	北京翰海	2019-03-29
当代 白玉自在观音	高25cm	690,000	北京翰海	2019-03-29
顾铭 东方朔偷桃 白玉摆件	重561g	86,250	西泠印社	2019-07-07
顾铭 寿比南山 白玉摆件	重748g	57,500	西泠印社	2019-07-07
顾铭 渔翁得利 白玉摆件	重221g	23,000	西泠印社	2019-07-07
青白玉人	高5cm	87,400	中贸圣佳	2019-12-01
青白玉童子洗像摆件	长18cm	13,800	中国嘉德	2019-06-25
松下观瀑摆件	高21cm	57,500	上海嘉禾	2019-09-07
王永芳 白玉持莲观音摆件	11.5×8.1×4.5cm；重量442.1g	445,760	上海联合	2019-12-01
杨菊青 白玉千手观音摆件	12×9.2×3cm；重量421.6g	313,600	上海联合	2019-12-01
佚名 胡人献宝 黄玉摆件	重326.8g	28,750	西泠印社	2019-07-07
俞巍巍 五子登科 白玉摆件	7.5×6.5×5.1cm；重量311.4g	159,040	上海联合	2019-06-16
玉雕自在观音	高17.7cm	23,000	北京保利	2019-08-25
张于华 法相 白玉摆件	13×10.3×5.4cm；重量931.3g	257,600	上海联合	2019-06-16
动物摆件				
新石器时代 红山文化 黄玉"马蹄"形器	高12cm	259,200	万昌斯	2019-05-27
新石器时代红山文化 青白玉龟	长4.7cm	85,500	香港苏富比	2019-04-03
红山文化 青玉蝉蛹	长10.7cm	290,875	佳士得	2019-11-27
文化期或以后 青黄玉凤	宽15.3cm	80,712	中国嘉德	2019-03-31
商 黄玉蛙	长3cm；厚0.5cm	207,360	万昌斯	2019-05-27
商 玉卧牛	长4cm	1,816,875	香港苏富比	2019-04-03
西周 白玉带水银沁圆雕立鹦	长9.8cm	622,080	万昌斯	2019-05-27
西周 玉鱼	长9.6cm；厚0.3cm	20,736	万昌斯	2019-05-27
西汉 玉马	宽8cm	5,351,300	中国嘉德	2019-10-07
汉 玉辟邪	长5.3cm；宽2.8cm；高2.1cm	326,246	华艺国际	2019-05-27
汉至六朝 玉瑞兽		4,967,620	纽约苏富比	2019-03-19
六朝 黄玉瑞蟾		4,162,060	纽约苏富比	2019-03-19
六朝 黄玉瑞兽	高7.5cm	1,923,750	香港苏富比	2019-04-03
六朝·白玉雕吉象摆件	高5cm；长7.2cm	92,000	西泠印社	2019-07-06
唐 白玉带灰皮兔	长4.1cm；厚1.7cm	88,128	万昌斯	2019-05-27
唐/宋 白玉狮子戏绣球	高3.3cm	52,805	华艺国际	2019-11-24
宋 "鸡骨白"玉犬	长7.5cm	62,208	万昌斯	2019-05-27
宋 白玉带红沁猪	长4.9cm	39,398	万昌斯	2019-05-27
宋 白玉带灰皮"一路连升"摆件	玉长7.9cm；总高6.3cm	176,256	万昌斯	2019-05-27
宋 白玉雕立狮	高4.2cm	155,250	西泠印社	2019-07-06
宋 白玉雕卧羊	长6.8cm	207,000	西泠印社	2019-07-06
宋 黄玉留皮梅花鹿	长7.5cm	165,888	万昌斯	2019-05-27
宋 黄玉卧牛	长5.4cm	85,500	香港苏富比	2019-04-03
宋 玉沁色双马	宽5.4cm	203,349	中国嘉德	2019-10-07
宋 玉卧牛	长7.9cm	855,000	香港苏富比	2019-04-03
宋 玉熊（两件）	最大长5.5cm；厚1.3cm	43,546	万昌斯	2019-05-27
宋/明 白玉雕瑞兽摆件	高6.1cm	594,540	邦瀚斯	2019-05-28
宋/元 白玉瑞兽	宽6cm	90,801	中国嘉德	2019-03-31

拍品名称	物品尺寸	成交价RMB	拍卖公司	拍卖日期
宋代 玉鹿	高5cm	143,750	广东崇正	2019-11-27
宋-元 白玉羊	玉长4.9cm；总高4.6cm	165,888	万昌斯	2019-05-27
宋至明 黄玉卧犬	长6.2cm	213,750	香港苏富比	2019-04-03
宋至明 青玉宝鸭	长5.9cm	52,818	香港苏富比	2019-05-30
宋至元 青白玉卧犬	7.6cm	90,844	香港苏富比	2019-04-03
辽金 黄玉貘	长3.55cm	46,000	浙江佳宝	2019-06-23
辽-金 玉"双鹿"秋山及交颈鸳鸯	最大长3.6cm	49,766	万昌斯	2019-05-27
元 白玉红沁鳜鱼	长6.9cm；宽3.4cm	17,250	浙江佳宝	2019-06-23
元 白玉红沁翼龙摆件	长8.5cm；宽2.3cm；高6cm	172,500	浙江佳宝	2019-06-23
元 白玉留皮骆驼	长6.8cm	402,500	北京保利	2019-06-05
元 青白玉卧羊	长12cm	2,135,000	北京保利	2019-06-05
元 青玉蹲龙	7.8cm×17cm	460,000	北京诚轩	2019-11-15
元 提油玉卧兽	长7.4cm	540,500	中贸圣佳	2019-11-30
元 玉雕瑞兽	宽9cm	192,647	中国嘉德	2019-10-07
元 玉猪	长3.8cm	28,750	中国嘉德	2019-06-02
元-明 白玉母子兽	高5.1cm	103,680	万昌斯	2019-05-27
元至明 白玉盘龙	高5.6cm	33,011	香港苏富比	2019-05-30
元至明 黄玉卧象	长6.8cm	128,250	香港苏富比	2019-04-03
12-13世纪 象鼻天	高53cm	92,000	上海匡时	2019-06-21
明以前 白玉雕双虎	长4.5cm	1[illegible],500	广东崇正	2019-11-28
明早期 老和田玉熊摆件	高6.5cm；宽5.5cm	103,500	上海嘉禾	2019-09-07
17世纪 青玉瑞狮献灵芝摆件	宽23cm	220,525	伦敦佳士得	2019-05-14
17世纪 青玉卧牛	长17.8cm	234,955	纽约佳士得	2019-03-21
17世纪或更早 白玉龙	高6cm	441,050	伦敦佳士得	2019-05-14
17世纪至20世纪 玉卧犬（一组四件）	最长7.3cm	235,098	伦敦佳士得	2019-08-29
明十七世纪 青玉瑞兽	高9.8cm	327,225	伦敦佳士得	2019-11-05
或明 青玉卧马	长11.4cm	22,007	香港苏富比	2019-05-30
明 白玉s龙（一对）	长11.6cm；11.3cm	632,500	北京鸿盛祥	2019-12-04
明 白玉带沁"三羊开泰"	长5.9cm	29,030	万昌斯	2019-05-27
明 白玉带沁双欢	长6.5cm	67,392	万昌斯	2019-05-27
明 白玉雕双瑞兽	长5.4cm	40,250	西泠印社	2019-07-06
明 白玉雕天鹿	高5.4cm	324,540	邦瀚斯	2019-05-28
明 白玉狗及欢	最大长5.8cm	20,736	万昌斯	2019-05-27
明 白玉红沁鳜鱼	长5.9cm	32,200	北京鸿盛祥	2019-12-04
明 白玉红沁犬首	长4.7cm；高3.8cm	241,500	北京鸿盛祥	2019-12-04
明 白玉红沁双龙首珩	长4.9cm	97,750	北京鸿盛祥	2019-12-04
明 白玉红沁天禄瑞兽	长8.3cm；高5.9cm	138,000	北京鸿盛祥	2019-12-04
明 白玉红沁鱼	长6.8cm	66,700	北京鸿盛祥	2019-12-04
明 白玉回首瑞兽	长5.5cm；高2.7cm	66,700	北京鸿盛祥	2019-12-04
明 白玉留皮熊	长4.5cm；高3.3cm	69,000	北京鸿盛祥	2019-12-04
明 白玉龙纹珩	长9cm	207,000	北京鸿盛祥	2019-12-04
明 白玉辟邪	长6.8cm	39,398	万昌斯	2019-05-27
明 白玉嵌宝石瑞兔	长4.2cm	62,[illegible]00	北京鸿盛祥	2019-06-04
明 白玉沁色琥（一对）	长8.5cm	143,750	北京鸿盛祥	2019-12-04
明 白玉瑞兽摆件	长15.5cm	287,500	中古陶	2019-06-05
明 白玉兽	长9.2cm	5[illegible],840	万昌斯	2019-05-27
明 白玉绶带鸟	长3.9cm	46,000	中古陶	2019-06-05
明 白玉双鹿	长5cm；高3.2cm	82,[illegible]00	北京鸿盛祥	2019-06-04

2019玉器拍卖成交汇总

(成交价RMB：1万元以上)

拍品名称	物品尺寸	成交价RMB	拍卖公司	拍卖日期
明 白玉卧马	长10cm	28,750	中古陶	2019-06-06
明 白玉卧牛摆件	长7.5cm	11,500	中鸿信	2019-07-16
明 白玉卧羊	长12cm	345,000	北京保利	2019-08-25
明 白玉羊	长6.8cm；高3.4cm	46,000	北京鸿盛祥	2019-12-04
明 白玉鱼	长6cm	126,500	北京鸿盛祥	2019-06-04
明 白玉鱼	长4.4cm	25,920	万昌斯	2019-05-27
明 蝉（一对）	A：2.1cm；B：2.4cm	20,430	中古陶	2019-06-05
明 古玉蛇龙	长4.5cm	34,500	保利厦门	2019-01-06
明 和田玉瑞兽摆件	长9.5cm	34,500	中古陶	2019-06-05
明 黑白玉巧雕“鱼化龙”	长6.4cm	98,496	万昌斯	2019-05-27
明 黑白玉俏色巧雕麒麟负书	长6.3cm；宽5.3cm	89,700	北京鸿盛祥	2019-12-04
明 黑漆古双骏摆件	长20.1cm；高12.5cm	46,000	北京鸿盛祥	2019-12-04
明 黄玉带沁瑞兽	长4.7cm	77,760	万昌斯	2019-05-27
明 黄玉虎	宽4.6cm	70,623	中国嘉德	2019-03-31
明 黄玉骆驼	长7.8cm；高5.1cm	2,300,000	北京鸿盛祥	2019-12-04
明 黄玉排骨犬	长6.1cm	46,000	北京鸿盛祥	2019-12-04
明 黄玉瑞兽摆件（带座）	高7.5cm；长4cm	11,500	广东崇正	2019-05-23
明 黄玉兔	长3.3cm	483,000	北京鸿盛祥	2019-12-04
明 黄玉鹗	长5.9cm；宽5.3cm	1,150,000	北京鸿盛祥	2019-12-04
明 灰褐玉象	长12.7cm	503,475	纽约佳士得	2019-03-21
明 火烧玉卧马	宽11cm	32,200	荣宝斋（南京）	2019-07-21
明 旧玉鼠	长5.8cm	40,250	北京翰海	2019-06-15
明 沁色玉蟾	宽6.7cm	30,267	中国嘉德	2019-03-31
明 青白玉骆驼	长4.0cm	19,807	香港苏富比	2019-05-30
明 青白玉卧犬	长8.5cm	107,028	香港苏富比	2019-04-03
明 青白玉卧狮衔芝	6cm	53,438	香港苏富比	2019-04-03
明 青白玉圆雕瑞兽摆件	长14.5cm；高10.8cm	126,500	北京鸿盛祥	2019-12-04
明 青黄玉沁色卧犬	长6.4cm	132,250	北京鸿盛祥	2019-12-04
明 青黄玉兔	长4.5cm	57,500	北京鸿盛祥	2019-06-04
明 青玉留皮狻猊	长9cm；高3.6cm	101,200	北京鸿盛祥	2019-12-04
明 青玉龙形摆件	长13.6cm	101,200	中贸圣佳	2019-12-01
明 青玉瑞兽	宽6.7cm	92,714	伦敦佳士得	2019-11-05
明 青玉卧虎	长12.5cm	76,353	伦敦佳士得	2019-11-05
明 青玉卧兽	长7.8cm	59,800	中国嘉德	2019-11-17
明 水晶雕羊摆件	高4.5cm；长8cm	32,200	西泠印社	2019-07-06
明 太阳神胎	长2.9cm	1,173,000	北京鸿盛祥	2019-12-04
明 玉琥（一对）	长3cm	55,200	北京鸿盛祥	2019-06-04
明 玉鸡	宽4.7cm	35,312	中国嘉德	2019-03-31
明 玉马	长4.3cm	57,024	万昌斯	2019-05-27
明 玉牛	长4.6cm	92,000	中贸圣佳	2019-12-01
明 玉沁色犬	长6cm	11,500	中国嘉德	2019-10-16
明代 白玉卧马	长5cm	103,500	古天一	2019-06-05
明或更早 白玉雕鹰熊摆件	宽8cm	756,540	邦瀚斯	2019-05-28
明或以前 白玉骆驼	长4cm	11,500	广东崇正	2019-05-23
明或以前 白玉瑞兽	长3cm；高2.5cm	20,700	广东崇正	2019-11-28
明或以前 黄玉胡人骆驼	长13.5cm；高9cm	57,500	广东崇正	2019-11-28
明-清 白玉雕瑞兽衔灵芝摆件	带座高5.3cm；高4cm；长7.8cm	63,250	西泠印社	2019-07-06

拍品名称	物品尺寸	成交价RMB	拍卖公司	拍卖日期
明清 玉兽摆件（一组）	尺寸不一	149,500	中鸿信	2019-07-16
明末清初 青玉英雄	高6cm	88,210	伦敦佳士得	2019-05-14
18世纪 白玉雕母子异兽摆件	长8.3cm	108,540	邦瀚斯	2019-05-28
18世纪 白玉雕三阳开泰摆件		50,348	纽约苏富比	2019-03-19
18世纪 白玉衔莲宝鹅	长15.5cm	1,068,750	香港苏富比	2019-04-03
18世纪 鸡骨玉雕卧羊摆件		167,825	纽约苏富比	2019-03-19
18世纪 青玉雕吉象摆件		50,348	纽约苏富比	2019-03-20
18世纪 青玉雕麒麟衔牡丹摆件	长13.3cm	216,540	邦瀚斯	2019-05-28
18世纪 青玉獏摆件	宽10.7cm	118,800	佳士得	2019-05-29
清十七至十八世纪 青玉亥猪		52,818	香港苏富比	2019-05-30
清早期 白玉羊摆件	长7cm	17,250	北京荣宝	2019-06-13
清早期 蜜蜡雕“太狮少狮”摆件	高6.5cm W：8cm	172,500	北京荣宝	2019-12-01
清早期 尚均款和田白玉豌豆	长2.7cm	103,500	中贸圣佳	2019-08-16
清康熙 白玉衔芝瑞兽	长8cm	96,325	香港苏富比	2019-04-03
清康熙 青玉雕岁岁和谐摆件		184,608	纽约苏富比	2019-03-19
17世纪/18世纪 青玉灵猴献寿	高7.7cm	99,236	伦敦佳士得	2019-05-14
17世纪/18世纪 青玉卧骆驼摆件	长19.7cm	125,869	纽约佳士得	2019-03-21
18世纪 白玉龙马精神	宽6.2cm	235,457	中国嘉德	2019-10-07
18世纪 白玉瑞兽	宽6.2cm	267,565	中国嘉德	2019-10-07
18世纪 白玉童子洗象摆件	宽14.4cm	504,450	中国嘉德	2019-03-31
18世纪 白玉卧羊	长8cm	414,000	北京保利	2019-12-05
18世纪 碧玉大卧牛	长30cm	3,967,383	纽约佳士得	2019-03-20
18世纪 黄玉鹅	长8cm	176,420	伦敦佳士得	2019-05-14
18世纪 青白玉卧水牛	宽7.6cm	141,798	伦敦佳士得	2019-11-05
18世纪 青白玉象	宽22.8cm	396,945	伦敦佳士得	2019-05-14
18世纪 青玉卧马	宽41cm	1,047,494	伦敦佳士得	2019-05-14
18世纪或更晚 白玉卧马 白玉带皮瑞兽及白玉兔（一组三件）	长4.2cm	45,827	伦敦佳士得	2019-02-14
清17/18世纪 青白玉马上封侯摆件	长9cm	10,686	伦敦佳士得	2019-08-29
清乾隆 白玉雕龙马洛龟摆件	长15.5cm	4,669,920	佳士得	2019-05-29
清乾隆 白玉雕三羊开泰摆件	长10.8cm；高6cm	68,328	罗芙奥	2019-06-01
清乾隆 白玉雕双狮摆件	长9cm	460,000	北京荣宝	2019-06-13
清乾隆 白玉雕羊生肖像	高5.3cm	367,740	邦瀚斯	2019-05-28
清乾隆 白玉独角兽	长6cm	124,416	万昌斯	2019-05-27
清乾隆 白玉留皮三鹅摆件	长8.7cm；高7cm	193,200	北京鸿盛祥	2019-12-04
清乾隆 白玉留皮岁岁平安卧牛摆件	长12.4cm；高7.5cm	230,000	北京鸿盛祥	2019-12-04
清乾隆 白玉牛生麒麟摆件	长9.7cm；高5.5cm	230,000	北京鸿盛祥	2019-12-04
清乾隆 白玉麒麟负书摆件	长9cm	346,140	邦瀚斯	2019-05-28
清乾隆 白玉嵌碧玺卧犬	宽6.2cm	172,500	北京保利	2019-06-06
清乾隆 白玉瑞兽	宽8cm	214,052	中国嘉德	2019-10-07
清乾隆 白玉三羊开泰摆件	长11.3cm	805,000	北京保利	2019-06-06
清乾隆 白玉狮形摆件	长21cm；宽14cm；高6.6cm	632,500	浙江佳宝	2019-06-23
清乾隆 白玉衔芝瑞兽	长6.1cm；宽3.2cm；高4.8cm	69,000	浙江佳宝	2019-06-23
清乾隆 白玉象摆件	长16.5cm；高10.8cm	218,500	中贸圣佳	2019-06-07
清乾隆 白玉羊神	高5.5cm	115,000	北京荣宝	2019-12-01
清乾隆 白玉羊神	高5.3cm	39,398	万昌斯	2019-05-27
清乾隆 仿汉玉雕熊	长16.5cm	11,500	中鸿信	2019-07-17
清乾隆 黑白玉俏色巧雕牛生麒麟	长4.4cm；高2.7cm	132,250	北京鸿盛祥	2019-12-04

拍品名称	物品尺寸	成交价RMB	拍卖公司	拍卖日期
清乾隆 黑白玉俏色巧雕太师少师	长5.4cm；高3.4cm	207,000	北京鸿盛祥	2019-12-04
清乾隆 黄玉雕仿古兽	高18.5cm	57,500	中鸿信	2019-07-17
清乾隆 黄玉雕瑞兽	长6.6cm	575,000	古天一	2019-06-05
清乾隆 青白玉雕事事如意摆件及马上封侯摆件 一组两件	玉鸟 宽6.8cm；玉马 宽3.8cm	65,340	邦瀚斯	2019-05-28
清乾隆 青白玉摩羯鱼摆件	长12cm	340,125	香港苏富比	2019-10-08
清乾隆 青金石三羊开泰附带掐丝珐琅座	青金石 26.5×21×13cm	287,500	中鸿信	2019-07-17
清乾隆 御制白玉带沁行龙	长15.5cm；厚2cm	1,969,920	万昌斯	2019-05-27
清嘉庆 青白玉巧雕寿老瑞鹿摆件	18cm	64,125	香港苏富比	2019-04-03
清中期 白玉安居乐业	长5.5cm	17,250	北京翰海	2019-06-15
清中期 白玉雕瑞兽和火烧玉雕双羊（各一件）	宽5.5cm	42,374	中国嘉德	2019-03-31
清中期 白玉鸡	长6.5cm	17,250	北京翰海	2019-06-15
清中期 白玉京哈双欢	长5cm；长5.5cm	46,000	北京保利	2019-12-05
清中期 白玉巧色祥鹿摆件	高4.4cm；长12cm	529,000	西泠印社	2019-07-06
清中期 白玉瑞兽衔枝	长4.7cm	11,500	北京翰海	2019-06-15
清中期 白玉双欢	长4.8cm	11,500	北京翰海	2019-06-15
清中期 白玉松鼠葡萄	长6.5cm	11,500	北京保利	2019-08-25
清中期 白玉卧牛	长6.5cm	23,000	北京保利	2019-08-25
清中期 白玉羲之爱鹅摆件	高16cm	36,800	北京保利	2019-06-23
清中期 白玉圆雕双马	长5.1cm	40,250	中鸿信	2019-07-17
清中期 白玉坐龙摆件	高5.2cm	126,500	西泠印社	2019-07-06
清中期 黄玉滚马摆件	长4.2cm	59,800	浙江佳宝	2019-06-23
清中期 黄玉鸡	长5.7cm	13,800	北京翰海	2019-06-15
清中期 黄玉兔	长7cm	20,700	北京翰海	2019-06-15
清中期 旧玉卧牛摆件	长20cm	40,250	北京荣宝	2019-04-28
清中期 水晶雕马上封侯摆件（带座）	高7.5cm；长10.5cm	17,250	广东崇正	2019-11-28
18世纪/19世纪 白玉瑞象	长5.5cm	18,167	伦敦佳士得	2019-08-29
18世纪/19世纪 青白玉灵猴偷桃	长12cm	52,926	伦敦佳士得	2019-05-14
18世纪/19世纪 青白玉卧羊	宽10.8cm	119,983	伦敦佳士得	2019-11-05
18世纪/19世纪 青玉雕卧马摆件		41,956	纽约苏富比	2019-03-20
19世纪 白玉雕瘦马摆件		75,521	纽约苏富比	2019-03-19
19世纪 白玉瑞兽	长14.5cm	40,250	华艺国际	2019-08-11
19世纪 灰白玉招子蟾蜍 连 染色牙雕灵芝寿石底座	4.4cm	85,500	香港苏富比	2019-04-03
19世纪 青白玉雕太狮少狮摆件		1,342,600	纽约苏富比	2019-03-20
清 白玉“鹿衔灵芝”摆件	长11.9cm	32,200	北京荣宝	2019-12-01
清 白玉“马上封侯”	长7.5cm	114,048	万昌斯	2019-05-27
清 白玉宝鸭穿莲	长8.5cm	11,500	中国嘉德	2019-10-16
清 白玉蟾	长5.9cm	80,500	中贸圣佳	2019-06-07
清 白玉雕鹅衔荷花摆件	带座高7.4cm；高5.5cm	11,500	西泠印社	2019-09-22
清 白玉雕鹿衔灵芝摆件	长2.7cm；宽1.5cm；高5.5cm	42,048	罗芙奥	2019-06-01
清 白玉动物小品（五件）	尺寸不一	135,700	北京保利	2019-03-26
清 白玉独角兽	长6cm	11,500	北京翰海	2019-06-15
清 白玉独角兽	长6cm	11,500	北京翰海	2019-06-15
清 白玉滚马摆件	长7.3cm；高4.8cm	218,500	北京鸿盛祥	2019-12-04
清 白玉褐斑鸡	宽4.5cm	194,400	佳士得	2019-05-29
清 白玉鹤	高22.8cm	32,200	中国嘉德	2019-06-25
清 白玉胡人洗象	宽5cm	69,000	北京保利	2019-08-25
清 白玉烤皮双鱼	长6.5cm	57,500	中贸圣佳	2019-06-07
清 白玉莲鱼摆件	长8.8cm	103,500	中贸圣佳	2019-12-01
清 白玉留红皮瑞兽	长6.6cm；宽2.8cm；高3.3cm	32,200	浙江佳宝	2019-06-23
清 白玉留皮麒麟送书摆件	长8.5cm；高5cm	212,750	北京鸿盛祥	2019-12-04
清 白玉留皮嵌宝丹顶鹤摆件	长11.3cm；宽4.9cm；高6.5cm	40,250	浙江佳宝	2019-06-23
清 白玉留皮俏色松鼠葡萄	长7cm	115,000	北京鸿盛祥	2019-06-04
清 白玉留皮瑞兽衔灵芝	长6cm；高3.4cm	101,200	北京鸿盛祥	2019-12-04
清 白玉留皮松鼠葡萄	长5.8cm	17,250	北京鸿盛祥	2019-06-04
清 白玉鹿衔灵芝摆件	长11cm	11,500	中古陶	2019-06-06
清 白玉马摆件	长7.8cm；高6cm	11,500	广东崇正	2019-03-03
清 白玉马摆件	长8.5cm	11,500	广东崇正	2019-05-23
清 白玉马上封侯摆件	长7.2cm；高5.2cm	59,800	浙江佳宝	2019-06-23
清 白玉猫蝶	长5.5cm	40,250	北京保利	2019-03-26
清 白玉耄耋摆件	长5.6cm；高3.6cm	80,500	北京鸿盛祥	2019-06-04
清 白玉辟邪摆件	长29cm	345,000	中鸿信	2019-07-17
清 白玉巧雕太师少师	长8.2cm；高6.5cm	94,300	北京鸿盛祥	2019-12-04
清 白玉巧做麒麟送书摆件	长5cm	17,250	北京荣宝	2019-04-28
清 白玉俏色巧雕双猴献寿	长4cm；宽3.8cm	71,300	北京鸿盛祥	2019-12-04
清 白玉沁色回首鹅	长4.8cm	20,700	北京鸿盛祥	2019-12-04
清 白玉沁色金蟾	长2.6cm；高1.4cm	57,500	北京鸿盛祥	2019-12-04
清 白玉沁色貘	长9.7cm；高6.1cm	172,500	北京鸿盛祥	2019-12-04
清 白玉沁色双獾	长2.8cm；高2.4cm	46,000	北京鸿盛祥	2019-06-04
清 白玉瑞兽	长7.8cm	13,800	北京保利	2019-06-23
清 白玉瑞兽摆件	带座高7.5cm；高5.3cm；长9.4cm	20,700	西泠印社	2019-09-22
清 白玉洒金皮俏色镂雕福至心灵	长6.5cm	57,500	北京保利	2019-12-05
清 白玉三羊开泰摆件	长5cm；宽3.9cm；高2.8cm	575,000	中贸圣佳	2019-08-16
清 白玉三阳开泰	长9.5cm	172,500	华艺国际	2019-08-11
清 白玉受沁卧牛	长8cm；宽4cm；高2.7cm	17,250	浙江佳宝	2019-06-23
清 白玉双猴献寿大摆件	长10.7cm；长11.7cm	414,000	北京鸿盛祥	2019-06-04
清 白玉双獾	宽4.5cm	121,068	中国嘉德	2019-03-31
清 白玉双马摆件	高8cm；长10.3cm	23,000	广东崇正	2019-11-28
清 白玉双狮戏球	长4cm	103,500	北京鸿盛祥	2019-06-04
清 白玉双羊摆件	长5.6cm；宽5.1cm	32,200	浙江佳宝	2019-06-23
清 白玉踏云天禄	长5.4cm	46,000	北京鸿盛祥	2019-12-04
清 白玉太平有象、福禄万代（共两件）	长4.3cm；长5cm	11,500	北京保利	2019-03-26
清 白玉糖色巧雕鹅形摆件	长11.2cm	23,000	北京保利	2019-06-23

2019玉器拍卖成交汇总

(成交价RMB：1万元以上)

拍品名称	物品尺寸	成交价RMB	拍卖公司	拍卖日期
清 白玉童子洗象摆件	长8.5cm	20,700	北京荣宝	2019-04-28
清 白玉童子洗象摆件	长7.5cm	13,800	中鸿信	2019-07-16
清 白玉卧凤	长7.6cm	40,250	中国嘉德	2019-11-17
清 白玉卧马	宽2cm；高4.5cm	17,250	荣宝斋（南京）	2019-07-21
清 白玉卧马	长8.0cm	104,535	香港苏富比	2019-05-30
清 白玉象	长8.8cm；宽3.2cm；高5.2cm	32,200	浙江佳宝	2019-06-23
清 白玉羊	长8.7cm；高3.65cm	69,000	浙江佳宝	2019-06-23
清 白玉羊	长5.1cm；宽2.65cm；高4cm	20,700	浙江佳宝	2019-06-23
清 白玉羊、鸟（共两件）	长5.7cm；长7.5cm	12,650	北京保利	2019-03-26
清 白玉子母猴	高5cm	25,300	中国嘉德	2019-03-24
清 碧玉卧马	长19cm	11,500	北京保利	2019-11-22
清 黑白玉双兔摆件	长5.5cm	25,300	广东崇正	2019-05-23
清 黄玉鳜鱼	长7.5cm	10,350	北京保利	2019-03-26
清 黄玉瑞兽	长6.5cm	172,500	北京保利	2019-12-05
清 黄玉瑞兽摆件	长6.5cm	20,700	北京荣宝	2019-06-13
清 黄玉三羊开泰摆件	宽16cm	1,342,500	佳士得	2019-11-27
清 黄玉卧鸟	长4.2cm	110,037	香港苏富比	2019-05-30
清 灰青玉卧鹿	长6.8cm	12,104	香港苏富比	2019-05-30
清 火烧玉卧牛摆件	长21.5cm	34,500	中鸿信	2019-07-16
清 旧玉瑞兽	高6.5cm	11,500	北京翰海	2019-03-29
清 旧玉太平有象摆件	高41cm	368,000	中鸿信	2019-07-17
清 墨玉雕卧马	长21cm	21,850	北京保利	2019-08-25
清 墨玉卧马	长21cm	20,700	北京保利	2019-03-26
清 南红玛瑙巧雕子母兽摆件	高8cm；长15cm	23,000	西泠印社	2019-09-22
清 南红瑞兽摆件（带座）	高8.5cm	23,000	广东崇正	2019-05-23
清 青白玉双马	长9.8cm	63,250	北京保利	2019-12-05
清 青白玉太狮少狮摆件	长9.5cm	20,700	中国嘉德	2019-06-25
清 青白玉卧牛	长10.5cm	23,000	北京保利	2019-04-30
清 青白玉卧犬	长6.5cm	121,040	香港苏富比	2019-05-30
清 清白玉黄皮太少狮	宽8.5cm	20,000	广东省拍	2019-06-09
清 水晶瑞狮衔绶带摆件	长10.2cm	57,500	北京鸿盛祥	2019-06-04
清 玉带沁瑞兽（三件）	宽5cm	37,459	中国嘉德	2019-10-07
清 玉雕“马上封侯”摆件	长11.7cm	13,800	中鸿信	2019-07-17
清 玉雕白马驮经摆件	高4cm；长7.2cm	28,750	西泠印社	2019-09-22
清 玉雕胡人牵马摆件	长11.5cm	28,750	中古陶	2019-06-06
清 玉雕马上封侯摆件	长11.7cm	20,700	中古陶	2019-06-06
清 玉雕瑞兽摆件	长14.5cm	11,500	中古陶	2019-06-06
清 玉雕三阳开泰摆件	长4.7cm	13,800	北京翰海	2019-03-29
清 玉雕生肖牛神	高4.5cm	71,300	北京保利	2019-08-25
清 玉雕卧牛	长16.5cm	18,400	北京保利	2019-03-26
清 玉狗	高2.7cm；长8.2cm	34,500	西泠印社	2019-07-06
清 玉吉庆有余（一对）	高37.8cm	36,800	北京保利	2019-03-26
清 玉马上封侯	长5cm	14,950	北京翰海	2019-03-29
清 玉沁色小象	长6cm	40,250	中国嘉德	2019-11-17
清 玉提色鱼、牛（各一件）	长8.5cm；长4cm	101,200	中国嘉德	2019-06-02
清 玉卧羊	长5.2cm	17,250	北京翰海	2019-06-15
清代 白玉巧雕小猫	长4.2cm	40,250	古天一	2019-12-03
清代 白玉太狮少狮	长4.5cm	86,250	古天一	2019-12-03
清代 青黄玉红沁猪	长10.8cm	322,000	古天一	2019-12-03
清中期 和田籽料雕双骏摆件	长10cm	126,500	中古陶	2019-06-06

拍品名称	物品尺寸	成交价RMB	拍卖公司	拍卖日期
18世纪 白玉三羊开泰	长5.cm2	77,026	香港苏富比	2019-05-30
18世纪 黄玉瑞兽	直径4.9cm	1,210,403	香港苏富比	2019-05-30
十八至十九世纪 白玉卧猪	长6.4cm	418,139	香港苏富比	2019-05-30
民国 白玉雕太狮少狮	高27.5cm	46,000	中古陶	2019-06-06
民国 白玉鸟形摆件（一对）	高15cm	10,350	北京保利	2019-06-23
民国 白玉瑞兽	高5cm	23,000	北京保利	2019-04-30
民国 碧玉雕太平有象	高26cm	19,550	北京保利	2019-08-25
民国 碧玉凤凰摆件（一对）	高32.6cm	19,550	北京保利	2019-03-26
民国 碧玉卧牛	长17.5cm	17,250	北京保利	2019-08-25
民国 琥珀桃形蝉纹摆件	长10.8cm	16,100	北京保利	2019-03-26
民国 玉卧马摆件	长11.5cm	32,200	北京荣宝	2019-06-13
20世纪 青白玉五虎摆件	长15.9cm	23,510	伦敦佳士得	2019-08-29
“Lalique”水晶“龙”摆件（一组）		13,913	保利香港	2019-10-06
19世纪/20世纪 青玉雕双羊如意摆件		167,825	纽约苏富比	2019-03-23
白玉蟾	长7cm	17,250	中国嘉德	2019-06-25
白玉留皮一鹭莲科	长7cm	20,700	北京保利	2019-03-26
白玉瑞兽（三件）	长6.5cm；长6.2cm；长5cm	13,800	中国嘉德	2019-03-24
白玉三羊开泰摆件	长10.2cm	11,500	中国嘉德	2019-10-16
白玉狮子戏球摆件	宽12cm	10,350	北京保利	2019-11-22
白玉受沁辟邪	4.35×3.8×2.7cm	149,500	浙江佳宝	2019-06-23
白玉兔	长5.4cm	13,800	中国嘉德	2019-10-16
郭万龙 龙腾四海 白玉摆件	10.8×8.1×4.1cm；重量539.9g	985,600	上海联合	2019-06-16
和田玉金鸡报喜摆件	高：13cm	104,500	北京中贝	2019-06-15
黄玉兔	长7.9cm	66,158	伦敦佳士得	2019-05-14
墨玉、糖玉 乌龟摆件	5.9×3.5×2.2cm；重量39.6g；5.6×3.7×2.3cm；重量37.6g	25,760	上海联合	2019-06-16
青白玉大吉摆件	长10.5cm	10,350	中国嘉德	2019-06-25
青白玉吉庆有余（一对）	高38cm（含架）	10,350	中国嘉德	2019-03-24
青白玉沁色马	长6.5cm	17,250	中国嘉德	2019-06-25
青白玉狮球摆件	长6.5cm	13,800	中国嘉德	2019-03-24
青白玉双骏	长9.3cm	10,350	中国嘉德	2019-06-25
青白玉太平有象摆件	长15.2cm	17,250	中国嘉德	2019-03-24
青白玉童子洗象摆件	长10.5cm	13,800	中国嘉德	2019-03-24
青褐玉马首	高13.3cm	117,478	纽约佳士得	2019-03-21
青金石烧蓝太平有象	高27.6cm（含座）	23,000	中国嘉德	2019-10-16
青玉卧兔	长5cm	152,705	伦敦佳士得	2019-11-05
清 玛瑙巧雕太狮少狮摆件	高3.3cm	18,400	西泠印社	2019-04-14
清 玉雕太平有象	长8cm	13,800	北京翰海	2019-03-29
瑞兽摆件	重量203g；高8cm	13,560	上海晶得	2019-06-19
受沁玉龟	长2.6cm；宽1.9cm	23,000	浙江佳宝	2019-06-23
吴德升 白玉山鬼摆件	11.4×6.5×3.4cm；重量220.6g	896,000	上海联合	2019-12-01
吴正森 白玉龙马精神摆件	7.4×6.5×3.5cm；重量219.4g	470,400	上海联合	2019-12-01
颜桂明 带子上朝 青花摆件	15.8×7.7×7cm；重量1117g	201,600	上海联合	2019-06-16
杨建发 蛙趣 碧玉摆件	12.6×4.3×4.5cm；重量280g	100,800	上海联合	2019-06-16
杨菊青 降龙罗汉 白玉摆件	9.5×2.9×7.1cm；重量221g	89,600	上海联合	2019-06-16

(成交价RMB：1万元以上)

拍品名称	物品尺寸	成交价RMB	拍卖公司	拍卖日期
玉雕 莲年有鱼摆件	高31cm	31,250	广东省拍	2019-06-09
玉马摆件	长16cm；宽5cm；高11.5cm	46,000	北京银座	2019-06-05
玉瑞兽（七件）	尺寸不一	17,250	中国嘉德	2019-06-25
玉卧马	长5.5cm	11,500	北京中汉	2019-03-25
玉镶掐丝珐琅太平有象摆件	高33.5cm	23,000	北京保利	2019-01-20
郑则耀 老挝石骑象罗汉摆件	12.8×15.5×8.9cm；重量1300g	20,160	上海联合	2019-06-16
植物摆件				
辽 蜜蜡随形雕花卉纹摆件	长15cm	230,000	北京荣宝	2019-12-01
18世纪 青白玉雕福寿双全摆件		117,478	纽约苏富比	2019-03-20
17/18世纪 青白玉桃	宽10cm	117,729	中国嘉德	2019-10-07
18世纪 白玉雕瓜瓞绵绵	长5.5cm	17,250	北京保利	2019-06-06
清中期 白玉玉兰花摆件	长11cm；高8cm	23,000	广东崇正	2019-05-23
清 白玉带沁雕竹摆件	高4.7cm	38,338	中国嘉德	2019-03-31
清 白玉雕双桃摆件	长6.7cm	11,500	荣宝斋（南京）	2019-07-21
清 白玉红沁连生贵子摆件	长5.4cm	51,750	北京鸿盛祥	2019-06-04
清 白玉留皮巧雕“荷塘情趣”	长4.6cm	103,680	万昌斯	2019-05-27
清 白玉榴开百子摆件	长4.2cm；高4.4cm	207,000	北京鸿盛祥	2019-06-04
清 青白玉花鸟摆件	长11cm	17,250	中国嘉德	2019-10-16
清 青白玉双桃	长10cm	17,250	中国嘉德	2019-06-25
18世纪 白玉榴开百子摆件	长6.5cm	187,332	香港苏富比	2019-05-17
18世纪 青白玉福禄双全摆件	高6.5cm	33,059	香港苏富比	2019-05-17
18世纪 青玉双桃摆件	高7.5cm	25,345	香港苏富比	2019-05-17
18世纪/19世纪 青白玉花开富贵摆件	高7.0cm	55,098	香港苏富比	2019-05-17
十八至十九世纪 绿松石雕瓜瓞绵绵	长16.5cm	440,146	香港苏富比	2019-05-30
民国 玛瑙寿桃摆件	长8cm	28,750	北京保利	2019-03-26
清 白玉雕福瓜摆件	带座高3.8cm；高2.5cm；长8.6cm	13,800	西泠印社	2019-04-14
张焕庆 清莲 白玉摆件	6.8×8.4×4.1cm；重量270g	201,600	上海联合	2019-06-16
张焕庆 一路连科 白玉摆件	15.2×10×8.6cm；重量485g	1,075,200	上海联合	2019-06-16
清 玉小件（四件）	尺寸不一	13,800	中国嘉德	2019-06-25
其他摆件				
龙山文化 碧玉锛	长27.5cm	145,438	佳士得	2019-11-27
唐/宋 玉雕鞍马摆件	宽9cm	856,208	中国嘉德	2019-10-07
明 白玉沁色梵文佛塔	长3.2cm；高5.1cm	230,000	北京鸿盛祥	2019-12-04
明 旧玉（一组）	尺寸不一	57,500	北京荣宝	2019-06-13
18世纪 白玉寿石摆件	高14.6cm	88,210	伦敦佳士得	2019-05-14
18世纪 青白玉福寿绵绵摆件	长21.9cm	340,125	香港苏富比	2019-10-08
清乾隆 南红玛瑙巧雕“荷塘清趣”摆件	宽7.5cm	32,200	保利厦门	2019-08-04
清乾隆 青白玉鹤鹿庆寿船	长17.7cm	480,938	香港苏富比	2019-04-03
清乾隆·白玉雕春江行舟摆件	长20.0cm	575,000	西泠印社	2019-07-06
清乾隆五年 法螺	L15.5cm	161,000	中贸圣佳	2019-12-01
18世纪/19世纪 琥珀雕刻（一组三件）	5.4cm	33,079	伦敦佳士得	2019-05-14
19世纪 青白玉白菜	高20.9cm	70,899	伦敦佳士得	2019-11-05
清 白玉蝙蝠葫芦	高5.5cm	34,500	中国嘉德	2019-11-17
清 白玉雕乘船摆件	长14cm	51,750	中古陶	2019-06-06
清 白玉雕乘船摆件	长14cm	17,250	中鸿信	2019-07-17

拍品名称	物品尺寸	成交价RMB	拍卖公司	拍卖日期
清 白玉雕荷塘清趣图摆件	高8.6cm；长11cm	63,250	西泠印社	2019-07-06
清 白玉雕件（一匣六件）	尺寸不一	20,700	中古陶	2019-06-06
清 白玉雕一帆风顺	长8.8cm	34,500	中国嘉德	2019-11-17
清 白玉经筒	长8.6cm	28,750	中贸圣佳	2019-08-16
清 白玉留皮福禄万代	长5.9cm	74,750	北京鸿盛祥	2019-12-04
清 白玉留皮巧雕瓜瓞连绵	长7.3cm	82,800	北京鸿盛祥	2019-12-04
清 白玉寿字纹摆件	带座高12.2cm；长7.5cm；宽5.1cm	21,850	西泠印社	2019-09-22
清 白玉兽面纹匜	长19.5cm	23,000	北京保利	2019-04-30
清 白玉喜蛛茨菰	长6.7cm	66,700	中国嘉德	2019-11-17
清 白玉一帆风顺摆件	宽13cm	23,000	北京保利	2019-06-23
清 黑白水晶巧做福瓜草虫摆件	长8cm	10,350	北京荣宝	2019-12-01
清 黑白玉俏色琴棋书画	长4.8cm；宽3.8cm	264,500	北京鸿盛祥	2019-06-04
清 玛瑙（一组三件）	尺寸不一	10,350	广东崇正	2019-05-23
清 南红玛瑙巧色雕山形摆件	带座高10.7cm；高9cm	11,500	西泠印社	2019-07-06
清 玉雕“福寿年年”摆件	长5.5cm	11,500	北京荣宝	2019-12-01
清 玉仿石摆件	高8.5cm	59,800	北京翰海	2019-10-12
清 紫水晶山石摆件（带座）	长8cm	23,000	广东崇正	2019-05-23
2018年 崔磊 和田玉雕抱而合一摆件	19.9×15.9×15.1cm	1,725,000	上海宝库	2019-04-28
白玉留皮福寿摆件	长11cm	13,800	北京保利	2019-11-22
碧玉凤首花鸟纹灯笼（一对）	高37.5cm	177,825	纽约佳士得	2019-09-13
碧玉龙纹版（两件）	长16.5cm	11,500	北京保利	2019-03-26
柴艺扬 白玉“佳偶天成”摆件	10.5×4.5×4.2cm；重量154.8g	138,000	华艺国际	2019-08-10
陈健 怡然自得 白玉摆件	11.2×6.6×4.5cm；重量415.2g	560,000	上海联合	2019-06-16
崔磊 白玉鱼之乐摆件	7.9×5.1×2.6cm；重量150.9g	604,800	上海联合	2019-12-01
高俊华 青花高山流水摆件	10.5×15.8×2.9cm；重量430g	593,600	上海联合	2019-12-01
高毅进 和田玉籽料“子承大业”山籽雕	105×140×65mm；带座160×180×115mm；重量1085g	345,000	华艺国际	2019-08-10
绿松石摆件	高40.6cm	31,119	纽约佳士得	2019-09-13
王朝杰 碧玉长寿摆件	10.2×5.7×2.3cm；重量110.8g	56,000	上海联合	2019-12-01
徐志浩 净心涤尘 白玉摆件	重52.2g	172,500	西泠印社	2019-07-07
徐志浩 妙法圆融 白玉摆件	重255.0g	747,500	西泠印社	2019-07-07
张焕庆 白玉四君子摆件	15.4×10.5×4.6cm；重量983.2g	1,523,200	上海联合	2019-12-01
张焕庆 渔家乐 白玉摆件	11.7×5.4×5cm；重量196.7g	459,200	上海联合	2019-06-16
张永来 沐净梵尘 白玉摆件	重692.0g	483,000	西泠印社	2019-07-07
玉瓶				
唐-宋 白玉红沁盖瓶	高7.88cm	55,200	浙江佳宝	2019-06-23
元 青白玉雕螭龙纹瓶	高13.0cm	920,000	西泠印社	2019-07-06
明/清中期 玉雕兽面纹舍利瓶连碧玉方盒	宽5.4cm	267,565	中国嘉德	2019-10-07
明-清 白玉浮雕螭龙纹菱形瓶	高21.4cm	57,500	西泠印社	2019-07-06
18世纪 青玉雕兽面螭龙纹象耳瓶		50,348	纽约苏富比	2019-03-20
18世纪 白玉夔龙纹双龙耳小瓶	高7cm	10,6[illegible]6	伦敦佳士得	2019-08-29
18世纪 白玉瓶及执壶（一组三件）	高13.3cm	826,969	伦敦佳士得	2019-05-14
18世纪 黄玉雕双螭赶珠纹盖瓶	高16.5cm	1,510,425	纽约佳士得	2019-03-20

2019玉器拍卖成交汇总

(成交价RMB：1万元以上)

拍品名称	物品尺寸	成交价RMB	拍卖公司	拍卖日期
18世纪 青白玉双象耳盖瓶	高31cm	606,444	伦敦佳士得	2019-05-14
清乾隆 白玉雕梅花双联瓶	长23cm	253,000	中鸿信	2019-07-17
清乾隆 白玉二龙戏珠纹赏瓶	高14.7cm	322,000	北京鸿盛祥	2019-12-04
清乾隆 白玉仿古蝉纹活环盖瓶	高25.8cm	782,000	北京保利	2019-06-06
清乾隆 白玉仿古夔龙纹瓶	高22.3cm	815,616	华艺国际	2019-05-27
清乾隆 白玉莲池纹双龙耳瓶	高19.3cm	322,000	中鸿信	2019-07-17
清乾隆 白玉龙凤庆寿灵芝钮双活环耳八方盖瓶	高34.2cm	3,401,250	香港苏富比	2019-10-08
清乾隆 白玉铺首衔环耳瓶	高19.1cm	1,594,338	纽约佳士得	2019-03-20
清乾隆 白玉嵌宝石宝相花纹瓶	高27.5cm	36,800	中古陶	2019-06-06
清乾隆 白玉兽面博古纹赏瓶	高20cm	575,000	北京鸿盛祥	2019-06-04
清乾隆 白玉兽面纹盖瓶	高20cm	713,664	华艺国际	2019-05-27
清乾隆 白玉双象耳衔环饕餮纹大瓶	宽14cm；高28cm	310,500	浙江佳宝	2019-06-23
清乾隆 和田玉雕锦地象耳寿字赏瓶（一对）	高20.5cm	2,420,000	北京乔禧	2019-05-25
清乾隆 黄玉博古纹香具瓶	高8.8cm	172,500	古天一	2019-12-03
清乾隆 黄玉浮雕“大吉”蝠纹葫芦形扁瓶（一对）	高18.7cm	218,500	中鸿信	2019-07-17
清乾隆 黄玉透雕云龙纹盖瓶式香熏	高7.8cm	92,000	北京保利	2019-12-05
清乾隆 旧玉留皮穿花龙纹环耳瓶	高28.8cm	299,000	中鸿信	2019-07-17
清乾隆 青白玉雕仿古双耳盖瓶	高24cm	212,750	北京保利	2019-12-05
清乾隆 青白玉雕仿古饕餮龙纹瓶	高23.8cm	1,620,540	邦瀚斯	2019-05-28
清乾隆 青白玉痕都斯坦式缠枝莲纹盖瓶	高19cm	80,500	中鸿信	2019-07-17
清乾隆 青玉缠枝宝相花纹盖瓶	高37.5cm	866,592	华艺国际	2019-05-27
清乾隆 玉雕兽面纹盖瓶	11.5×6.1×18.8cm	103,500	北京诚轩	2019-06-03
清乾隆 御制白玉浮雕夔凤纹御题诗文兽耳游环盖瓶	高25.5cm	299,000	中鸿信	2019-07-16
清乾隆 御制白玉浮雕龙纹瓶	高17.3cm	230,000	中鸿信	2019-07-16
清乾隆 御制黄玉浮雕螭龙圆方双联瓶	高22.9cm	14,000,625	香港苏富比	2019-04-03
清乾隆·白玉雕云蝠纹葫芦瓶	高15.8cm	1,150,000	西泠印社	2019-07-06
清乾隆·白玉浮雕包袱纹贯耳瓶	高10.2cm	34,500	西泠印社	2019-07-06
清乾隆·白玉高浮雕螭龙纹链条瓶	高20.6cm	3,680,000	西泠印社	2019-07-06
清乾隆·白玉镂雕平安长寿链瓶	高15.0cm	402,500	西泠印社	2019-07-06
清乾隆·碧玉雕葵口如意耳瓶	高25cm	322,000	西泠印社	2019-07-06
清乾隆丁未年（1787）碧玉“御制诗”双耳活环瓶	高16.8cm	72,576	万昌斯	2019-05-27
清乾隆至嘉庆 白玉雕夔龙双龙活环耳盖瓶	高25.7cm	680,250	香港苏富比	2019-10-08
清中期 白玉雕“大吉”葫芦小盖瓶	高8cm	103,500	中国嘉德	2019-11-17
清中期 白玉雕兽面纹双耳盖瓶	高27cm	460,000	北京保利	2019-06-06
清中期 白玉雕云蝠“大吉”游环葫芦扁瓶	高23.5cm	74,750	中鸿信	2019-07-17
清中期 白玉炉瓶盒（三件套）	尺寸不一；连座高13cm	287,500	浙江佳宝	2019-06-23
清中期 白玉梅花盖瓶	高12cm	92,000	保利厦门	2019-01-06
清中期 白玉三羊开泰盖瓶	长13.6cm	172,500	北京翰海	2019-06-15
清中期 白玉兽面活环双耳瓶（一对）	高25cm×2	747,500	北京荣宝	2019-06-13
清中期 白玉双狮耳衔环盖瓶	宽8.3cm；高17.5cm	63,250	浙江佳宝	2019-06-23

拍品名称	物品尺寸	成交价RMB	拍卖公司	拍卖日期
清中期 碧玉雕西番莲纹瓶	高12.5cm	25,300	北京保利	2019-03-26
清中期 黄玉八方瓶	高21.8cm	57,500	中鸿信	2019-07-17
清中期 旧玉双耳瓶	高25.5cm	287,500	中鸿信	2019-07-17
清中期 青白玉雕岁寒三友小瓶	高10cm	17,250	北京保利	2019-08-25
清中期 青白玉象耳衔环兽面纹海棠形盖瓶	宽11.5cm；高25.8cm	71,300	浙江佳宝	2019-06-23
18世纪/19世纪 白玉龙凤呈祥盖瓶	高18.4cm	330,788	伦敦佳士得	2019-05-14
18世纪/19世纪 碧玉雕夔龙纹龙耳四方圆角瓶		50,348	纽约苏富比	2019-03-20
18世纪/19世纪 琥珀镂雕岁寒三友灵芝纹小盖瓶	高7.9cm	16,029	伦敦佳士得	2019-08-29
18世纪/19世纪 青白玉雕仿古纹如意耳活环方盖瓶		671,300	纽约苏富比	2019-03-20
18世纪/19世纪 青白玉花瓣纹瓶	高12cm	23,510	伦敦佳士得	2019-08-29
18世纪/19世纪 青白玉圆雕童子方盖瓶	高19.5cm	195,608	纽约佳士得	2019-09-13
18世纪/19世纪 青玉雕鹤寿延年图盖瓶		125,869	纽约苏富比	2019-03-20
19世纪 青白玉浮雕博古双联瓶	高19cm	201,390	纽约佳士得	2019-03-22
19世纪 青白玉福寿纹双活环耳大盖瓶	高41.9cm	196,335	伦敦佳士得	2019-11-05
清 白玉雕螭龙纹长颈瓶	高20.2cm	299,000	西泠印社	2019-07-06
清 白玉雕和合二仙松鹤云蝠纹扁瓶	高24.8cm	97,750	中鸿信	2019-07-17
清 白玉雕饕餮纹双耳盖瓶	高12.5cm	34,500	中鸿信	2019-07-16
清 白玉浮雕九龙图凤耳盖瓶	高30.7cm	69,000	中鸿信	2019-07-17
清 白玉浮雕一路平安兽耳活环瓶	高13.5cm	74,750	西泠印社	2019-07-06
清 白玉高浮雕攀附螭龙赏瓶	高19.7cm	322,000	北京鸿盛祥	2019-06-04
清 白玉花卉灵芝小盖瓶	高7.3cm	23,000	北京保利	2019-04-30
清 白玉花卉双象耳游环盖瓶	高29cm	14,950	北京保利	2019-08-25
清 白玉活环螭龙纹瓶	高12cm	48,300	北京荣宝	2019-04-28
清 白玉链条瓶	高10.2cm	69,000	中贸圣佳	2019-08-16
清 白玉兽耳活环天鸡瓶	高24.5cm	408,250	北京鸿盛祥	2019-06-04
清 白玉兽面纹双耳瓶	高10.7cm	14,950	北京保利	2019-03-26
清 白玉饕餮纹链瓶	长20.3cm	224,250	北京鸿盛祥	2019-06-04
清 白玉饕餮纹瓶成对	高17.8cm	115,000	中鸿信	2019-07-17
清 白玉童子瓶	高25cm	149,500	北京荣宝	2019-12-01
清 白玉鱼化龙盖瓶	高14.8cm	207,000	中国嘉德	2019-06-02
清 白玉云纹活环耳出戟盖瓶	高19.3cm	805,000	西泠印社	2019-07-06
清 碧玉兽面双耳盖瓶	高26cm	16,100	北京保利	2019-08-25
清 黑白玉太狮少狮纹盖瓶	高15cm	34,500	广东崇正	2019-05-23
清 黄玉夔龙纹抱月瓶	高11.9cm	100,890	保利香港	2019-04-02
清 旧玉福山寿海仙翁奉寿图鸠耳瓶	高27.5cm	138,000	中鸿信	2019-07-17
清 玛瑙巧雕梅花双联瓶	高13.5cm	92,000	北京荣宝	2019-06-13
清 青白玉雕龙纹贯耳瓶	高17.0cm	1,495,000	西泠印社	2019-07-06
清 青白玉雕兽首活环盖瓶		1,006,950	纽约苏富比	2019-03-19
清 青白玉香瓶带底座	高13.8cm	23,000	广东崇正	2019-05-23
清 青黄玉雕活环兽面纹瓶	高44cm	49,450	广东崇正	2019-03-03
清 青金石花鸟纹瓶	高15cm	23,000	北京保利	2019-03-26
清 青玉瓶盒（一套两件）	瓶高13cm；盒直径6.5cm	28,750	保利厦门	2019-01-06
清 水晶雕螭龙双活环耳瓶	高15.7cm	20,700	西泠印社	2019-07-06
清 水晶盖瓶	高17cm	20,700	广东崇正	2019-11-28
清 水晶镂雕瑞兽活环耳赏瓶	高24.8cm	46,000	西泠印社	2019-07-06
清 水晶双兽耳活环瓶	高24cm	12,650	北京保利	2019-01-20
清 水晶松竹梅纹盖瓶	高17cm	14,950	广东崇正	2019-05-23
清 玉雕蕉叶纹瓶	高13.5cm	23,000	北京保利	2019-04-30
清 玉雕九龙扁瓶	高31cm	80,500	北京翰海	2019-10-12

拍品名称	物品尺寸	成交价RMB	拍卖公司	拍卖日期
清 玉雕童子盖瓶	高28cm	28,750	北京保利	2019-03-26
民国 白玉雕山水瓶	高25cm	20,700	北京翰海	2019-10-12
民国 白玉海浪纹文字插瓶	高20.4cm	40,250	北京荣宝	2019-04-28
民国 白玉龙纹链瓶	高16cm	17,250	北京保利	2019-06-23
民国 火烧玉兽面双耳瓶	高16.5cm	16,100	北京保利	2019-03-26
民国 玛瑙雕香炉、瓶（共三件）	高13cm；高21.5cm	20,700	北京保利	2019-03-26
民国 青金石人物 玛瑙盖瓶（两件）	高5.9cm；高10cm	16,100	北京保利	2019-03-26
20世纪早期 碧玉仿古龙纹四方瓶	高12cm	21,373	伦敦佳士得	2019-08-29
20世纪早期 碧玉仿古饕餮纹供瓶	高14.5cm	23,510	伦敦佳士得	2019-08-29
清19/20世纪早期 白玉镂雕花鸟纹盖瓶	高11.5cm	25,647	伦敦佳士得	2019-08-29
"Lalique"水晶瓶（一组）		16,054	保利香港	2019-10-06
19世纪/20世纪 青白玉雕缠莲八吉祥纹凤耳活环盖瓶		587,388	纽约苏富比	2019-03-23
白玉缠枝莲团寿字花卉耳衔环链瓶	高53（含架）cm	34,500	中国嘉德	2019-10-16
白玉缠枝莲团寿字花卉耳衔环链瓶（一对）	高53（含架）cm	34,500	中国嘉德	2019-10-16
白玉缠枝莲纹提梁瓶	高49.5cm（含架）	11,500	中国嘉德	2019-06-25
白玉螭龙纹瓶	高13.4cm	17,250	中国嘉德	2019-06-25
碧玉描金岁寒三友图兽耳衔环瓶	高32cm	11,500	中国嘉德	2019-10-16
碧玉山水纹瓶	高26.3cm	17,250	中国嘉德	2019-03-24
青白玉缠枝莲纹链瓶（一对）	高66cm（含架）	25,300	中国嘉德	2019-03-24
青白玉荷塘图、云龙纹链瓶各一件	高56cm（含架）；高53.2cm（含架）	13,800	中国嘉德	2019-06-25
青白玉花鸟纹链瓶（一对）	高56cm（含座）	20,700	中国嘉德	2019-10-16
青白玉山水人物纹链瓶	高53cm（含架）	10,350	中国嘉德	2019-03-24
青白玉兽面纹螭耳瓶	高25cm	23,000	中国嘉德	2019-10-16
青白玉兽面纹龙耳瓶	高25cm	20,700	中国嘉德	2019-03-24
青白玉兽面纹瓶	高21.5cm	20,700	中国嘉德	2019-06-25
青白玉兽面纹瓶	高21.8cm	17,250	中国嘉德	2019-03-24
清 白玉雕兽面纹贯耳瓶	高11.5cm	55,200	西泠印社	2019-04-14
水晶兽面纹兽耳衔环瓶	高31.3cm	10,350	中国嘉德	2019-10-16
玉尊				
明 白玉雕饕餮纹出戟尊	高16.8cm	172,500	中鸿信	2019-07-17
明 白玉佛两尊	高5.2cm；5.8cm	920,000	上海明轩	2019-04-28
清乾隆 白玉"五子登科兽面纹"方尊	高8cm；长10cm	747,500	保利厦门	2019-01-06
清乾隆 白玉仿古鹿形牺尊	宽10cm；高10.4cm	287,500	浙江佳宝	2019-06-23
清乾隆 白玉五子登科方尊	长10cm	529,000	华艺国际	2019-08-10
清乾隆 碧玉天鸡尊	高18.6cm	402,500	北京鸿盛祥	2019-06-04
清乾隆 黄玉雕变形龙纹游环盖尊	高19.4cm	207,000	中鸿信	2019-07-16
清 白玉凤形尊	高11.2cm	57,500	中国嘉德	2019-06-02
清 和田玉尊	高9.5cm	55,200	荣宝斋（南京）	2019-07-21
蒋大雄 太平有象 墨碧尊	12.4×12.6×7.4cm；重量613.6g	89,600	上海联合	2019-06-16
玉觥、玉觞、玉罍、玉觯				
汉 玉羽觞	长11.9cm	228,056	万昌斯	2019-05-27
明 白玉带黄篮"螭龙"纹觥	玉高16.7cm；总高21.1cm	248,832	万昌斯	2019-05-27
明 螭龙纹玉觥	高11cm	149,500	中贸圣佳	2019-08-16
明 旧玉龙形觥	高13.8cm	34,500	北京翰海	2019-06-15
明 青玉螭龙纹觥	高14.1cm	172,500	中贸圣佳	2019-12-01
明 青玉雕龙纹觥形盖杯	高17.0cm	276,000	西泠印社	2019-07-06
明末/清初 青白玉仿古雕蟠螭纹觥	高15.8cm	40,608	伦敦佳士得	2019-08-29
清早期 白玉仿古螭龙柄觥	长11.5cm	66,700	北京保利	2019-12-05
17世纪/18世纪 白玉龙尾觥	高17.8cm	4,289,607	纽约佳士得	2019-03-20
清乾隆 白玉雕龙凤耳夔龙蕉叶纹觥（带座）	高22cm	1,127,000	华艺国际	2019-08-10
清乾隆 白玉凤饰龙鋬觥	高18.4cm	6,328,800	佳士得	2019-05-29
清乾隆 青白玉应龙纹觥	高13.2cm	207,000	浙江佳宝	2019-06-23
清乾隆 御制白玉雕饕餮纹象首足觥	高23cm	494,500	中鸿信	2019-07-16
清乾隆 御制青花籽料雕山水人物御题诗文玉壶春瓶	高17.8cm	115,000	中鸿信	2019-07-16
清中期 白玉仿古兽面纹螭龙耳觥	高14.3cm	191,591	中国嘉德	2019-03-31
清中期 碧玉雕兽面纹觥	宽16.5cm	36,800	北京保利	2019-03-25
19世纪 碧玉仿古兽面纹觥	长20cm	121,289	伦敦佳士得	2019-05-14
清 白玉仿古饕餮纹觥	高11.5cm	138,000	古天一	2019-06-05
清 白玉兽面纹觥	长16.8cm	138,000	北京荣宝	2019-06-13
清 青白玉带皮龙柄觥	高12cm	48,300	北京保利	2019-06-05
汉 水晶羽觞杯	高10.8cm	245,125	佳士得	2019-11-27
元 水晶羽觞杯	长9cm	230,000	北京保利	2019-12-05
清雍正 玛瑙羽觞杯	长8.8cm	134,250	佳士得	2019-11-27
玉觚				
明 青白玉雕"福寿"出戟花觚	高25.5cm	207,000	中鸿信	2019-07-15
清初·白玉花觚	高28.8cm	218,500	西泠印社	2019-07-05
18世纪 青白玉雕游龙戏珠纹觚	高21.7cm	797,169	纽约佳士得	2019-03-21
清乾隆 白玉雕菊花山石纹花觚	高22.2cm	345,000	中贸圣佳	2019-12-01
清乾隆 白玉仿古饕餮纹方觚	高22.5cm	3,0[illegible],040	佳士得	2019-05-29
清乾隆 白玉菱花式花觚	高20.8cm	11,042,725	香港苏富比	2019-10-08
清乾隆 白玉龙凤纹花觚	高14cm	92,000	北京保利	2019-08-25
18世纪/19世纪 青白玉雕兽面纹小花觚		15,943	纽约苏富比	2019-03-20
19世纪 白玉饕餮纹觚	高21.9cm	797,169	纽约佳士得	2019-03-21
19世纪 青玉饕餮纹六方觚	高24.8cm	52,356	伦敦佳士得	2019-11-05
清 白玉螭龙纹花觚	高11cm	13,300	北京保利	2019-03-26
清 白玉出戟银鎏金累丝荷花花觚（一对）	高26cm	23,000	中古陶	2019-06-06
清 青白玉高浮雕松鹤延年花觚	高20.2cm	149,500	西泠印社	2019-07-06
黄玉螭龙菱形花口觚	直径13cm；高33cm	1,380,000	上海嘉禾	2019-09-07
玉鼎				
清中期 旧玉饕餮纹四方鼎	长17.3cm	80,500	中鸿信	2019-07-16
18世纪/19世纪 青玉仿古出戟饕餮纹方鼎	高19cm	104,749	伦敦佳士得	2019-05-14
龙纹三足鼎 碧玉摆件	8.2×5.5×5.5cm；重量116.7g	43,456	上海联合	2019-06-16
玉壶(玉钫)				
明 白玉雕螭龙纹寿字执壶	高13.6cm	920,000	西泠印社	2019-07-06
明 白玉雕莲瓣万寿壶	高13cm；长20cm	345,000	中鸿信	2019-07-16
明 白玉雕龙凤纹兽钮执壶	高17cm	138,000	中鸿信	2019-07-17
清乾隆 白玉御题诗文鼻烟壶	高5.3cm	97,750	中古陶	2019-06-05
清乾隆 水晶方壶	长16.1cm；高14.1cm	460,000	中贸圣佳	2019-06-07
清乾隆 水晶四方壶	高15cm	552,000	北京荣宝	2019-12-01
19世纪 白玉竹节纹君子之风茶壶	长15.5cm	3,450,000	北京鸿盛祥	2019-06-04

2019玉器拍卖成交汇总

(成交价RMB：1万元以上)

拍品名称	物品尺寸	成交价RMB	拍卖公司	拍卖日期
十八至十九世纪 白玉吉庆有余双福耳小壶	高12.3cm	453,500	香港苏富比	2019-10-08
清 白玉提梁壶带掐丝珐琅提手	高16cm	97,750	中鸿信	2019-07-17
清 玉福山寿海烟壶	高8cm	25,300	北京翰海	2019-10-12
清 玉巧雕“多子多孙”、旧玉提油卧马、青白玉雕鱼化龙烟壶、青白玉俏色双桃（共四件）	尺寸不一	23,000	北京保利	2019-12-04
清末/民初 碧玉凤首盖壶	高20cm	216,000	佳士得	2019-05-29
民国 茶晶婴戏荷花壶	高21cm	10,350	北京保利	2019-03-26
1989年 周长兴 光福石雕佛手壶	长12cm；宽6cm	345,000	上海宝库	2019-04-28
白玉螭龙纹凤首衔环壶	高23.3cm	20,700	中国嘉德	2019-10-16
白玉留皮壶	长8cm	25,300	北京保利	2019-03-26
白玉羊首菊瓣提梁壶	高20cm	25,300	中国嘉德	2019-10-16
碧玉瓜棱壶	长20cm	13,800	中国嘉德	2019-06-25
碧玉龙首菊瓣提梁壶	高19cm	23,000	中国嘉德	2019-10-16
碧玉羊兽提梁壶	高20.5cm	36,800	中国嘉德	2019-03-24
玉卣				
玉罐				
清中期 白玉双龙纹双耳盖罐	长8.5cm	20,700	北京荣宝	2019-06-13
清19世纪 青玉双螭龙耳盖罐	长9.8cm	20,304	伦敦佳士得	2019-08-29
清 水晶仿古纹盖罐	高6.7cm	49,516	香港苏富比	2019-05-30
白玉羊耳盖罐	长12.5cm	17,250	中国嘉德	2019-06-25
玉匜				
元 白玉匜杯	高4.0cm	34,500	西泠印社	2019-07-06
明 沁色玉雕螭龙纹匜杯	长14.2cm	1,380,000	西泠印社	2019-07-06
明 青玉雕乳钉纹匜		75,521	纽约苏富比	2019-03-19
清 白玉螭龙纹匜	长12.5cm；宽9.3cm；高4.1cm	23,000	浙江佳宝	2019-06-23
清 白玉雕螭龙纹匜杯	高7.5cm；长16.5cm	57,500	西泠印社	2019-07-06
杨光 龙凤纹白玉匜杯	重505g	460,000	西泠印社	2019-07-07
玉炉				
宋 白玉提油缠枝花卉纹双耳方炉	通高10.6cm；长15cm	63,250	西泠印社	2019-07-06
明 白玉留皮三羊开泰顶炉	高5.1cm	28,750	北京保利	2019-06-23
明 白玉饕餮双龙耳簋式炉	高8.8cm	109,250	中古陶	2019-06-06
明 碧玉雕乳钉纹簋式炉		92,304	纽约苏富比	2019-03-19
明 鸡骨白玉四足方炉连紫檀盖	宽11cm	10,911	伦敦佳士得	2019-02-14
明 青玉雕兽首纹簋式炉		117,478	纽约苏富比	2019-03-19
明 水晶环耳炉	高13.8cm	57,500	中贸圣佳	2019-12-01
清早期 白玉双龙捧寿盖炉	宽11.3cm	92,000	北京保利	2019-12-05
18世纪 白玉饕餮纹方炉	宽18.5cm	106,695	纽约佳士得	2019-09-13
18世纪 碧玉仿古龙纹三足盖炉	直径24.4cm	3,725,715	纽约佳士得	2019-03-21
清乾隆 白玉出脊饕餮纹鼎式炉	长22.3cm；高15.9cm	4,140,000	北京鸿盛祥	2019-12-04
清乾隆 白玉雕螭龙菊瓣钮朝冠耳盖炉	高12.2cm；宽19.2cm	80,500	中鸿信	2019-07-17
清乾隆 白玉雕环耳四足炉	高14.3cm	1,816,020	保利香港	2019-04-02
清乾隆 白玉雕饕餮纹双耳龙钮盖炉	高16.3cm	920,000	中鸿信	2019-07-16
清乾隆 白玉仿古饕餮纹朝冠耳盖炉	高17.5cm	2,040,750	香港苏富比	2019-10-08
清乾隆 白玉蝴蝶耳四系方炉	宽15cm	575,000	北京保利	2019-06-06
清乾隆 白玉镂雕牡丹纹香熏	高10cm	138,000	古天一	2019-06-05
清乾隆 白玉兽面纹龙耳活环盖炉	宽21.6cm	1,150,000	北京保利	2019-12-05
清乾隆 白玉兽面纹双耳炉	长16cm	230,000	北京荣宝	2019-06-13
清乾隆 碧玉兽面纹双龙耳盖炉	宽23cm	195,500	保利厦门	2019-01-06
清乾隆 碧玉饕餮纹双活环耳炉	宽14.5cm	207,000	保利厦门	2019-01-06

拍品名称	物品尺寸	成交价RMB	拍卖公司	拍卖日期
清乾隆 青白玉雕兽面纹朝冠耳甗式炉	高19cm	454,140	邦瀚斯	2019-05-28
清乾隆 青白玉雕饕餮纹万寿鼎式炉	高27.5cm	184,000	中鸿信	2019-07-17
清乾隆 青白玉铺首衔环四足炉（带座）	高7.7cm	161,000	广东崇正	2019-05-23
清乾隆 玉雕兽面纹双耳御环兽钮炉	高11.3cm	80,500	中国嘉德	2019-11-17
清乾隆 御制白玉雕龙钮朝冠耳盖炉	高11.8cm；宽21.5cm	138,000	中鸿信	2019-07-16
清乾隆 御制白玉雕饕餮纹活环朝冠耳炉	长16.7cm	402,500	中鸿信	2019-07-16
清乾隆 御制白玉夔龙纹莲瓣钮簋式盖炉	高7.8cm；宽14.7cm	103,500	中鸿信	2019-07-16
清乾隆 御制白玉兽面纹炉	高12.5cm；长19cm	805,000	北京荣宝	2019-12-01
清乾隆 御制黄玉雕夔龙纹兽耳游环盖炉	宽22cm；高12.8cm	207,000	中鸿信	2019-07-16
清乾隆 御制青金石雕饕餮纹牺耳炉	宽13.3cm；高4.5cm	517,500	中鸿信	2019-07-16
清中期 白玉雕蝶恋花年年有余花卉环耳钮盖炉	高11.5cm；高18.7cm；宽17.5cm	1,605,390	保利香港	2019-10-07
清中期 白玉雕夔龙纹盖炉	宽14.5cm	690,000	北京保利	2019-12-05
清中期 墨玉八卦三足炉	高5.5cm	40,250	北京翰海	2019-06-15
18世纪/19世纪 碧玉博山炉	高17.8cm	1,006,950	纽约佳士得	2019-03-21
19世纪 白玉雕乳钉纹方鼎式狮钮盖炉		318,868	纽约苏富比	2019-03-20
19世纪 碧玉雕兽面纹朝冠耳盘龙钮三足盖炉		167,825	纽约苏富比	2019-03-20
19世纪 水晶仿古龙纹四管式盖炉	高12cm	143,341	伦敦佳士得	2019-05-14
19世纪/20世纪 青玉雕瑞兽耳活环狮钮三足盖炉		33,565	纽约苏富比	2019-03-23
19世纪末/20世纪初 青玉雕兽面纹方盖炉		35,243	纽约苏富比	2019-03-23
清 白玉缠枝莲纹炉	高15cm；通径25cm	80,500	西泠印社	2019-09-22
清 白玉螭龙纹三足炉	直径9cm；高4.3cm	25,300	北京荣宝	2019-12-01
清 白玉雕狮首活环耳三足炉	高17.8cm；通径19cm	1,092,500	西泠印社	2019-07-06
清 白玉鬲式炉	直径9.5cm	171,513	中国嘉德	2019-03-31
清 白玉鬲式琴炉	高2.3cm；口径4.5cm；通径5.2cm	11,500	西泠印社	2019-07-06
清 白玉花卉佛纹炉	高19.5cm	80,500	北京保利	2019-08-25
清 白玉活环皮球花炉	高10.5cm	195,500	北京荣宝	2019-12-01
清 白玉开光阿拉伯文熏炉	直径8cm	864,000	佳士得	2019-05-29
清 白玉刻三羊开泰圆形小香炉	宽5.3cm	69,567	中国嘉德	2019-10-07
清 白玉镂雕大香熏	高24.5cm	92,000	中鸿信	2019-07-17
清 白玉甪端香熏成对	高17cm	253,000	中鸿信	2019-07-17
清 白玉狮钮双龙耳三足炉	宽16.5cm；高12cm	63,250	浙江佳宝	2019-06-23
清 白玉兽面纹朝冠耳炉	长20.5cm	20,700	中国嘉德	2019-06-25
清 白玉兽面纹双耳三足炉	高14cm	13,800	北京荣宝	2019-04-28
清 白玉兽面香炉	宽8.5cm	11,500	北京保利	2019-04-30
清 冰糖玛瑙雕春水图三足炉	高5.5cm；口径8cm；通径10cm	34,500	西泠印社	2019-07-06
清 黄玉兽面纹朝冠耳炉	高23.2cm	36,800	中国嘉德	2019-10-16

拍品名称	物品尺寸	成交价RMB	拍卖公司	拍卖日期
清 玛瑙雕朝冠耳炉	高7cm；通径12cm	51,750	西泠印社	2019-07-06
清 玛瑙鼎式炉	直径12.5cm	17,250	北京翰海	2019-03-29
清 玛瑙巧雕狮钮活环三足炉	宽12cm；高12.5cm	12,650	浙江佳宝	2019-06-23
清 玛瑙琴炉	直径8cm	14,950	北京保利	2019-03-26
清 玛瑙瑞兽香炉	高11cm	17,250	中古陶	2019-06-06
清 玛瑙兽耳三足炉连座	高12.7cm	18,160	北京匡时	2019-04-02
清 青玉阿拉伯纹筒式炉	高12cm	55,200	北京荣宝	2019-04-28
清 青玉雕乳钉纹香炉	通高10cm；长10.8cm	25,300	西泠印社	2019-09-22
清 水晶香炉带座	高16.5cm	21,850	广东崇正	2019-05-23
民国 碧玉瑞兽钮香炉	宽18cm	20,700	北京保利	2019-01-20
民国 碧玉天鸡耳香炉（带盖）	高7.2cm	46,000	广东崇正	2019-11-28
民国 青玉双龙耳游环炉	宽15.5cm	26,450	北京保利	2019-03-26
民国 玉雕荔枝图双兽耳炉	宽16.2cm	17,250	北京保利	2019-03-26
20世纪 青白玉镶雕龙纹盖炉	高19.3cm	38,189	伦敦佳士得	2019-02-14
清19/20世纪 翠玉瑞狮戏球双铺首活环耳三足盖炉	高12cm	25,647	伦敦佳士得	2019-08-29
白玉兽面纹兽耳衔环炉	长21cm	20,700	中国嘉德	2019-10-16
白玉双狮耳活环耳炉	宽17cm	17,250	北京保利	2019-11-22
碧玉寿星像 兽耳衔环炉各一件	高25cm；长15.3cm	10,350	中国嘉德	2019-03-24
蒋大雄 碧玉天官小香炉	11.5×9×7.2cm；重量400g	64,960	上海联合	2019-06-16
青白玉缠枝花卉纹提梁香熏	高20.5cm	13,800	中国嘉德	2019-03-24
青白玉兽面纹象耳衔环小炉	长6.2cm	13,800	中国嘉德	2019-06-25
青白玉竹节耳炉	长13cm	17,250	中国嘉德	2019-03-24
清 青白玉雕兽面纹朝冠耳炉	高23.7cm；通径22.5cm	43,700	西泠印社	2019-04-14
王彬 墨玉点金宣德炉	高6.7cm；直径11.3cm；重量369.3g	48,160	上海联合	2019-12-01
王永芳 白玉双狮兽耳活环三足炉	9.8×11×7.8cm；重量337.5g	728,000	上海联合	2019-12-01
俞巍巍 白玉竹林七贤香熏	高30.5cm	425,600	上海联合	2019-12-01
玉盒				
金 白玉雕双凤纹方形盖盒	长5.1cm	80,500	西泠印社	2019-07-06
明 嵌白玉群童贺寿图盖盒	玉长7.6cm；长8.6cm；高5.8cm	230,000	北京鸿盛祥	2019-12-04
清早期 "五云多处是三台" 白玉双层诗文香盒	直径4.3cm；高1.8cm	322,000	华艺国际	2019-08-10
18世纪 白玉鹅盖盒（一对）	宽5.7cm	1,712,416	中国嘉德	2019-10-07
18世纪 白玉镂雕香盒	直径5.4cm	34,196	伦敦佳士得	2019-08-29
清乾隆 白玉"亚"章方盒	宽7.4cm	920,000	北京保利	2019-12-05
清乾隆 白玉鹌鹑盖盒	长11.5cm	80,500	保利厦门	2019-08-04
清乾隆 白玉鹌鹑盖盒（一对）	直径8.2cm	855,000	香港苏富比	2019-04-03
清乾隆 白玉雕仿古纹方盒	宽5.7cm	346,140	邦瀚斯	2019-05-28
清乾隆 白玉雕荔枝纹盒	长9cm	109,250	保利厦门	2019-01-06
清乾隆 白玉雕年年有余福寿盖盒	高7.5cm；宽135cm	1,210,680	保利香港	2019-04-02
清乾隆 白玉古琴形盖盒	长14.7cm；高2.8cm	195,500	北京鸿盛祥	2019-12-04
清乾隆 白玉瓜蝶盖盒	宽7.8cm	345,000	北京保利	2019-12-05
清乾隆 白玉龙凤纹长方小盖盒	长7cm	287,500	北京保利	2019-12-05
清乾隆 白玉镂雕花卉纹香盒	直径6.8cm	40,250	古天一	2019-06-05
清乾隆 白玉嵌宝灵芝纹圆盖盒	直径9.6cm	432,000	佳士得	2019-05-29
清乾隆 白玉如意花卉纹倭角香盒	长5.7cm	138,000	北京保利	2019-12-05
清乾隆 白玉岁岁平安盖盒	直径14.1cm	6,471,445	香港苏富比	2019-10-08
清乾隆 白玉太平有象海棠型盖盒	长6.7cm；高1.4cm	132,250	北京鸿盛祥	2019-12-04
清乾隆 白玉童子一组七件 配紫檀盖盒	5.3cm；长35cm	232,342	华艺国际	2019-11-24
清乾隆 白玉西番作宝相花纹盖盒	直径14.2cm；高6.2cm	287,500	北京鸿盛祥	2019-12-04
清乾隆 碧玉"御制诗"嵌银胎珐琅盒	长10.2cm	62,208	万昌斯	2019-05-27
清乾隆 碧玉仿古饕餮纹方盖盒	直径15.9cm	850,313	香港苏富比	2019-10-08
清乾隆 碧玉勾云纹盒	高3cm；直径7.8cm	17,920	上海联合	2019-06-16
清乾隆 掐丝珐琅嵌白玉描金松竹梅盖盒	宽15.5cm	57,500	北京保利	2019-06-23
清乾隆 御题诗白玉瓜式香盒	长7cm；高3cm	207,000	中鸿信	2019-07-16
清乾隆·白玉雕鹌鹑盖盒	带座高10.2cm；高7.7cm；通径9.7cm	109,250	西泠印社	2019-07-06
清乾隆·碧玉雕御制诗薄胎盖盒	直径7.7cm	237,500	西泠印社	2019-07-06
清中期 白玉瓜蝶盖盒	长11cm	46,000	北京保利	2019-06-23
清中期 白玉兽面纹盖盒	6.5cm×5.5cm×4cm	63,250	北京荣宝	2019-12-01
18世纪/19世纪 青白玉雕如意纹盖盒		33,565	纽约苏富比	2019-03-20
18世纪/19世纪 青白玉喜鹊盖盒（一对）	长14cm	1,036,2[illegible]3	伦敦佳士得	2019-11-05
18世纪/19世纪初 白玉鹌鹑盖盒	长10cm	224,000	佳士得	2019-05-29
19世纪 白玉菊瓣式盖盒及镂雕花卉纹盖盒	宽7cm	10,91[illegible]	伦敦佳士得	2019-02-14
19世纪 白玉莲塘鸳鸯纹盖盒及素身盖盒（一组两件）	宽6cm	10,91	伦敦佳士得	2019-02-14
清19世纪/20世纪 痕都斯坦式青玉及白玉盖盒（一组两件）	长8cm	5[illegible],294	伦敦佳士得	2019-08-29
清 白玉雕瓜瓞绵绵嵌黄花梨盖盒	长11.5cm	80,500	中贸圣佳	2019-08-16
清 白玉雕芦雁嵌黄花梨盖盒	长7.6cm；高4.7cm	29,900	中贸圣佳	2019-08-16
清 白玉雕寿字香盒	直径6cm	17,250	北京保利	2019-03-26
清 白玉雕兽面纹盒	长8cm	24,150	北京保利	2019-08-25
清 白玉雕饕餮纹盖盒	长5cm；高4.5cm	23,000	荣宝斋（南京）	2019-07-21
清 白玉雕一鹭连科盖盒	高2cm；长8.2cm；宽5cm	18,400	西泠印社	2019-04-14
清 白玉葫芦型盖盒	长8.1cm	161,000	北京鸿盛祥	2019-06-04
清 白玉嵌碧玉钮南瓜盖盒	直径5.1cm；高3.7cm	126,500	北京鸿盛祥	2019-12-04
清 白玉寿桃形盖盒	宽8cm	11,500	北京保利	2019-08-25
清 白玉掏挖连体桃蝠纹盒	长9.3cm	109,250	中贸圣佳	2019-08-16
清 白玉桃式印泥盒	长5cm	34,500	广东崇正	2019-05-23
清 白玉桃形盖盒	高2.3cm；口径5.7cm	[illegible]1,500	西泠印社	2019-0[illegible]-22
清 白玉喜鹊盖盒（一对）	长14.1cm；高7.2cm	241,500	北京鸿盛祥	2019-12-04
清 白玉镶宝盖盒	直径5.1cm；高3.4cm	23,000	浙江佳宝	2019-06-23
清 白玉鸳鸯御制诗盖盒	直径9.8cm	18,400	北京保利	2019-0[illegible]-26
清 黄玉花鸟盒	直径5.5cm	17,250	中国嘉德	2019-06-02
清 黄玉莲瓣纹小盖盒	直径5.3cm	75,900	中贸圣佳	2019-1[illegible]-30
清 玛瑙巧雕福寿纹桃形香盒	高3.3cm；长11cm；宽9.6cm	34,500	西泠印社	2019-07-06

2019玉器拍卖成交汇总

(成交价RMB：1万元以上)

拍品名称	物品尺寸	成交价RMB	拍卖公司	拍卖日期
清 玛瑙兽耳盖盒	直径9cm	43,700	北京荣宝	2019-12-01
清 乾隆年制款河塘清趣图白玉嵌多宝香盒	高3.2cm；直径5.5cm	40,250	西泠印社	2019-04-14
清 青白玉雕兽面纹盖盒	8.3cm×6cm×4.7cm	17,250	广东崇正	2019-05-23
清 青白玉兽面纹盖盒	宽6.5cm	58,864	中国嘉德	2019-10-07
清 青玉饕餮纹四方盖盒	长15.8cm	120,750	北京鸿盛祥	2019-06-04
清 羊肝玛瑙龙舟形盖盒	长23cm	66,700	北京保利	2019-03-26
清 子刚款水晶雕琴形盖盒	长9.7cm	46,000	西泠印社	2019-07-06
清 籽料盖盒	长15.1cm	36,800	北京保利	2019-03-26
清初 白玉莲纹盖盒	直径5.1cm	38,513	香港苏富比	2019-05-30
清代 白玉卍字纹香盒	直径5.7cm	34,500	古天一	2019-12-03
民国 白玉寿字盖盒	直径5cm	13,800	北京保利	2019-03-26
民国 碧玉螭龙纹桃形盖盒（一对）	长8cm	11,500	北京保利	2019-03-26
19世纪/20世纪 白玉雕兽面纹盖盒		21,817	纽约苏富比	2019-03-23
王彬 青玉盈金印泥盒	直径7.6cm；厚3.1cm；重量228.2g	13,440	上海联合	2019-06-16
玉奁				
清乾隆 白玉铺首活环盖奁	宽16.9cm	2,300,000	北京保利	2019-06-05
清乾隆 白玉兽面纹福寿长青三兽首衔环奁	直径22.7cm	3,401,250	香港苏富比	2019-10-08
清乾隆 白玉折沿镂雕八吉祥莲花钮盖奁	直径16cm	3,628,000	香港苏富比	2019-10-08
玉簋				
清乾隆 白玉仿古饕餮纹盖簋	宽19cm	268,520	纽约佳士得	2019-03-22
清中期 青玉雕仿青铜簋	宽17cm	78,200	北京保利	2019-06-06
玉盘、玉碟				
元 青玉雕螭龙纹盘	直径14.4cm	92,000	西泠印社	2019-07-06
明万历 金盏托玉碗	高8.2cm	1,150,000	中贸圣佳	2019-06-07
明 青白玉海棠式盏托	长16.5cm	92,000	北京保利	2019-06-06
明 玉盘螭龙杯	高10cm	48,300	北京保利	2019-12-05
清早期 白玉鱼形调色盘	长28.5cm	57,500	北京保利	2019-08-25
清乾隆 白玉光素撇口盘	直径24.8cm	850,313	香港苏富比	2019-10-08
清乾隆 白玉盘	直径15.5cm；高3.1cm	57,500	中贸圣佳	2019-12-01
清乾隆 碧玉盘	直径23cm	32,059	伦敦佳士得	2019-08-29
清乾隆 碧玉盘	直径17.2cm	23,000	中国嘉德	2019-06-25
清乾隆 淡青黄玉莲纹香盘	12cm×8.7cm×0.9cm	57,500	北京诚轩	2019-11-16
清中期 白玉仿古云蝠纹盘	长15.7cm	35,650	北京保利	2019-03-26
清 白玉花卉纹托盘	长18.7cm	37,950	北京保利	2019-03-26
清 白玉菊瓣小盘	直径7.5cm	17,250	中国嘉德	2019-06-25
清 碧玉雕花瓣折沿盘成对	直径29.5cm	517,500	北京保利	2019-06-05
清 冰糖玛瑙盘长纹辟邪	8.6cm×3cm×2.7cm	13,800	中古陶	2019-06-05
清 和田碧玉杯 红木嵌银丝奉盘（一对）	尺寸不一	11,500	上海嘉禾	2019-09-07
清 玛瑙雕海棠形承托	长9.5cm；宽6.2cm	11,500	西泠印社	2019-07-06
清 青玉玄武香盘	直径12.2cm	13,800	中国嘉德	2019-03-24
清 玉盘扣	长5.5cm	11,500	北京翰海	2019-10-12
清中期 白玉花口杯连盏托	宽10.9cm	321,078	中国嘉德	2019-10-07
玉碗				
宋 玛瑙卧足碗	直径10.3cm	155,520	万昌斯	2019-05-27
18世纪 白玉碗	直径9cm	559,375	佳士得	2019-11-27
18世纪 白玉碗	直径14.5cm	25,647	伦敦佳士得	2019-08-29
18世纪 痕都斯坦式水晶嵌钻石盖碗	直径10cm	143,341	伦敦佳士得	2019-05-14

拍品名称	物品尺寸	成交价RMB	拍卖公司	拍卖日期
清乾隆 白玉碗	直径14cm	368,000	北京保利	2019-06-06
清乾隆 白玉碗		793,625	香港苏富比	2019-10-08
清乾隆 白玉碗	直径16cm	126,500	中鸿信	2019-07-17
清乾隆 白玉碗（一对）	直径12.6cm	559,375	佳士得	2019-11-27
清乾隆 碧玉痕都斯坦葵瓣纹盖碗	直径11.9cm；高9cm	115,000	北京鸿盛祥	2019-12-04
清乾隆 碧玉碗	直径17.5cm	21,373	伦敦佳士得	2019-08-29
清乾隆 碧玉碗（一对）	直径12cm	149,500	中国嘉德	2019-06-25
清乾隆 青白玉三清御题诗盖碗	直径12.6cm	483,000	上海明轩	2019-04-28
清乾隆·碧玉浮雕花鸟纹对碗	口径14.3cm；口径14.5cm	126,500	西泠印社	2019-07-06
十八世纪 白玉痕都斯坦花耳盖碗	直径17cm	204,075	香港苏富比	2019-10-08
清嘉庆 白玉光素撇口碗（一对）	直径12.4cm	1,587,250	香港苏富比	2019-10-08
清中期 白玉雕七佛供碗	高9.2cm；直径13cm	115,000	中鸿信	2019-07-17
清中期 白玉素面碗	直径14cm；高5.6cm	167,900	浙江佳宝	2019-06-23
清中期 冰糖玛瑙碗	直径10.4cm	172,500	北京保利	2019-12-05
18世纪/19世纪 痕都斯坦式碧玉菊瓣盖碗	直径15.5cm	77,184	伦敦佳士得	2019-05-14
19世纪 青玉碗（一对）	直径16.5cm	205,200	佳士得	2019-05-29
清19世纪 痕都斯坦式白玉花卉纹小碗	直径6.9cm	23,510	伦敦佳士得	2019-08-29
清19世纪 青白玉痕都斯坦式双莲花耳碗	宽19cm	29,922	伦敦佳士得	2019-08-29
清 白玉浮雕暗八仙纹碗	直径16.5cm	46,000	中鸿信	2019-07-16
清 白玉连年有余盖碗	直径11.8cm	126,500	北京翰海	2019-06-15
清 白玉碗	直径13.6cm	57,500	中国嘉德	2019-10-16
清 碧玉暗刻梅竹双清诗文大碗	直径20.3cm	43,700	中国嘉德	2019-10-16
清 痕都斯坦式玉器两件		79,717	纽约苏富比	2019-03-23
清 玛瑙碗	直径12.7cm	13,800	北京保利	2019-03-26
清 青白玉高足碗	直径14.5cm；高10.1cm	345,000	中贸圣佳	2019-12-01
清 青玉暗八仙纹花口碗	直径12.5cm	18,400	北京荣宝	2019-12-01
清 玉碗	直径14.3cm	20,700	中国嘉德	2019-10-16
清末 青白玉盖碗（一对）		75,521	纽约苏富比	2019-03-23
20世纪 翠玉海棠花形碗	宽10cm	58,774	伦敦佳士得	2019-08-29
白玉莲瓣开光“福喜”盖碗（一对）	直径12.5cm	63,250	中国嘉德	2019-06-25
碧玉缠枝莲花开光“吉祥如意”大碗	直径22cm	10,350	中国嘉德	2019-06-25
碧玉描金松梅纹大碗（一对）	直径25cm×2	92,000	保利厦门	2019-01-06
软玉碗一对，宝格丽（Bulgari）		170,063	香港苏富比	2019-10-07
玉杯				
宋 白玉带皮螭龙纹杯	高13.3cm	3,206,250	香港苏富比	2019-04-02
宋 黄玉雕兽面纹玉杯	高10.5cm；口径10.8cm	552,000	西泠印社	2019-07-06
金 白玉雕双耳杯	长9.6cm	69,000	西泠印社	2019-07-06
元 白玉雕梅花形双螭龙耳杯	通径10cm	80,500	西泠印社	2019-07-06
元 青玉菱口杯	直径7cm	23,000	北京大羿	2019-03-23
元 玉雕莲花形杯	6.2×4.5×4.3cm	92,000	北京诚轩	2019-06-03
元/明 青白玉瓜瓞绵绵杯	长11.0cm	132,234	香港苏富比	2019-05-17
元/明 青白玉荷叶形杯	长11.0cm	66,117	香港苏富比	2019-05-17
元代 白玉兽耳杯	高5.6cm；长10cm	149,500	古天一	2019-12-03
明早期 青白玉双耳花口杯	口径5.5cm；高3.5cm	31,360	上海联合	2019-06-16
17世纪 白玉仿古螭龙纹杯	宽9.5cm	345,600	佳士得	2019-05-29

拍品名称	物品尺寸	成交价RMB	拍卖公司	拍卖日期
明 白玉“万寿”“双龙耳”杯	长12.3cm	22,810	万昌斯	2019-05-27
明 白玉杯（一对）	直径7.5cm	17,250	荣宝斋（南京）	2019-07-21
明 白玉雕螭龙耳杯	宽13.5cm	57,500	中鸿信	2019-07-17
明 白玉雕莲花式高足杯		100,695	纽约苏富比	2019-03-19
明 白玉三螭龙耳杯	长14.9cm；高8.2cm	253,000	北京鸿盛祥	2019-12-04
明 灰玉双螭纹荷叶杯	14.5cm×8.5cm×4cm	149,500	中贸圣佳	2019-06-07
明 火烧玉童子杯	长12cm；高5.5cm	368,000	中贸圣佳	2019-06-07
明旧玉双螭龙耳杯	长14cm	20,700	北京大羿	2019-06-04
明南红巧色螭龙纹杯	长8.8cm；高5cm	138,000	中贸圣佳	2019-12-01
明 沁色玉雕天禄永昌款螭龙玉杯	高12.3cm	1,725,000	西泠印社	2019-07-06
明 青白玉刻花卉诗文双耳杯	口径9.5cm；高4cm	33,600	上海联合	2019-06-16
明 青白玉镂雕花卉纹双耳杯	长13cm	43,645	伦敦佳士得	2019-02-14
明 青白玉镂空喜上眉梢纹杯	长15.3cm；宽11cm；高4.2cm	82,800	浙江佳宝	2019-06-23
明 青白玉乳钉纹灵芝钮双龙耳杯	宽10.1cm；高9.2cm	40,250	浙江佳宝	2019-06-23
明 青白玉双耳仿古云纹杯及单耳仿古谷纹杯 一组两件	云纹杯 宽13.6cm；谷纹杯 宽9cm	38,340	邦瀚斯	2019-05-28
明 青白玉透雕螭龙耳杯	宽14.3cm	86,940	邦瀚斯	2019-05-28
明 双螭纹杯	长14cm	92,000	中贸圣佳	2019-08-16
明 玉雕“英雄”合卺杯		176,216	纽约苏富比	2019-03-20
明 玉雕诗文双耳杯	宽13.7cm	92,000	中国嘉德	2019-11-17
明 玉镂雕螭龙纹花卉杯	宽17.3cm	345,000	中国嘉德	2019-06-02
明 玉镂雕花卉杯	长12cm	17,250	中国嘉德	2019-11-17
明代 白玉圆雕桃形杯	高4.8cm；长13cm	80,500	古天一	2019-12-03
17至18世纪 青白玉雕螭龙耳杯		54,543	纽约苏富比	2019-03-19
18世纪 白玉杯（一对）	直径7.7cm	213,750	香港苏富比	2019-04-03
清十七/十八世纪 玛瑙葵花形杯	长10.3cm	28,651	香港苏富比	2019-05-17
清早期 白玉杯	口径6.6cm；高5.6cm	50,600	上海联合	2019-06-16
17世纪/18世纪 青白玉仿古杯（一组两件）	长12.5cm	65,468	伦敦佳士得	2019-02-14
18世纪 白玉仿古单把式耳杯	长9.6cm；宽7.8cm	57,500	中贸圣佳	2019-06-07
清乾隆 白玉杯（一对）	直径6.5cm；直径6.6cm	1,207,500	中国嘉德	2019-06-02
清乾隆 白玉博古云纹方斗杯	长8.9cm；高7.4cm	189,750	北京鸿盛祥	2019-12-04
清乾隆 白玉螭龙纹小杯	高5cm	655,500	中国嘉德	2019-06-02
清乾隆 白玉仿古单耳杯	直径4.8cm	92,000	北京中汉	2019-06-04
清乾隆 白玉荷花杯	长9；高5.5cm	1,035,000	北京荣宝	2019-06-13
清乾隆 白玉小杯（一对）	直径5.9cm；高3.2cm	172,500	中贸圣佳	2019-06-07
清乾隆 冰糖玛瑙菊瓣纹杯	长6.4cm；高4.6cm	11,500	中贸圣佳	2019-11-30
清乾隆 痕都斯坦风格青白玉爵杯	长12cm	28,750	中国嘉德	2019-03-23
清乾隆 黄料刻牵牛花形杯（一对）	高6.3cm	57,500	中贸圣佳	2019-08-16
清乾隆 玛瑙杯	直径7.4cm	20,700	中国嘉德	2019-11-17
清乾隆 玛瑙仿犀角杯云龙纹杯	高11cm	172,500	中国嘉德	2019-06-02
清乾隆 青玉仿青铜爵杯	高16.2cm	253,000	中贸圣佳	2019-11-30

拍品名称	物品尺寸	成交价RMB	拍卖公司	拍卖日期
清乾隆 玉杯（两件）	尺寸不一	46,000	中鸿信	2019-07-17
清乾隆·白玉卧足杯	高4.5cm；口径6.6cm	230,000	西泠印社	2019-07-06
清中期 白玉双龙耳杯	长9.8cm	16,100	北京翰海	2019-06-15
清中期 海藻玛瑙素身杯	直径7.9cm	34,500	中贸圣佳	2019-11-30
清中期 玛瑙菊瓣杯（一对）	直径6cm	16,054	保利香港	2019-10-07
18世纪/19世纪 20世纪 灰白玉杯灰青玉籁瓜形洗	最宽11cm	27,784	伦敦佳士得	2019-08-29
18世纪/19世纪 青玉雕倭角杯	高7.4cm	108,540	邦瀚斯	2019-05-28
19世纪 青玉痕都斯坦式花卉纹花耳杯	宽13.5cm	55,13[illegible]	伦敦佳士得	2019-05-14
清 白玉杯	直径6cm	51,750	北京保利	2019-12-05
清 白玉杯一对带紫檀茶托	直径5.9cm×2；高4.2cm×2	29,900	广东崇正	2019-11-28
清 白玉雕九如杯	高7.8cm	25,300	西泠印社	2019-07-06
清 白玉瑞兽杯	高5.1cm	13,800	西泠印社	2019-09-22
清 白玉双龙耳杯	高5cm；通径11.5cm	57,500	西泠印社	2019-07-06
清 白玉兔耳嵌宝花口杯	高3.5cm；宽8.5cm	57,500	浙江佳宝	2019-06-23
清 火烧玉双龙耳杯	长8cm	20,700	北京保利	2019-03-26
清 玛瑙杯（一对）	直径6.5cm×2	13,800	广东崇正	2019-05-23
清 青白玉嵌宝獾耳菊瓣杯	长9.1cm	25,300	中国嘉德	2019-10-16
二十世纪制 水晶酒具（一组）（六只酒杯）	壶高17.5cm；口径15.5cm；杯高11cm；口径8.5cm	17,250	西泠印社	2019-07-07
白玉兽面双耳杯	宽9.5cm	17,250	北京保利	2019-03-26
青白玉耳杯	长9.5cm	11,500	中国嘉德	2019-03-24
清 白玉雕双螭龙耳杯	高3cm；长8.4cm；宽4.8cm	25,300	西泠印社	2019-04-14
清 青白玉雕菊瓣茶盏	高5.8cm；口径10cm	29,900	西泠印社	2019-04-14
玉鬲、玉甗				
玉缸				
碧玉缸（一对）	直径38cm	11,500	北京保利	2019-11-22
碧玉金玉满堂图缸（一对）	直径39cm	17,250	中国嘉德	2019-06-25
云龙纹大缸	直径102cm	54,500	中国嘉德	2019-06-25
玉盆、玉钵				
清乾隆 白玉八吉祥钵	直径13.7cm	2,494,250	香港苏富比	2019-10-08
清乾隆 痕都斯坦风格海棠形水仙盆	长16cm	92,000	中贸圣佳	2019-08-16
清乾隆 青玉浮雕七佛钵	直径24.1cm	1,589,338	纽约佳士得	2019-09-13
碧玉海水龙纹钵	直径9.7cm	17,250	中国嘉德	2019-06-25
碧玉云龙纹钵	直径9.2cm	13,800	中国嘉德	2019-03-24
玉花插 盆景				
明 南红玛瑙浮雕鹤鹿同春花插	高13.4cm	92,000	中鸿信	2019-07-17
明 青玉镂雕玉兰花插	高42cm	97,750	中鸿信	2019-07-17
18世纪 白玉浮雕螭龙凤凰活环耳花插	高18.7cm	3,206,250	香港苏富比	2019-04-03
清早期 南红玛瑙梅桩花插	连座高14.5cm	138,000	华艺国际	2019-03-10
18世纪 白玉雕松树桩花插	高18.7cm	4,838,845	香港苏富比	2019-10-08
18世纪 青白玉玉兰花插	长13.9cm	453,500	香港苏富比	2019-10-08
清乾隆 白玉雕灵芝宝瓶花插	高18cm（带座）	218,500	华艺国际	2019-03-10
清乾隆 白玉和合二仙花插	高10.8cm	1,012,000	中国嘉德	2019-11-17
清乾隆 碧玉鱼化龙花插	高19.7cm	195,500	华艺国际	2019-08-11
清乾隆 南红玛瑙雕福寿如意大花插	高15cm；长25cm	517,500	古天一	2019-05-05
清乾隆 青白玉灵芝花插	高10cm	149,500	北京保利	2019-08-25

2019玉器拍卖成交汇总

（成交价RMB：1万元以上）

拍品名称	物品尺寸	成交价RMB	拍卖公司	拍卖日期
清乾隆/嘉庆 青白玉雕鱼龙戏珠花插	高18cm	1,080,540	邦瀚斯	2019-05-28
清中期 白玉雕玉兰花插	高13cm	437,000	上海明轩	2019-04-28
清中期 白玉松竹梅纹花插	高18cm	92,000	北京保利	2019-08-25
清中期 南红玛瑙三多纹花插	高10cm	57,500	北京保利	2019-06-23
清中期 青白玉雕佛手花插	高26cm	63,250	中鸿信	2019-07-17
清中期 青白玉雕福禄万代葫芦花插	高26cm	55,200	北京保利	2019-08-25
清中期 青玉留皮松虬小花插	高9.2cm	51,750	中国嘉德	2019-03-23
18世纪/19世纪 玛瑙镂雕树桩形花插	高15.9cm	184,608	纽约佳士得	2019-03-21
18世纪/19世纪 青白玉灵芝纹花插	高22.3cm	67,130	纽约佳士得	2019-03-22
19世纪 粉晶鱼形花插	高33cm	23,000	华艺国际	2019-08-11
19世纪 青玉灵芝形花插		41,956	纽约苏富比	2019-03-23
清晚期 青玉随形雕牡丹蝠纹包袱花插	高12.4cm	69,000	北京保利	2019-06-23
清 白玉雕荷叶花插	高15cm	12,650	北京保利	2019-01-20
清 白玉嵌百宝花插	高45cm	345,000	华艺国际	2019-08-10
清 白玉天鸡纹花插	高8.5cm	34,500	北京保利	2019-08-25
清 白玉喜上眉梢花插	高13cm	43,700	北京保利	2019-08-25
清 碧玉“凤凰”“瑞兽”“觚”式花插	高16.4cm	228,096	万昌斯	2019-05-27
清 冰糖玛瑙雕竹节形花插	带座高12.8cm	13,800	西泠印社	2019-07-06
清 南红玛瑙福寿花插	高11cm	36,800	北京荣宝	2019-12-01
清 南红玛瑙福寿灵芝花插	高16cm	86,250	中国嘉德	2019-11-17
清 南红玛瑙巧雕福禄寿花插	带座高9cm；高8cm	23,000	西泠印社	2019-07-06
清 南红玛瑙巧雕福禄寿花插	带座高9cm；高8cm	11,500	西泠印社	2019-09-22
清 南红玛瑙巧雕花插	高7.5cm	23,000	北京保利	2019-12-05
清 南红玛瑙巧雕寿桃灵芝树桩形花插	高13cm	31,050	中鸿信	2019-07-17
清 南红玛瑙三多花插	高19.5cm	23,000	北京保利	2019-03-26
民国 水晶巧雕年年有余花插	高9cm	17,250	北京保利	2019-03-26
玛瑙三多纹花插	高19cm	10,350	中国嘉德	2019-03-24
玉雕凤纹花插	长18cm	11,500	北京保利	2019-06-23
碧玉白玉水仙盆景（一对）	高19.5cm	436,300	伦敦佳士得	2019-11-05
玉渣斗				
18世纪 白玉光素渣斗	直径17.9cm	11,042,725	香港苏富比	2019-10-08
玉香筒（香插）				
18世纪 碧玉嵌铜鎏金童子香插摆件	直径9.9cm	28,750	北京中汉	2019-03-25
清乾隆 白玉嵌百宝香筒	高19cm	34,500	中古陶	2019-06-06
清乾隆 御制白玉镂雕山水人物故事香筒（一对）	高28cm	172,500	中鸿信	2019-07-16
清 白玉镂雕高士图香筒	高20cm	44,105	伦敦佳士得	2019-05-14
清 白玉描金盖筒	高17cm	69,000	中鸿信	2019-07-17
清 白玉嵌碧玉描金云龙纹香筒	高21.8cm	92,000	北京鸿盛祥	2019-06-04
清 白玉透雕锦纹香筒连碧玉盖及座		201,390	纽约苏富比	2019-03-20
清 白玉香筒、玉佩、手镯（一组三件）	长7.3cm；长6.3cm；内径5.5cm	48,300	中鸿信	2019-07-16
清 南红玛瑙香插	高18.5cm	34,500	北京保利	2019-03-26
王朝杰 荷塘清趣 碧玉香插	12×5.6×3.6cm；重量80.9g	44,800	上海联合	2019-06-16
王朝杰 听取蛙声一片 青玉香插	13.5×9×2.5cm；重量47g	39,200	上海联合	2019-06-16
杨曦 有余 青花玉香插	重49.6g	28,750	西泠印社	2019-07-07
玉镜				
清 白玉花鸟龙勾柄手镜	长21cm	18,400	北京保利	2019-08-25

拍品名称	物品尺寸	成交价RMB	拍卖公司	拍卖日期
玉烛台				
明 白玉雕无量寿佛及烛台（一对）	高16cm；高16.5cm	207,000	中鸿信	2019-07-17
清乾隆 白玉烛台	高25cm	138,000	中鸿信	2019-07-17
清中期 碧玉海晏河清烛台	高21cm	287,500	北京荣宝	2019-06-13
清代 碧玉海晏河清烛台（一对）	高23cm	552,000	古天一	2019-12-03
碧玉嵌白玉烛台（一对）	高24cm	23,000	中国嘉德	2019-03-24
红山文化 玉鹰首杖	长17.5cm	246,125	佳士得	2019-11-27
其 他				
古蜀文化 玉砍砸器	长27cm	22,810	万昌斯	2019-05-27
西周 黄玉龙形觿	高11.8cm	121,068	中国嘉德	2019-03-31
东周 青玉雕龙首觿		201,390	纽约苏富比	2019-03-19
战国 玉雕龙首觿	长5.6cm	20,178	中国嘉德	2019-03-31
秦 秦式龙形觿	宽6.2cm	235,457	中国嘉德	2019-10-07
西汉 白玉朱雀形灯	高17cm	17,867,900	中国嘉德	2019-10-07
元 白玉带沁金刚杵	长8.7cm	2,127,500	北京保利	2019-12-05
明 白玉带灰皮四足方斝	长18.3cm	259,200	万昌斯	2019-05-27
明 白玉凤鸟纹觿	长11.6cm	184,000	北京鸿盛祥	2019-06-04
明 白玉五股金刚杵	长8cm	908,438	香港苏富比	2019-04-03
明 玉锥形器	长3.9cm	36,800	北京鸿盛祥	2019-06-04
明/清 玉雕仿古钟		67,130	纽约苏富比	2019-03-20
明或以后 青白玉褐沁枕	长17.4cm	402,780	纽约佳士得	2019-03-20
18世纪或以后 尼泊尔 水晶陪胪金刚杵	高26cm	201,390	纽约佳士得	2019-03-21
清乾隆 白玉雕神威钟馗坠	2.6cm×3.6cm×1.7cm	36,800	北京诚轩	2019-11-16
清乾隆 白玉云龙纹御题诗文香亭	高60cm	322,000	中鸿信	2019-07-17
清乾隆 青白玉金刚杵	长15.2cm	727,188	佳士得	2019-11-27
清乾隆 青白玉金钢铃	高19cm	2,803,680	佳士得	2019-05-29
清乾隆 御制白玉镂雕嵌宝活环金刚杵钮盖奁	高20cm	195,500	中鸿信	2019-07-16
清中期 白玉“凤”纹觿	长8.8cm；厚1cm	51,840	万昌斯	2019-05-27
18世纪/19世纪 玉饕餮纹斝	高27.9cm	713,256	纽约佳士得	2019-03-21
19世纪 白玉雕双履摆件		50,348	纽约苏富比	2019-03-23
清 白玉雕法器	长14.8cm	11,500	中古陶	2019-06-06
清 白玉雕钟形砚	长9.9cm	17,250	西泠印社	2019-07-06
清 白玉双螭纹觿	长7.5cm；宽1.1cm	13,800	浙江佳宝	2019-06-23
清 青玉金刚杵	长12.1cm	92,000	中贸圣佳	2019-08-16
清 水晶佛塔	高21cm	10,350	北京保利	2019-01-20
清末 白玉五股金刚杵	长7.4cm，长5.5cm	35,212	香港苏富比	2019-05-30
民国 白玉镂雕龙纹扇	高13cm	13,800	北京荣宝	2019-04-28
民国 玉太平车	长15cm	10,350	北京荣宝	2019-04-28
白玉受沁龙形觿	长6.8cm；宽1.43cm	32,200	浙江佳宝	2019-06-23
郭万龙 岁寒三友 碧玉茶具（四件套）	重79.6g；53.2g；65.0g；12.4g	86,250	西泠印社	2019-07-07
青金石嵌掐丝珐琅佛塔	高66cm	13,800	中国嘉德	2019-10-16
约1950年 水晶手工切割冰酒桶	高21.5cm	13,800	保利厦门	2019-08-04
张永来 金刚杵 析木玉挂件	重23.5g	34,500	西泠印社	2019-07-07
18世纪 白玉转心法轮	直径6cm	11,755	伦敦佳士得	2019-08-29
白玉释迦法轮罗汉方瓶	高19.3cm	11,500	中国嘉德	2019-10-16
文房用品				
玉笔				
清早期 玉雕兰石图笔管	长19.8cm	34,500	华艺国际	2019-08-10
清乾隆 白玉嵌碧玉螭龙纹毛笔	长20cm	172,500	北京鸿盛祥	2019-12-04

拍品名称	物品尺寸	成交价RMB	拍卖公司	拍卖日期
清乾隆 御制白玉龙纹毛笔	长25cm	103,500	中鸿信	2019-07-17
清乾隆 御制碧玉镶白玉毛笔	长24.5cm	25,300	中鸿信	2019-07-16
清 白玉雕云龙纹笔管	长17.0cm	184,000	西泠印社	2019-07-06
清 白玉龙纹笔杆	长12.4cm	57,500	北京鸿盛祥	2019-06-04
清 白玉毛笔附墨斗	长21cm	44,951	中国嘉德	2019-10-07
清20世纪 青白玉笔（两件）	长27.6cm	33,565	纽约佳士得	2019-03-21
玉笔筒				
明 碧玉雕鹿鹤同春纹笔筒	高10.7cm	86,250	西泠印社	2019-07-06
18世纪 白玉雕四季花卉方笔筒	高8.5cm	205,200	佳士得	2019-05-29
18世纪 碧玉雕文会图笔筒		3,188,675	纽约苏富比	2019-03-20
清早期 青玉方笔筒	8.2cm×11.4cm	59,800	北京诚轩	2019-11-16
18世纪 碧玉雕通景仙山亭台图笔筒	直径17.1cm	3,967,383	纽约佳士得	2019-03-20
清乾隆 白玉梅桩笔筒	长10cm	230,000	北京保利	2019-03-26
清乾隆 碧玉雕八仙过海纹笔筒	直径16.9cm；高17.7cm	897,000	广东崇正	2019-05-23
清乾隆 碧玉浮雕仙山祝寿笔海	直径19cm；高19cm	3,450,000	中贸圣佳	2019-11-30
清乾隆 碧玉山水人物图笔筒	高16.5cm	818,063	伦敦佳士得	2019-11-05
清乾隆 御制白玉浮雕开光山水人物倭角方形笔筒	高13.9cm	138,000	中鸿信	2019-07-16
清乾隆/嘉庆 白玉雕御游图笔筒		13,828 780	纽约苏富比	2019-03-20
清乾隆辛巳年（1761）白玉“御制诗”“寒江独钓”笔筒	玉高9.3cm；总高11cm	49,766	万昌斯	2019-05-27
清乾隆乙卯年（1795）御用题诗碧玉“樊桐仙侣”笔筒	高5 in	5,481,375	佳士得	2019-11-27
清中期 旧玉秋郊饮马图御制诗文笔筒	高13.5cm	138,000	中鸿信	2019-07-16
18世纪/19世纪 白玉小笔筒		54,543	纽约苏富比	2019-03-20
清 白玉笔筒	高8.3cm	72,778	中国嘉德	2019-10-07
清 白玉方笔筒	12.8×6.1×6cm	126,500	中古陶	2019-06-05
清 白玉高士仙游图笔筒	高12.8cm	126,500	中鸿信	2019-07-17
清 白玉管提笔（一对）	长18.2cm×2	460,000	西泠印社	2019-07-06
清 白玉人物笔筒	高8cm	11,500	北京翰海	2019-10-12
清 白玉人物故事笔筒	高15cm；直径13.5cm	92,000	北京荣宝	2019-04-28
清 碧玉访友图笔筒	高14cm	57,500	中鸿信	2019-07-17
清 黄玉松树纹笔筒	高10cm	23,000	北京保利	2019-04-30
清 黄玉松竹梅随形笔筒	高13cm；宽16cm	40,250	中鸿信	2019-07-17
清 青白玉松鹿延年诗文小笔筒	高8.1cm	92,000	中国嘉德	2019-11-17
清 青白玉松树纹笔筒	高16.3cm	374,893	伦敦佳士得	2019-05-14
清 寿山石雕抚琴图笔筒	高22.5cm	32,200	中古陶	2019-06-06
清 虚堂款四方诗文笔筒	高11.5cm；长9cm；宽9cm	19,550	西泠印社	2019-07-06
清中期 碧玉素笔筒	高17.5cm	34,500	中古陶	2019-06-06
民国 碧玉松下人物笔筒	直径23cm	32,200	北京保利	2019-08-25
民国 碧玉云龙纹笔筒	高12.5cm	14,950	北京保利	2019-08-25
民国 青玉龙纹笔筒	高8.2cm	11,500	北京保利	2019-03-26
清19/20世纪 黄玉褐斑神鹿图笔筒	高9.9cm	10,686	伦敦佳士得	2019-08-29
玛瑙巧雕岁寒三友笔筒	高13cm（含座）	13,800	中国嘉德	2019-06-25
山水人物纹笔筒	高17cm	17,250	中国嘉德	2019-03-24
云龙纹大笔筒	直径50cm	57,500	中国嘉德	2019-03-24
张焕庆 碧玉鹤鹿同春笔筒	高18×115×74cm；重量1130g	985,600	上海联合	2019-12-01
玉笔架				
明 旧玉螭龙笔架山	长10.5cm	23,000	中鸿信	2019-07-16
明 青白玉雕鹿衔灵芝笔架	长16.2cm	74,750	中国嘉德	2019-11-17
18世纪 白玉雕双鹿衔芝笔架	宽10.9cm	65,340	邦瀚斯	2019-05-23
18世纪 青白玉雕山亭高士图笔搁		151,043	纽约苏富比	2019-03-19
清早期 南红玛瑙灵芝笔架	长9cm	40,250	华艺国际	2019-08-10
清康熙 水晶“福山寿海”笔架山	长11.6cm	57,500	中鸿信	2019-07-17
清中期 白玉“福山寿海”三峰笔搁	宽10.8cm	55,490	中国嘉德	2019-03-31
18世纪/19世纪 青玉书卷形笔搁		37,761	纽约苏富比	2019-03-20
清 白玉雕喜鹊登梅笔架	长9cm	11,500	北京荣宝	2019-04-28
清 白玉古筝形诗文笔橱	长17.1cm	25,300	中鸿信	2019-07-15
清 白玉童子戏鹅笔架	长6.9cm	59,000	西泠印社	2019-07-06
清 和田白玉龙纹笔架	长10.5cm	18,750	广东省拍	2019-06-09
清 玛瑙巧雕花卉笔架、墨床（两件）	长8cm；长12cm	40,250	北京保利	2019-08-25
清 南红玛瑙巧雕螭龙纹山形笔架	带座高8.5cm；高7cm；长9.5cm	17,250	西泠印社	2019-07-06
清 南红玛瑙巧雕螭龙纹山形笔架	带座高8.5cm；高7cm；长9.5cm	11,500	西泠印社	2019-09-22
清 玉笔架	长10cm	13,800	北京翰海	2019-10-12
清 玉留皮小笔架	长10cm	32,200	中国嘉德	2019-06-02
19世纪 水晶雕灵芝式笔搁	长12.3cm	22,039	香港苏富比	2019-05-17
近代 白玉浮雕二龙戏珠纹五峰笔架山	长25cm	14,950	中鸿信	2019-07-17
玉雕梅花仙鹤笔架	长16cm	18,400	北京保利	2019-01-20
17世纪/18世纪 青白玉笔山	长22cm	19,640	伦敦佳士得	2019-02-14
18世纪 白玉笔山及花鸟纹摆件	宽11.7cm	21,289	伦敦佳士得	2019-05-14
清中期 黄玉五峰笔山	长12.5cm	57,500	北京保利	2019-06-06
玉印盒				
十八至十九世纪初 白玉光素印盒	直径6.8cm	249,425	香港苏富比	2019-10-08
清 白玉八骏图印盒	长10.5cm	20,700	北京荣宝	2019-12-01
清 白玉团寿印盒	直径6.5cm	17,250	北京翰海	2019-10-12
清 青白玉印盒	长8.7cm	17,250	中国嘉德	2019-03-24
玉墨床				
元代 白玉雕胡人戏狮墨床	6cm×7cm	115,000	古天一	2019-06-05
明 玉雕芦雁墨床	长8.7cm	112,700	中国嘉德	2019-06-02
明-清 黄花梨嵌鸡骨白玉龙纹墨床	高3.5cm；长14cm；宽7.2cm	20,700	西泠印社	2019-07-06
明至清 玉雕书卷式墨床二件		25,000	香港苏富比	2019-05-30
清乾隆 紫檀嵌黄杨木镶白玉刻“兰亭序”墨床	长17.7cm	138,000	中鸿信	2019-07-17
清中期 白玉龙纹墨床	长14cm	40,250	北京荣宝	2019-12-01
清 白玉雕龙纹墨床	长7.0cm	13,800	西泠印社	2019-07-06
清 白玉雕仕女墨床	高8cm；长14cm	172,500	西泠印社	2019-07-06
清 白玉浮雕兰石图墨床	高1.1cm；长6.5cm；宽3.4cm	43,300	西泠印社	2019-07-06
清 白玉瓜瓞纹墨床	宽7cm	19,265	中国嘉德	2019-10-07
清 白玉龙穿花墨床	长15.5cm	41,400	北京荣宝	2019-12-01
清 白玉墨床（一组两件）	长12.8cm；长7.3cm	25,300	中鸿信	2019-07-16
清 白玉浅雕麒麟送子墨床	宽8.5cm	32,108	中国嘉德	2019-10-07
清 白玉云纹墨床	长8.7cm	11,500	广东崇正	2019-05-23

(成交价RMB：1万元以上)

拍品名称	物品尺寸	成交价RMB	拍卖公司	拍卖日期
清 红木嵌白玉玉兔捣药纹墨床、螭龙纹墨床（一组两件）	1.高3.8cm；长10.8cm；宽3.7cm；2.高2cm；长11cm；宽4.8cm	40,250	西泠印社	2019-07-06
18世纪 青白玉赏石笔山	长9.1cm	121,215	香港苏富比	2019-05-17
玉水丞				
宋 沁色玉雕三羊开泰水丞	高4.7cm	195,500	西泠印社	2019-07-06
17世纪 青白玉辟邪形水丞	长13.3cm	226,564	纽约佳士得	2019-03-21
18世纪 青白玉雕桃形水丞	宽5.6cm	38,340	邦瀚斯	2019-05-28
18世纪 青玉海兽纹水盂	宽11.5cm	302,400	佳士得	2019-05-29
清乾隆 白玉鸟形水丞	长9cm	172,500	北京保利	2019-06-06
清乾隆 黄玉童子水丞	宽8.6cm	727,188	佳士得	2019-11-27
19世纪 白玉雕福寿双全水盂		58,739	纽约苏富比	2019-03-20
清 白玉安居乐业水丞	长6.7cm	20,700	中国嘉德	2019-10-16
清 白玉水盂	高4.8cm	28,750	广东省拍	2019-06-09
清 白玉一品清廉水盂	长9cm；高3.5cm	36,800	浙江佳宝	2019-06-23
清 黑白玉巧雕喜鹊登梅水丞	长9cm	13,800	中国嘉德	2019-10-16
清 黄玉水盂	宽5.7cm	93,723	伦敦佳士得	2019-05-14
清 青白玉灵芝水丞	长14cm	80,500	中国嘉德	2019-06-25
清 青白玉俏色和谐水丞	长6.9cm	25,300	中国嘉德	2019-06-25
清 青白玉瑞兽水丞	长13.2cm	17,250	中国嘉德	2019-03-24
清 青玉寿桃水盂、圆砚（共两件）	长9cm；直径10.3cm	36,800	北京保利	2019-06-06
清 玉鹅形水丞	长8.2cm	17,250	中国嘉德	2019-10-16
18世纪/19世纪 青白玉榴开百子水盂	长9.5cm	46,282	香港苏富比	2019-05-17
19世纪 玛瑙桃形水盂	8cm	26,447	香港苏富比	2019-05-17
白玉芦雁水丞	长11cm	13,800	中国嘉德	2019-10-16
清乾隆 玉雕龙纹水盂	宽7cm	80,500	北京保利	2019-08-25
清 白玉带沁莲蓬水盂	长13.3cm	63,250	西泠印社	2019-07-06
清 白玉雕凤纹水盂	高3.7cm；长6.4cm；宽2.7cm	13,800	西泠印社	2019-07-06
清 白玉雕灵猴献寿水盂	带座高8.8cm；高6cm；通径9cm	322,000	西泠印社	2019-07-06
清 白玉浮雕福寿纹葫芦形水盂	高1.7cm；长11cm；宽5.5cm	40,250	西泠印社	2019-07-06
清 白玉榴开百子诗文水盂	宽8.5cm	23,000	北京保利	2019-08-25
清 白玉瑞兽水盂	长13cm	11,500	中鸿信	2019-07-16
清 乾隆御玩款玉雕钵式水盂	高7.6cm；长14cm；宽11cm	55,200	西泠印社	2019-09-22
民国 玛瑙三多纹水盂	长11.5cm	11,500	北京保利	2019-08-25
清乾隆 白玉洒金皮龙纹水盂	长5.4cm；高4.8cm	126,500	北京鸿盛祥	2019-12-04
清中期 白玉福寿水呈	长6cm	28,750	北京翰海	2019-06-15
清中期 白玉花卉水呈	直径7cm	23,000	北京翰海	2019-06-15
清 黄玉雕绳结纹水呈	高6.2cm	51,750	中鸿信	2019-07-16
清 旧玉雕螭龙纹水呈	长8cm	11,500	北京保利	2019-06-06
清 玛瑙巧雕“清廉”水呈	长9cm	25,300	中鸿信	2019-07-16
元或以前 白玉螭龙式水呈	高4.7cm；长12cm	207,000	广东崇正	2019-11-28
清 碧玉水呈	长10.1cm	25,300	中国嘉德	2019-11-17
清 玉雕石榴水呈	长9cm	69,000	中国嘉德	2019-11-17
玉砚滴				
明 白玉红沁瑞兽砚滴	高4.6cm；长13.5cm	207,000	西泠印社	2019-07-06

拍品名称	物品尺寸	成交价RMB	拍卖公司	拍卖日期
清乾隆 白玉福寿水注	高10.4cm	1,725,000	北京荣宝	2019-06-13
清乾隆 白玉嵌玛瑙鹤寿砚滴	长8.4cm；高6cm	166,750	北京鸿盛祥	2019-12-04
清中期 白玉龙首菊瓣纹水注	长13.3cm	13,800	北京翰海	2019-06-15
清 白玉雕螭龙纹砚滴	长7.6cm	86,250	西泠印社	2019-07-06
清 白玉雕异兽砚滴	高4.7cm；长8cm	55,200	西泠印社	2019-07-06
清 玉蟾砚滴	高9.5cm	17,250	北京保利	2019-08-25
清19世纪 青玉凤凰形水滴	长7cm	32,059	伦敦佳士得	2019-08-29
明末清初 十七世纪 青玉瑞狮戏球水滴	宽8cm	41,449	伦敦佳士得	2019-11-05
18世纪 青玉瑞兽水滴	长9.2cm	54,538	伦敦佳士得	2019-11-05
玉笔洗				
元 白玉雕螭龙纹梅花形水洗	高3cm；长9cm	34,500	西泠印社	2019-07-06
明 白玉雕螭龙纹荷叶洗	长11.2cm	184,000	西泠印社	2019-07-06
明 白玉桃形洗	高4.3cm	138,000	上海明轩	2019-04-28
明 黄玉灵芝耳海棠洗	长22.4cm	89,700	中鸿信	2019-07-17
明 旧玉圆形折沿水洗	直径8.4cm	11,500	北京翰海	2019-06-15
明 青白玉雕太乙莲舟洗	长16cm	76,140	邦瀚斯	2019-05-28
明 玉雕荷蟹洗	10.7cm×6.5cm×8.7cm	126,500	北京诚轩	2019-06-03
明晚期 白玉荷叶形水洗	长14.7cm	23,000	北京保利	2019-12-05
晚明 青白玉花式洗	直径14.7cm	77,137	香港苏富比	2019-05-17
晚明 青玉葵花式洗	长10.21cm	44,078	香港苏富比	2019-05-17
17世纪/18世纪 白玉雕荷叶洗	长11cm	65,340	邦瀚斯	2019-05-28
清十七世纪 青玉事事如意小洗	高4.7cm	15,427	香港苏富比	2019-05-17
清初 白玉荷虾图洗	长17cm	105,800	保利厦门	2019-01-06
清早期 旧玉雕荷叶形洗	长10.1cm	23,000	中国嘉德	2019-11-17
清早期 青白玉瓢形荔枝纹洗	长14cm	48,300	北京中汉	2019-06-04
清康熙 白玉仙鹤式洗	13.7cm	662,625	香港苏富比	2019-04-03
清康熙/雍正 玉雕双鱼洗	直径13.8cm	92,000	北京诚轩	2019-06-03
18世纪 白玉痕都斯坦式花形洗	宽7.6cm	16,029	伦敦佳士得	2019-08-29
18世纪 白玉痕都斯坦式菊花纹洗	宽8.5cm	42,745	伦敦佳士得	2019-08-29
18世纪 白玉龙纹洗	直径9.8cm	110,263	伦敦佳士得	2019-05-14
18世纪 碧玉双桃形洗	长9cm	64,118	伦敦佳士得	2019-08-29
清乾隆 白玉蝙蝠纹洗	宽11.2cm	98,168	伦敦佳士得	2019-11-05
清乾隆 白玉螭龙耳六棱洗	长14.3cm；高6.8cm	805,000	中贸圣佳	2019-11-30
清乾隆 白玉佛教八宝题材笔洗	直径16.4cm	345,000	北京鸿盛祥	2019-06-04
清乾隆 白玉福禄万代洗	长8.2cm	207,000	古天一	2019-12-03
清乾隆 白玉福寿如意海棠式洗	宽20.2cm	662,688	华艺国际	2019-05-27
清乾隆 白玉瑞兽活环耳花口洗	直径30.5cm	2,820,680	伦敦佳士得	2019-11-05
清乾隆 白玉瑞兽活环耳洗	宽22.3cm	3,486,500	伦敦佳士得	2019-05-14
清乾隆 白玉双蝠耳桃纹洗	长25.5cm	425,500	北京保利	2019-06-23
清乾隆 白玉饕餮龙纹洗	直径20.6cm；高7cm	2,185,000	北京鸿盛祥	2019-12-04
清乾隆 白玉五福活环耳洗	宽22.8cm	1,384,556	纽约佳士得	2019-03-22
清乾隆 碧玉菊纹双蝶活环耳洗	宽27cm	545,375	伦敦佳士得	2019-11-05
清乾隆 黑白玉巧雕“金玉满堂”洗	直径13cm	92,000	保利厦门	2019-08-04
清乾隆 旧玉五福捧寿桃形洗	长13.4cm	115,000	中鸿信	2019-07-16
清乾隆 青白玉镂雕福禄万代葫芦洗	长22.2cm	50,976	香港中汉	2019-05-30
清乾隆 青白玉御题诗双鱼洗	直径25.4cm	19,434,135	纽约佳士得	2019-03-20
清乾隆 玉雕福寿小洗	7.2cm×7.1cm×4cm	51,750	北京诚轩	2019-11-16
清乾隆 御制黄玉雕缠枝莲纹圆形洗	直径20.7cm	575,000	中鸿信	2019-07-16
清乾隆·白玉雕佛手笔洗	长11.6cm	138,000	西泠印社	2019-07-06
清乾隆·白玉雕诗文花卉福纹水洗	高3.4cm；直径12.8cm	575,000	西泠印社	2019-07-06

拍品名称	物品尺寸	成交价RMB	拍卖公司	拍卖日期
清乾隆·青白玉雕牡丹形水洗	长12.5cm	161,000	西泠印社	2019-07-06
清中期 白玉螭龙耳椭圆形水洗	长12.8cm	17,250	北京翰海	2019-06-15
清中期 白玉螭龙仙草洗	长12cm	149,500	北京保利	2019-12-05
清中期 白玉镂雕花卉笔洗	宽10.3cm	115,000	北京保利	2019-12-05
清中期 白玉双鱼游环耳洗	宽19.7cm	195,500	北京保利	2019-06-23
清中期 白玉四龙方形水洗	长8cm	23,000	北京翰海	2019-06-15
18世纪/19世纪 白玉雕螭龙花卉纹花式洗		41,956	纽约苏富比	2019-03-20
18世纪/19世纪 白玉痕都斯坦式花卉形洗	宽12.5cm	48,088	伦敦佳士得	2019-08-29
18世纪/19世纪 白玉梅花纹洗	宽12.5cm	1,036,213	伦敦佳士得	2019-11-05
18世纪/19世纪 碧玉五龙戏珠纹洗	宽26.5cm	489,019	纽约佳士得	2019-09-13
18世纪/19世纪 青白玉雕灵芝洗	宽12cm	130,140	邦瀚斯	2019-05-28
18世纪/19世纪 青白玉洗		16,783	纽约苏富比	2019-03-20
19世纪末/20世纪 黄玉螭龙纹笔洗	宽12.7cm	52,926	伦敦佳士得	2019-05-14
清19世纪 玛瑙如意洗	长9.5cm	58,774	伦敦佳士得	2019-08-29
清19世纪 水晶瑞兽纹洗	宽6.5cm	10,686	伦敦佳士得	2019-08-29
清 白玉带皮云龙纹水洗	宽9.8cm	80,712	中国嘉德	2019-03-31
清 白玉雕"清廉"荷叶洗	长8.6cm	17,250	中鸿信	2019-07-16
清 白玉雕荷叶形三鱼洗	长11.5cm	11,500	北京翰海	2019-10-12
清 白玉雕寿桃形洗	高6.5cm	92,000	西泠印社	2019-07-06
清 白玉福寿双全纹水洗	长10.1cm； 高4.4cm	92,000	北京鸿盛祥	2019-12-04
清 白玉海棠兽头长方洗	长18.2cm	57,500	北京荣宝	2019-12-01
清 白玉荷叶龟游洗	长7.5cm	57,500	中国嘉德	2019-11-17
清 白玉荷叶小洗	长8cm	51,750	北京荣宝	2019-12-01
清 白玉葫芦形水洗	长11cm	32,200	北京荣宝	2019-04-28
清 白玉如意纹水洗	长8.3cm	48,300	北京荣宝	2019-12-01
清 白玉双凤耳水洗	宽20cm	207,000	保利厦门	2019-01-06
清 白玉双凤耳洗	宽20cm	69,000	中鸿信	2019-07-17
清 白玉双桃洗	长12cm	55,200	中国嘉德	2019-11-17
清 白玉松鼠葡萄荷叶形水洗	宽10cm	40,670	中国嘉德	2019-10-07
清 痕都斯坦菊瓣纹玛瑙双耳洗	高6.5cm； 长18.7cm	51,750	西泠印社	2019-07-06
清 黄玉灵芝洗	13.5cm×19cm	13,800	华艺国际	2019-08-11
清 黄玉镂雕笔洗	长9.1cm	46,000	中鸿信	2019-07-16
清 黄玉描笔洗	长17cm	17,250	北京保利	2019-03-26
清 玛瑙巧雕荷叶水洗	宽8.5cm	21,405	中国嘉德	2019-10-07
清 玛瑙巧雕鲤鱼荷叶洗	长8.2cm； 宽5.2cm	11,500	中贸圣佳	2019-08-16
清 玛瑙洗	直径15.3cm	23,000	北京保利	2019-08-25
清 南红玛瑙桃形洗	高8.5cm	63,250	北京保利	2019-08-25
清 青白玉松树纹水洗	长12.5cm	23,000	北京保利	2019-08-25
清 青白玉桃形洗	长12.2cm	17,250	中国嘉德	2019-10-16
清 青白玉腰圆洗	长7.5cm	13,800	中国嘉德	2019-06-25
清代 白玉荷叶莲花洗	长11.5cm	34,500	古天一	2019-12-03
18世纪 碧玉雕荷叶式洗		96,972	香港苏富比	2019-05-17
19世纪 玛瑙海棠式洗	长8.3cm	16,529	香港苏富比	2019-05-17
清末至民国 白玉福寿桃式洗	长11.8cm	18,706	香港苏富比	2019-05-30
民国 白玉海浪纹水洗	长9cm	13,800	北京荣宝	2019-04-28
民国 白玉龙纹如意形洗	长7cm	23,000	北京保利	2019-04-30
民国 青玉双凤游环洗	宽25cm	24,150	北京保利	2019-03-26
白玉龙首葵花笔洗	长11.5cm	13,800	北京保利	2019-11-22
白玉寿桃洗	长13cm	17,250	保利厦门	2019-01-06
顾铭 福寿有余 黄玉笔洗	重234.5g	20,700	西泠印社	2019-07-07
青白玉海水龙纹洗	长13.5cm	23,000	中国嘉德	2019-06-25
青白玉荷叶洗	长10cm	17,250	中国嘉德	2019-03-24
青白玉蟠龙洗	长10.5cm	17,250	中国嘉德	2019-03-24
青玉海棠形洗	长17cm	13,800	中国嘉德	2019-03-24

拍品名称	物品尺寸	成交价RMB	拍卖公司	拍卖日期
清 白玉雕福瓜水洗	高3.2cm； 长7.7cm	25,300	西泠印社	2019-04-14
王彬 青玉盈金水洗	11.1×5.5×3.7； 重量266.2g	13,440	上海联合	2019-06-16
玉笔舔				
清乾隆 白玉笔舔	长16.4cm	34,500	中鸿信	2019-07-17
清乾隆 白玉雕洪福齐天笔舔（一件）	10.3×6.2×1.7cm； 重量147.9g	168,000	上海联合	2019-12-01
清乾隆 白玉龙纹笔舔		57,500	中鸿信	2019-07-15
清中期 青白玉螭龙荷叶笔舔	长11.5cm	69,000	北京保利	2019-12-05
清 白玉雕荷叶青蛙小笔舔	宽6.5cm	48,[illegible]62	中国嘉德	2019-10-07
清 白玉雕荷叶清趣笔舔	长17cm	55,200	中鸿信	2019-07-17
清 白玉荷塘清趣笔舔	长15cm	17,250	中国嘉德	2019-06-25
清 白玉荷叶形笔舔	宽6.7cm	34,248	中国嘉德	2019-10-07
清 白玉叶形梅虫纹笔舔	长18.5	92,000	浙江佳宝	2019-06-23
清 玉葫芦笔舔	高6.5cm	14,950	北京翰海	2019-10-12
玉纸镇				
东汉或更晚 青玉雕辟邪纸镇	宽7.6cm	130,140	邦瀚斯	2019-05-28
明 白玉带皮古松灵芝纹纸镇	长29.6cm	287,500	广东崇正	2019-05-23
明 白玉雕双兽镇	长8cm	25,300	保利厦门	2019-01-06
明 白玉留皮受沁双狮纸镇	长8.3cm	57,500	北京鸿盛祥	2019-06-04
明 黄玉卧虎镇	5.6cm×2.7cm×3.1cm	57,500	北京诚轩	2019-11-16
明 玉雕金蟾镇	长7.5cm	24,150	北京保利	2019-03-26
明代 玉镇纸	长14cm	178,250	广东崇正	2019-11-27
明末清初 玉雕瑞兽镇	10.7cm×5cm×6.1cm	80,500	北京诚轩	2019-11-16
清初 太狮少狮白玉镇纸	长10cm； 宽6.5cm	86,250	上海嘉禾	2019-09-07
清早期 青白玉雕螭龙钮荔枝纹纸镇	长20.2cm	109,250	北京保利	2019-12-05
清早期 青白玉瑞兽镇	7.2cm×6.6cm×5.4cm	69,000	北京诚轩	2019-11-16
清早期 玉雕福寿双全镇纸	长8.5cm	25,300	北京保利	2019-03-26
清乾隆 青白玉荷花莲房镇纸	宽12.1cm	540,540	邦瀚斯	2019-05-28
清中期 白玉雕瑞兽镇	长6cm	28,750	保利厦门	2019-01-06
清中期 白玉雕竹节镇纸	长8cm； 宽2.6cm	40,250	西泠印社	2019-07-06
清中期 白玉嵌百宝桃形镇	宽7.2cm	278,268	中国嘉德	2019-10-07
清中期 白玉巧雕英雄镇	5.4cm×2.2cm×3cm	97,750	北京诚轩	2019-06-03
清中期 白玉书卷纹方形纸镇	3.5cm×3.5cm×1.3cm	50,600	广东崇正	2019-11-28
清中期 白玉双鹿镇	长6.5cm	13,800	北京保利	2019-06-23
清中期 黑化玉巧雕太狮少狮镇（一件）	7.5×3.2×5cm； 重量150g	224,000	上海联合	2019-12-01
清中期 乾隆款黄玉四世同堂镇	8cm×7.7cm×8.2cm	149,500	浙江佳宝	2019-06-23
清 白玉金蟾书镇	长6.1cm； 宽5.7cm； 高2.9cm	23,000	浙江佳宝	2019-06-23
清 白玉琴棋书画纹书镇	长6.5cm； 宽4.3cm	25,300	浙江佳宝	2019-06-23
清 白玉瑞兽镇	长5.3cm	11,500	北京保利	2019-04-30
清 白玉双蝠纹竹节形书镇	长7cm； 宽3.65cm	23,000	浙江佳宝	2019-06-23
清 白玉卧马镇纸	长6.5cm	23,000	北京保利	2019-06-06
清 白玉鸳鸯镇	长6.5cm	34,500	中国嘉德	2019-06-03
清 南红玛瑙瑞兽镇纸	带座高5cm； 高3cm；长6.5cm	17,250	西泠印社	2019-07-06
清 南红玛瑙瑞兽镇纸	带座高5cm； 高3cm；长6.5cm	13,800	西泠印社	2019-09-22

2019玉器拍卖成交汇总

（成交价RMB：1万元以上）

拍品名称	物品尺寸	成交价RMB	拍卖公司	拍卖日期
清 青玉龙纹压尺	长22.5cm	71,300	北京荣宝	2019-06-13
清 贴黄嵌白玉雕拐子龙纹镇纸	高1.4cm；长23.9cm；宽3cm	74,750	西泠印社	2019-07-06
清 玉螭龙纸镇	高7cm	20,700	北京翰海	2019-10-12
清 玉瑞兽镇纸	长4.2cm	34,500	古天一	2019-06-05
高俊华 江南水乡 青玉镇纸	11cm×4cm×15cm；重量1807g	40,320	上海联合	2019-06-16
青白玉凤凰纸镇	长15.5cm	13,800	中国嘉德	2019-06-25
青白玉梅花书卷纸镇	长7cm	10,350	中国嘉德	2019-03-24
瞿利军 节节高升 碧玉镇纸（一对）	重222.0g；222.0g	109,250	西泠印社	2019-07-07
周立祥 竹兰图 白玉镇纸	8.5×3.8×2.1cm 量173.4g；8.5×3.8×2.2cm；重量171.6g	336,000	上海联合	2019-06-16
玉砚台				
明早期 和田玉鹅形玉砚	长8.5cm；宽5cm	17,250	上海嘉禾	2019-09-07
清早期 白玉竹节砚	长9cm	92,000	华艺国际	2019-08-10
清乾隆 御制白玉仿唐八方砚	长12cm	172,500	中鸿信	2019-07-17
清 白玉笔砚（各一件）	长26.2cm	214,052	中国嘉德	2019-10-07
清 白玉琴形砚	长12.5cm	28,750	北京保利	2019-06-06
清 白玉小砚配沉香木盖	长8.5cm	42,810	中国嘉德	2019-10-07
清 白玉长方砚		67,130	纽约苏富比	2019-03-20
清 广玉款随形端砚	19.5×18×4.7cm	37,950	西泠印社	2019-07-07
清 青白玉龙纹四足砚	14.3×3.8×3.8cm	23,000	广东崇正	2019-05-23
清 玉鹤形砚	长17cm	13,800	北京翰海	2019-06-15
民国 白玉雕达摩渡海砚	长13.5cm	13,800	北京荣宝	2019-04-28
民国 青白玉雕荷蟹砚	长10.5cm	20,700	北京保利	2019-12-05
玉玺				
宋 玉雕虎钮玺	高10.7cm	2,140,520	中国嘉德	2019-10-07
清乾隆 白玉红沁“纪恩堂”龙钮印玺	宽7cm；高5.8cm	149,500	浙江佳宝	2019-06-23
清乾隆51年（1786年）御制白玉交龙钮“信天主人”宝玺	12.9×12.9cm；高11；重3555g	94,300,000	北京保利	2019-06-05
清嘉庆 御制白玉交龙钮“周甲延禧之宝”方玺	9.7×9.6×9.6cm	17,733,600	佳士得	2019-05-29
清中期 碧玉雕覆斗式顶百寿玺	7×6.3×6cm	55,200	北京荣宝	2019-12-01
清中期 青玉蛟龙钮御玺	13.2×13.2×12cm	575,000	中鸿信	2019-07-17
清光绪·叶叔重旧藏御用白玉蹲龙钮“敬天”押玺	3×2.7×4cm	1,322,500	西泠印社	2019-07-06
清 白玉兽钮“别有洞天”印玺	3.3×1.7×3.3cm	115,000	北京荣宝	2019-12-01
清 青白玉覆斗式方玺	高3.6cm；长4.7cm；宽4.7cm	92,000	西泠印社	2019-07-06
清 玉雕双龙钮长方玺印	高10cm；11cm×4.8cm	207,000	古天一	2019-06-05
玉印章				
战国/汉 白玉覆斗钮印“箐乡”及印谱	宽2.2cm	2,782,676	中国嘉德	2019-10-07
战国/汉 茶色玉覆斗钮印“李”及印谱	宽1.4cm	663,561	中国嘉德	2019-10-07
战国/汉 淡青白玉覆斗印“宋婴”及印谱	宽2.2cm	6,498,655	中国嘉德	2019-10-07

拍品名称	物品尺寸	成交价RMB	拍卖公司	拍卖日期
战国/汉 黑玉覆斗钮印“程灶”及印谱	宽2.2cm	3,317,806	中国嘉德	2019-10-07
战国/汉 鸡骨白玉印覆斗印“襄平君”及印谱	宽2.2cm	3,424,832	中国嘉德	2019-10-07
战国/汉 绿玉覆斗钮印“陈训”及印谱	宽1.7cm	984,639	中国嘉德	2019-10-07
战国/汉 绿玉覆斗钮印“信城侯”及印谱	宽2.4cm	3,210,780	中国嘉德	2019-10-07
西汉 玉印	高0.8cm；长1.6cm；宽1.6cm	172,500	西泠印社	2019-07-06
汉 覆斗钮玉印	1.6cm×1.5cm×1.3cm	103,500	西泠印社	2019-07-07
汉 辟邪钮玉印	宽1.9cm	85,621	中国嘉德	2019-10-07
汉 玉方钮覆斗印	宽2cm	224,755	中国嘉德	2019-10-07
元/明 青白玉龟钮印和白玉提油螭龙钮印	高6.6cm	22,196	中国嘉德	2019-03-31
元代 白玉红沁单钮方印	高2.8cm	230,000	古天一	2019-12-03
明 白玉覆斗印	长1.6cm	109,250	北京鸿盛祥	2019-06-04
明 碧玉螭虎钮章料	长3cm	11,500	北京保利	2019-12-05
明 旧玉覆斗钮方印	2.1cm×2.1cm×1.7cm	34,500	北京保利	2019-12-05
明 青白玉龟钮印	高4cm；长4.3cm；宽4.3cm	13,800	西泠印社	2019-07-06
明 兽钮玉印（两方）	2.5×2.5×2.5cm	36,800	中鸿信	2019-07-16
明 玉仿汉瓦钮印	长2×2×1.7cm	13,800	北京保利	2019-12-05
明 玉仿汉瓦钮印	长2.1×2.4×1.7cm	12,650	北京保利	2019-12-05
明 玉龙龟钮印胚	2.8×2.8×3.7cm	34,500	北京荣宝	2019-12-01
明 玉辟邪印章	长3.6cm	40,250	中国嘉德	2019-06-02
明或以前 玉印（二枚）	1.3×1.6×1.4cm；1.8×2.1×2.1cm	97,750	广东崇正	2019-11-27
清早期 玉璇款田白螭龙钮印	长4.1cm；高3.9cm	517,500	中贸圣佳	2019-08-16
清早期·白玉象钮闲章	高5.2cm；长3.7cm；宽2.8cm	32,200	西泠印社	2019-07-06
18世纪 白玉螭龙钮印	高4.2cm	45,401	中国嘉德	2019-03-31
清乾隆 白玉留皮巧雕瑞兽钮印	长3.2cm；高5.1cm	66,700	北京鸿盛祥	2019-12-04
清乾隆 碧玉百寿印章	长6.8cm；宽6.2cm；高5.5cm	34,500	华艺国际	2019-08-10
清乾隆 玛瑙巧作“碧桐书院”狮钮印	长3cm；宽3cm；高2.5cm	25,300	中鸿信	2019-07-16
19世纪/20世纪 白玉雕狮钮印料（一对）		159,434	纽约苏富比	2019-03-23
清嘉庆 玛瑙双联印	长2.9cm；宽1.4cm	11,500	中鸿信	2019-07-16
清中期 白玉蹲猴钮印	高4.2cm	96,323	中国嘉德	2019-10-07
清中期 碧玉螭龙纹印	5.8×5.3×4.6cm	207,000	中国嘉德	2019-11-17
清道光 陶澍碧玉龙钮“长沙之勋”印	4.5×4.5×6.4cm	943,000	中贸圣佳	2019-06-07
清光绪 螭龙钮“载沣鉴藏”玉印	长8.2cm；宽7.2cm；高9cm；重量1250g	17,250	中鸿信	2019-07-16

拍品名称	物品尺寸	成交价RMB	拍卖公司	拍卖日期
清宣统"无逸斋"汉钮玉印	长6cm；宽5.7cm；高2.4cm	10,350	中鸿信	2019-07-16
清 "璇安室"黄玉雕螭龙钮印	高2.1cm；长3cm；宽2cm	13,800	西泠印社	2019-07-06
清 白玉"慎行"款兽钮章	高4cm	32,108	保利香港	2019-10-07
清 白玉雕螭钮闲章	高1.3cm；直径2.2cm	17,250	西泠印社	2019-07-06
清 白玉雕龙钮印	高5.5cm；长6.7cm；宽6.5cm	20,700	西泠印社	2019-07-06
清 白玉龟钮、马钮印（一组两件）	宽2.2cm；高4cm；宽2.1cm；高4.3cm	20,700	浙江佳宝	2019-06-23
清 白玉留皮瑞兽钮印章	长2.1cm；高6.5cm	89,700	北京鸿盛祥	2019-12-04
清 白玉龙钮印章	长4cm；高4.6cm	103,500	北京鸿盛祥	2019-06-04
清 白玉盘螭"公听并观"方章	长4.5×4.4×4cm	138,000	北京保利	2019-06-06
清 白玉巧色苍龙教子长方印	8.6×2.6×3.5cm	195,500	中贸圣佳	2019-08-16
清 白玉瑞兽印章	高6cm	23,000	北京保利	2019-06-23
清 白玉兽钮印、玉留皮印章（二件）	2×1.7×3.7cm 1.8×1.5×4cm	25,300	中国嘉德	2019-11-17
清 白玉印章（四方）	高3cm	313,250	佳士得	2019-11-27
清 白玉圆雕狮钮印	5.7×5.7×7cm	24,150	中鸿信	2019-07-17
清 白玉章料（三件）	尺寸不一	13,800	荣宝斋（南京）	2019-07-21
清 公听并观款白玉螭龙纹印	高4cm；长4.6cm；宽4.6cm	149,500	西泠印社	2019-07-06
清 龟钮玉印	3.5×3.5×3.7cm	92,000	西泠印社	2019-07-07
清 黄玉螭龙钮印	宽5.2cm	57,500	北京保利	2019-04-30
清 旧玉雕古印（六枚）	尺寸不一	43,700	中鸿信	2019-07-17
清 玉雕螭钮印、玉雕兽钮（二件）	3.3×3.3×2.4cm；1.6×1.6×3.6cm	17,250	中国嘉德	2019-11-17
清 玉雕印章（一组三件）	2×2×3.2cm；1.7×1.7×3cm	33,350	中国嘉德	2019-11-17
清 玉兽钮素章（一组三件）	高3.8cm；高2.7cm；高2.6cm	34,500	中国嘉德	2019-06-02
清 玉兽钮印章（带印文）（一组三件）	高3.2cm；高3cm；高2cm	43,700	中国嘉德	2019-06-02
清 玉随形章	长5.5cm	34,500	北京翰海	2019-06-15
清 玉图章等（6件）		18,400	北京翰海	2019-03-29
清 玉印（一组两枚）	直径1.7cm；高2.7cm；长1.9cm；高3.6cm	57,500	北京鸿盛祥	2019-06-04
清 玉印两件双欢一件	高2.4cm；高2.1cm；高2.8cm	34,500	中国嘉德	2019-06-02
清 玉章	长1.5cm	11,500	北京翰海	2019-03-29
清代 白玉螭龙钮方章	高2.5cm；2.5cm×2.5cm	46,000	古天一	2019-12-03
清代 白玉雕龙钮印（两件）	高2cm；高2cm	66,700	古天一	2019-12-03
清代 白玉龟钮印 白玉兽钮印（两件）	高2.5cm；高1.8cm	43,700	古天一	2019-12-03
清代 玉印（三枚）	高2.5cm；高2cm；高1.5cm	46,000	古天一	2019-12-03
晚清 梁启超旧藏法帖、玉印（一组）	尺寸不一	10,350	中鸿信	2019-07-16
民国 杜月笙自用玉印	长4.5cm	39,100	中鸿信	2019-07-16

拍品名称	物品尺寸	成交价RMB	拍卖公司	拍卖日期
20世纪 青白玉"恭俭惟德"瑞兽钮方印	高8.2cm	23,510	伦敦佳士得	2019-08-29
『玉堂金马』白玉赑屃钮印押	长3.3cm；宽3.3cm；高3cm	40,250	中贸圣佳	2019-12-01
白玉龙钮印两方	长5.4cm；长5cm	11,500	中国嘉德	2019-10-16
高毅进 和田玉籽料"瑞兽"印章（一组）	77.3×18×17mm；41.7×19.8×19.5mm；重量57.5g；34.8g	66,700	华艺国际	2019-08-10
胡钁刻"玉堂侍史"方章	1.6×1.6×5.7cm	80,500	北京匡时	2019-07-13
倪建峰 清莲 碧玉印章	4.5×3.6×2cm；重量71.4g	13,440	上海联合	2019-06-16
清 古兽钮玉印	3.3×1.7×3.3cm	23,000	西泠印社	2019-04-14
瞿利军 守护 瑞兽钮白玉印	重61.0g	69,000	西泠印社	2019-07-07
鸭蛋青碧玉山水印章	6.1×1.8×1.6cm；重量46g	17,920	上海联合	2019-12-01
周立祥"心同孤鹤静、节效古松贞"白玉章	4.8×4.7×3.9cm；重量142.5g	313,600	上海联合	2019-05-16
玉臂搁				
清早期 文珍款 玉雕"指日高升"图臂搁	长16cm	48,300	华艺国际	2019-03-10
18世纪 白玉梅竹臂搁	长11cm	34,500	保利厦门	2019-0[illegible]-06
清乾隆 白玉雕龙纹臂搁	长14.8cm	46,000	中鸿信	2019-07-17
清 白玉带皮松梅竹三友臂搁	高16.5cm	184,000	江苏汇中	2019-05-11
清 白玉秘阁款臂搁	长17.5cm；宽5cm	138,000	中贸圣佳	2019-08-16
砚屏				
清早期 青白玉双云龙纹玉璧砚屏	高27.6cm	132,250	北京鸿盛祥	2019-06-04
清乾隆 白玉雕仙山采芝砚屏	21.6cm×16cm	207,000	古天一	2019-06-05
清乾隆 白玉浅刻五老观太极砚屏	高12.7cm	51,750	北京荣宝	2019-12-01
清乾隆 白玉御制学诗堂记砚屏（一对）	高17.8cm	172,500	华艺国际	2019-08-10
清乾隆 青白玉双面雕戏狮图砚屏	22.5cm×15cm	517,500	中国嘉德	2019-06-02
清乾隆 御制紫檀碧玉云龙纹御制诗文砚屏	高28cm	517,500	北京荣宝	2019-12-01
清乾隆·白玉雕御制诗观瀑图砚屏	高8.8cm	437,000	西泠印社	2019-07-06
清中期 白玉渔樵耕读御题诗文砚屏	长7cm	34,500	北京翰海	2019-06-15
清中期 紫檀玉璜砚屏	21cm×8cm×24cm	115,000	保利厦门	2019-01-06
清 白玉精卫填海纹砚屏	宽13.5cm；高15.7cm	43,700	浙江佳宝	2019-06-23
清 白玉题诗浴马图砚屏	宽15.4cm	162,000	佳士得	2019-05-29
其他文房用品				
清乾隆 白玉"内府图书"玉别子	长7.5cm	11,500	中鸿信	2019-07-16
清乾隆 白玉刻御制诗筒	1.7cm×10.3cm	460,000	北京诚轩	2019-06-03
清乾隆 御题诗铜头 原包装	长7cm；宽7cm；高3.8cm	23,000	中鸿信	2019-07-16
清 白玉九如文房小摆件	长14.5cm	34,500	中古陶	2019-06-05
清 古玉文房多宝盒	尺寸不一	103,500	北京鸿盛祥	2019-12-04
白玉文房（四件）	尺寸不一	20,700	中国嘉德	2019-10-16
葬玉				
西汉 白玉带沁蝉	高6.5cm	80,712	中国嘉德	2019-03-31
汉 白玉蝉	长6.4cm	34,500	西泠印社	2019-07-06

2019玉器拍卖成交汇总

(成交价RMB：1万元以上)

拍品名称	物品尺寸	成交价RMB	拍卖公司	拍卖日期
汉 白玉蝉	高6.3cm	96,323	中国嘉德	2019-10-07
汉 白玉蝉	高6cm	42,810	中国嘉德	2019-10-07
汉 白玉带灰皮“八刀”蝉	长7.6cm；厚0.8cm	98,496	万昌斯	2019-05-27
汉 黄料蝉	长4.5cm	48,094	香港苏富比	2019-04-03
汉 黄玉镂雕三蝉形佩	直径5.9cm	34,500	西泠印社	2019-07-06
汉 玉猪（一对）	长12cm	151,335	中国嘉德	2019-03-31
汉代 白玉蝉	长5.5cm	25,300	广东崇正	2019-11-27
东汉 青玉握猪	长10.8cm	129,600	佳士得	2019-05-29
汉 白玉带水银沁握猪（一对）	最大长9.8cm	114,048	万昌斯	2019-05-27
汉 白玉握猪	长11.9cm	114,048	万昌斯	2019-05-27
汉 玉握猪	长11.3cm	165,888	万昌斯	2019-05-27
汉 玉握猪	长11.2cm	88,128	万昌斯	2019-05-27
汉 玉握猪（一对）	长12cm×2	57,500	西泠印社	2019-07-06
汉 玉握猪（一对）	长12cm×2	46,000	西泠印社	2019-09-22
汉 玉握猪（一组三件）	1.高3.1cm；长11.4cm；宽2.8cm；2.高2cm；长6.2cm；宽1.8cm；3.高2.6cm；长3.1cm；宽1.8cm	23,000	西泠印社	2019-07-06
汉 玉猪握	长11.2cm	238,140	邦瀚斯	2019-05-28
原石				
白玉原石	19×16×4.5cm；重量230.3g	627,200	上海联合	2019-06-16
白玉原石	6.2×2.7×2.2cm；重量65.5g	128,800	上海联合	2019-06-16
白玉原石	6.3×3.6×1.5cm；重量67.5g	107,520	上海联合	2019-06-16
白玉原石	4.6×3.9×2cm；重量52.8g	87,360	上海联合	2019-06-16
白玉原石	4.8×3.6×1.9cm；重量54.8g	80,640	上海联合	2019-06-16
白玉原石	9.6×7.5×5.1cm；重量445.7g	44,800	上海联合	2019-06-16
白玉原石	4.4×2.6×1.3cm；重量23g	16,800	上海联合	2019-06-16
白玉原石	3.3×2.8×1.4cm；重量20.9g	11,200	上海联合	2019-06-16
白玉原石（一组）	5.7×4.8×1.8cm；重量75.8g；5.8×2.5×2.9cm；重量55.1g；5.8×2.6×2.9cm；重量56.7g；5.1×4.6×1.4cm；重量51.3g；4.1×3.6×1.4cm；重量37.5g	145,600	上海联合	2019-06-16
和田籽料红皮白肉原石	长7.8cm；宽3.02cm；重108.2g	57,500	上海和韵	2019-04-28
和田籽料原石	长10.7cm；宽4.2cm；重258.7g	2,070,000	上海和韵	2019-04-28
和田籽料原石	长17cm；宽13.6cm；重2993.7g	2,070,000	上海和韵	2019-04-28
和田籽料原石	长12.8cm；宽8.5cm；重798.5g	1,380,000	上海和韵	2019-04-28
和田籽料原石	长6cm；宽5.2cm；重132.7g	1,150,000	上海和韵	2019-04-28

拍品名称	物品尺寸	成交价RMB	拍卖公司	拍卖日期
和田籽料原石	长32cm；宽30cm；重20074g	1,150,000	上海和韵	2019-04-28
和田籽料原石	长12cm；宽8.2cm；重570g	1,150,000	上海和韵	2019-04-28
和田籽料原石	长8.8cm；宽4.7cm；重201.8g	920,000	上海和韵	2019-04-28
和田籽料原石	长8.8cm；宽3.4cm；重103.8g	920,000	上海和韵	2019-04-28
和田籽料原石	长12.6cm；宽9.3cm；重996.8g	575,000	上海和韵	2019-04-28
和田籽料原石	高7.4cm；宽7.1cm；重129.8g	575,000	上海和韵	2019-04-28
和田籽料原石	长19.5cm；宽11.5cm；重2154.4g	517,500	上海和韵	2019-04-28
和田籽料原石	长6.9ccm；宽3.7cm；重150.8g	437,000	上海和韵	2019-04-28
和田籽料原石	长11.8cm；宽7cm；重393.7g	310,500	上海和韵	2019-04-28
和田籽料原石	长9.9cm；宽6.4cm；重429.2g	287,500	上海和韵	2019-04-28
和田籽料原石	长10.1cm；宽7.5cm；重618.6g	287,500	上海和韵	2019-04-28
和田籽料原石	长7cm；宽4.7cm；重196.8g	287,500	上海和韵	2019-04-28
和田籽料原石	长18.5cm；宽5.7cm；重577.1g	253,000	上海和韵	2019-04-28
和田籽料原石	长7.4cm；宽5.4cm；重241.1g	230,000	上海和韵	2019-04-28
和田籽料原石	长23cm；宽13cm；重2262.9g	230,000	上海和韵	2019-04-28
和田籽料原石	长6.3cm；宽5.7cm；重95.8g	230,000	上海和韵	2019-04-28
和田籽料原石	长4.9cm；宽3.8cm；重120.4g	207,000	上海和韵	2019-04-28
和田籽料原石	长4.8cm；宽2.9cm；重52.4g	172,500	上海和韵	2019-04-28
和田籽料原石	长6.4cm；宽4.2cm；重108.6g	172,500	上海和韵	2019-04-28
和田籽料原石	长4.9cm；宽4.2cm；重90.1g	115,000	上海和韵	2019-04-28
和田籽料原石	长6cm；宽4cm；重129.7g	115,000	上海和韵	2019-04-28
和田籽料原石	长9.9cm；宽7.3cm；重545.2g	103,500	上海和韵	2019-04-28
和田籽料原石	高6.1cm；宽4.3cm；重156.1g	74,750	上海和韵	2019-04-28
和田籽料原石	长7.8cm；宽4.9cm；重210.6g	63,250	上海和韵	2019-04-28
新疆和田玉籽料原石	17×14.5×7.5cm；重2.7kg	552,000	尚品润博	2019-05-12